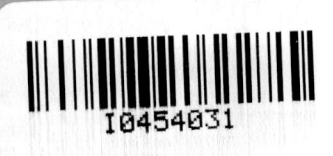

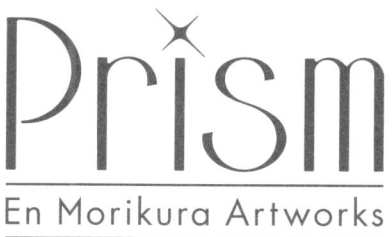

Prism

En Morikura Artworks

Prism : En Morikura Artworks

Author En Morikura

Designer BALCOLONY.

Editor Keiko Kinefuchi (PIE International)

—

PIE International Inc.

2-32-4 Minami-Otsuka, Toshima-ku, Tokyo 170-0005 JAPAN
international@pie.co.jp
www.pie.co.jp/english

—

—

ISBN978-4-7562-6005-5 (Outside Japan)
Printed in Japan

Contents

Cover Illustration — 007

Commercial Works — 009

Original Works — 139

Interview — 243

Afterword — 249

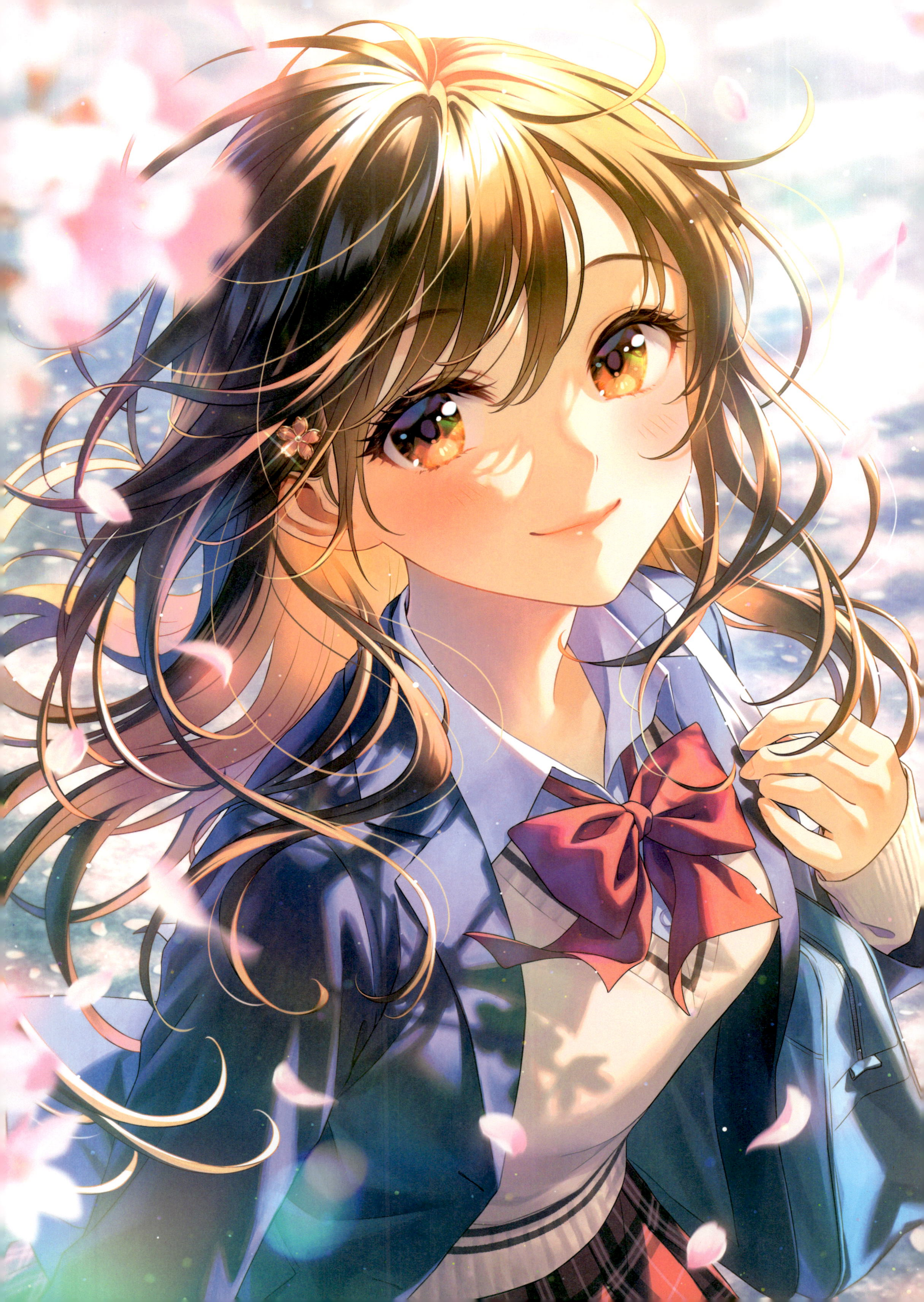

Commercial Works

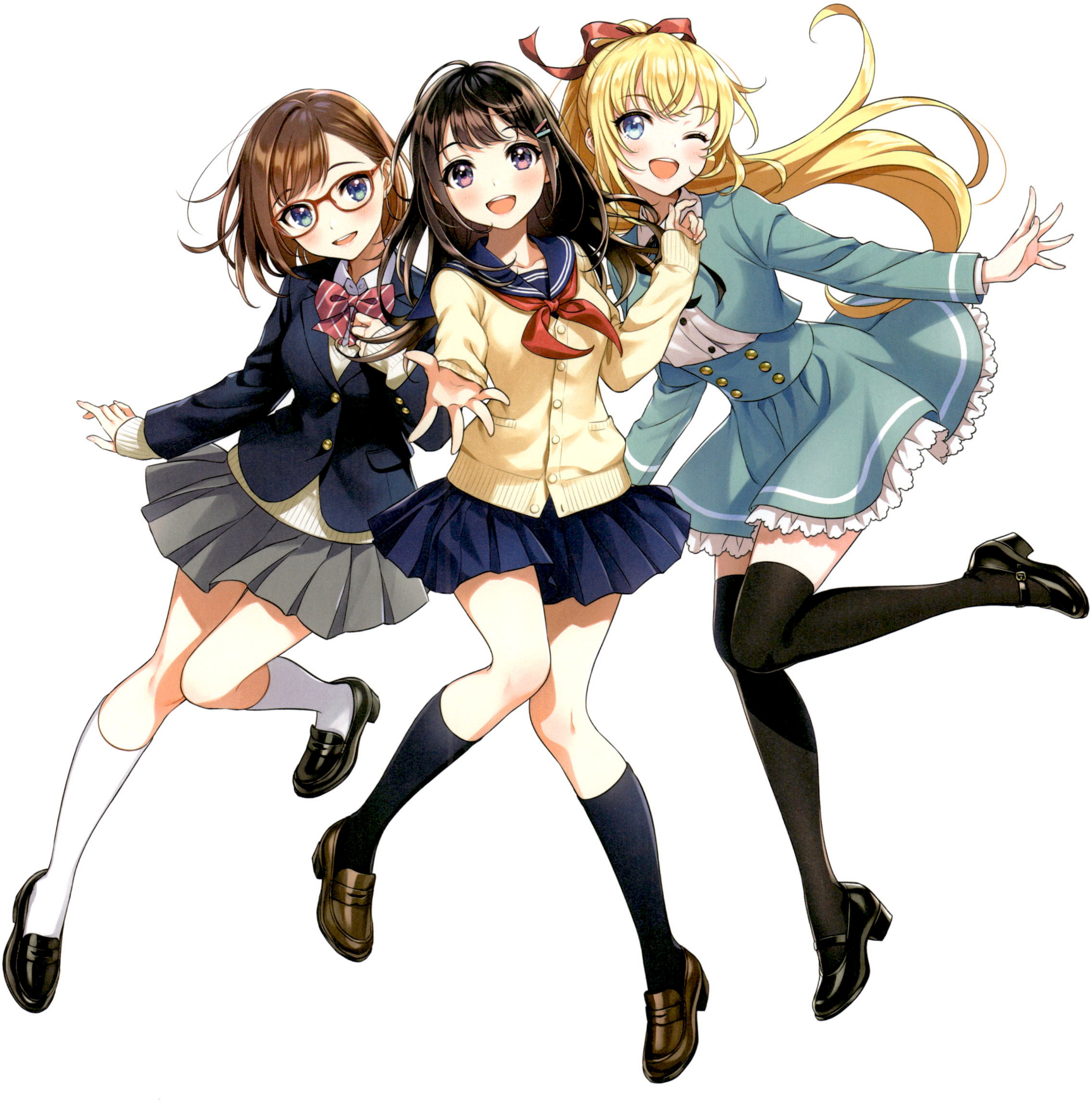

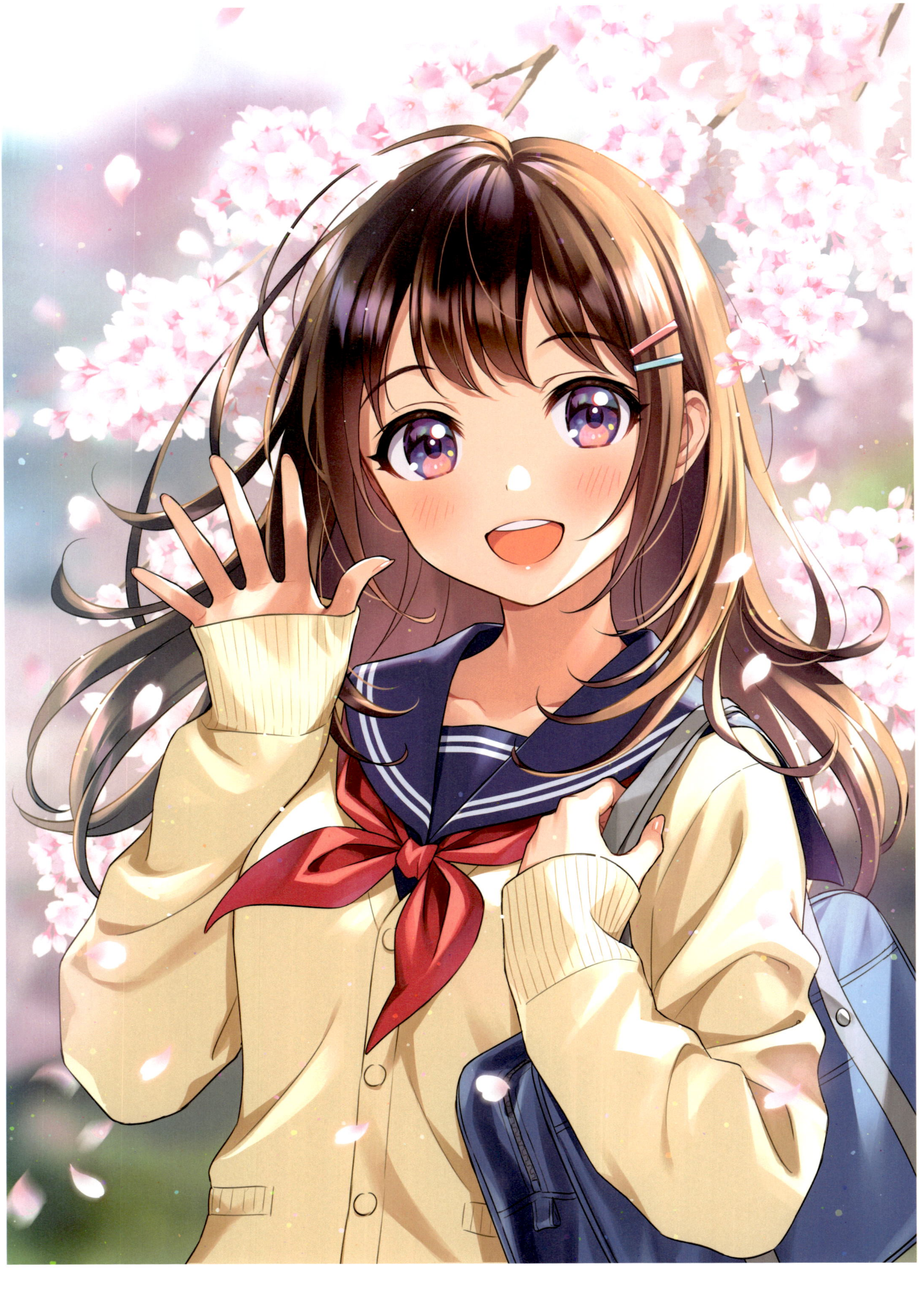

『創彩少女庭園』結城 まどか【桃桜高校・冬服】パッケージイラスト

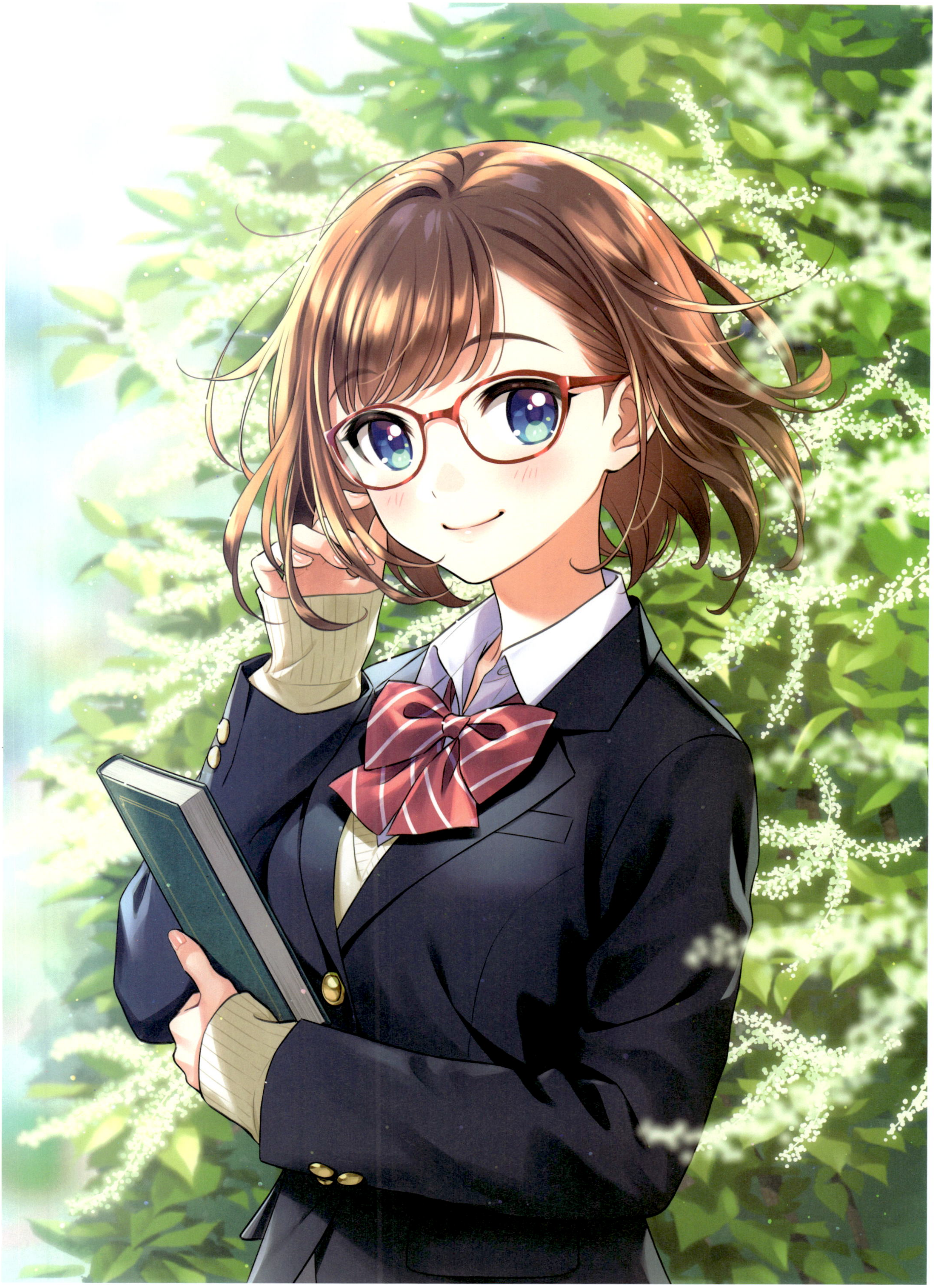

『創彩少女庭園』小鳥遊 暦【令法高等学校・冬服】パッケージイラスト

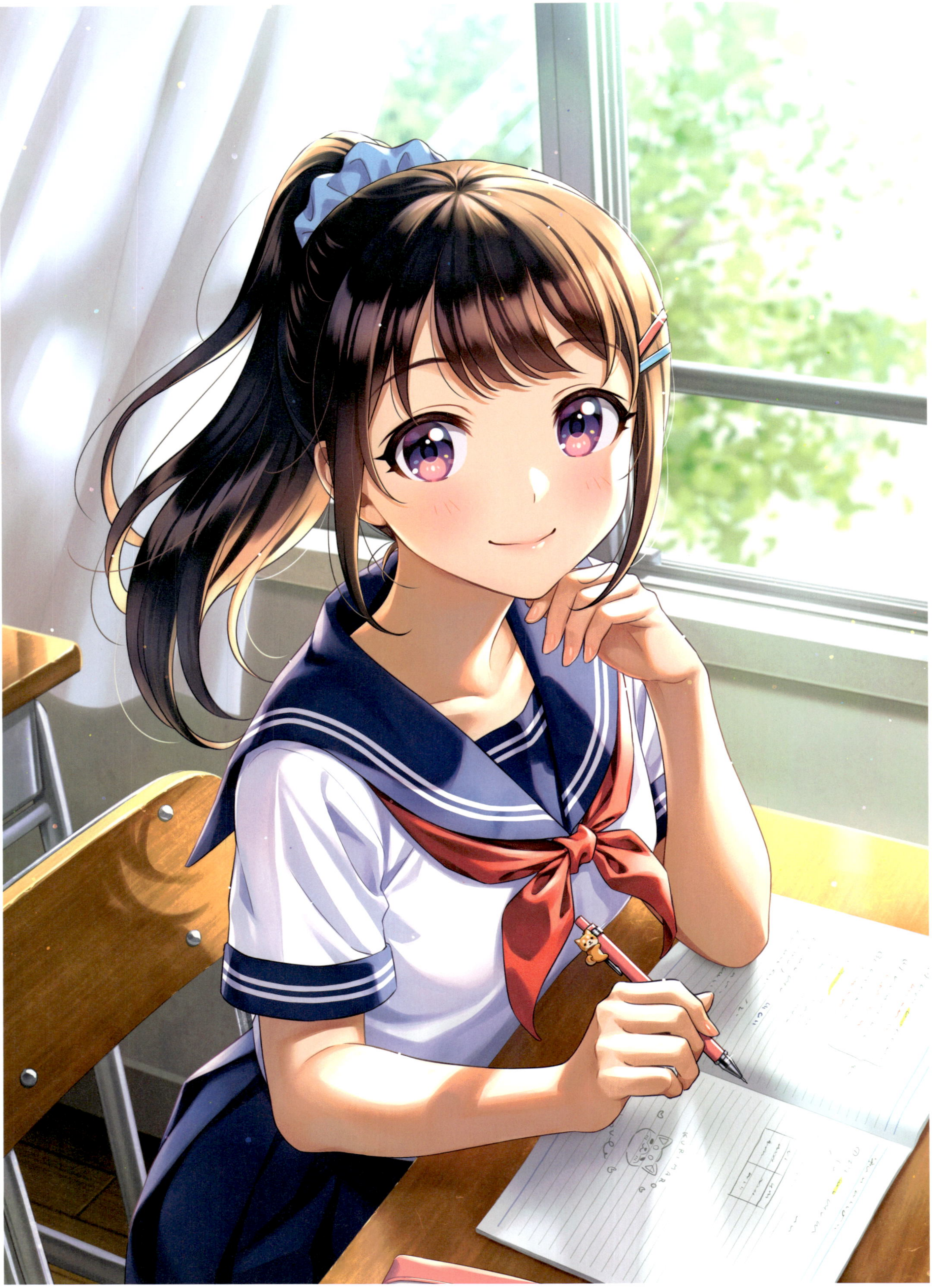

『創彩少女庭園』結城 まどか【桃桜高校・夏服】パッケージイラスト

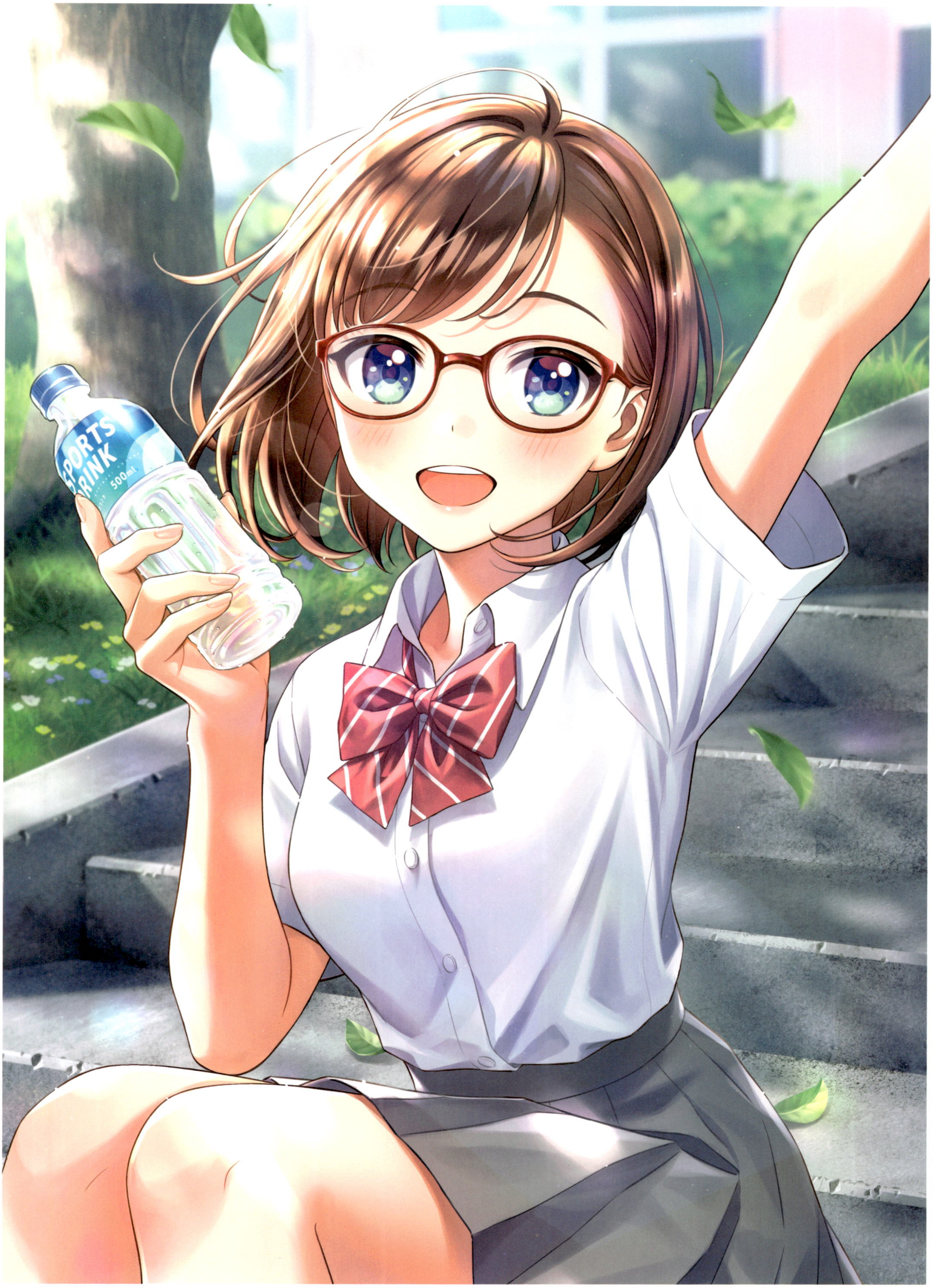

『創彩少女庭園』小鳥遊 暦【令法高等学校・夏服】パッケージイラスト

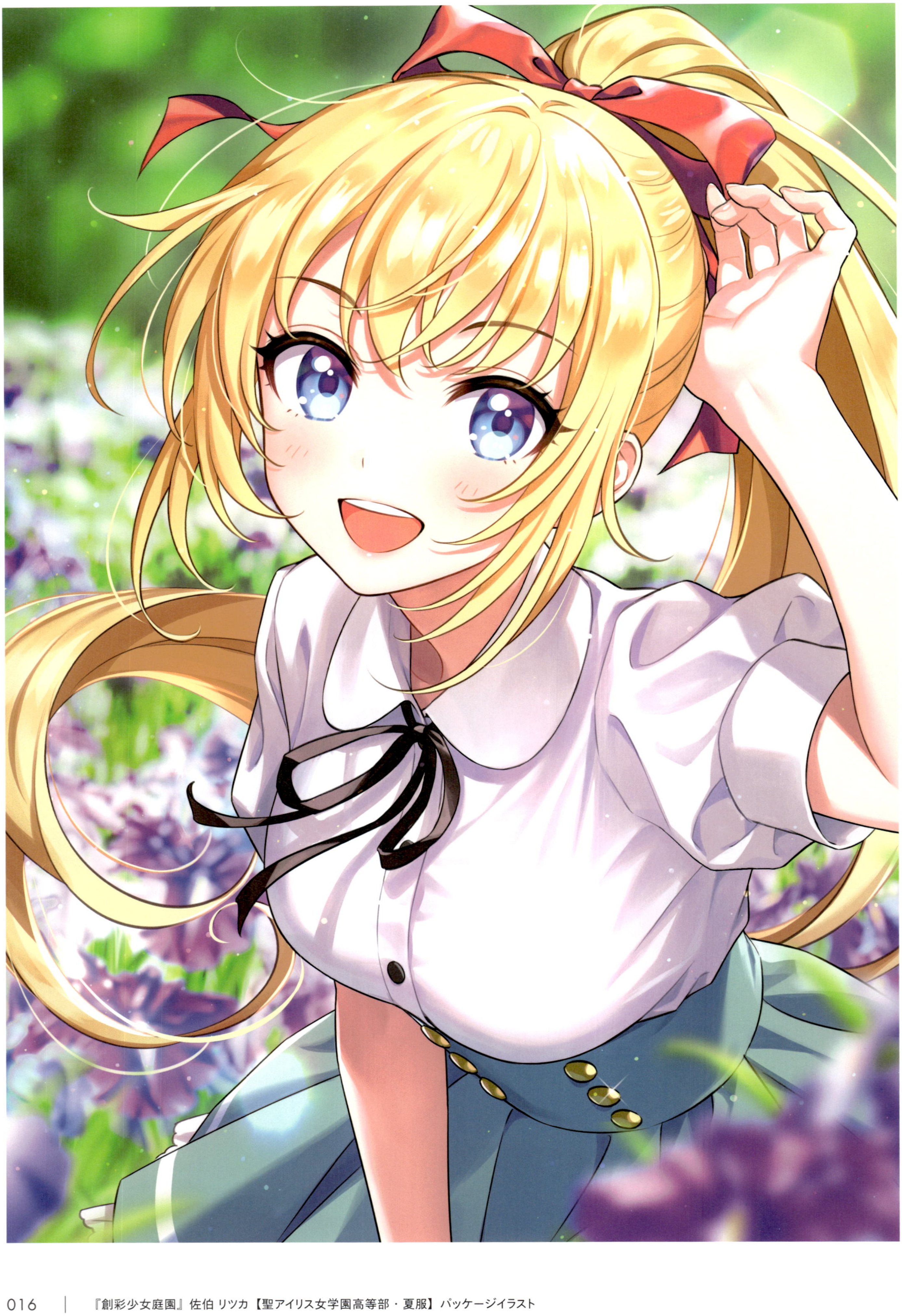

『創彩少女庭園』佐伯 リツカ【聖アイリス女学園高等部・夏服】パッケージイラスト

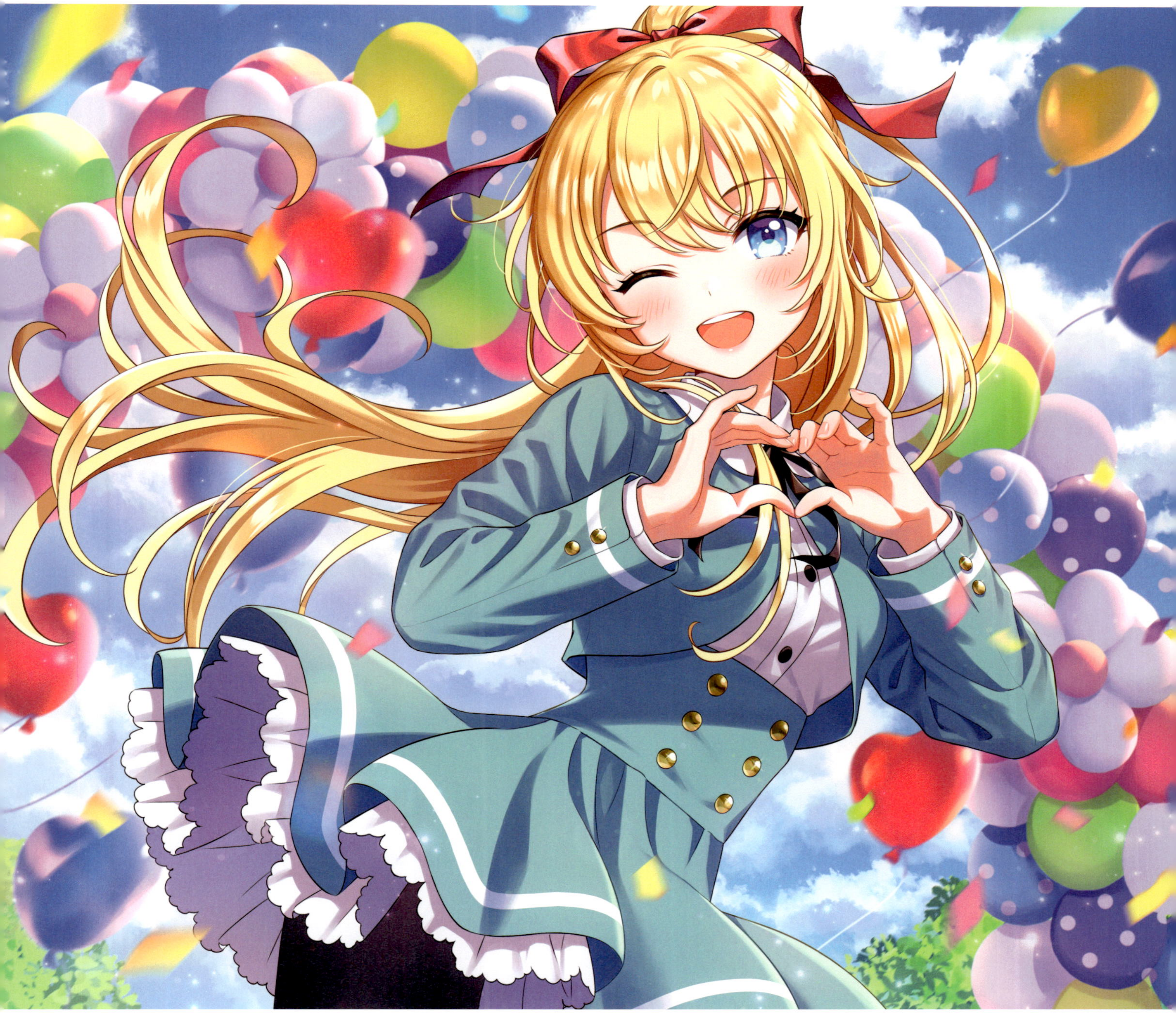

『創彩少女庭園』佐伯 リツカ【聖アイリス女学園高等部・冬服】パッケージイラスト

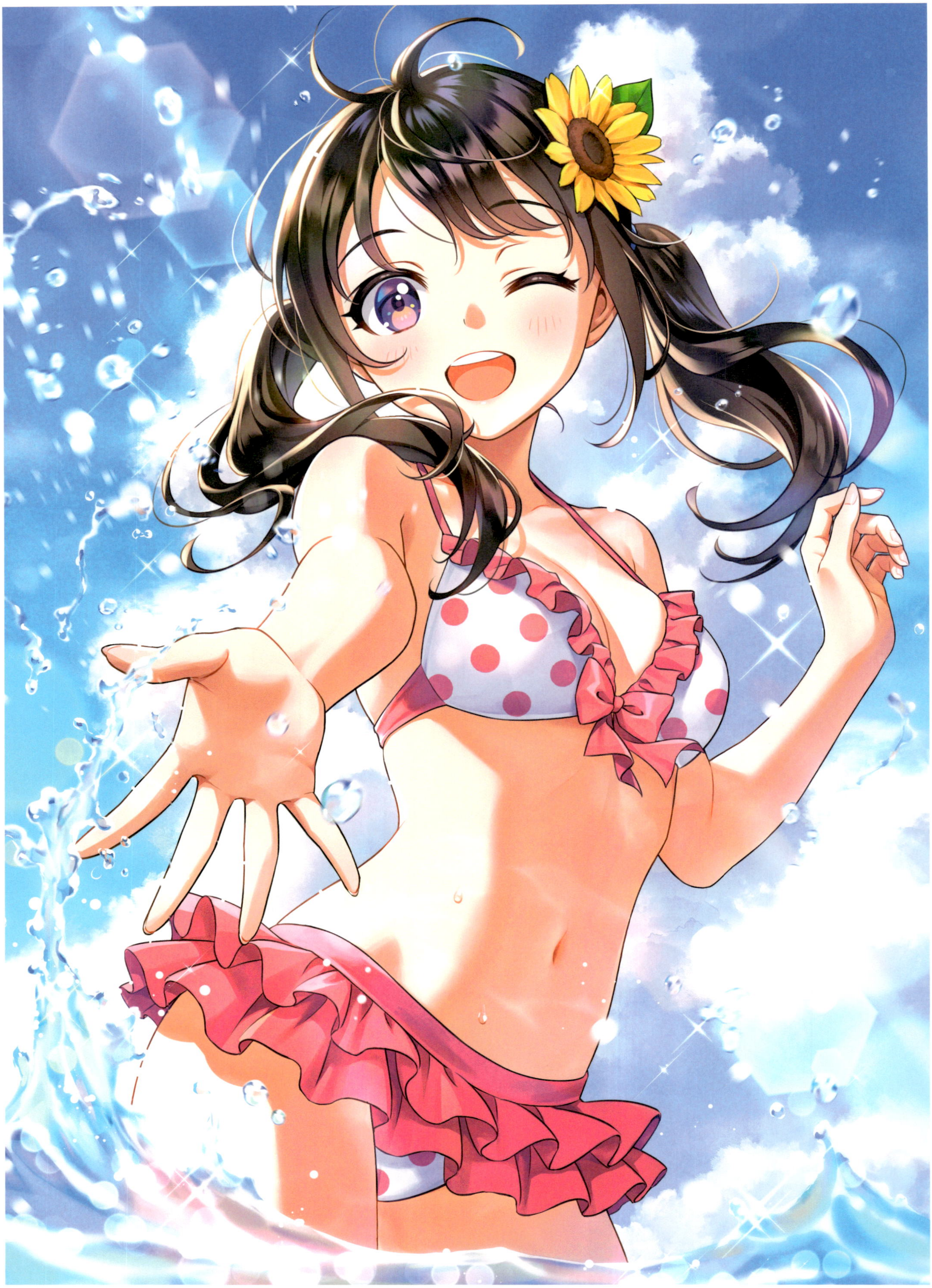

『創彩少女庭園』結城 まどか【水着】パッケージイラスト

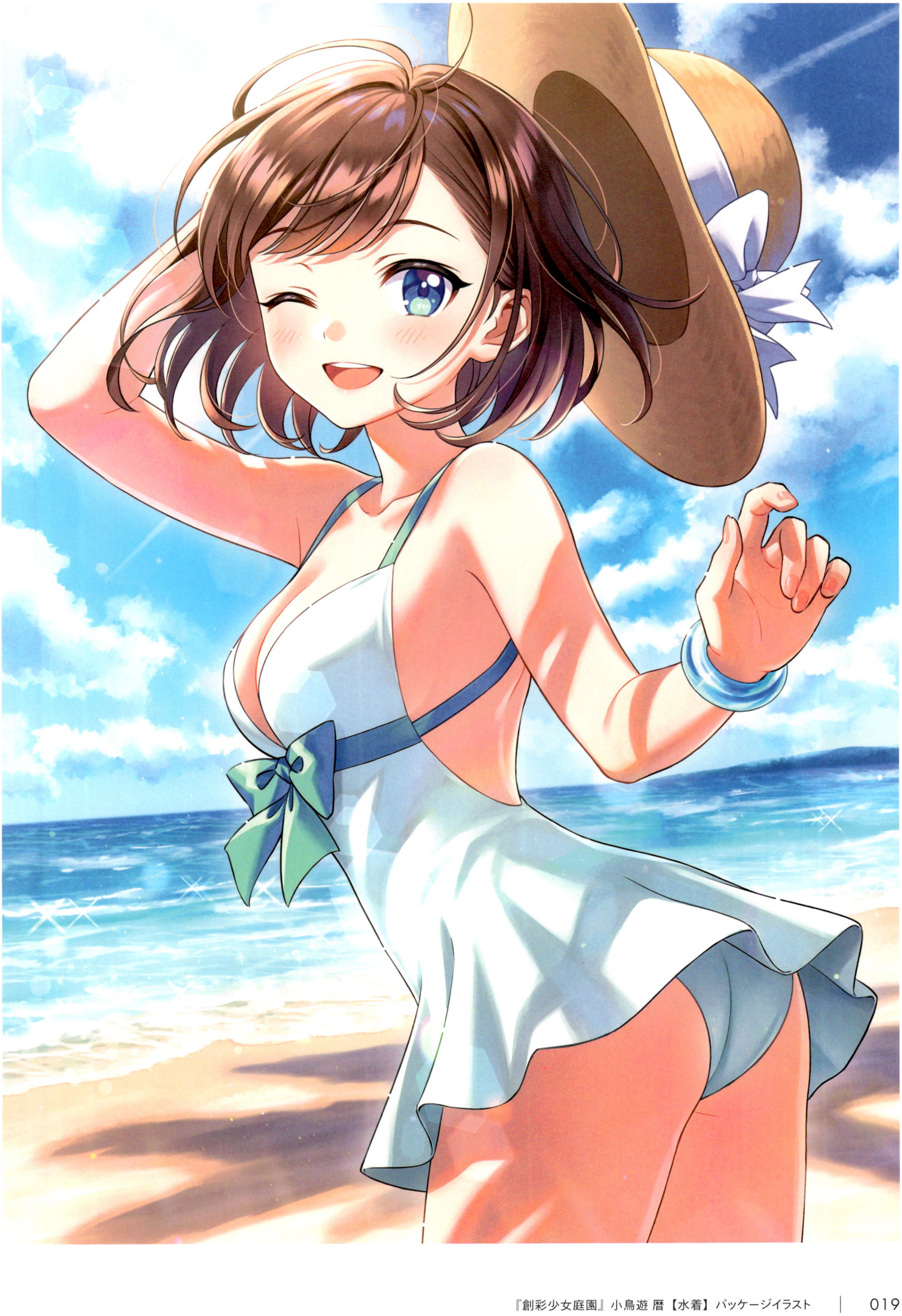

『創彩少女庭園』小鳥遊 暦【水着】パッケージイラスト

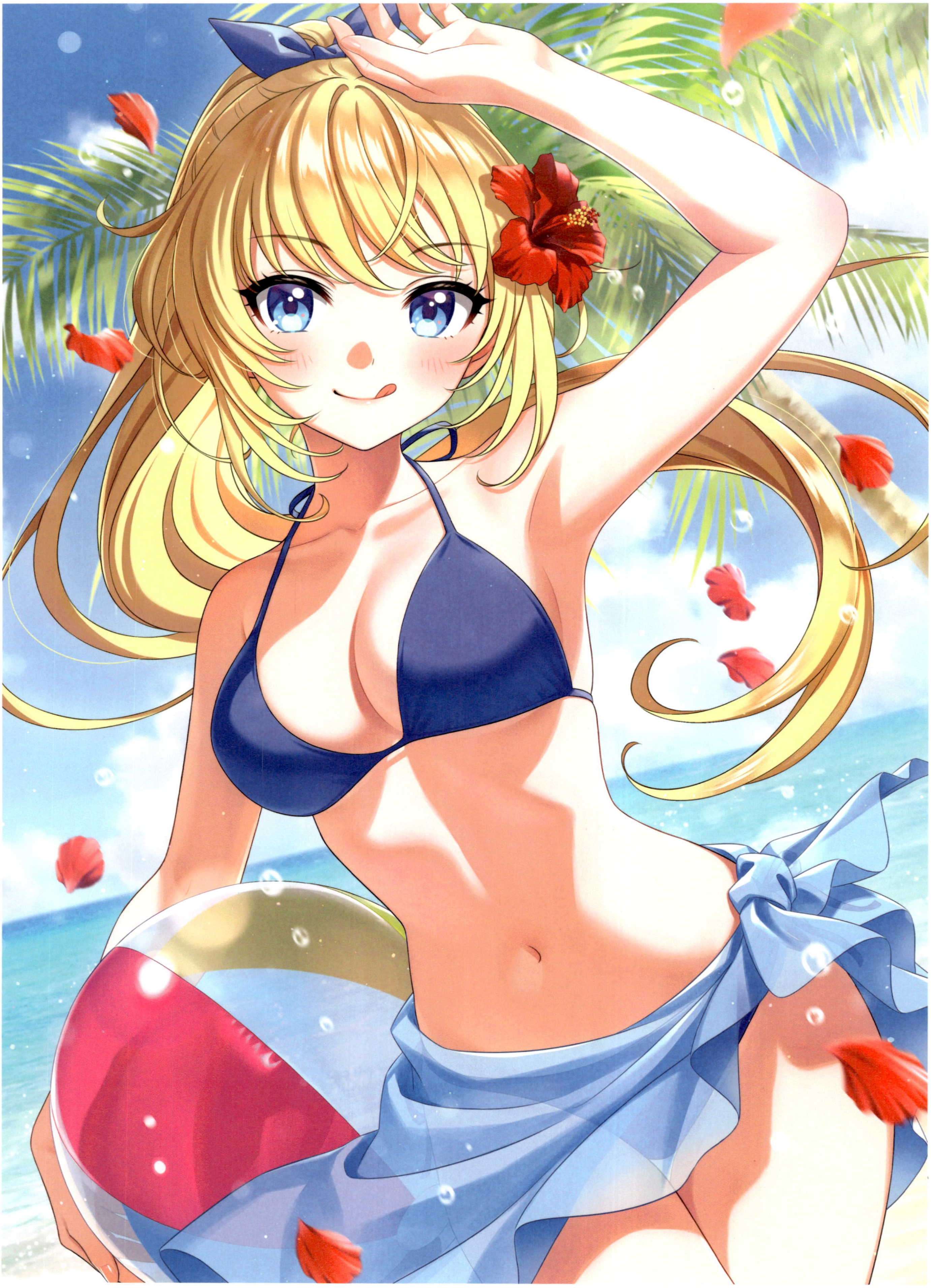

『創彩少女庭園』佐伯 リツカ【水着】パッケージイラスト

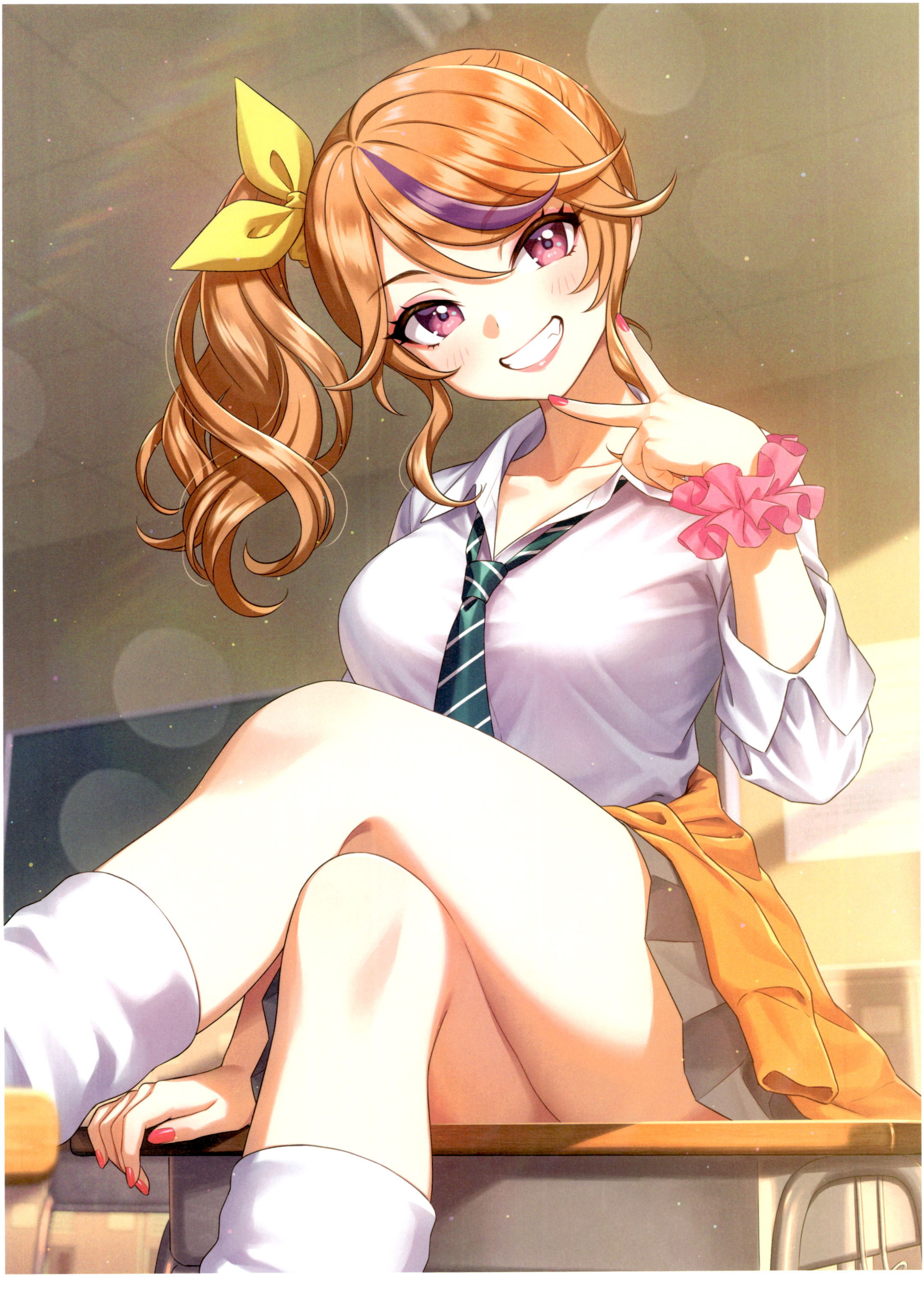

『創彩少女庭園』一条 星羅【令法高等学校・夏服】パッケージイラスト

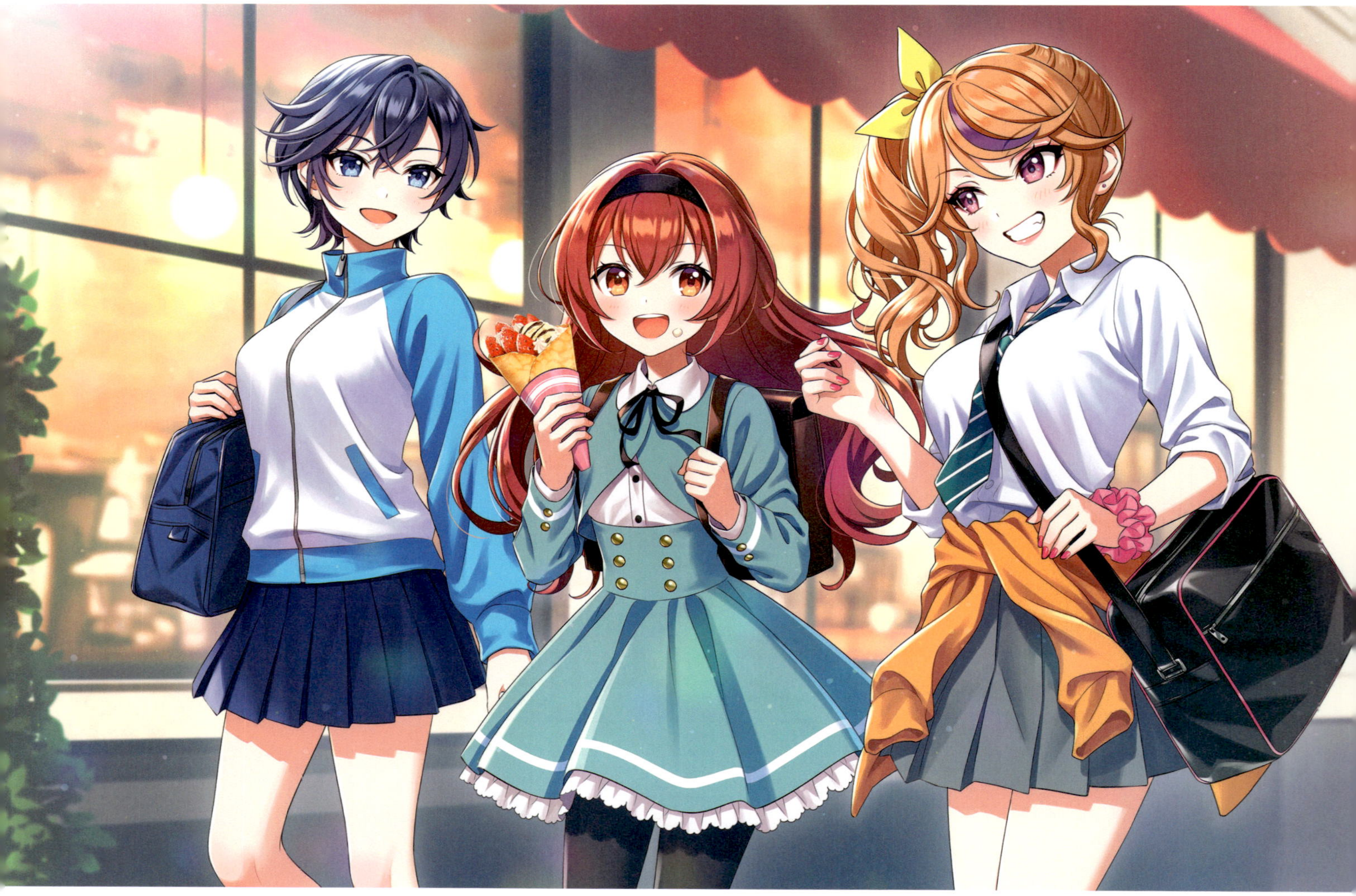

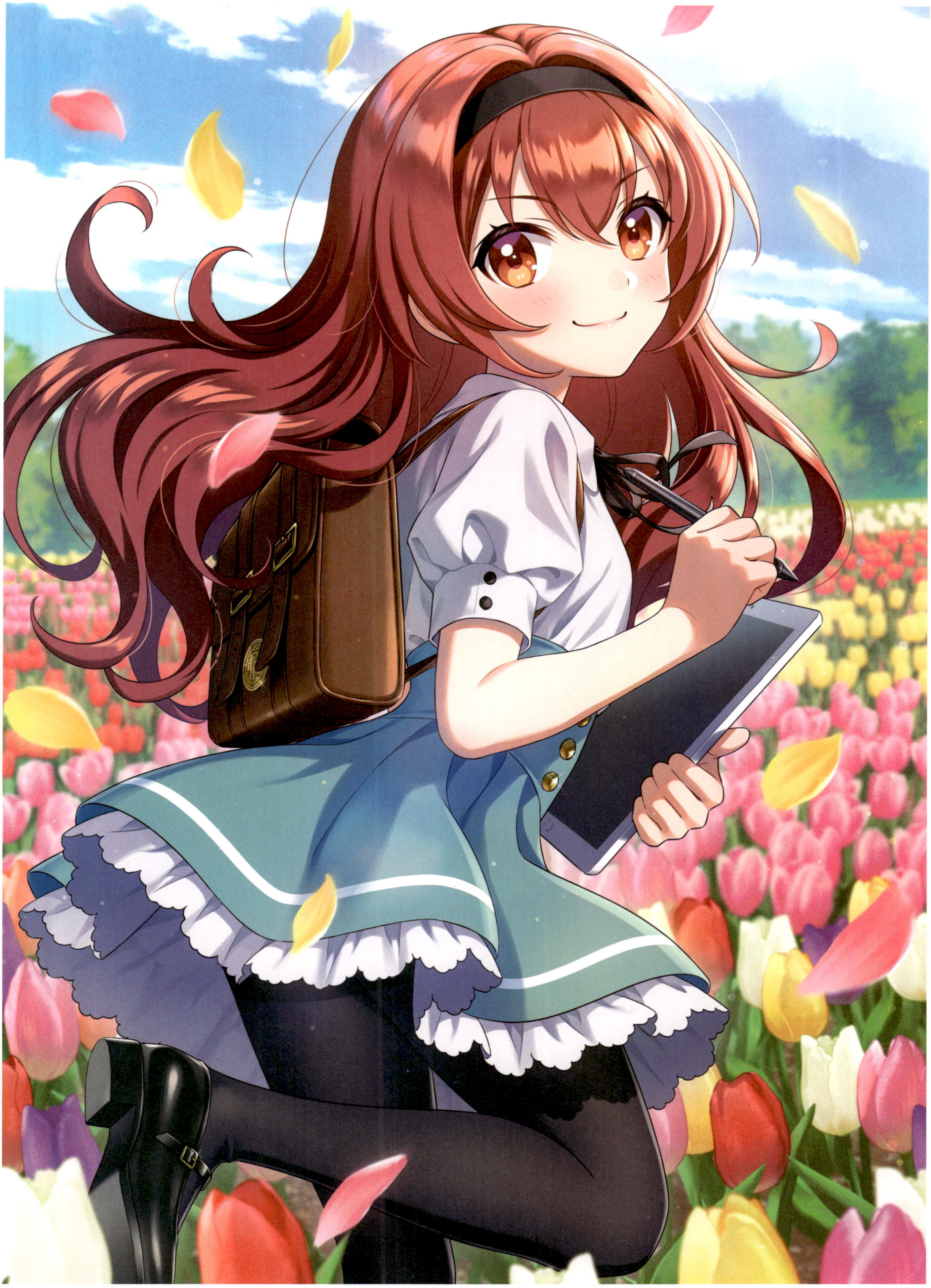

『創彩少女庭園』小石川 エマ【聖アイリス女学園高等部・夏服】パッケージイラスト

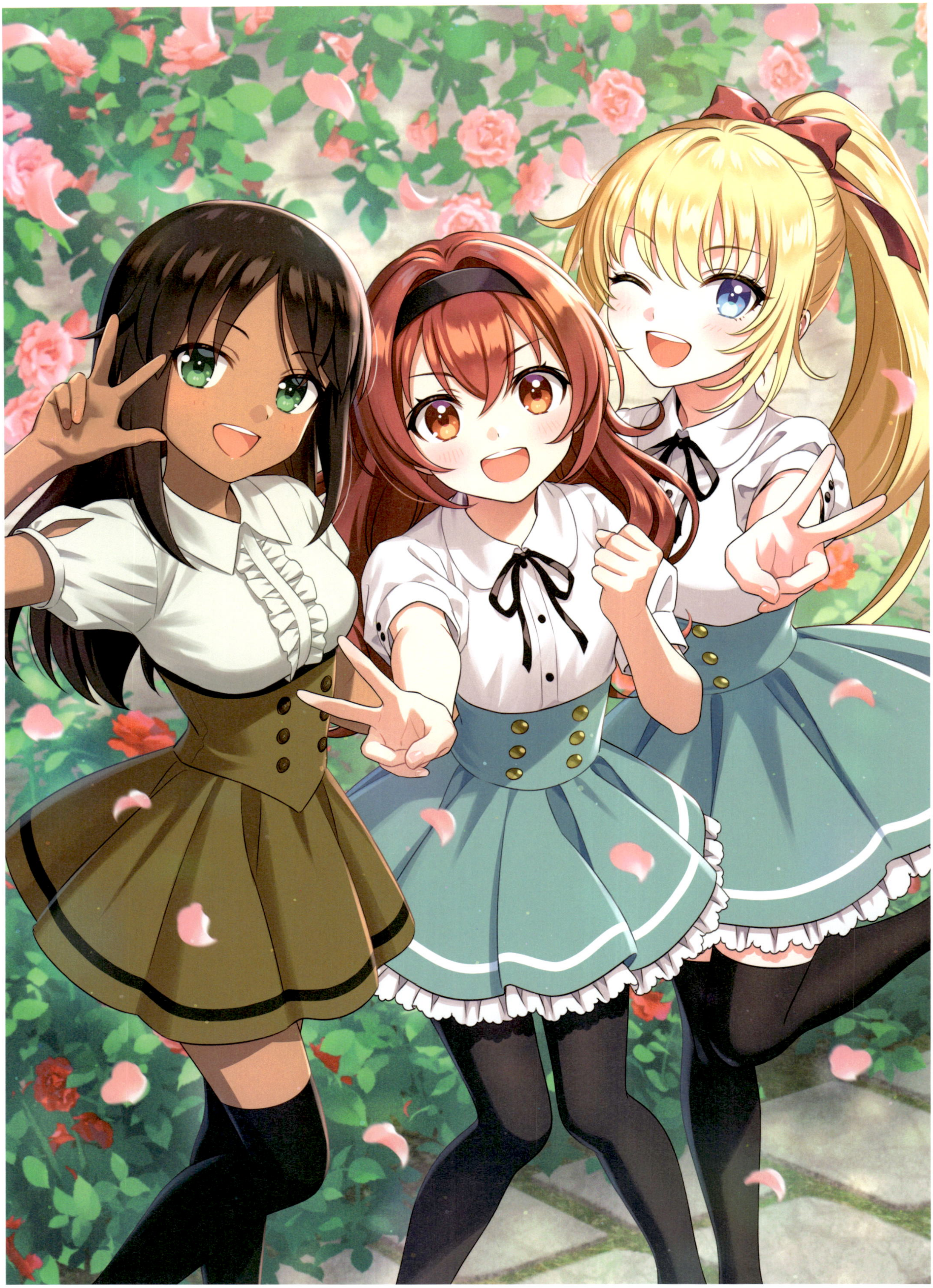

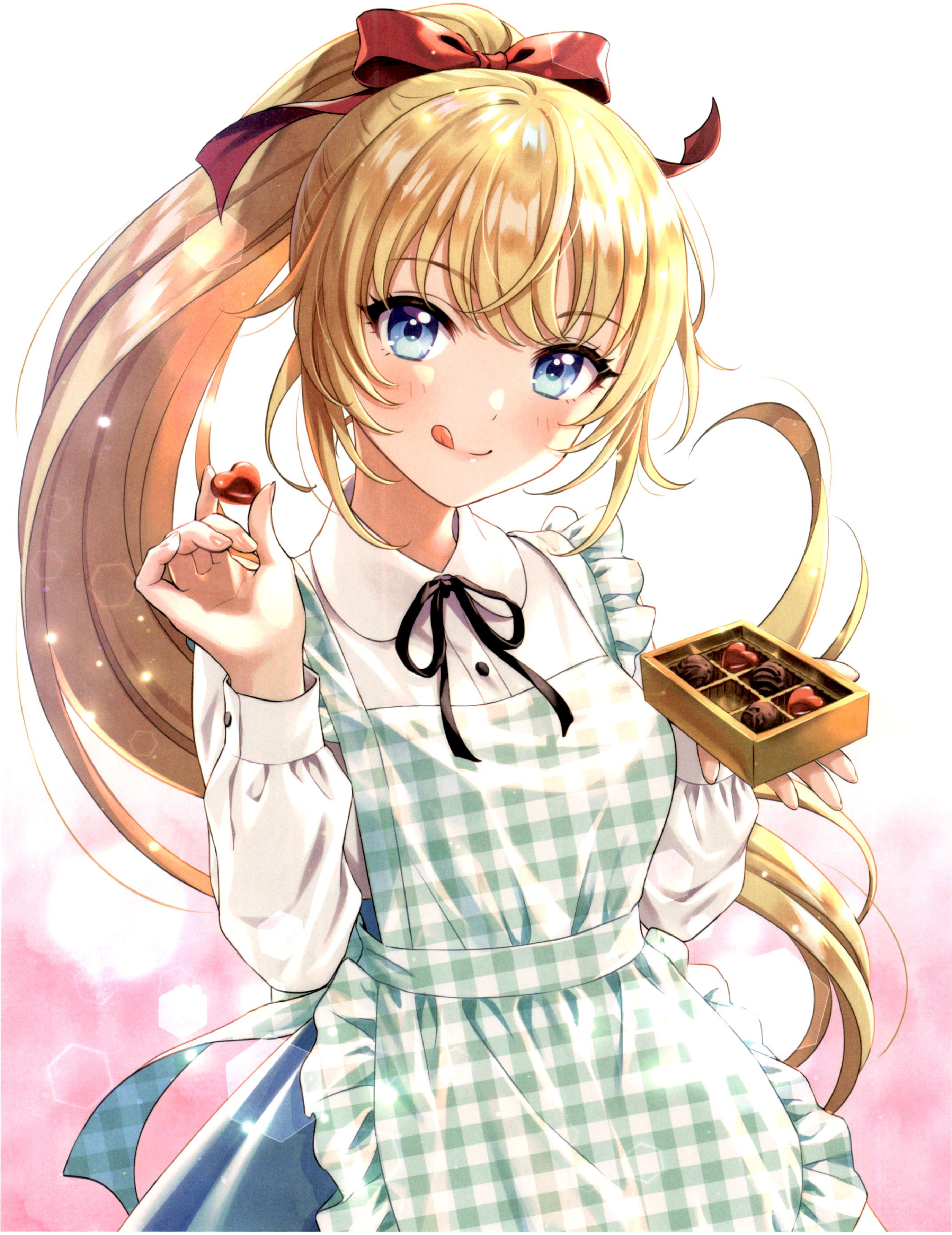

『創彩少女庭園』佐伯 リツカ バレンタインイラスト

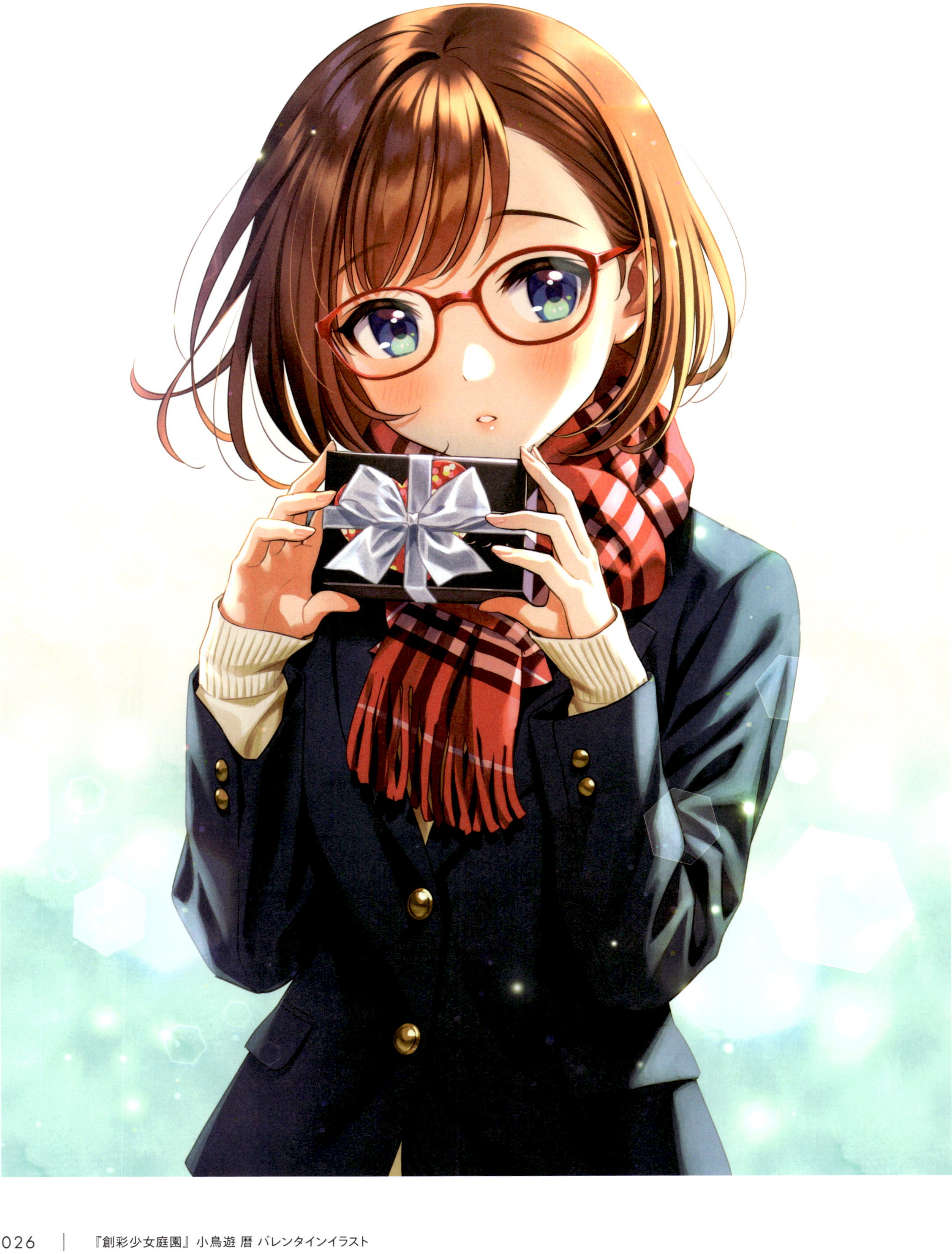

『創彩少女庭園』小鳥遊 暦 バレンタインイラスト

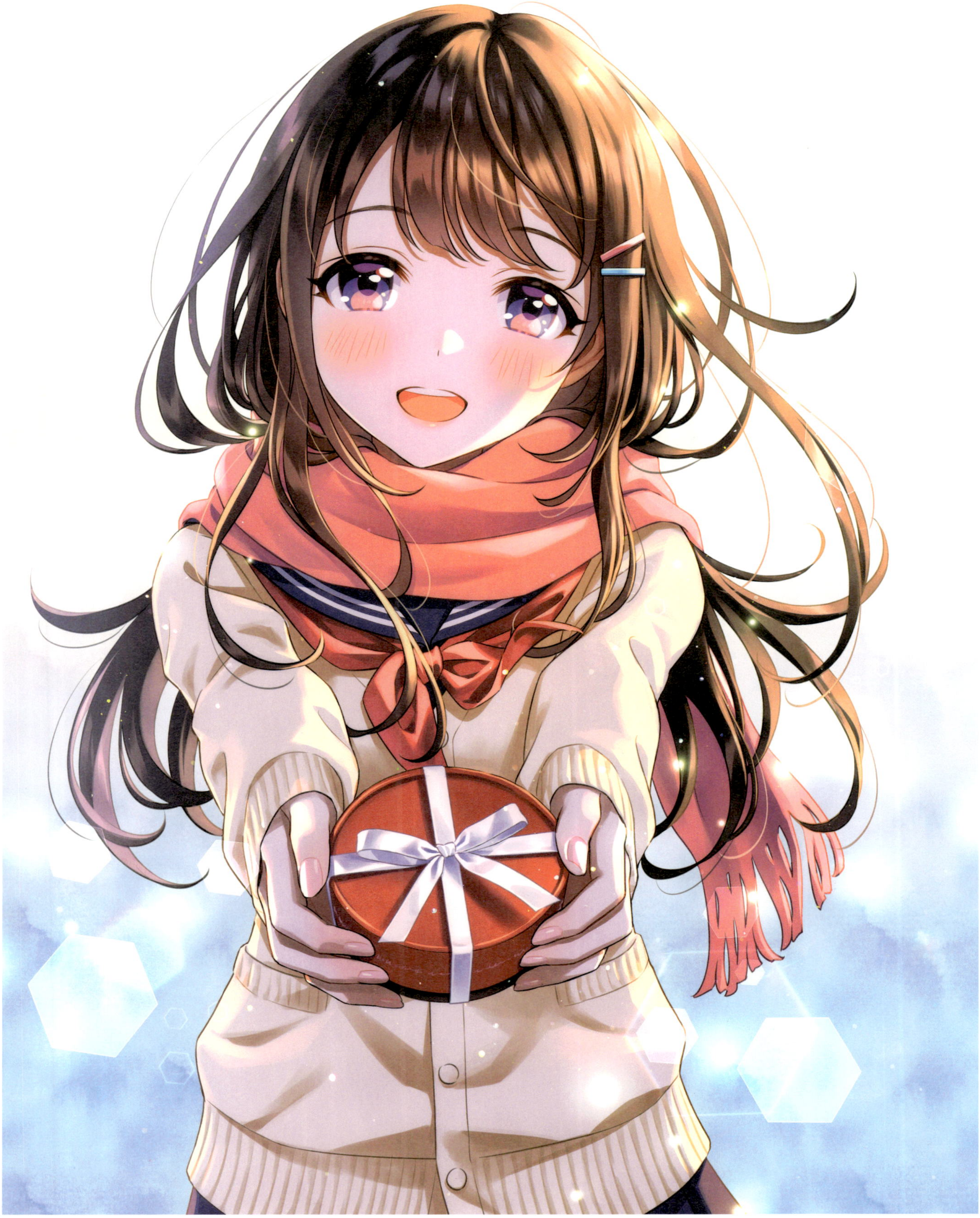

『創彩少女庭園』結城 まどか バレンタインイラスト

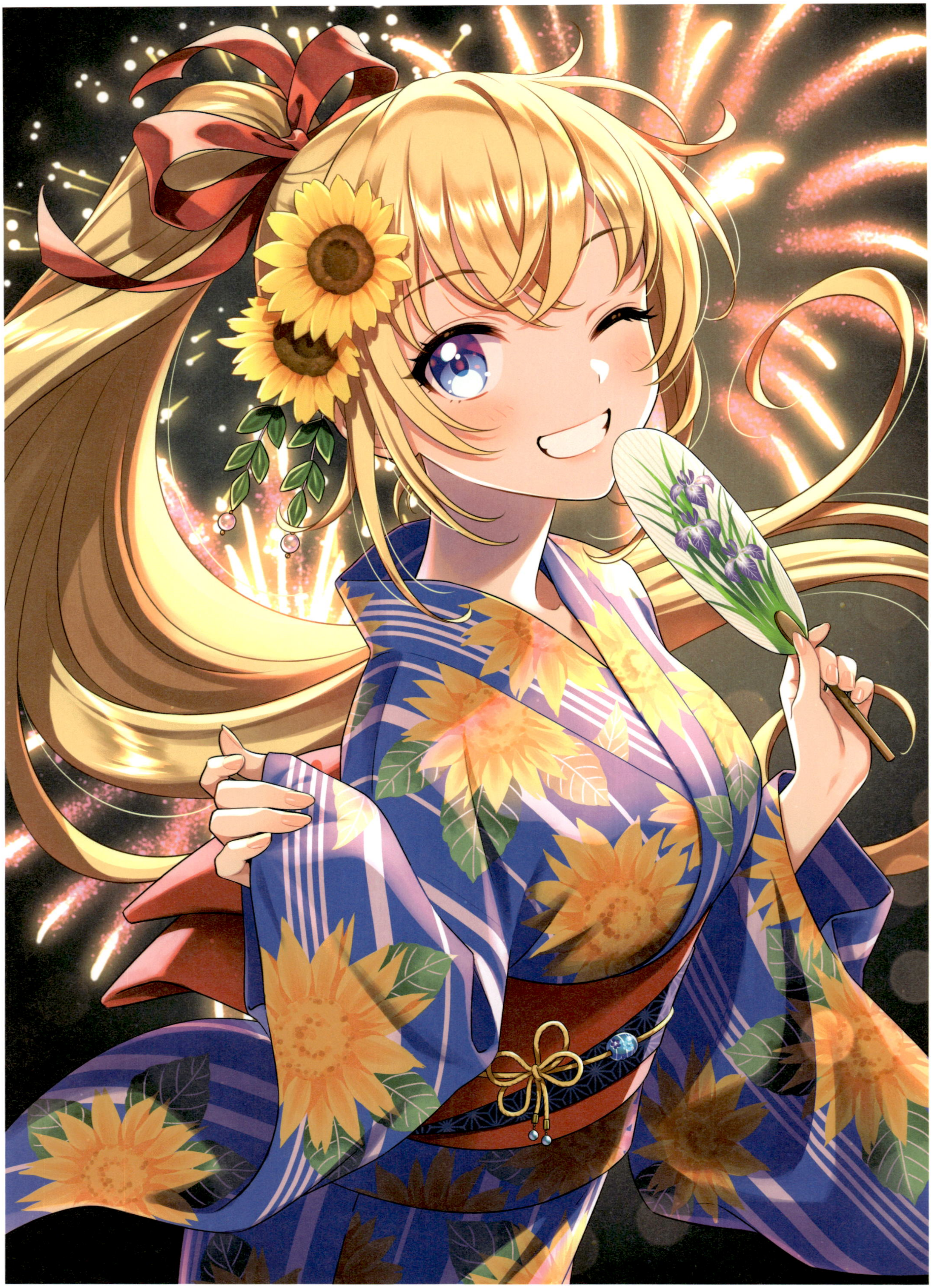

『創彩少女庭園』佐伯 リツカ 誕生日イラスト2021

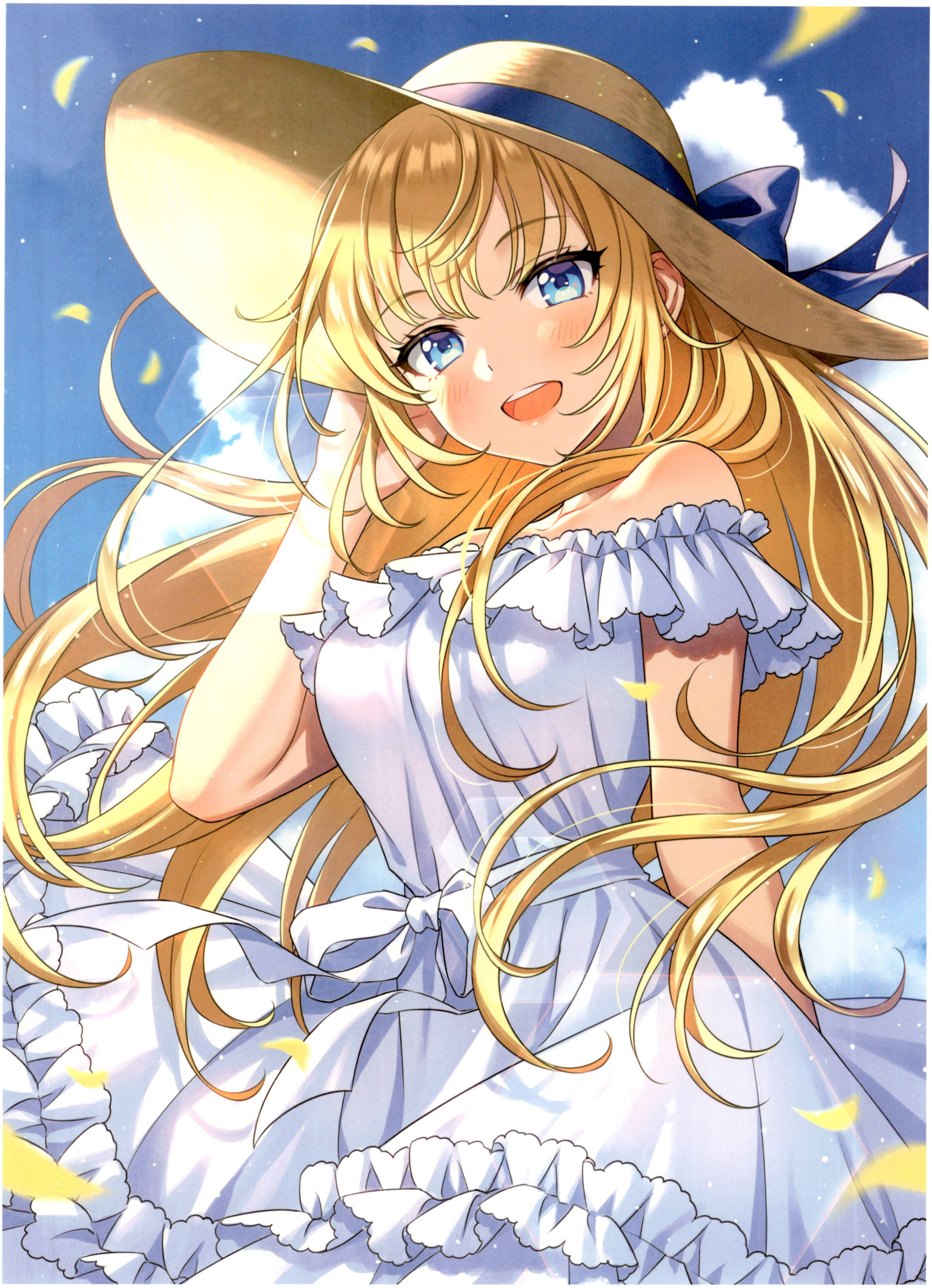

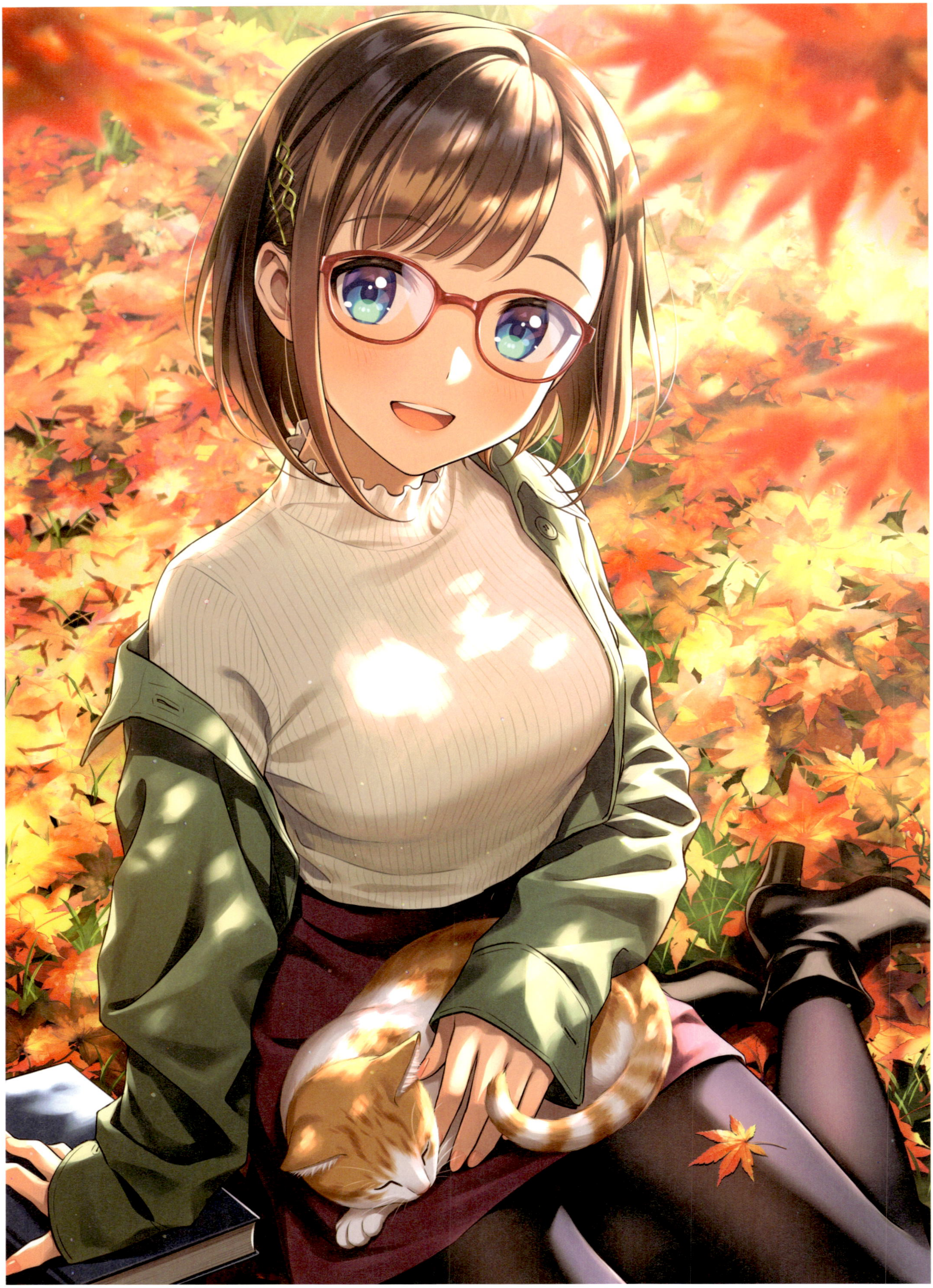

『創彩少女庭園』小鳥遊 暦 誕生日イラスト2021

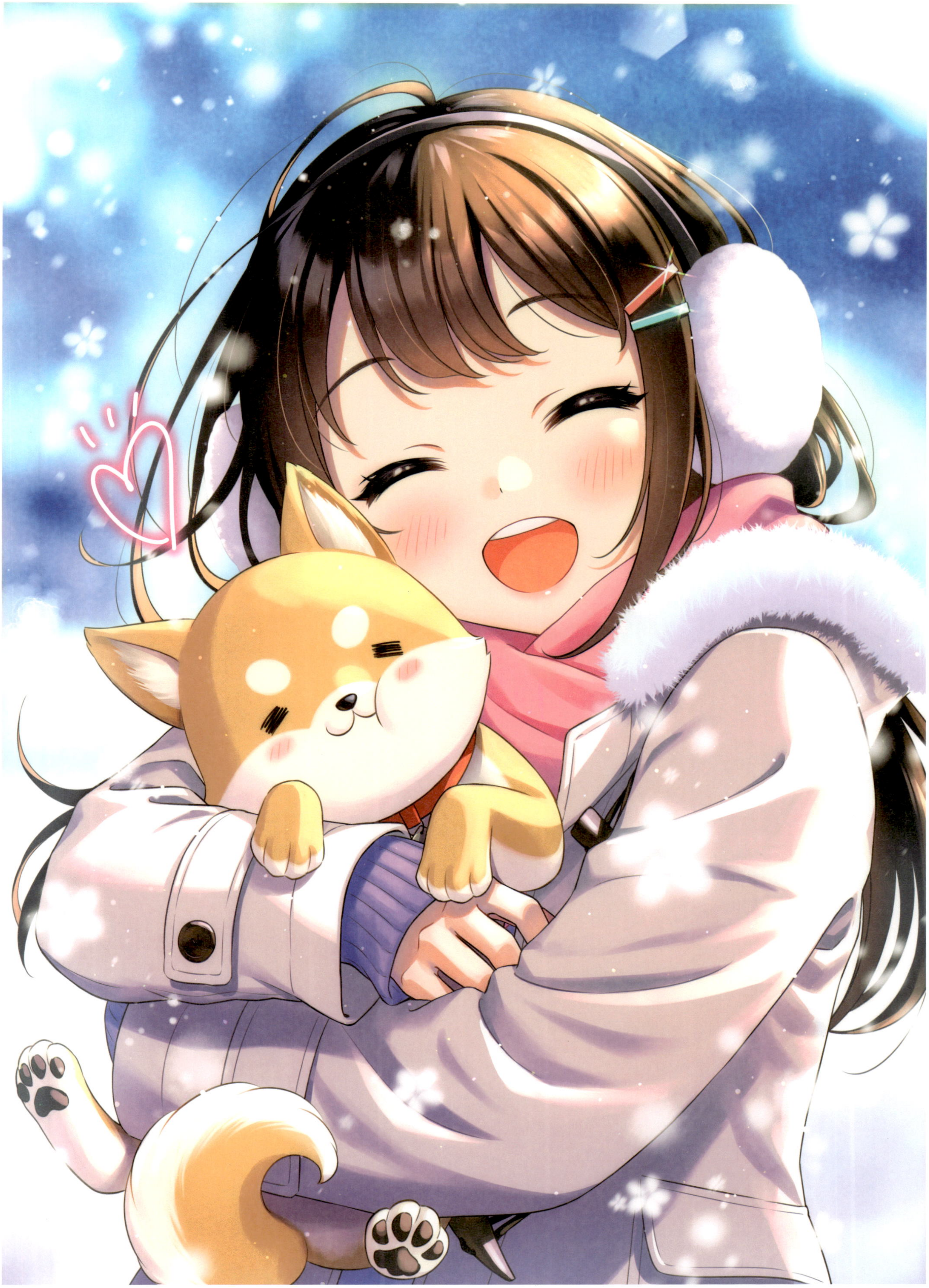

『創彩少女庭園』結城 まどか 誕生日イラスト2022

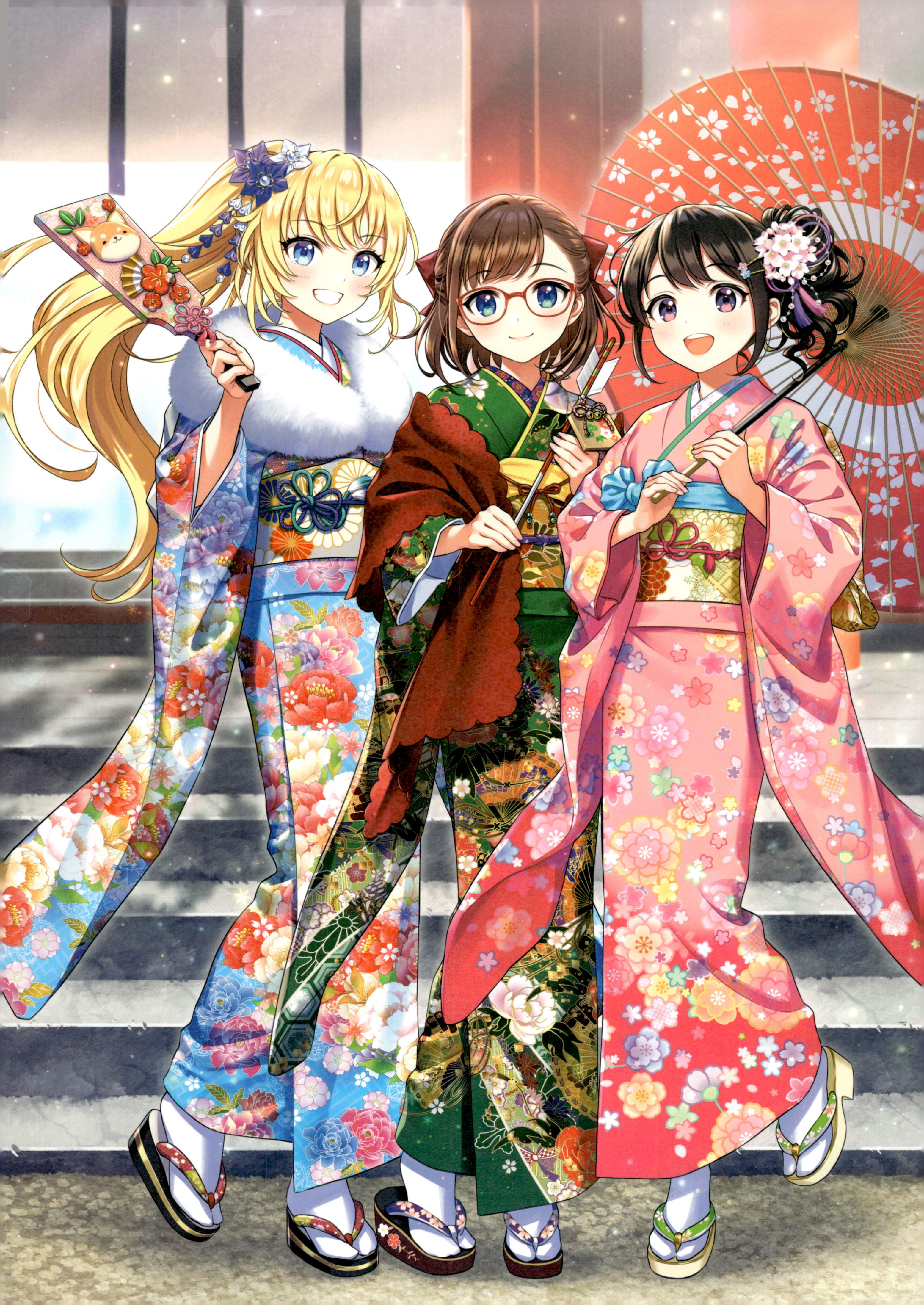

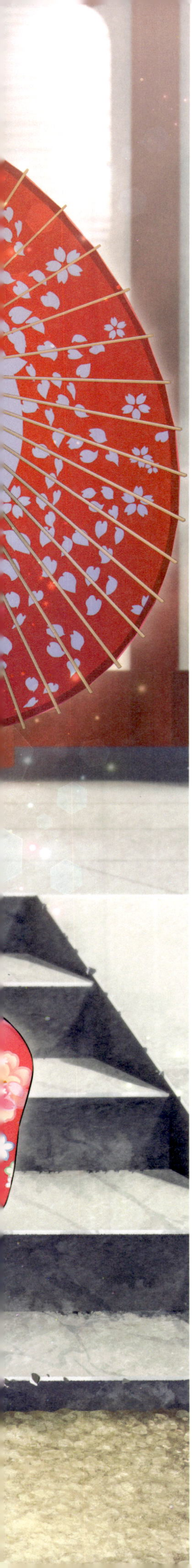

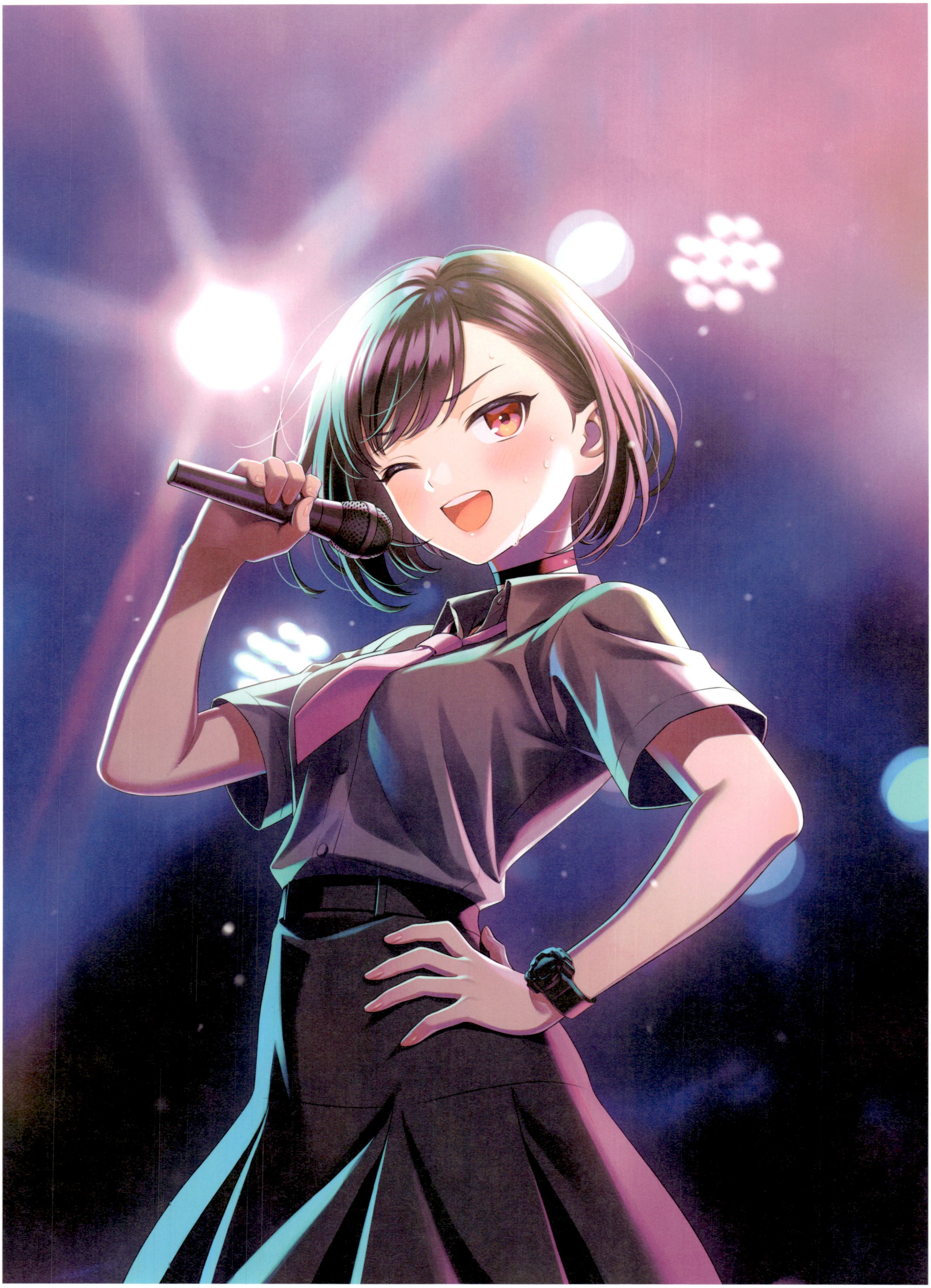

『創彩少女庭園』YOMI【Black Canvas】パッケージイラスト

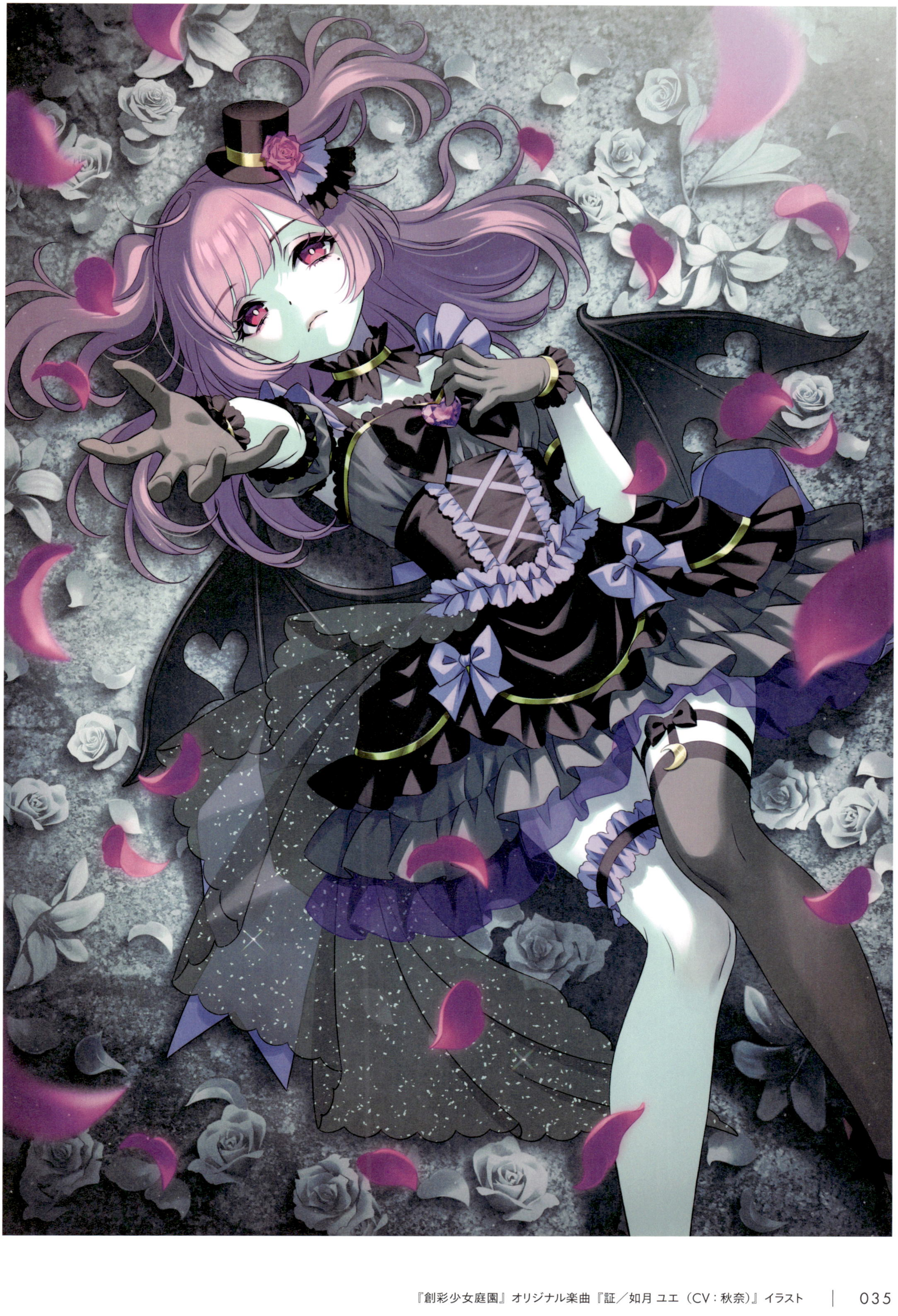

『創彩少女庭園』オリジナル楽曲『証／如月 ユエ（CV：秋奈）』イラスト

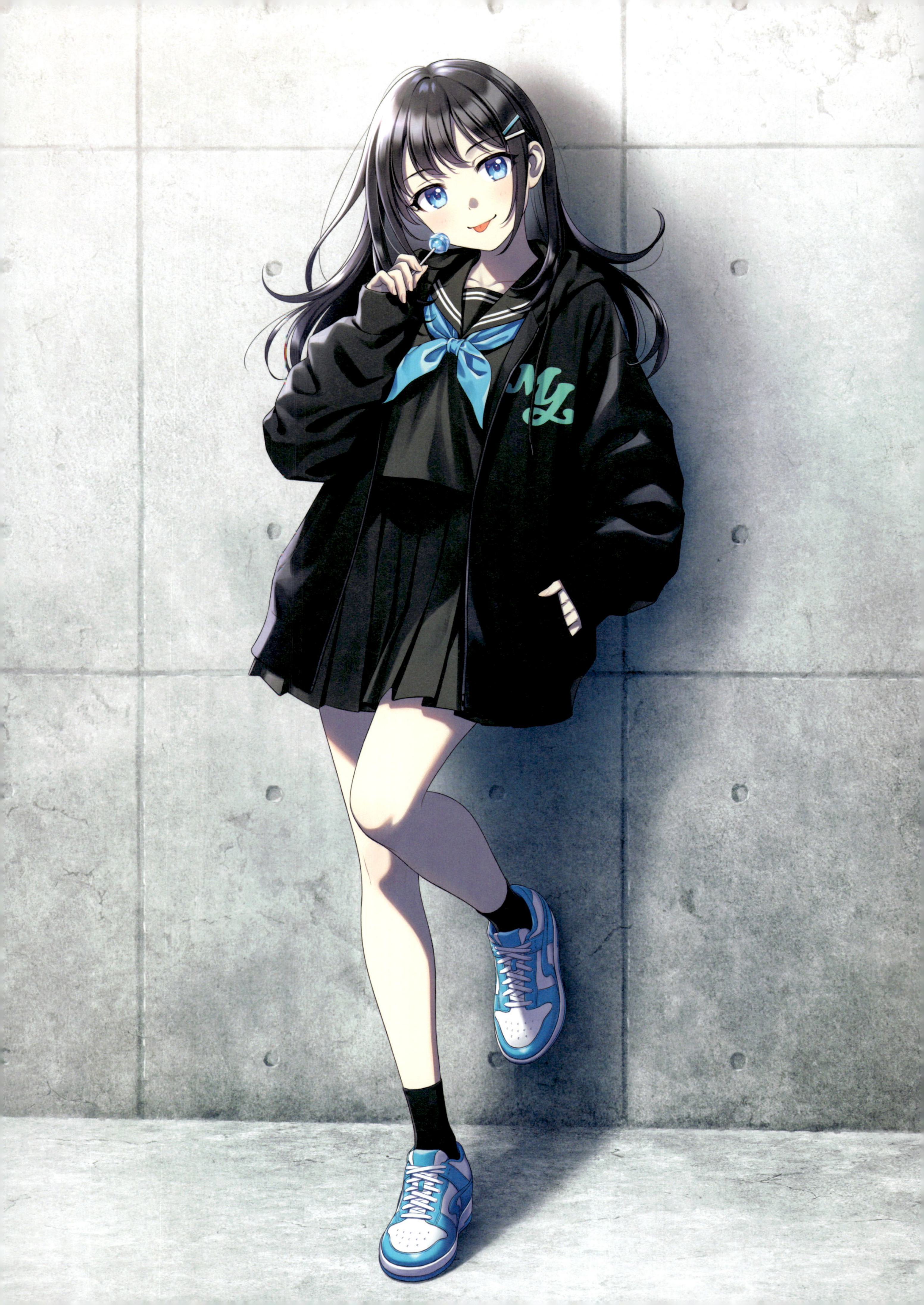

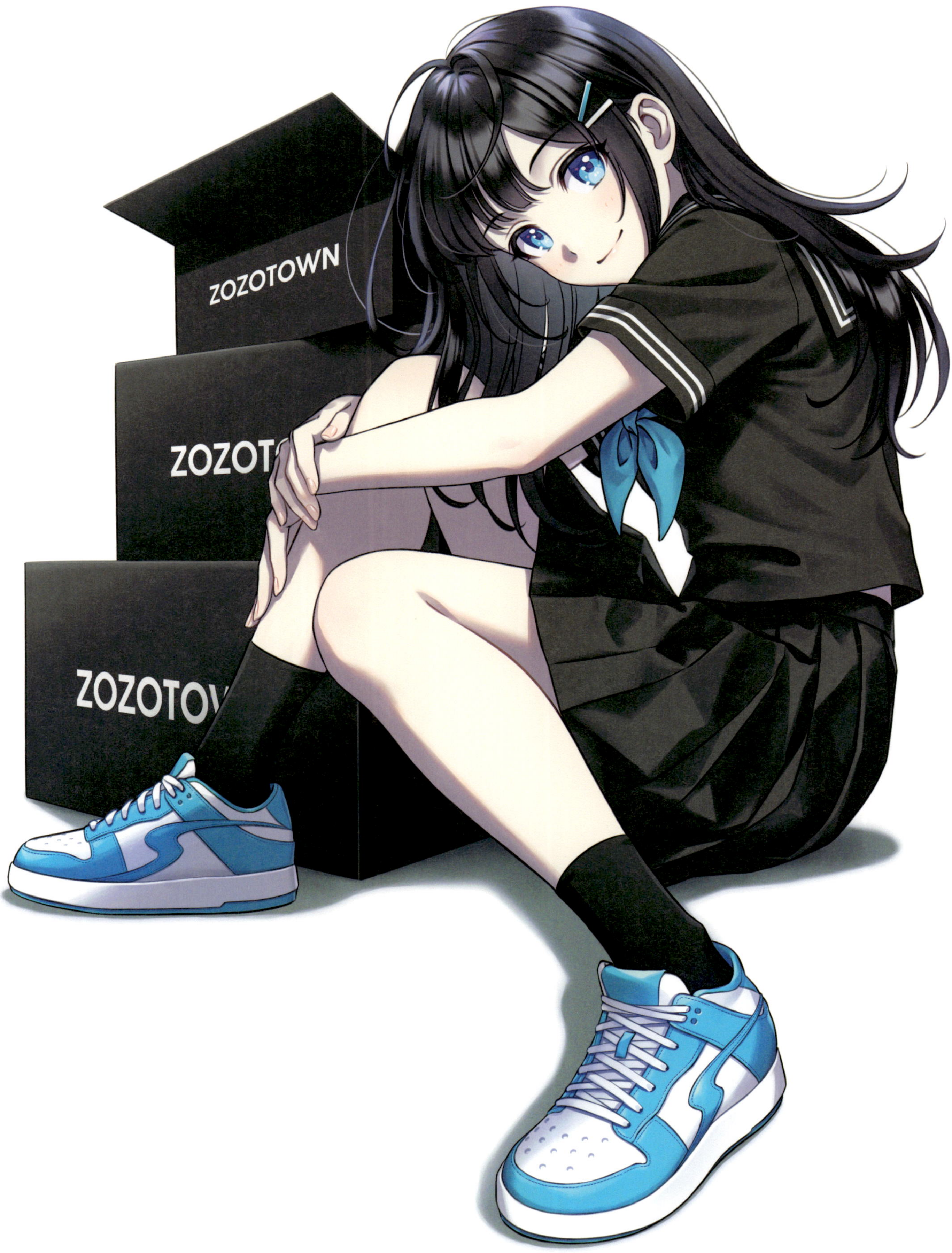

（左）『創彩少女庭園』× ZOZOTOWN コラボビジュアル ／ （右）『創彩少女庭園』結城 まどか【桃桜高校・夏服】Black Canvas パッケージイラスト

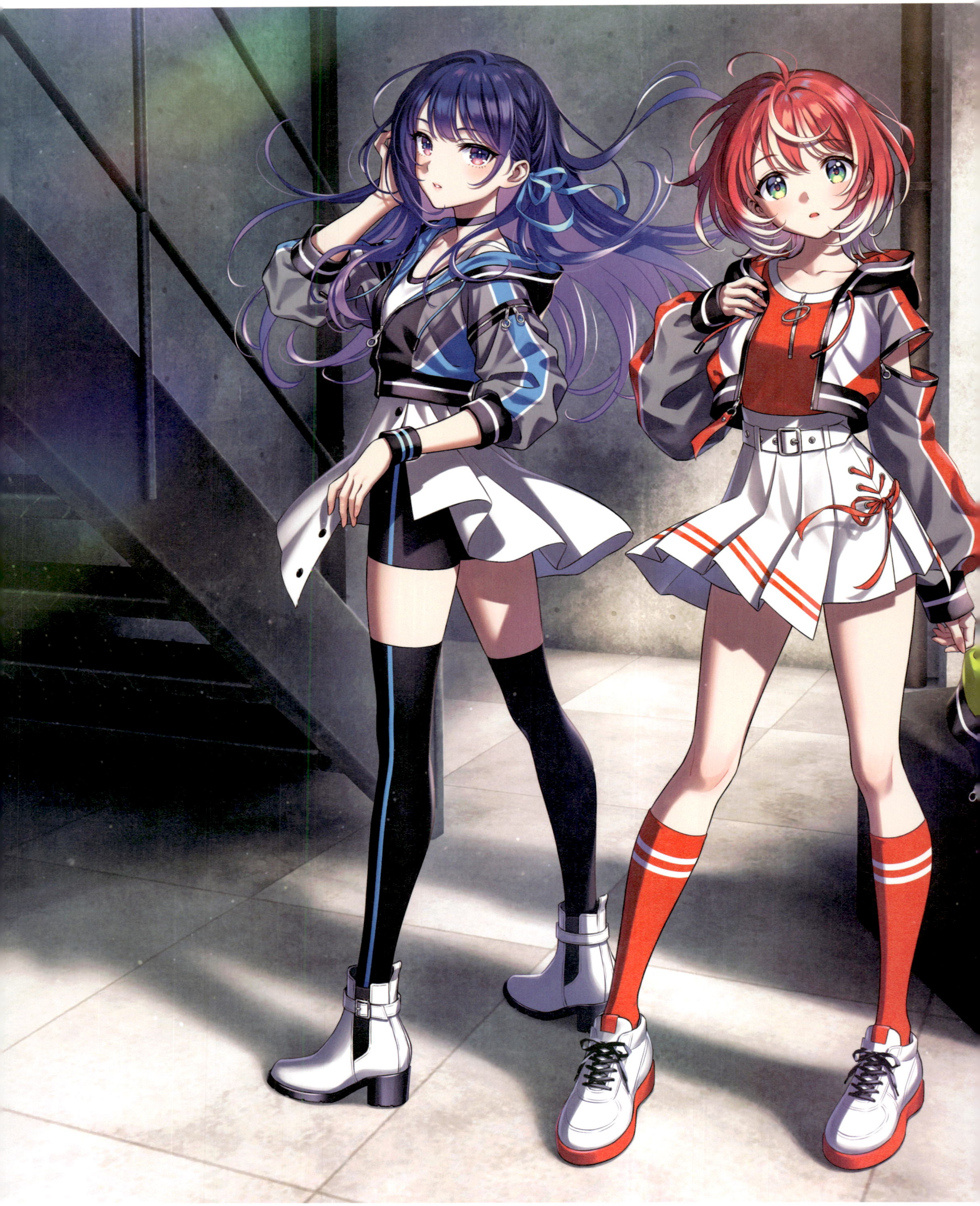

『PROJECT IM@S　va-liv（ヴイアライヴ）』キービジュアル

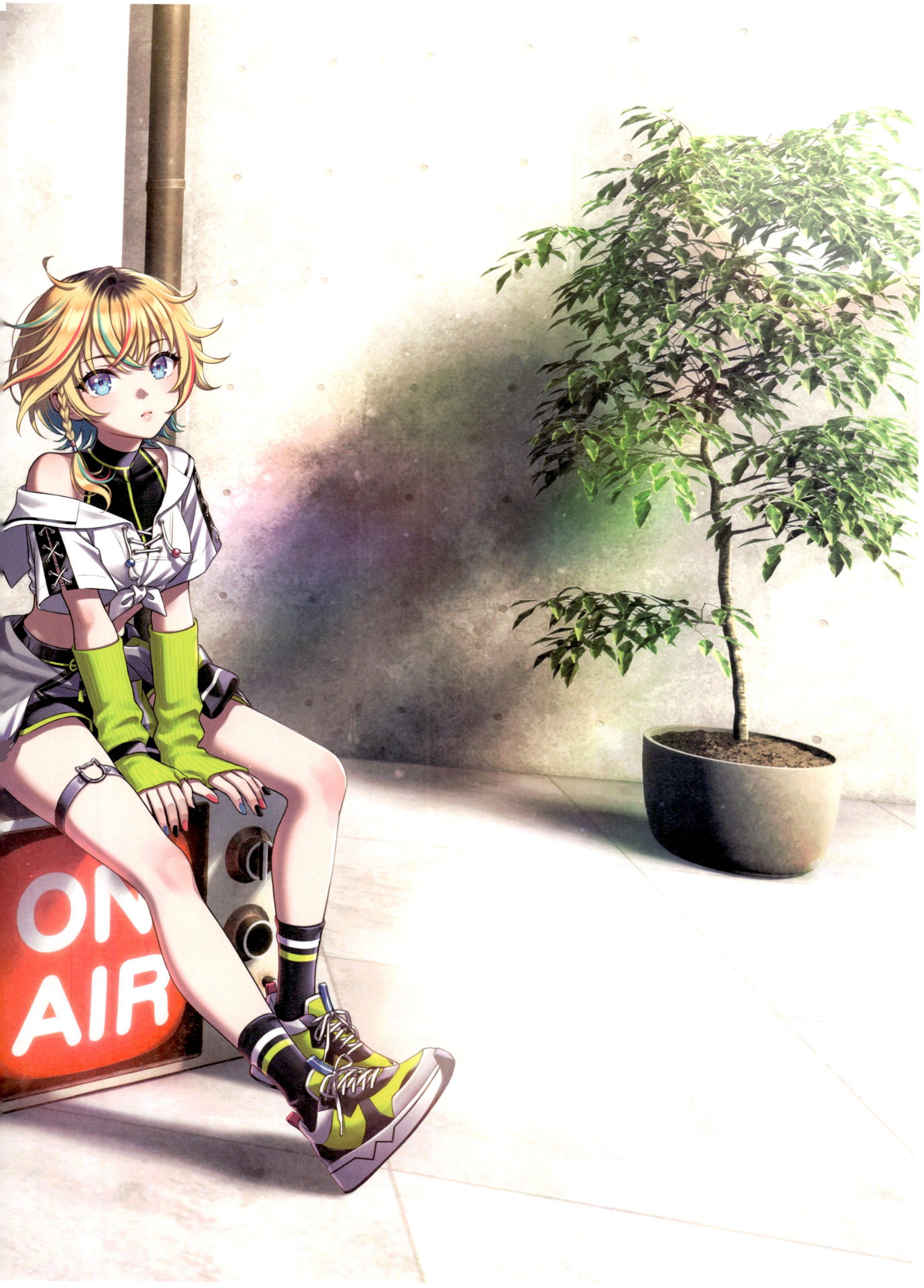
ON
AIR

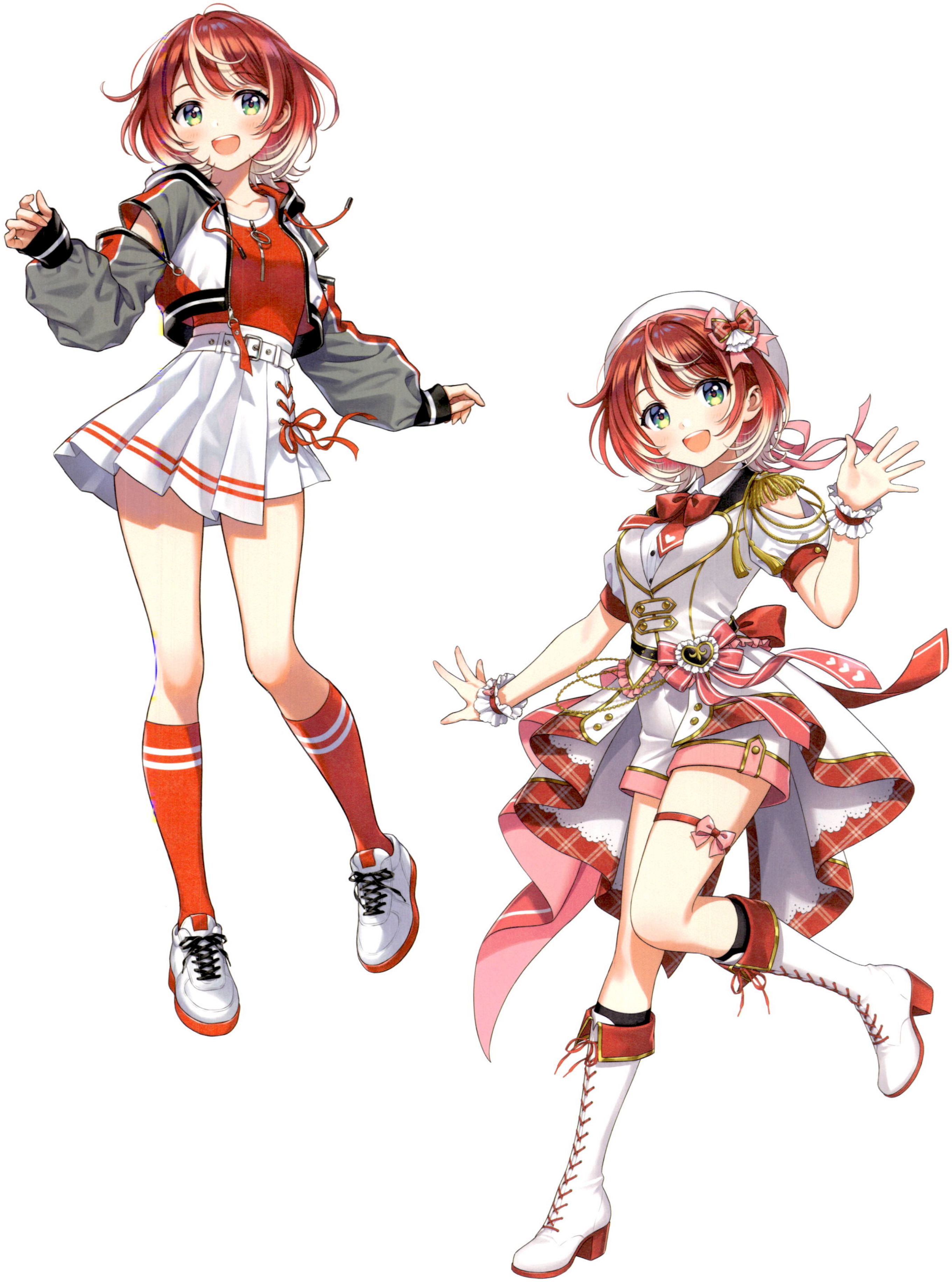

 『PROJECT IM@S　va-liv（ヴィアライヴ）』灯里愛夏 ライバー衣装 & アイドル衣装

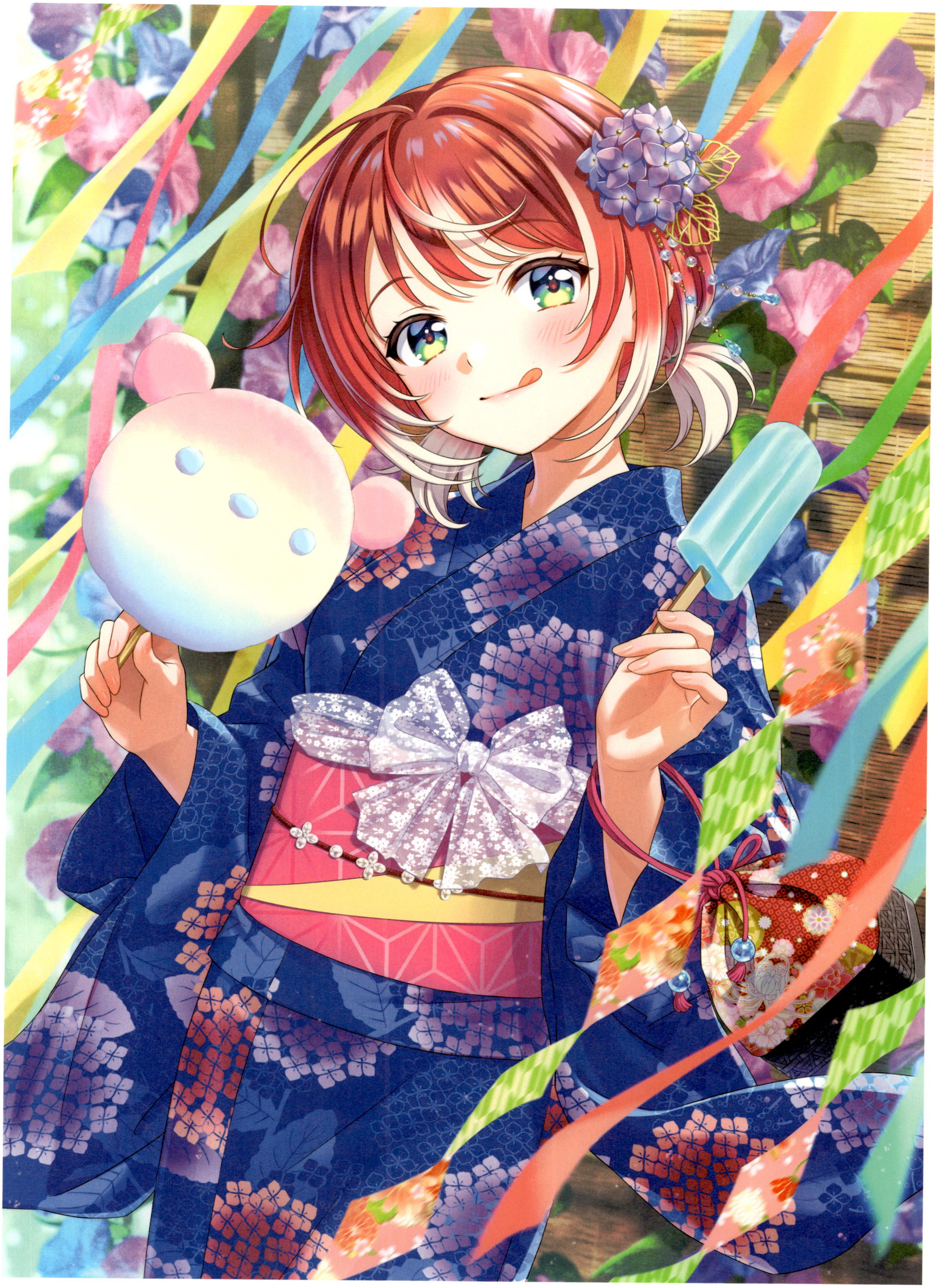

『PROJECT IM@S　va-liv（ヴイアライヴ）』灯里愛夏 2023誕生日記念イラスト

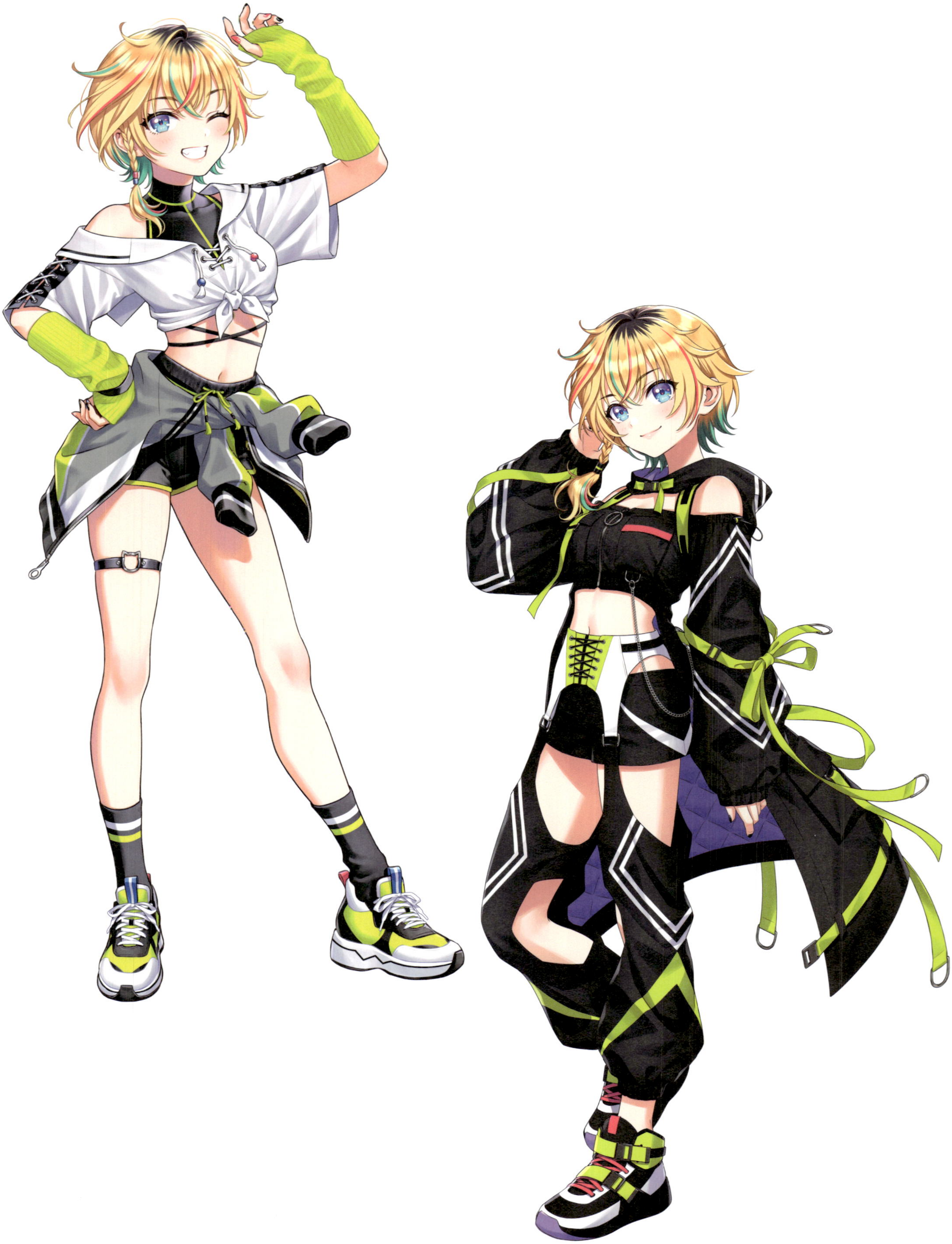

『PROJECT IM@S　va-liv（ヴイアライヴ）』レトラ ライバー衣装 & アイドル衣装

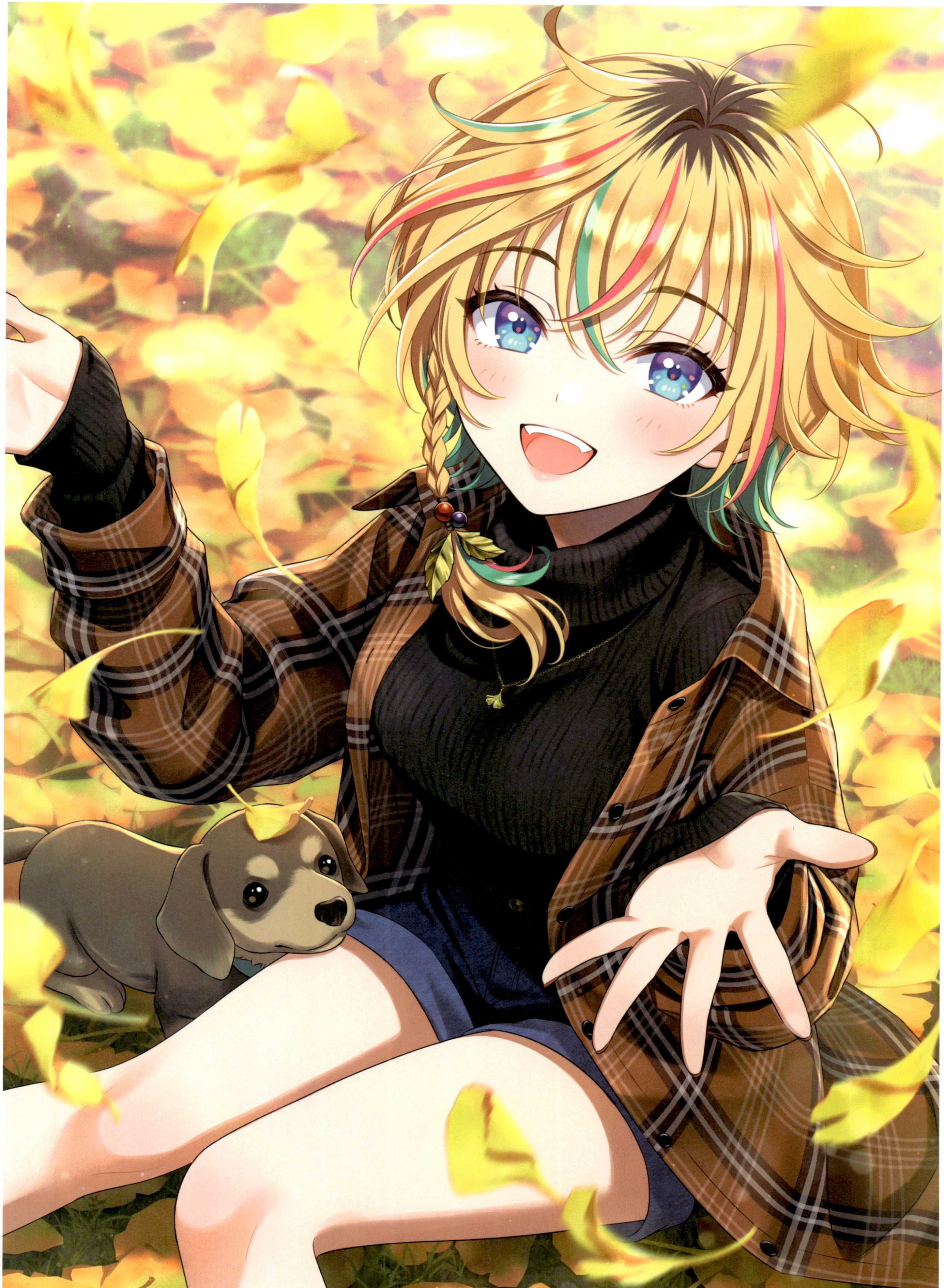

『PROJECT IM@S　va-liv（ヴイアライヴ）』レトラ 2023 誕生日記念イラスト

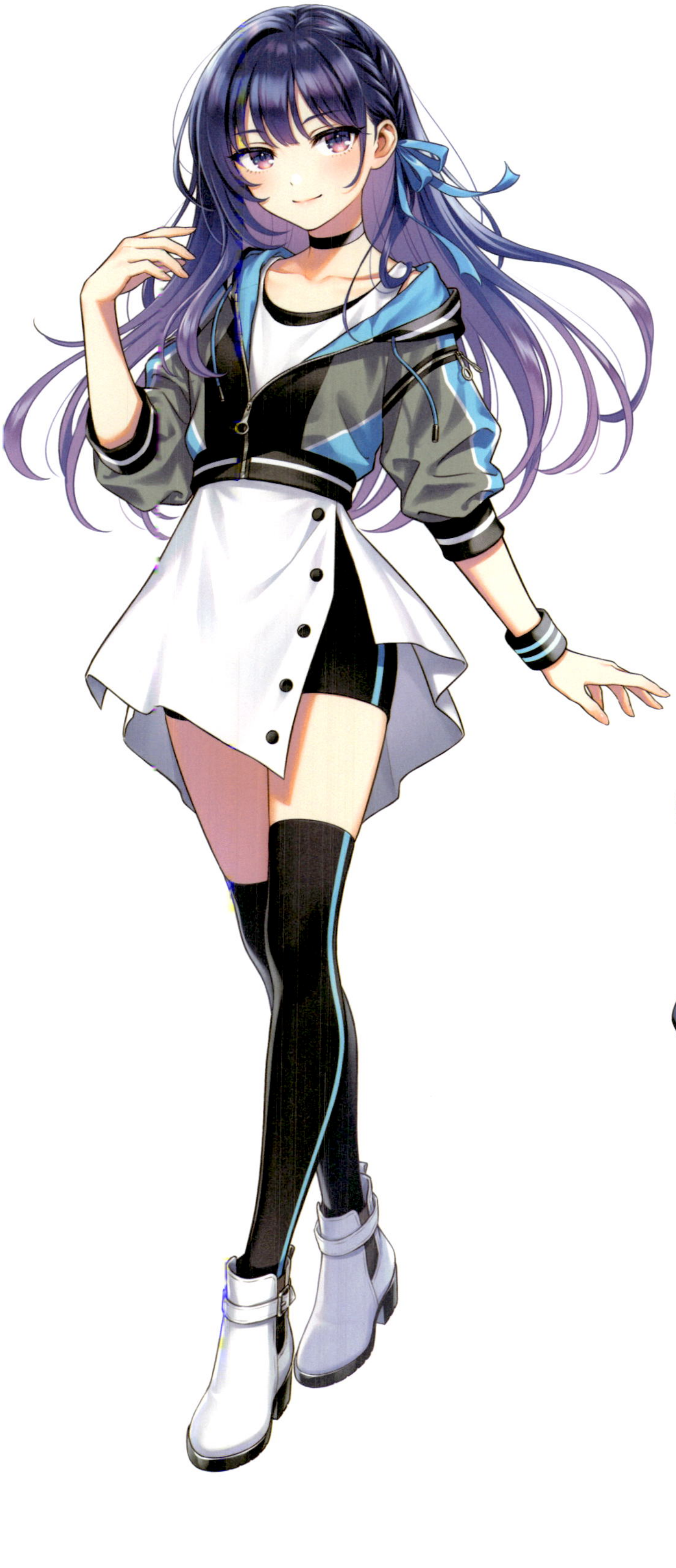

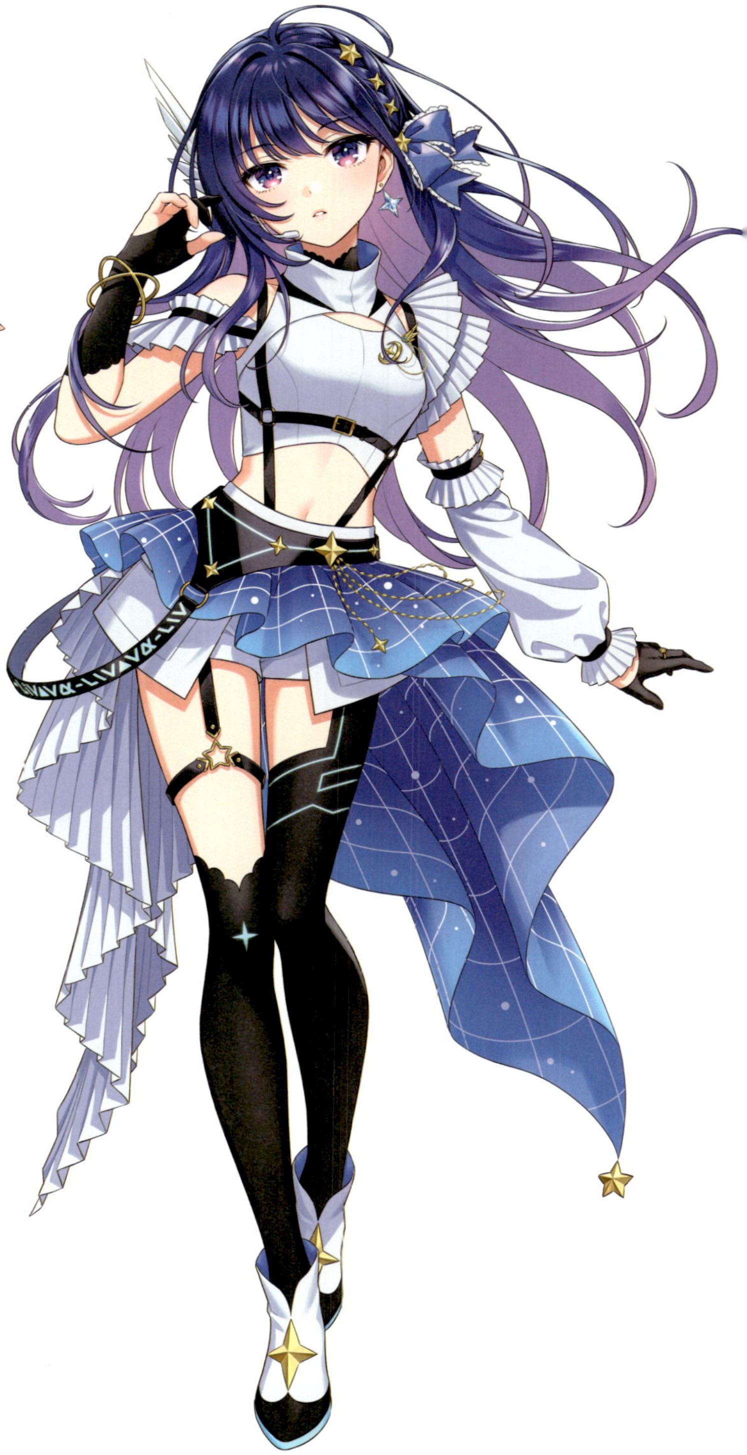

『PROJECT IM@S　va-liv（ヴイアライヴ）』上水流宇宙 ライバー衣装 & アイドル衣装

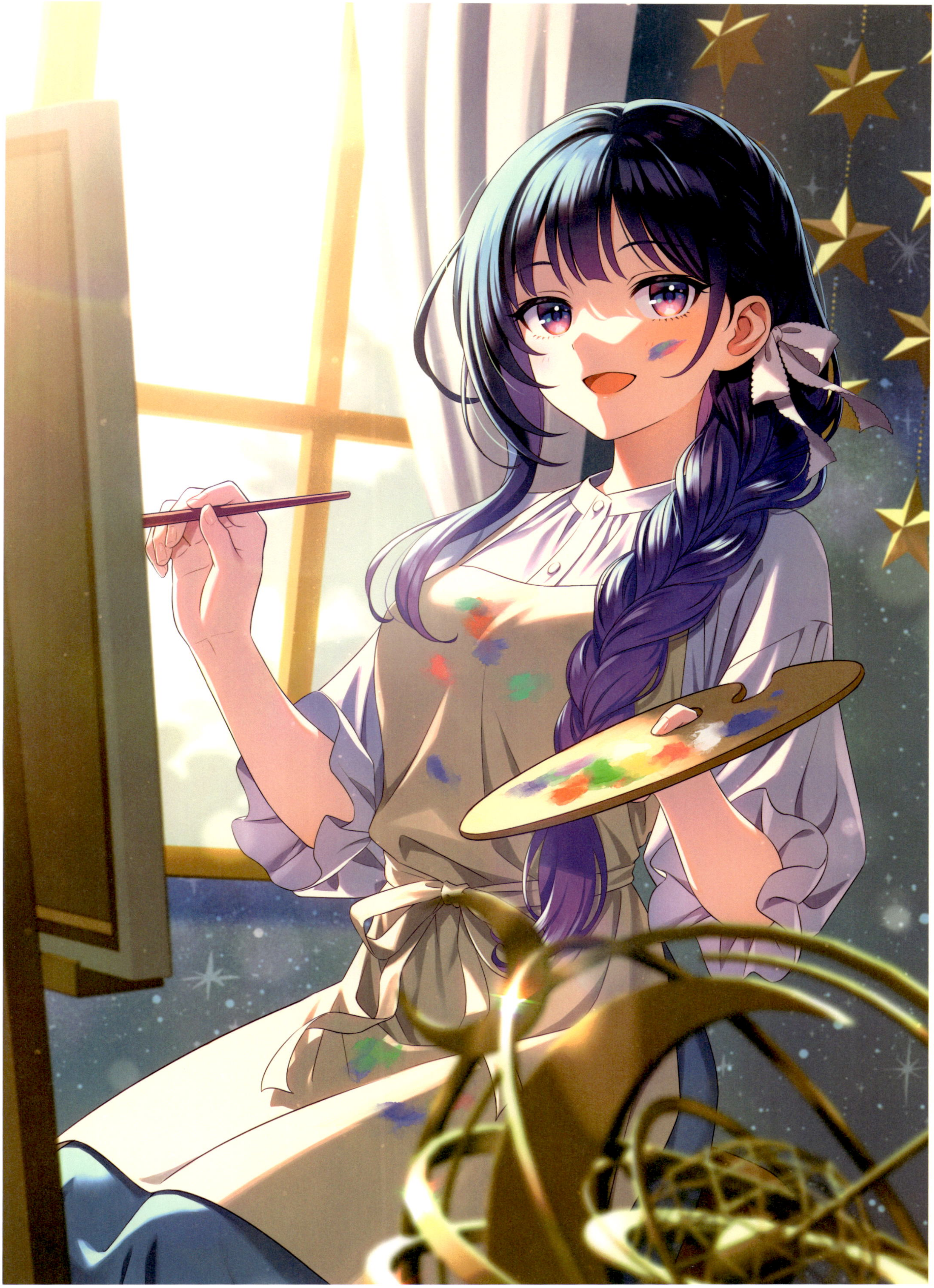

『PROJECT IM@S　va-liv（ヴイアライヴ）』上水流宇宙 2023 誕生日記念イラスト

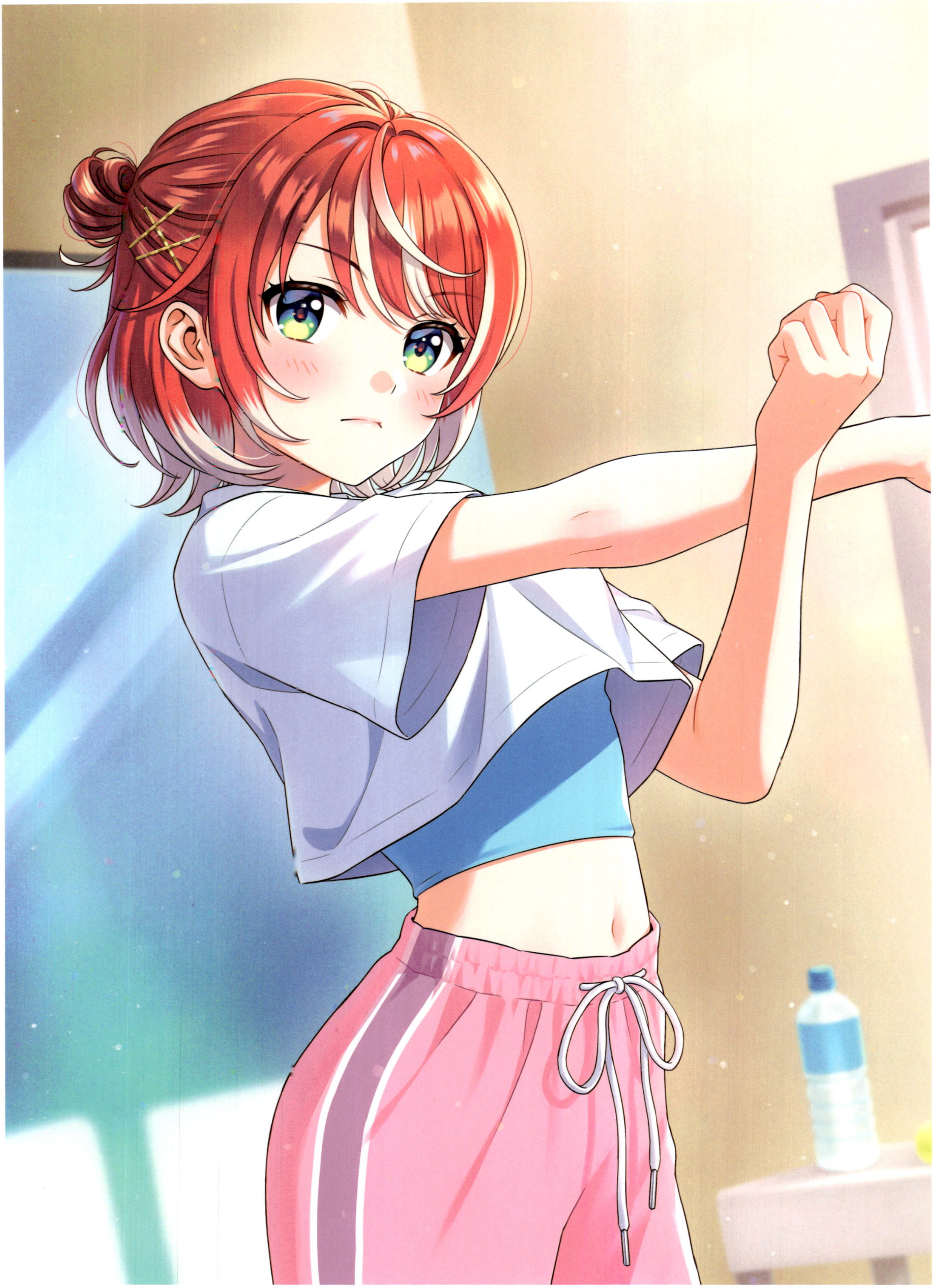

 | 『PROJECT IM@S va-liv（ヴイアライヴ）』灯里愛夏 2024 誕生日記念イラスト

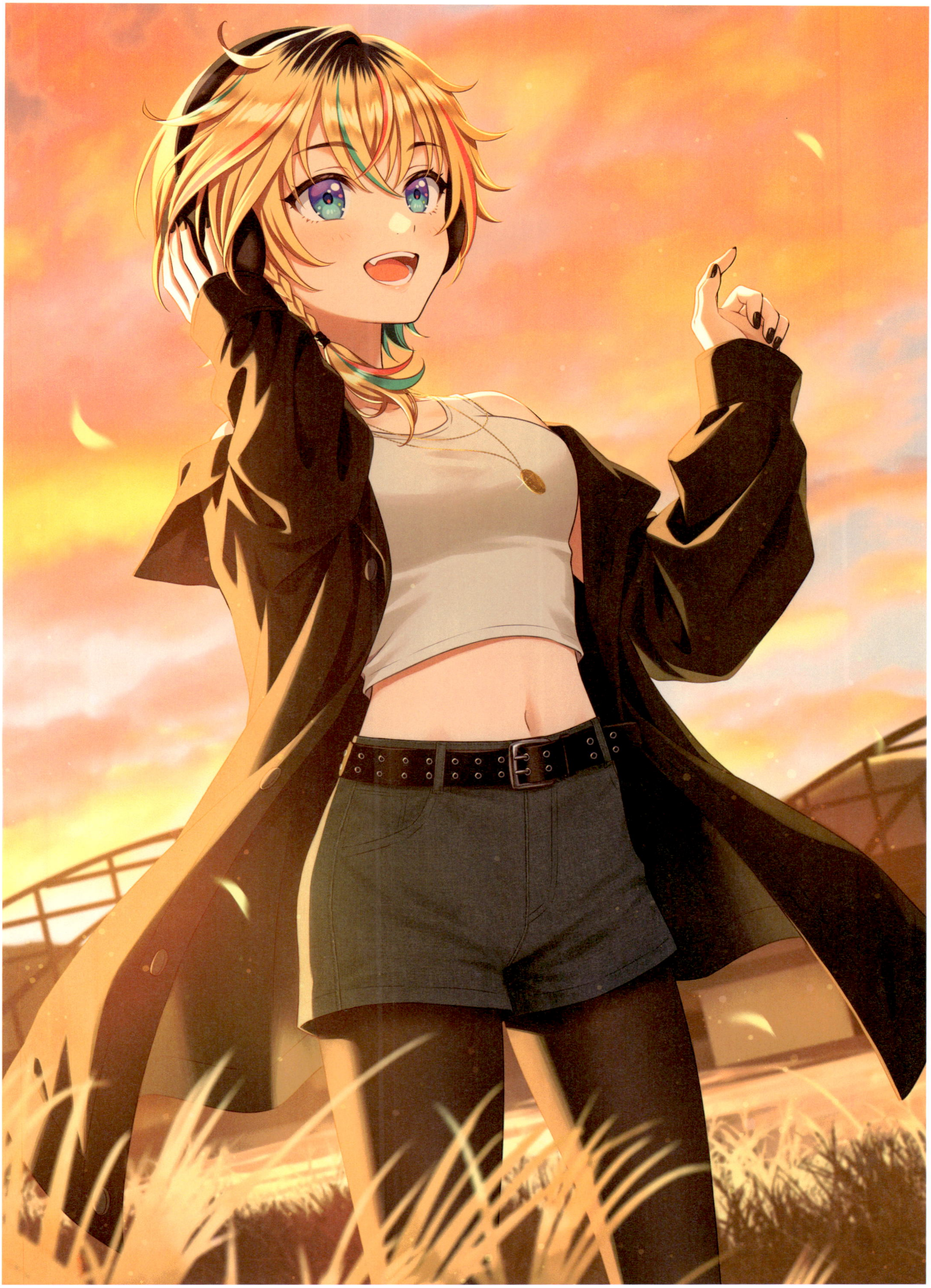

『PROJECT IM@S　va-liv（ヴイアライヴ）』レトラ 2024 誕生日記念イラスト

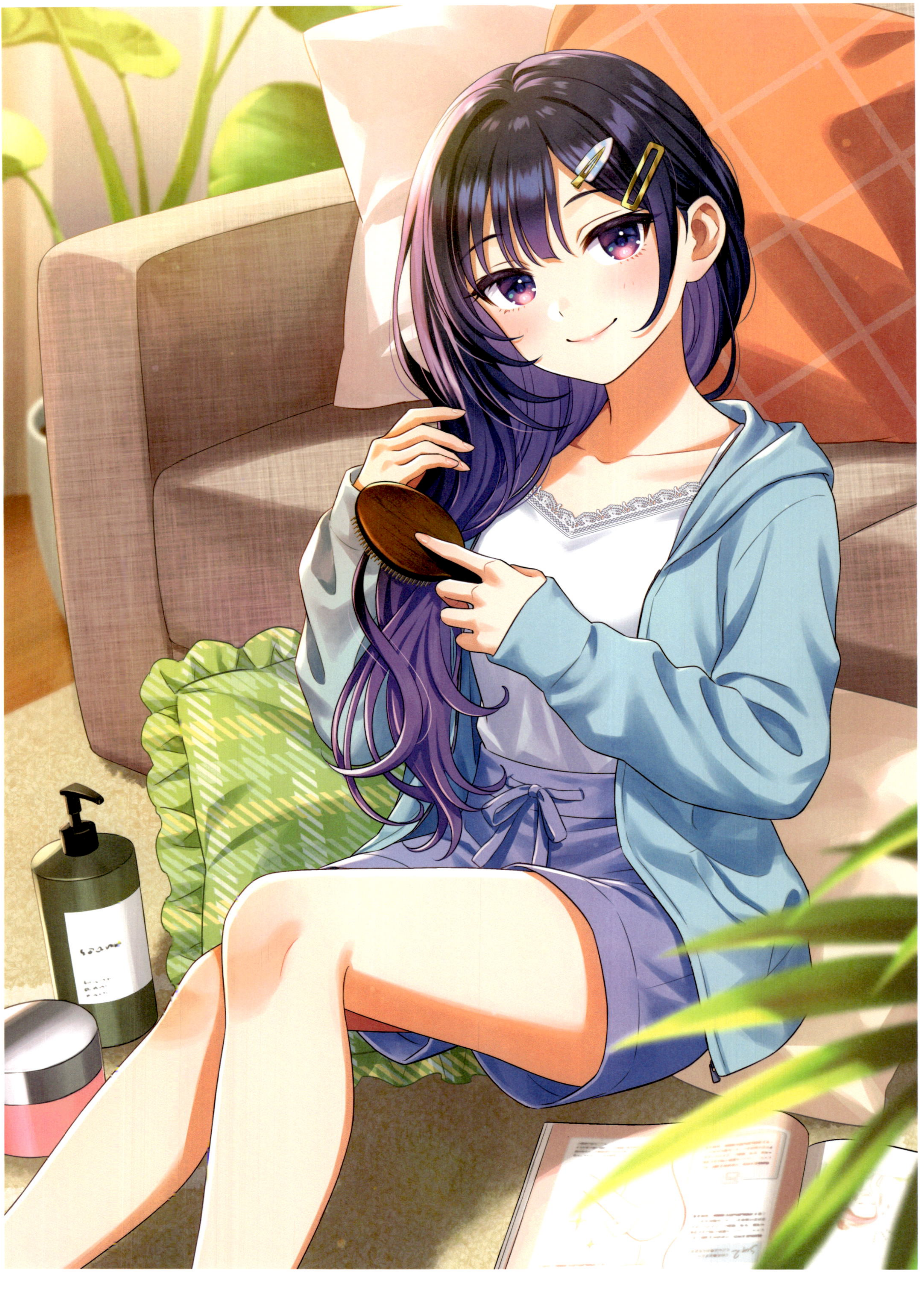

『PROJECT IM@S va-liv（ヴイアライヴ）』上水流宇宙 2024 誕生日記念イラスト

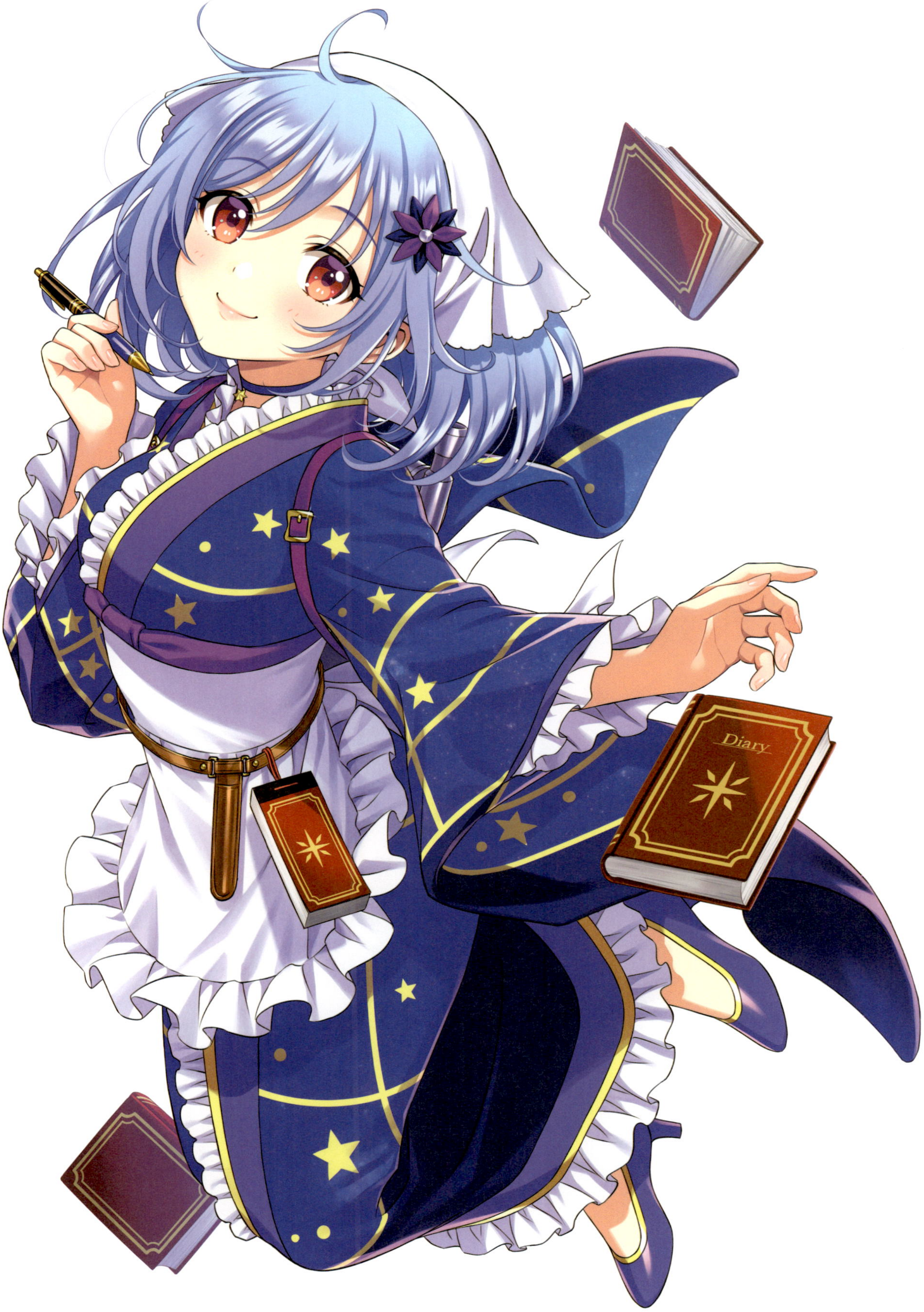
Diary

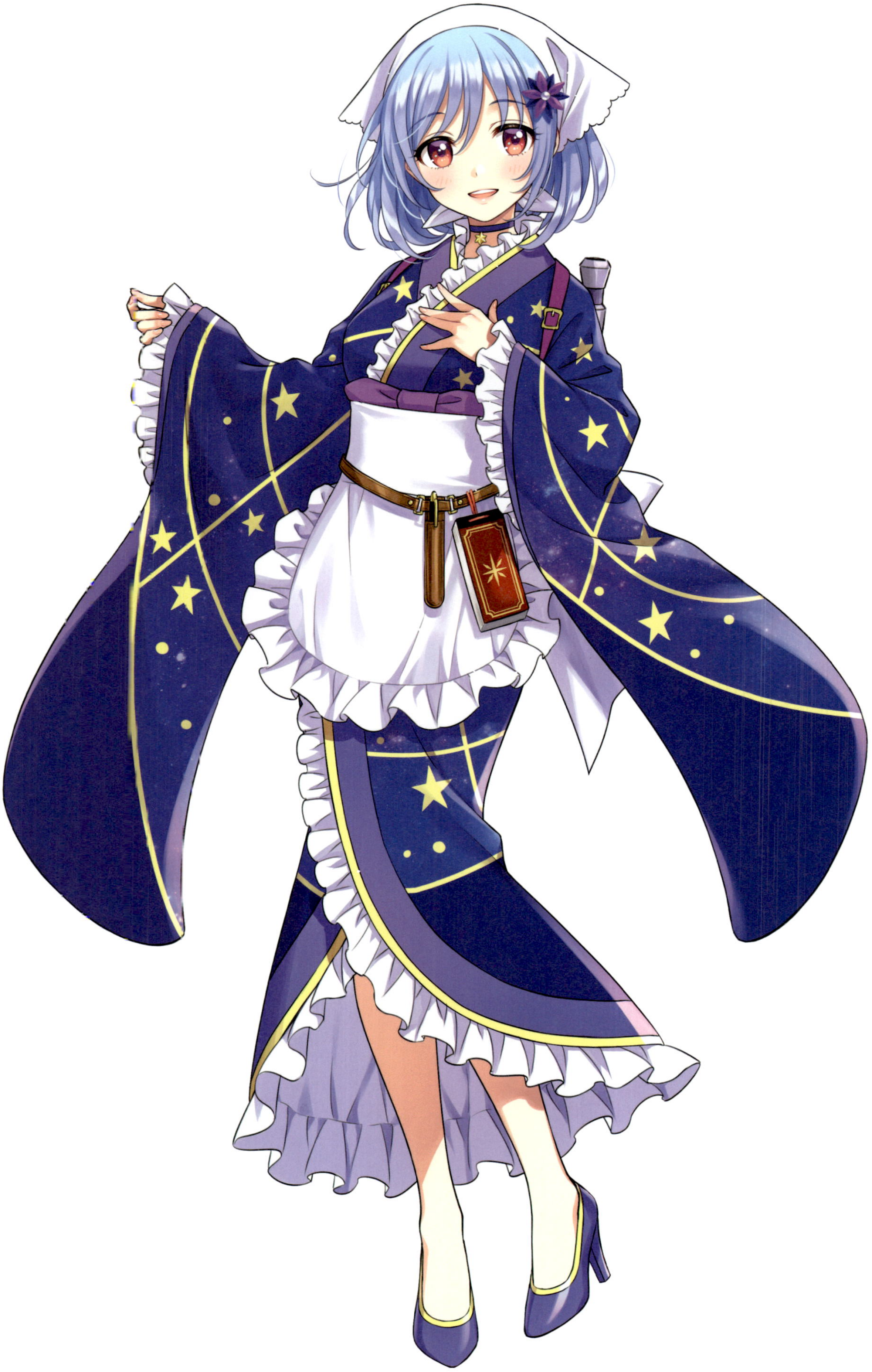

(左)『プリマドール』箒星 立ち絵 ／ (右)『アニメージュ 2022年7月号』ピンナップイラスト

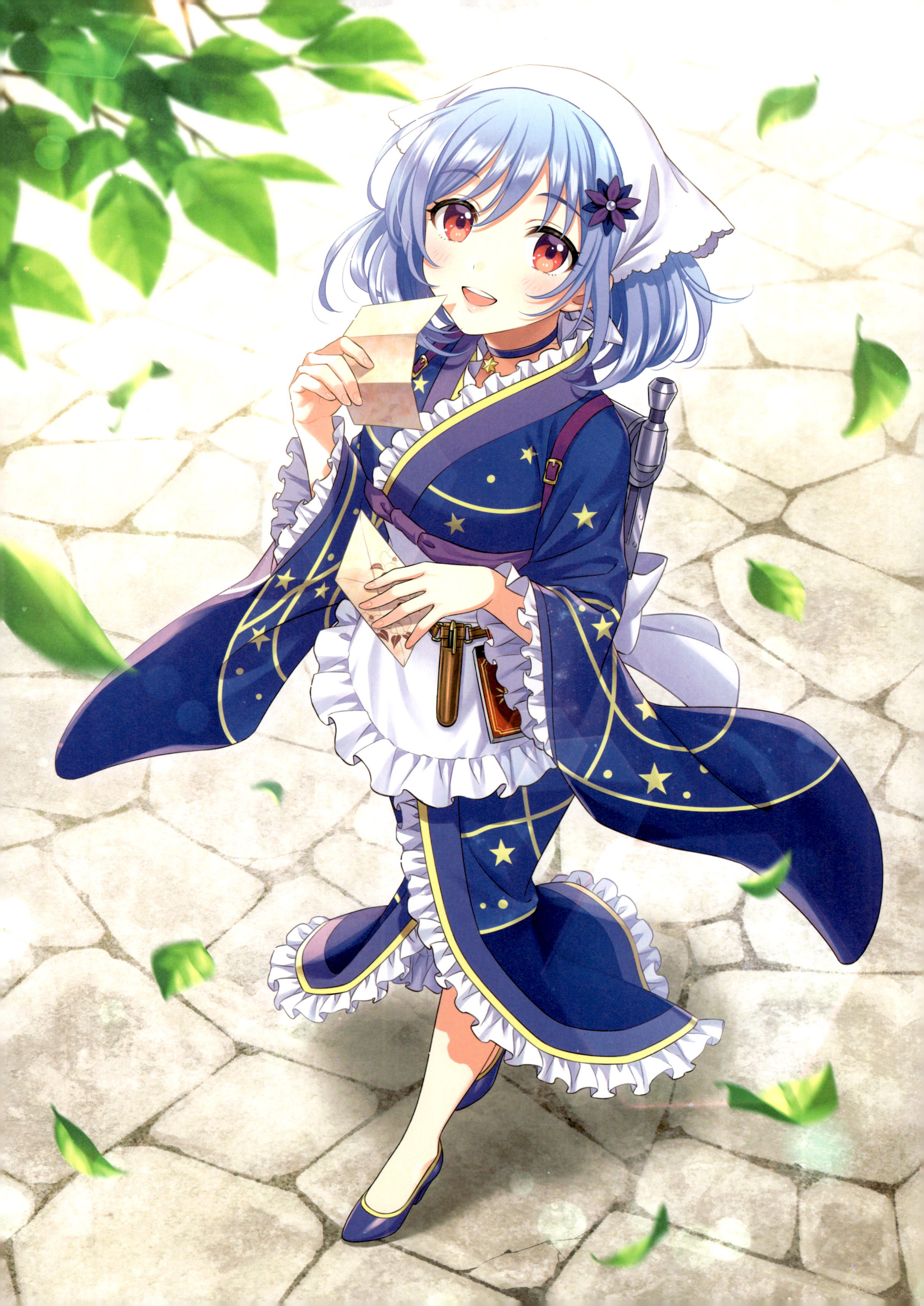

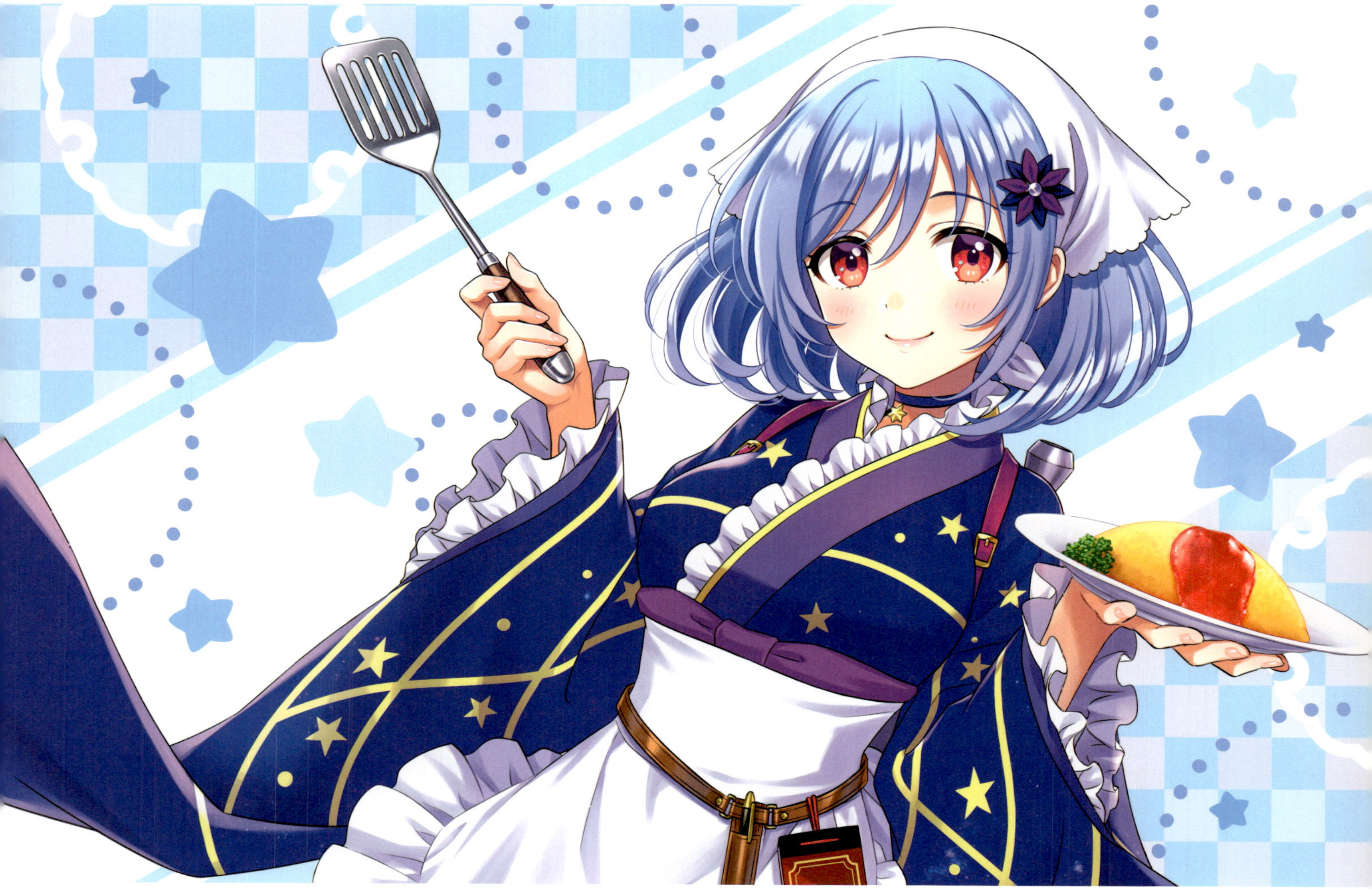

『ニュータイプ 2022年8月号』ピンナップイラスト

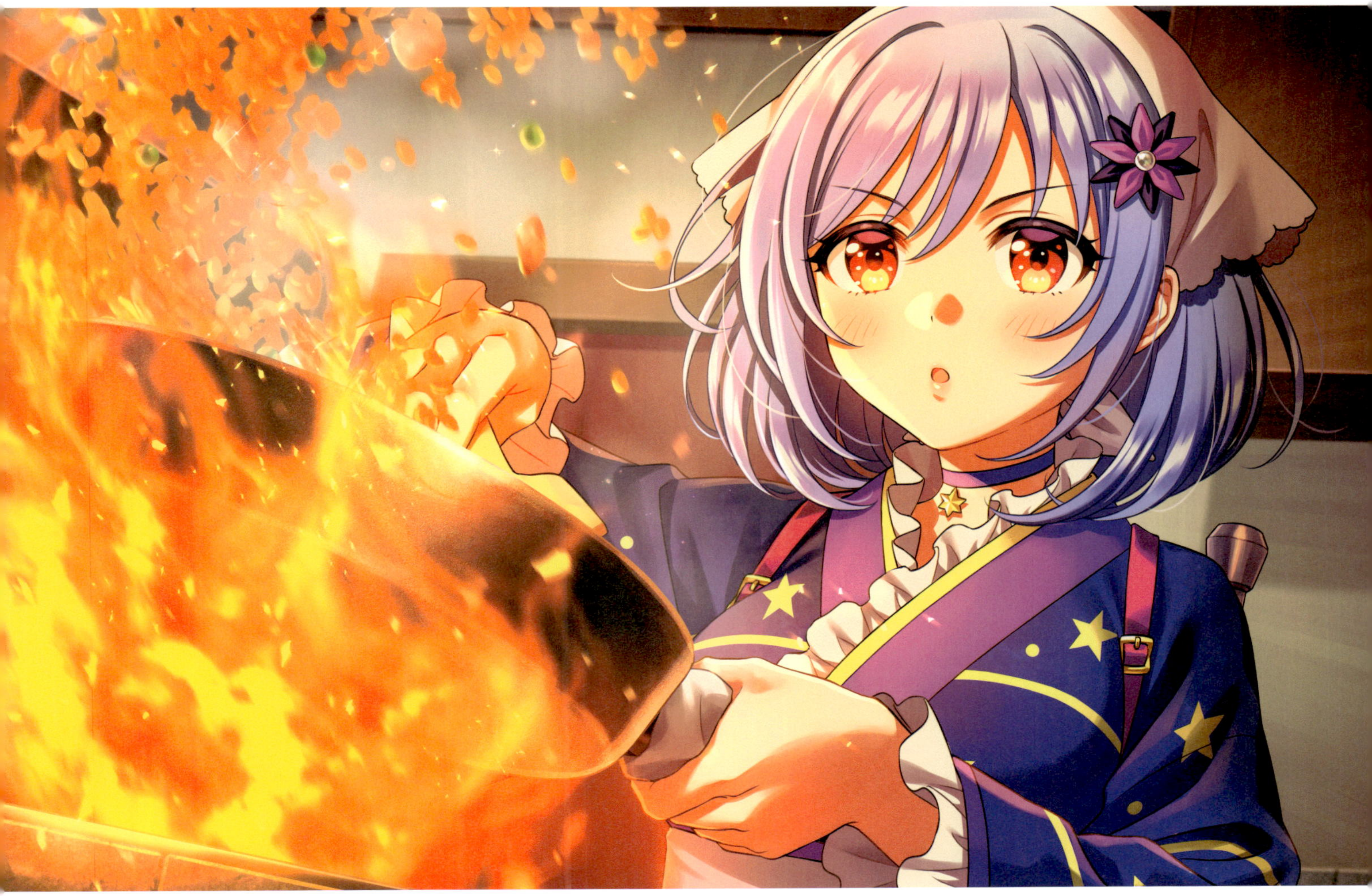

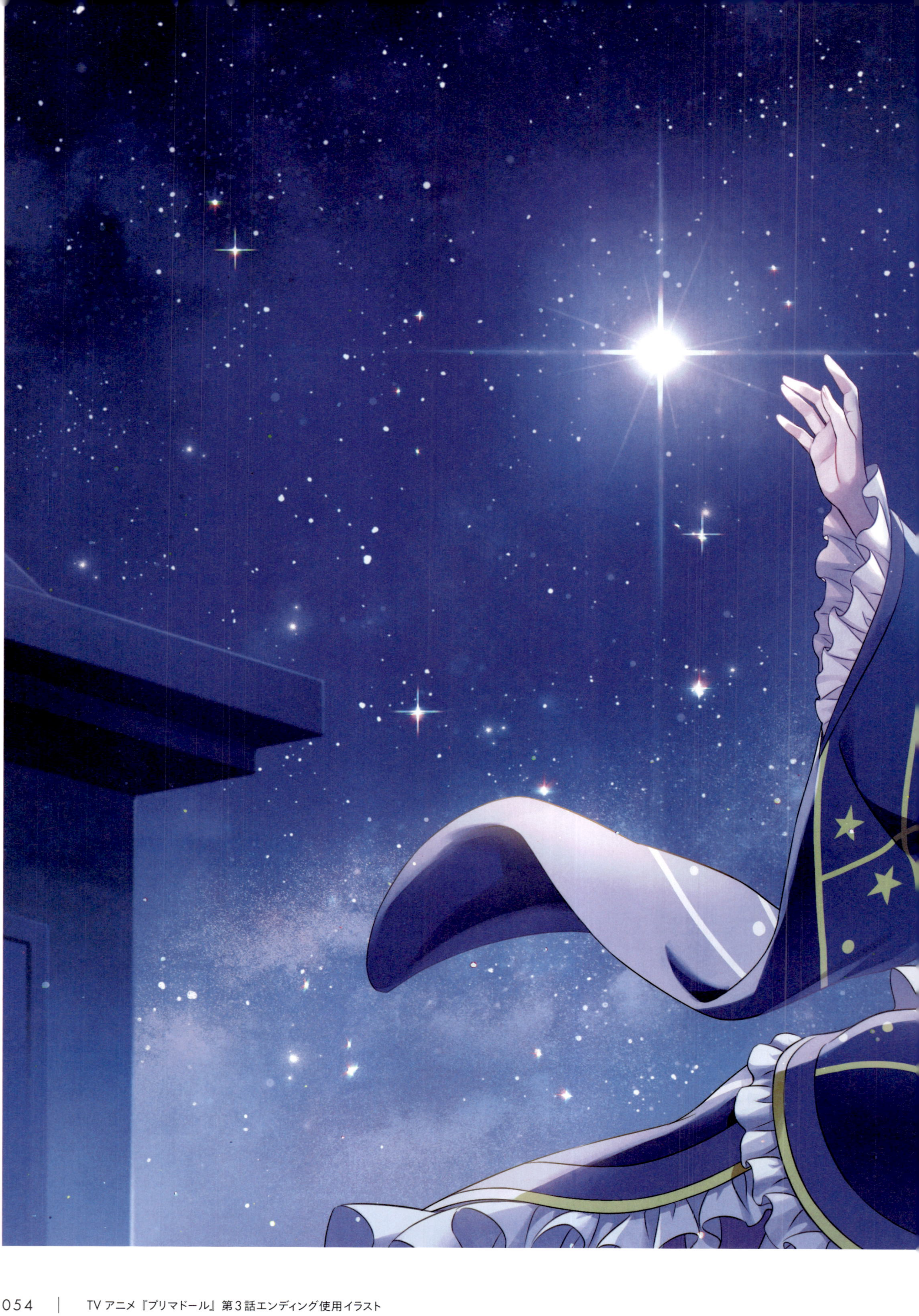

TVアニメ『プリマドール』第3話エンディング使用イラスト

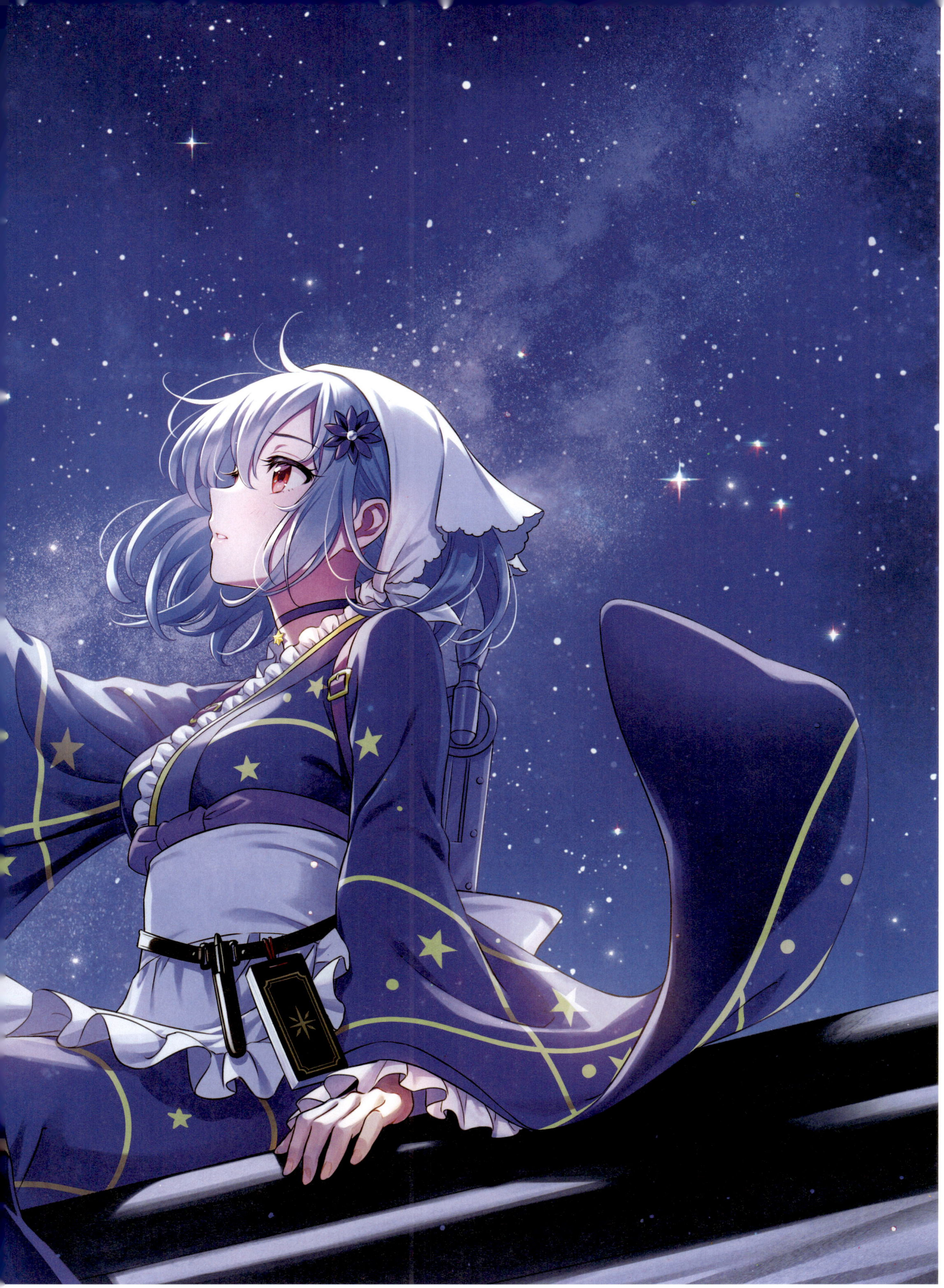

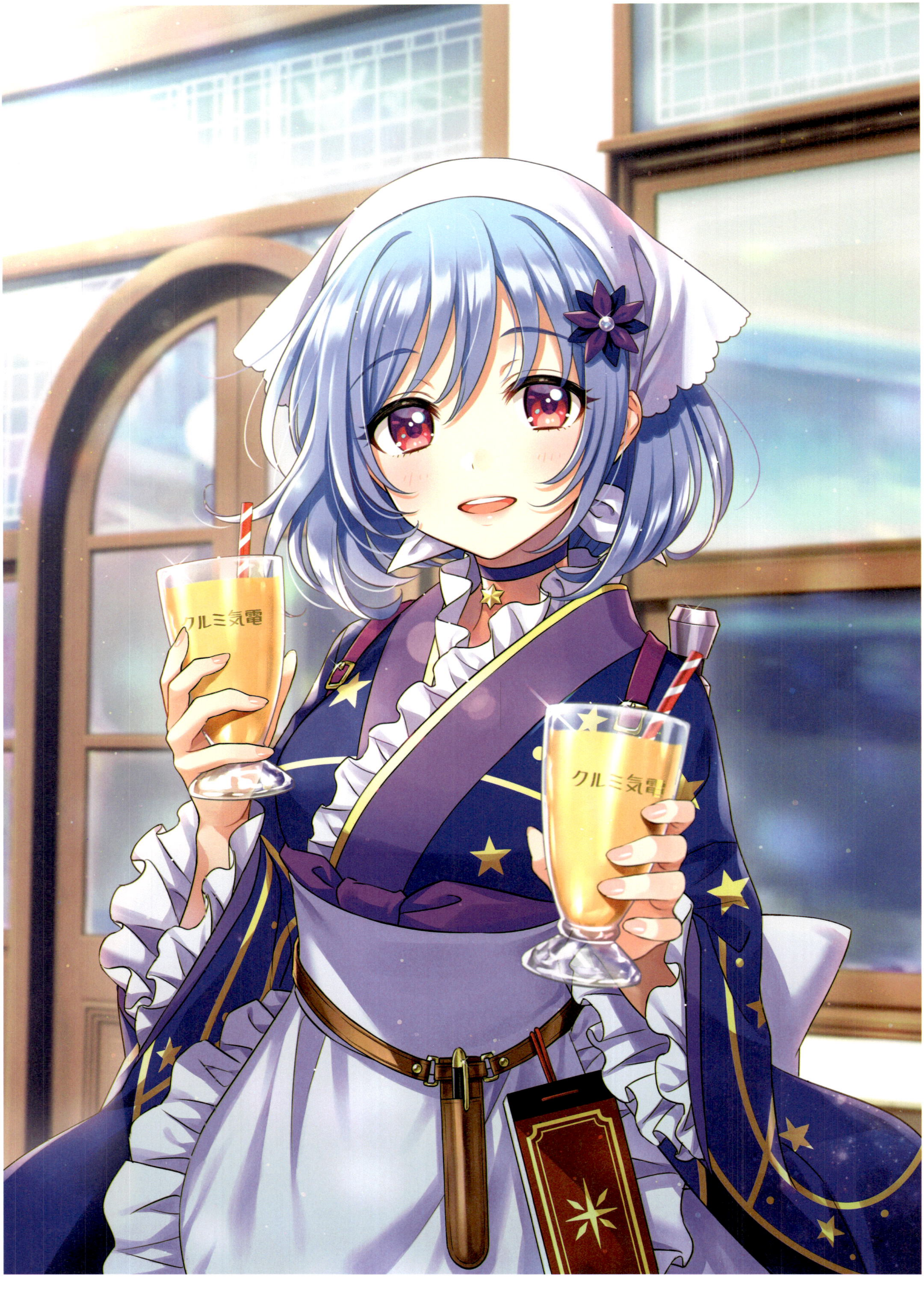

『電撃 G's magazine 2021年4月号』描き下ろしイラスト

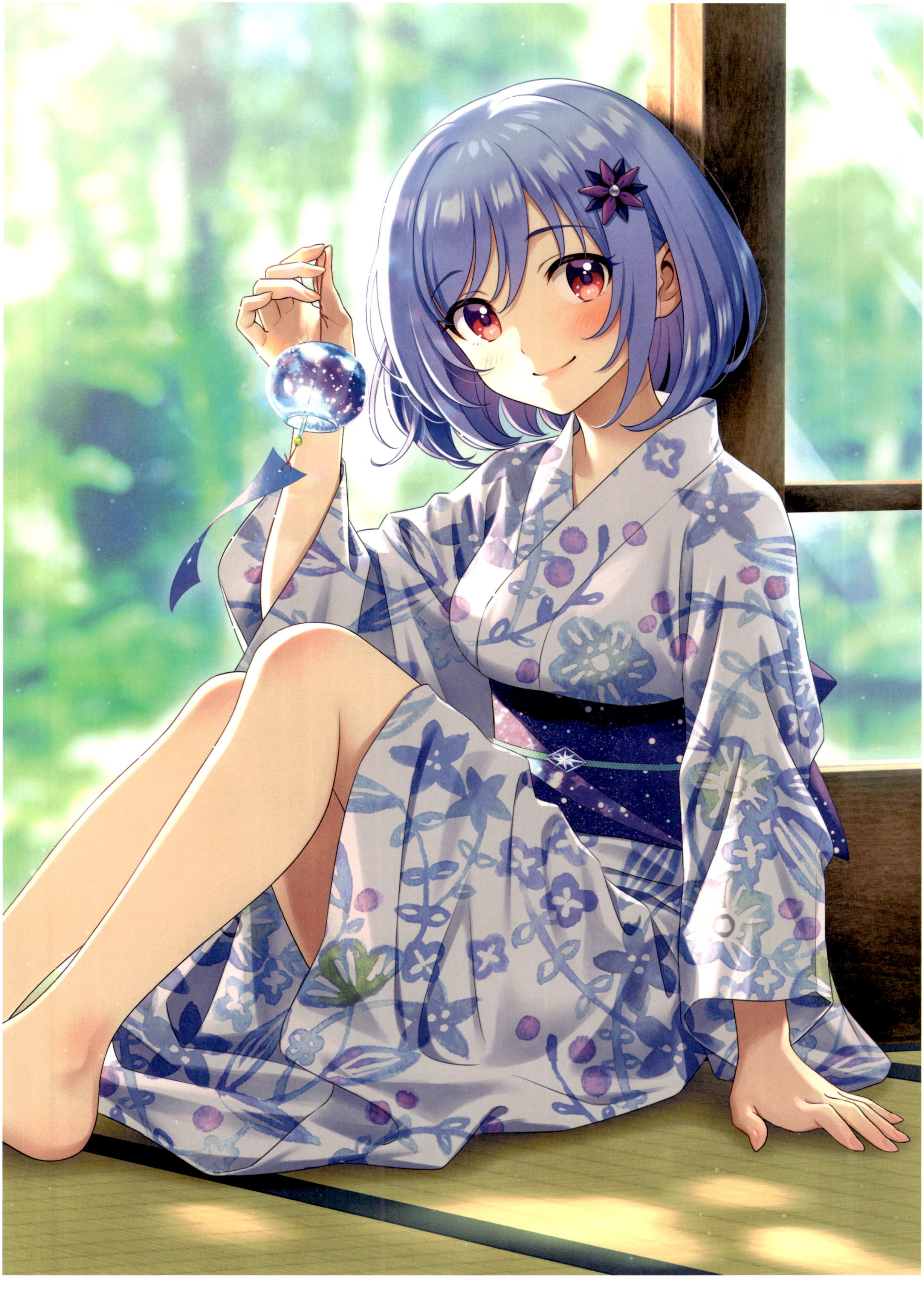

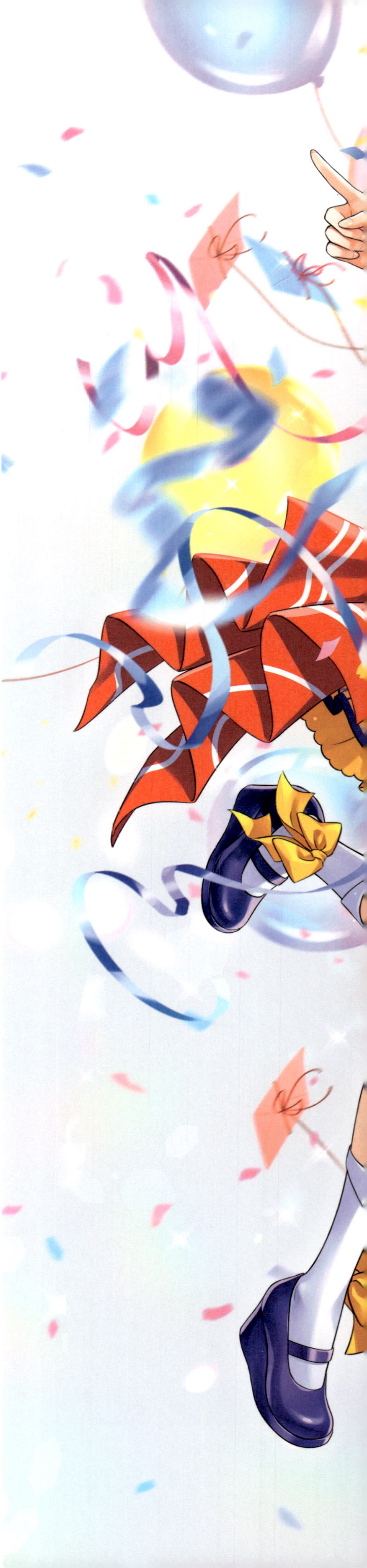

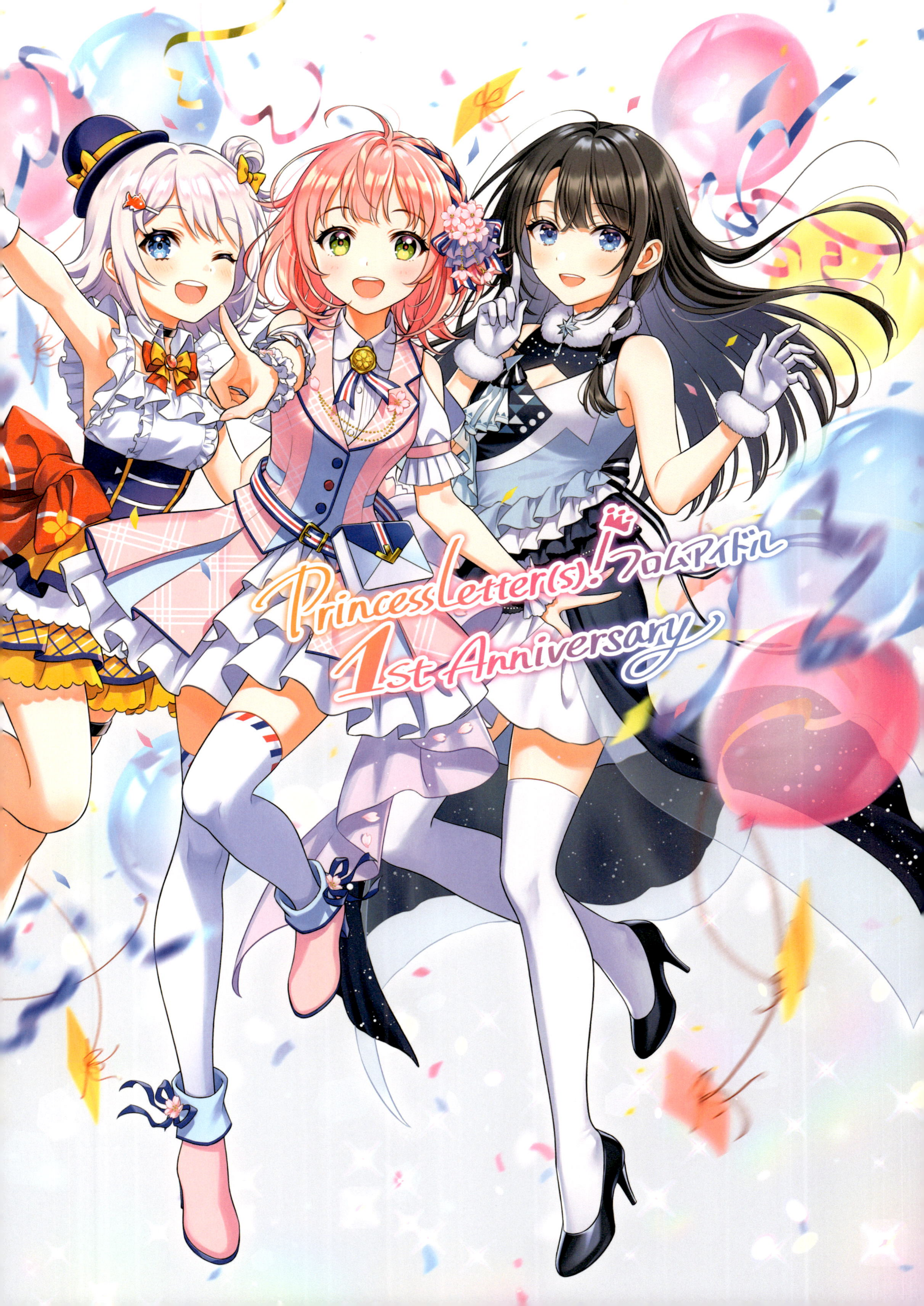
Princess Letter(s)! フロムアイドル
1st Anniversary

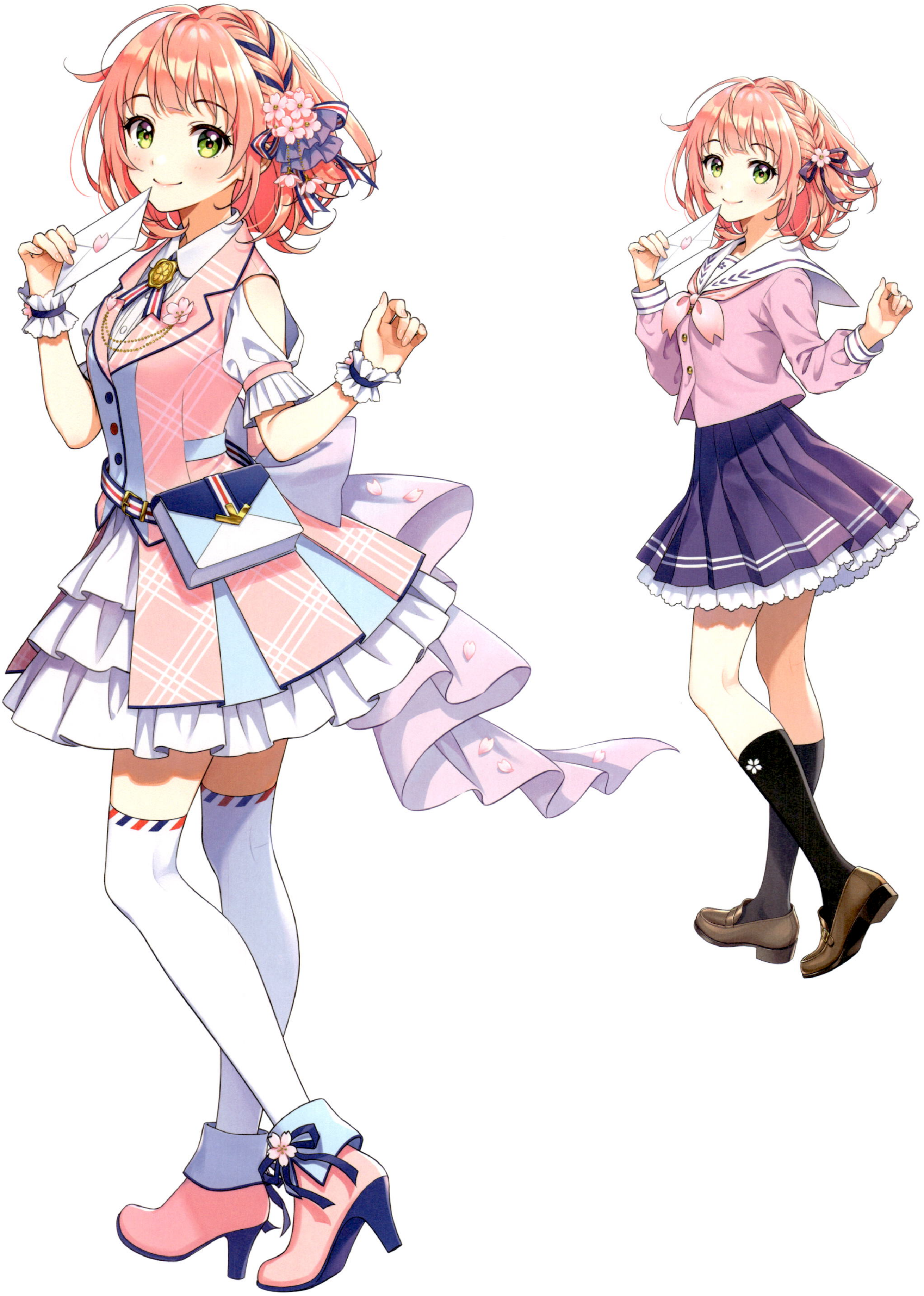

（左）『Princess Letter(s)! フロムアイドル』雁矢よしの アイドル衣装デザイン ／（右）雁矢よしの キャラクターデザイン

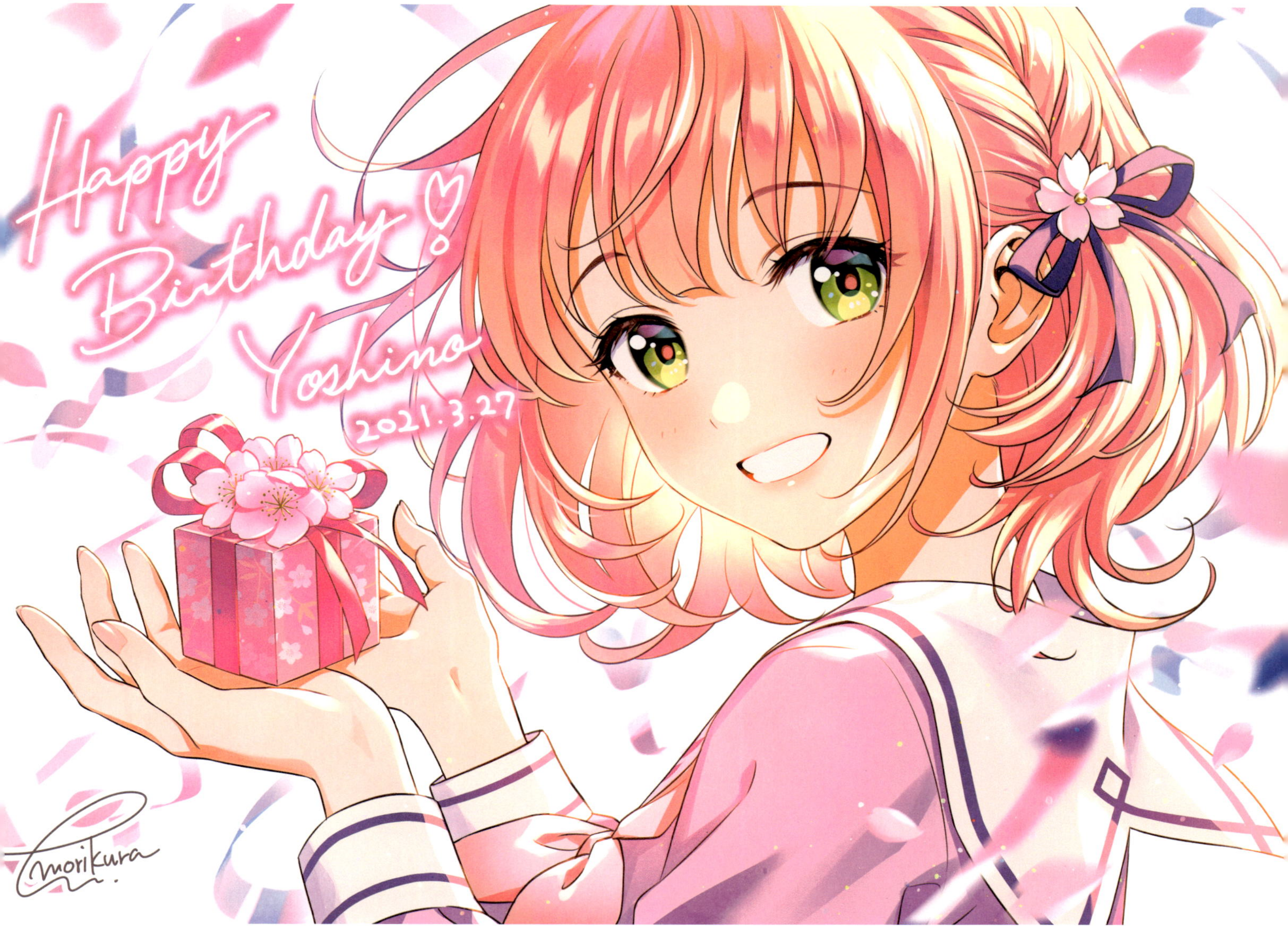
Happy Birthday♡
Yoshino
2021.3.27
morikura

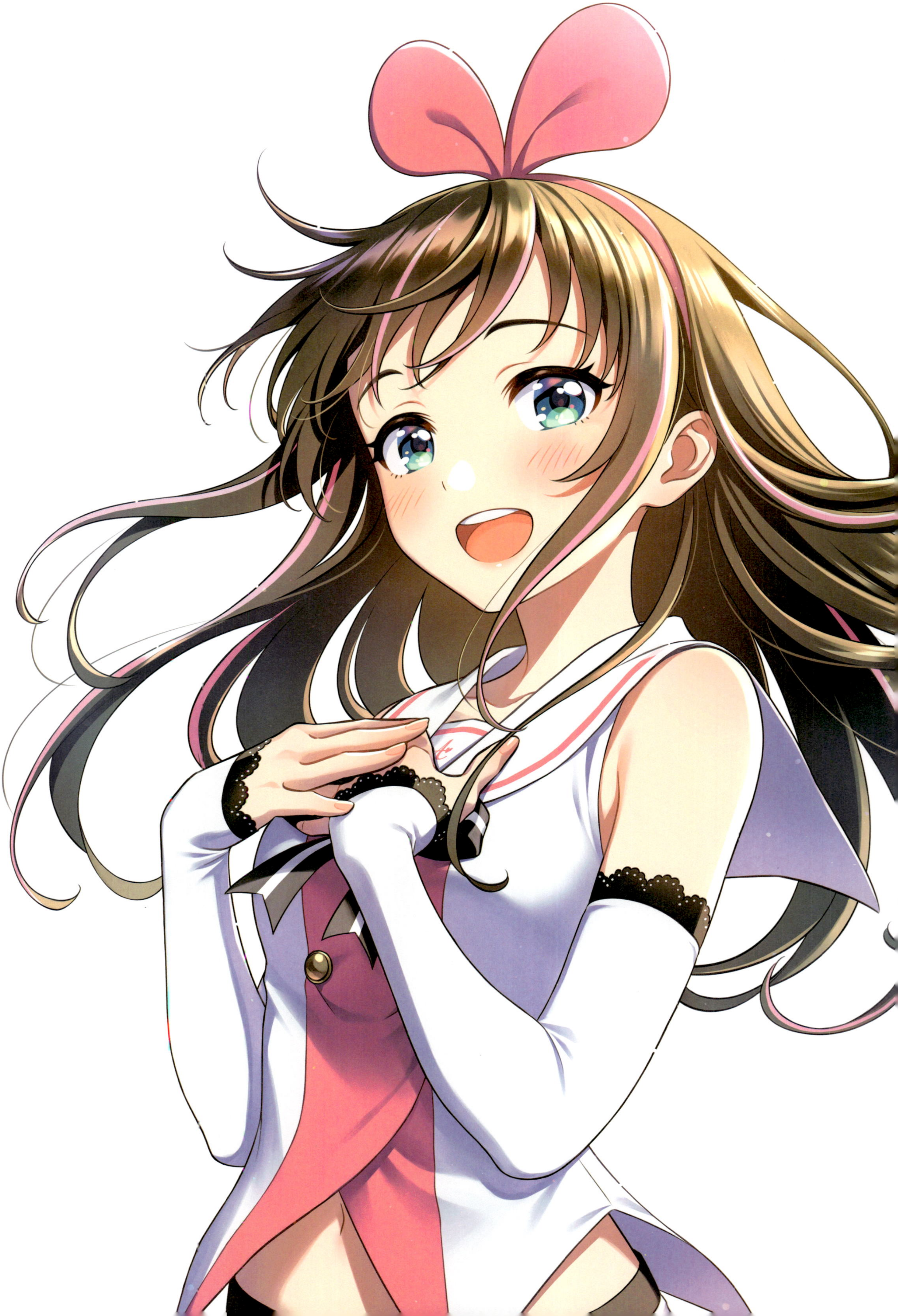

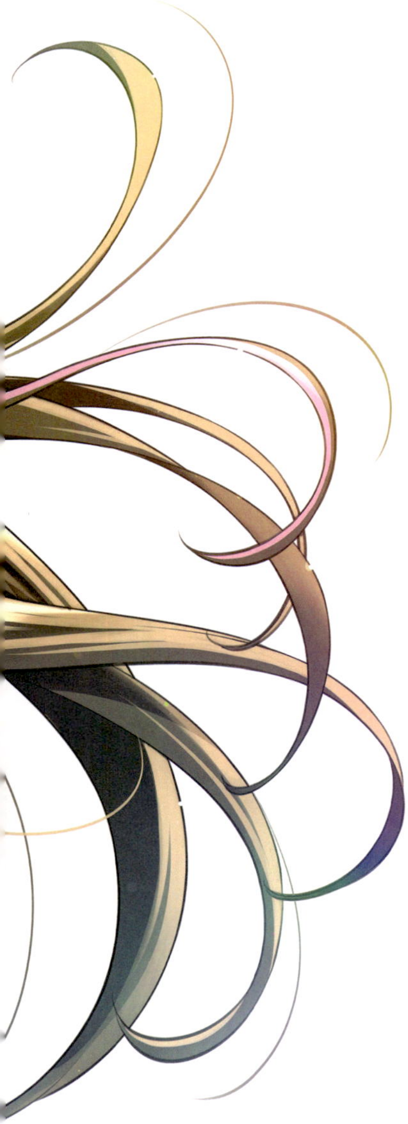

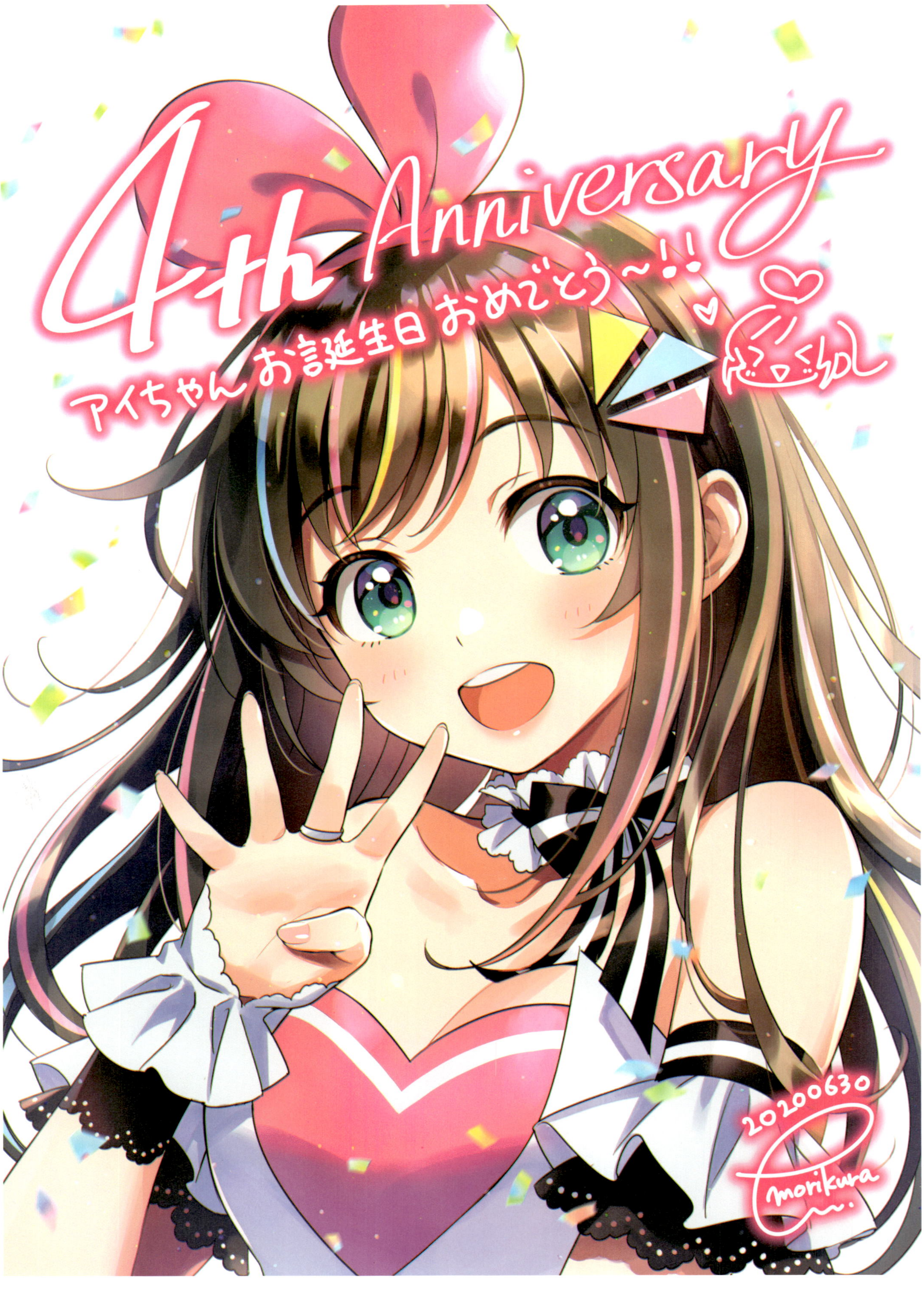
4th Anniversary
アイちゃん お誕生日 おめでとう〜!!
20200630
morikura

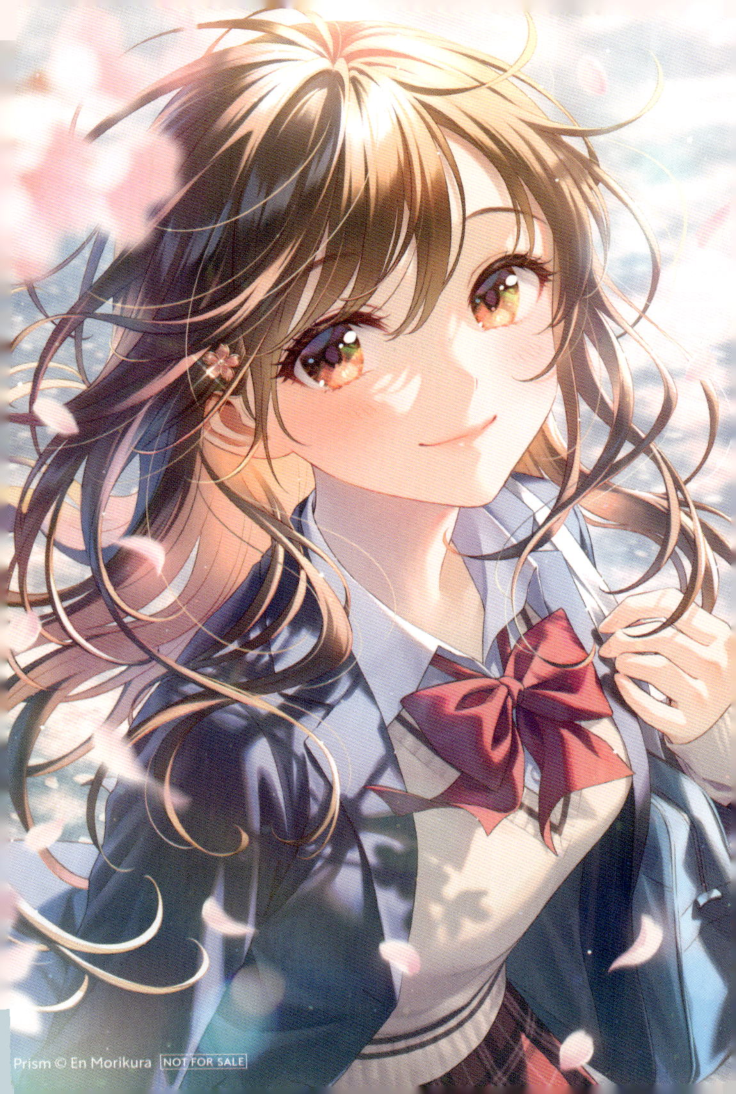
Prism © En Morikura
NOT FOR SALE

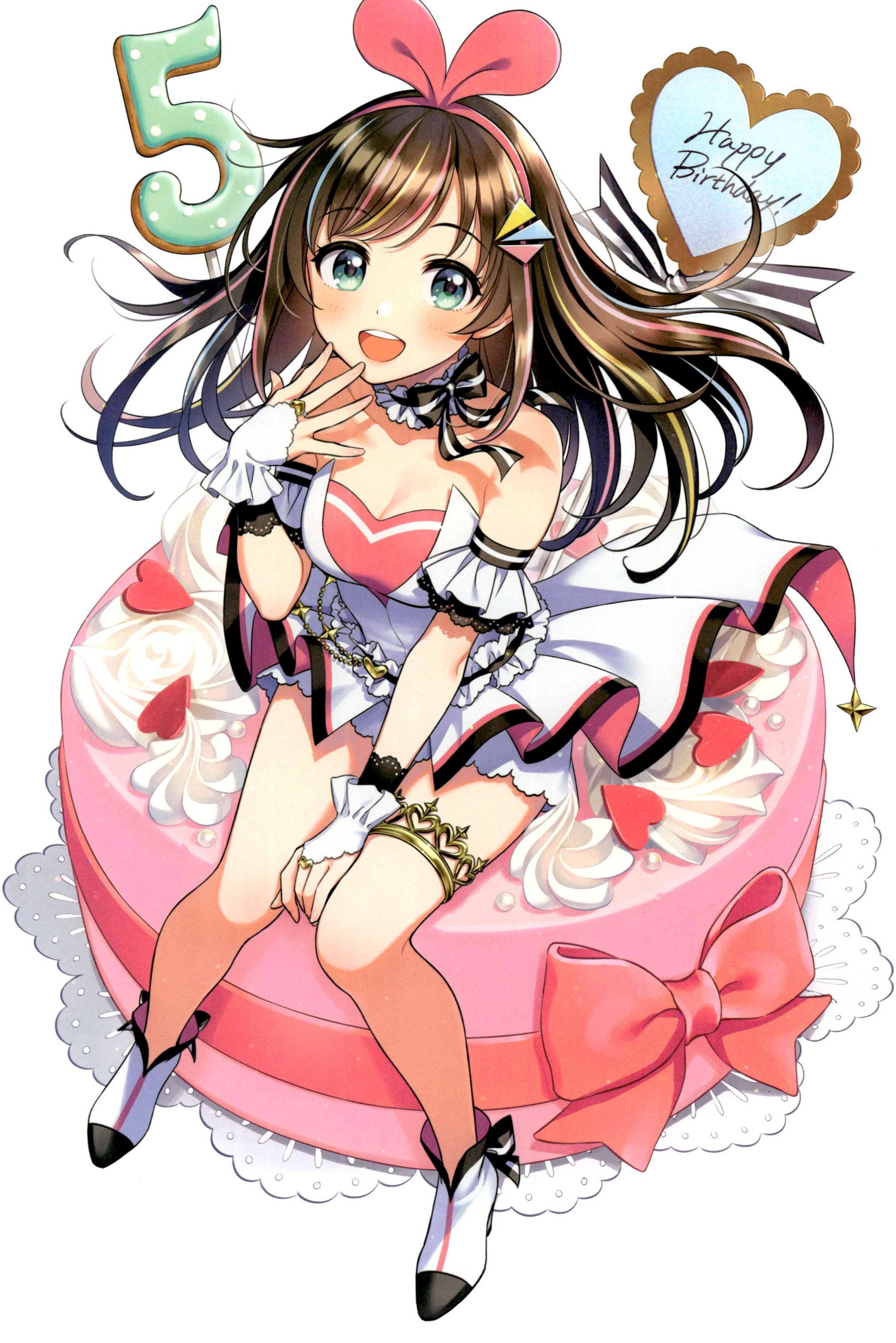
5
Happy Birthday!

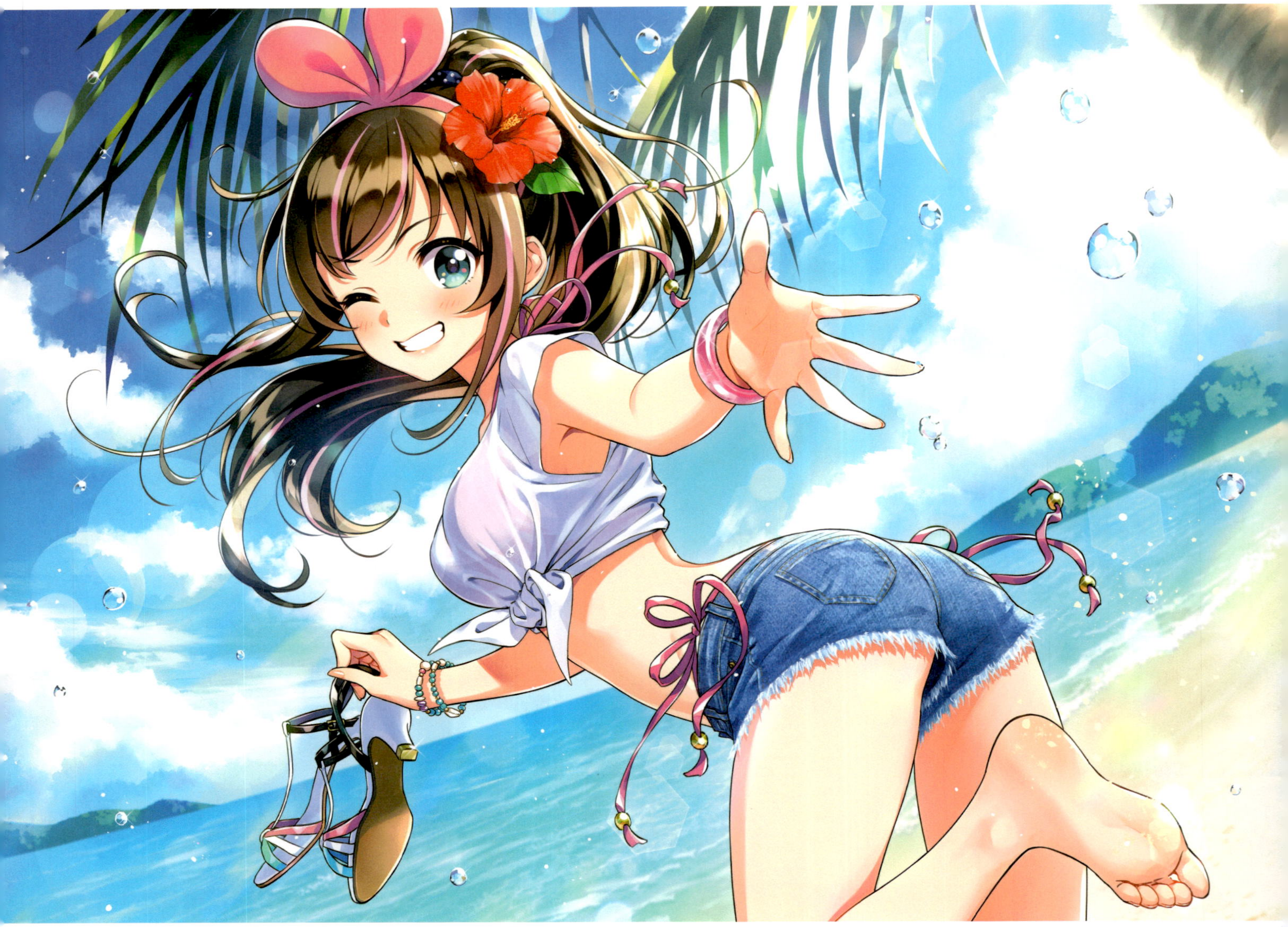

（左）キズナアイ 海／（右）キズナアイ ひまわり

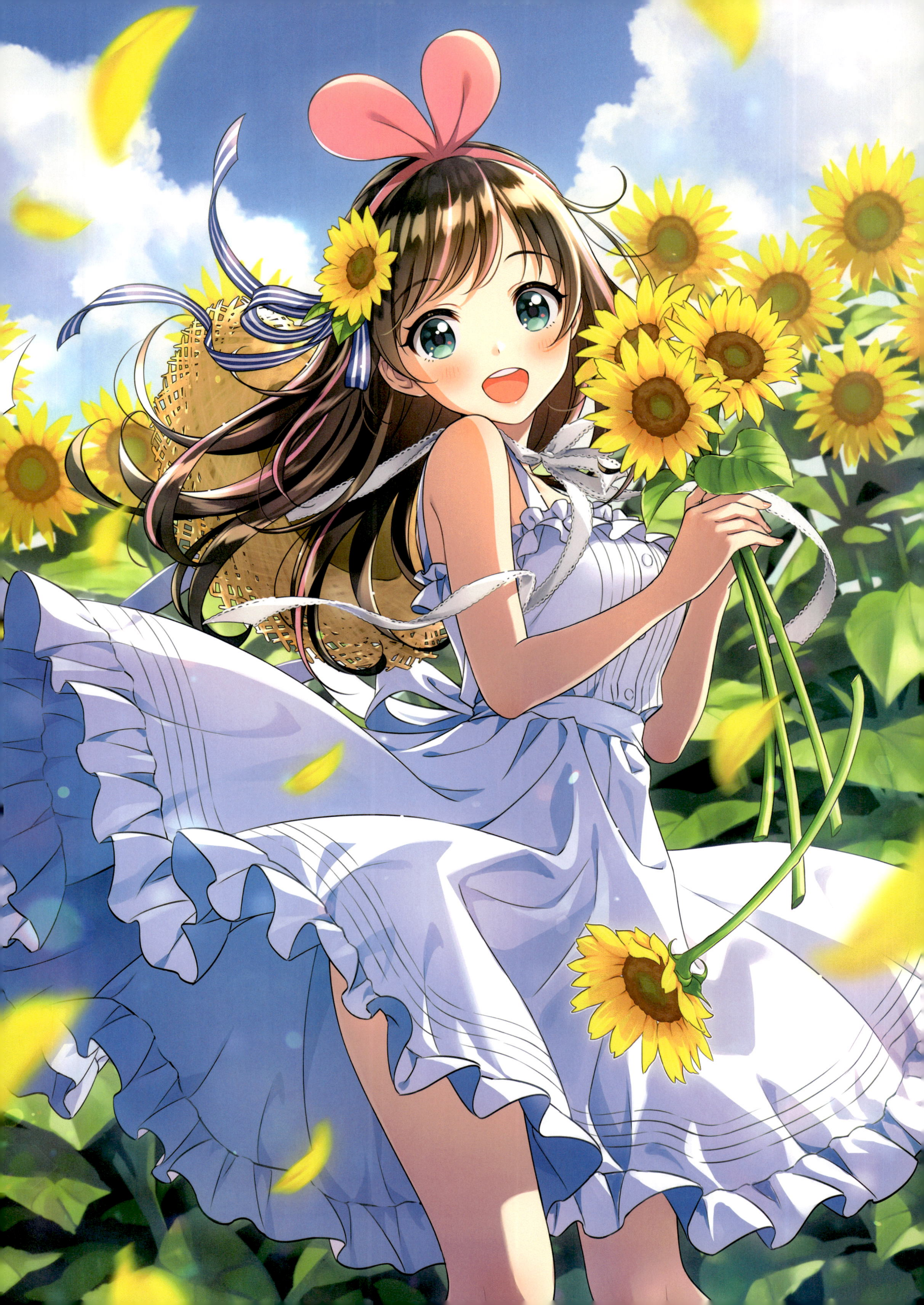

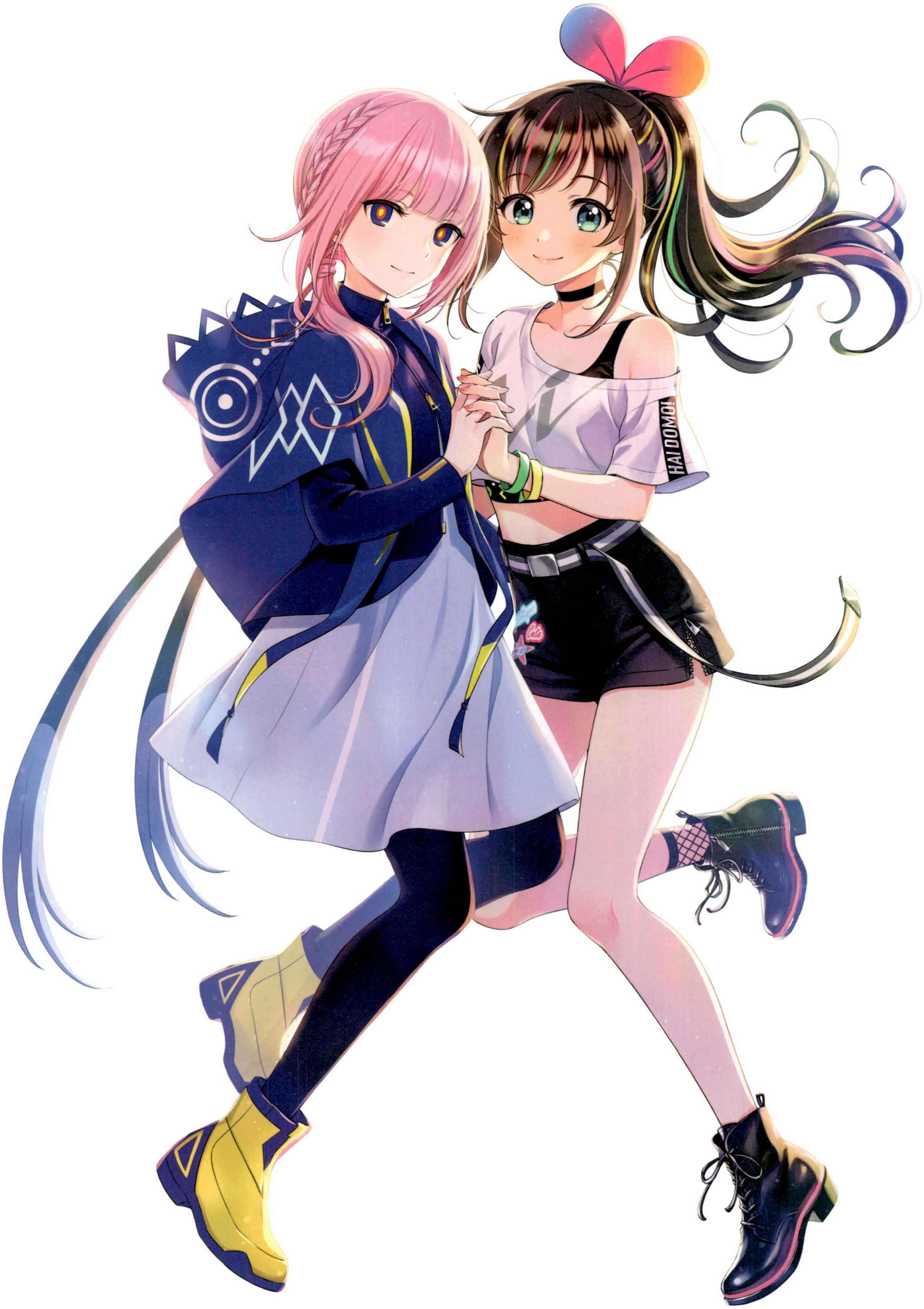

（左）『Kizuna AI × KAF Single「愛と花 -AI edition-」』ジャケットイラスト ／（右）『Kizuna AI - Touch the Beat!』パッケージイラスト

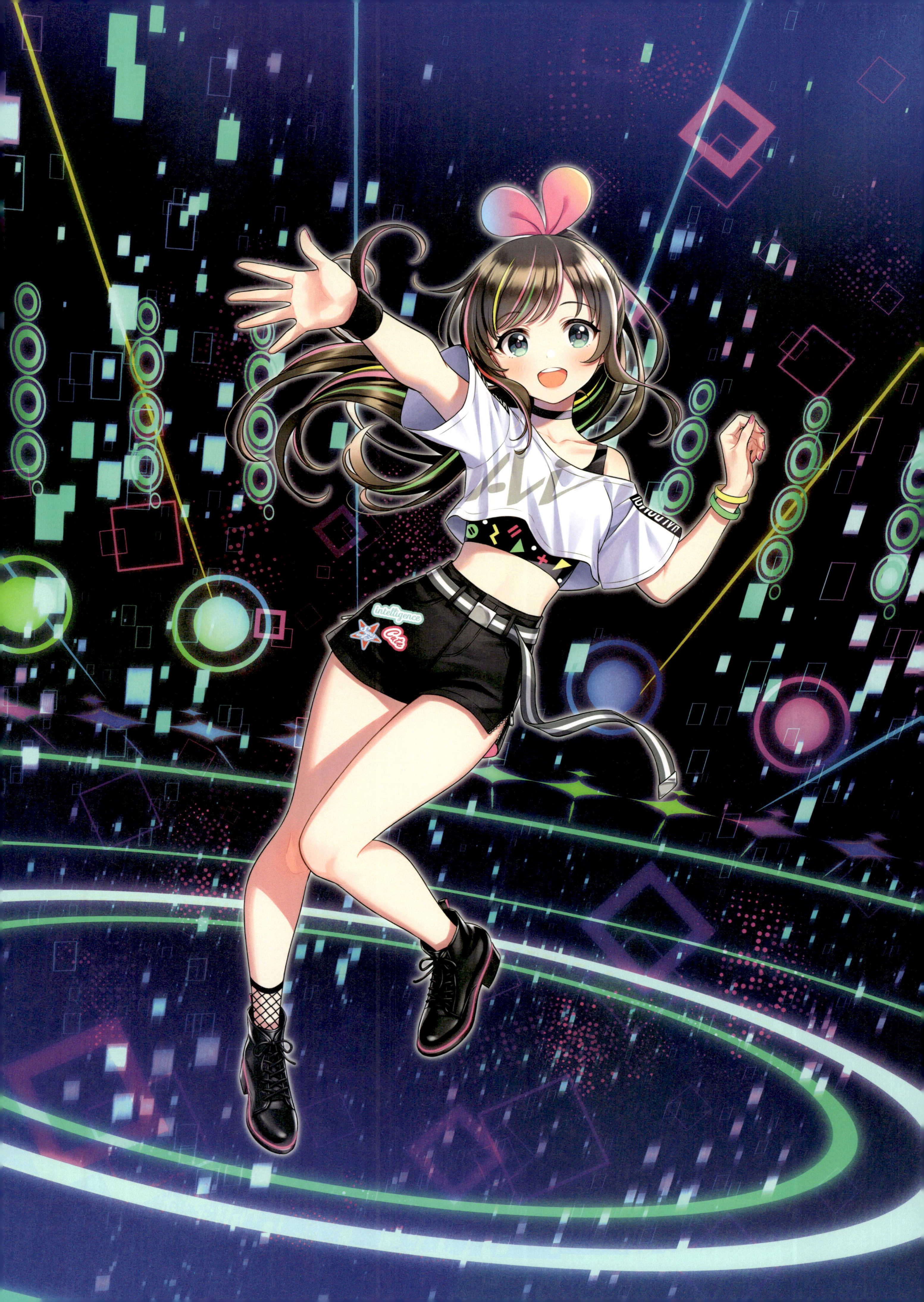
intelligence

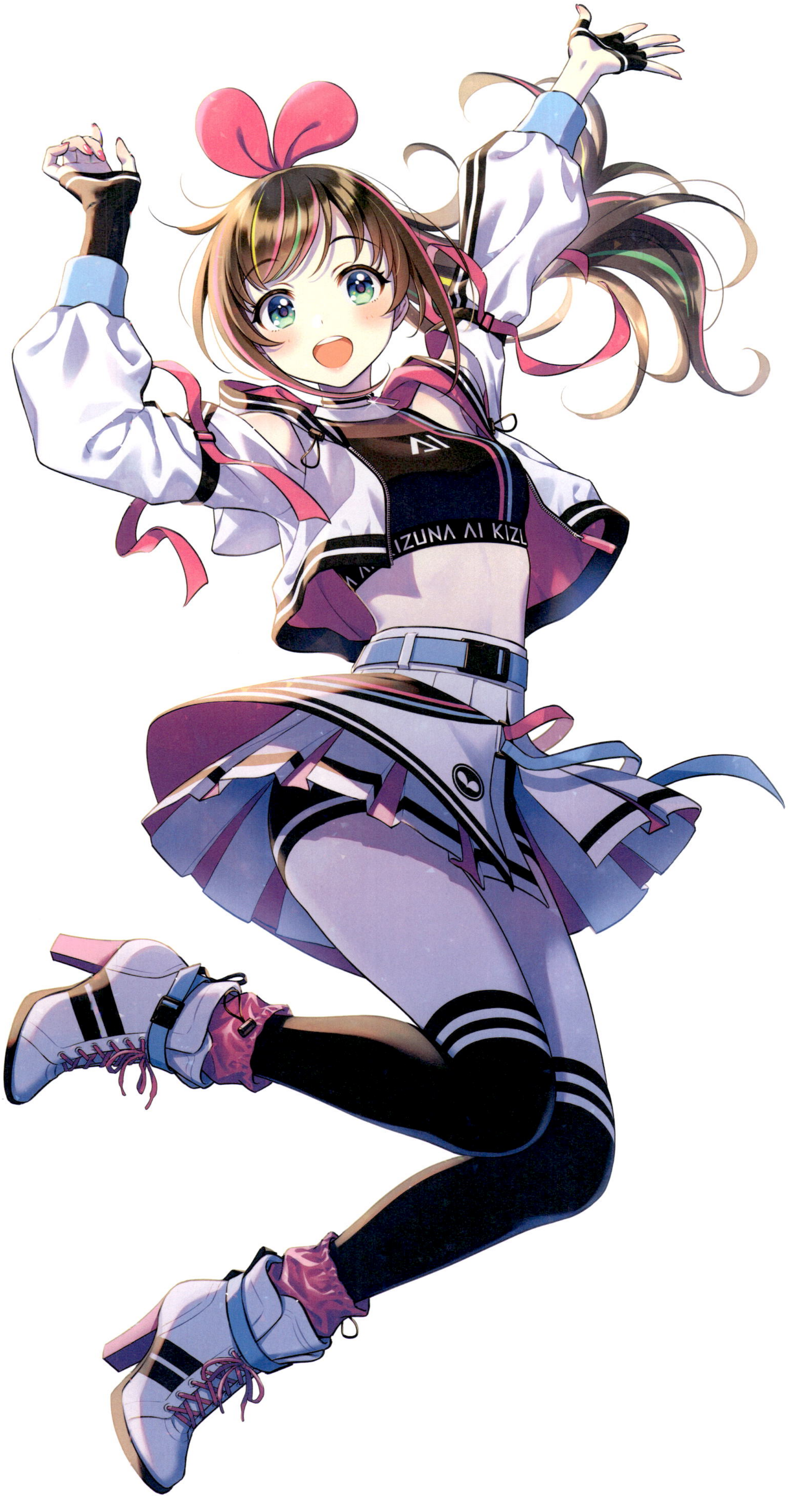

（左）「Kizuna AI 5th Birthday Live “A.I.Party 2021”」メインビジュアル ／（右）TV アニメ『絆のアリル』プロモーションイラスト

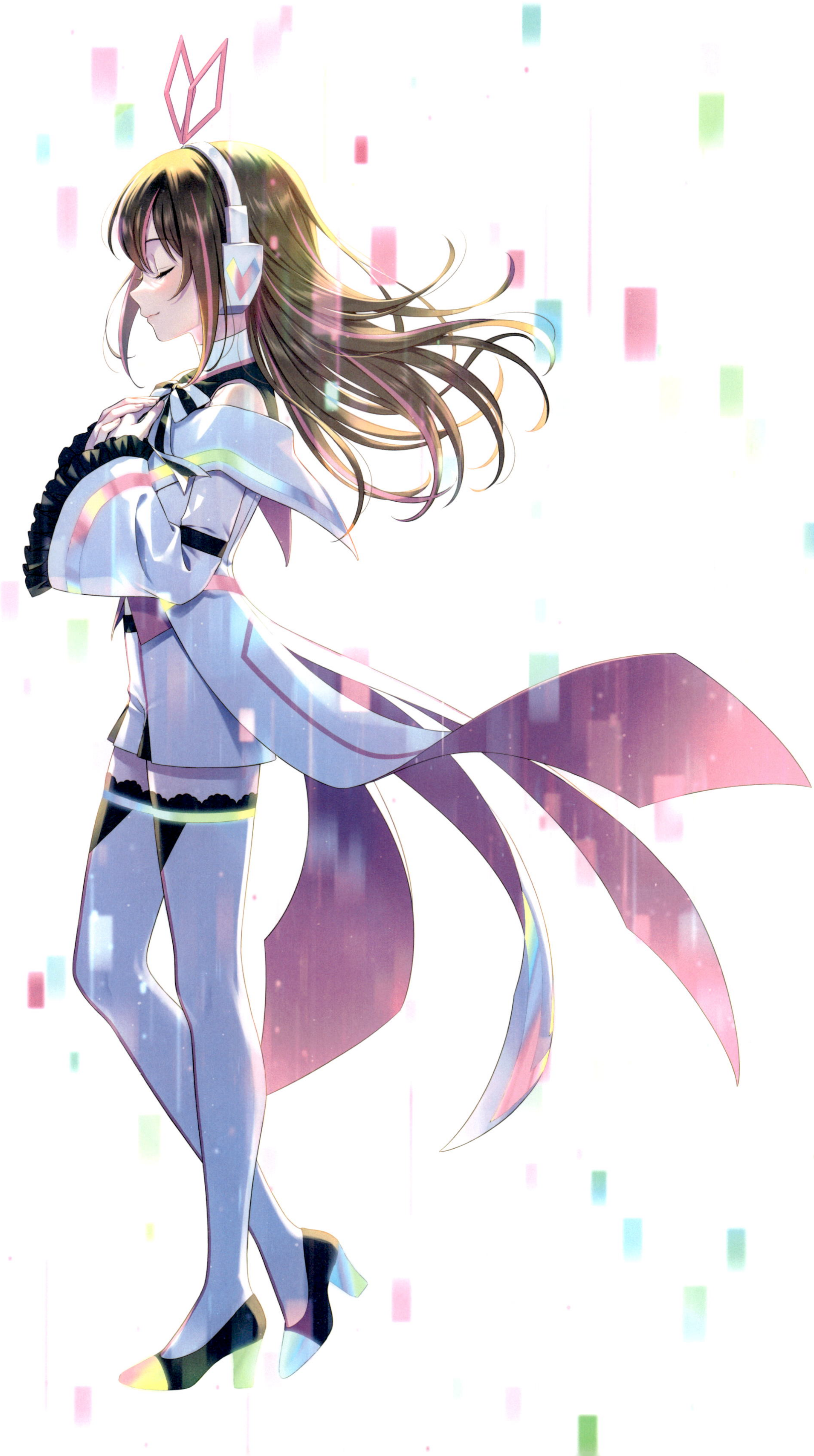

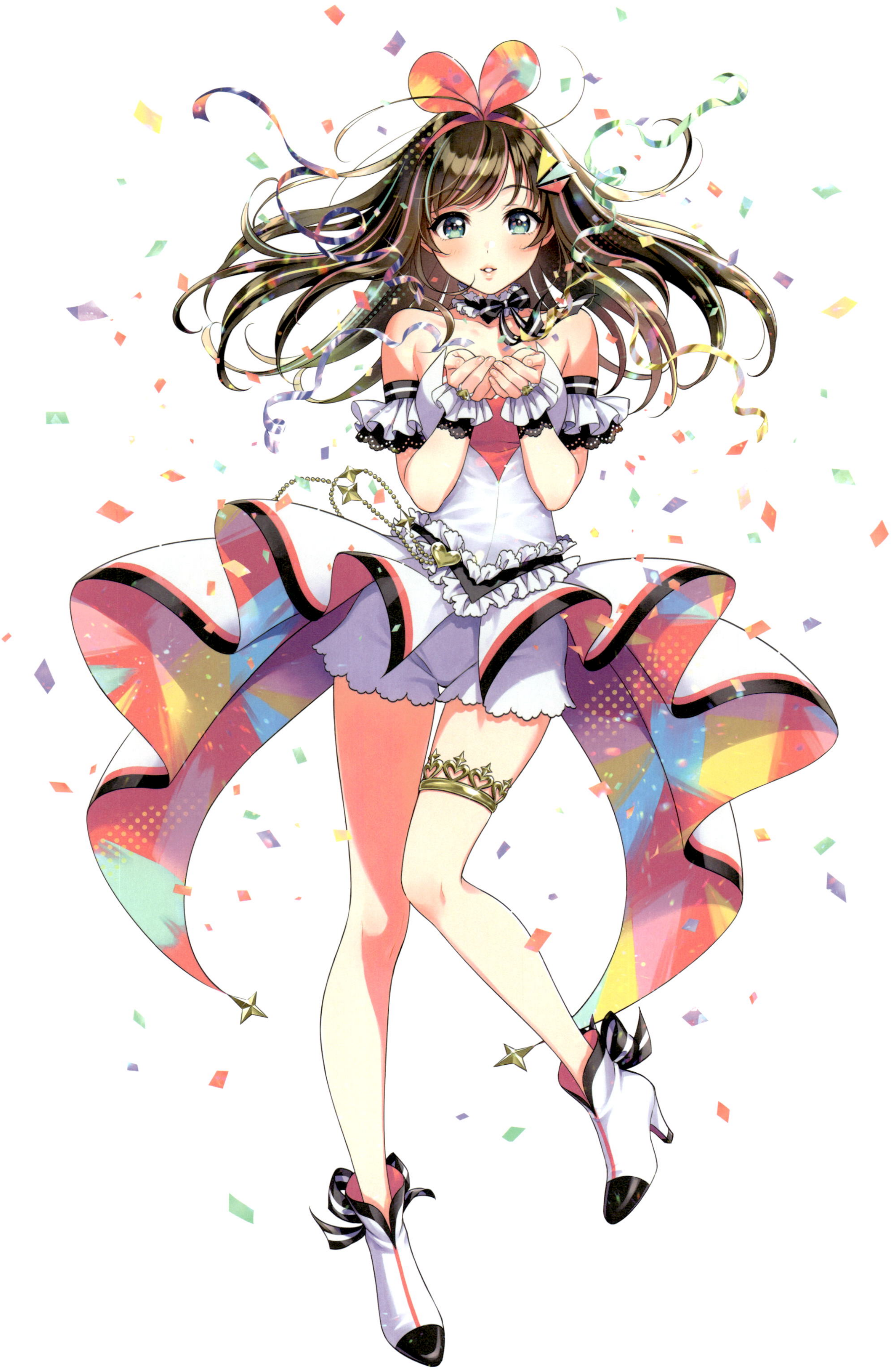

「A.I. Party! 2019 ~ hello, how r u ? ~」メインビジュアル

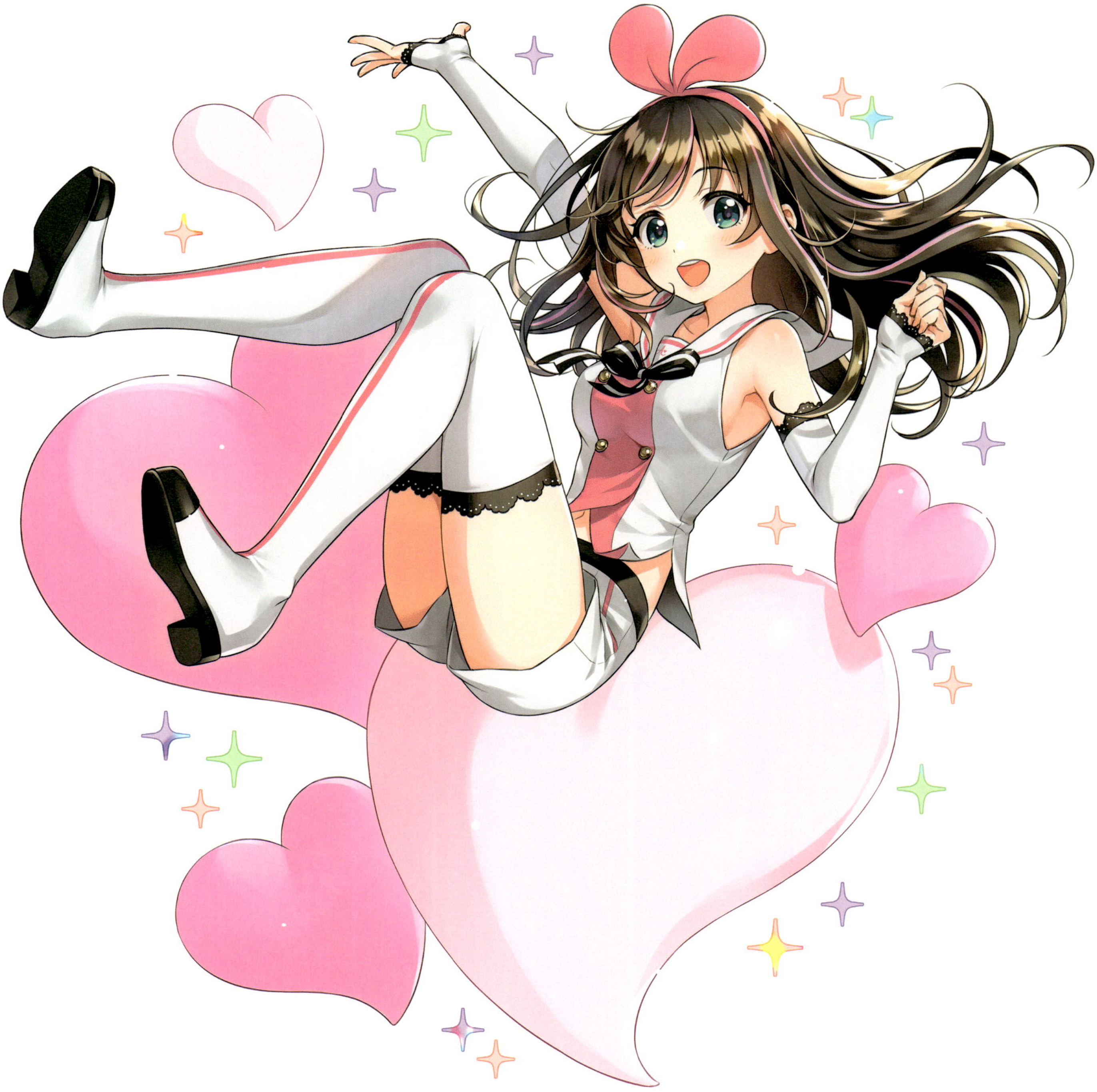

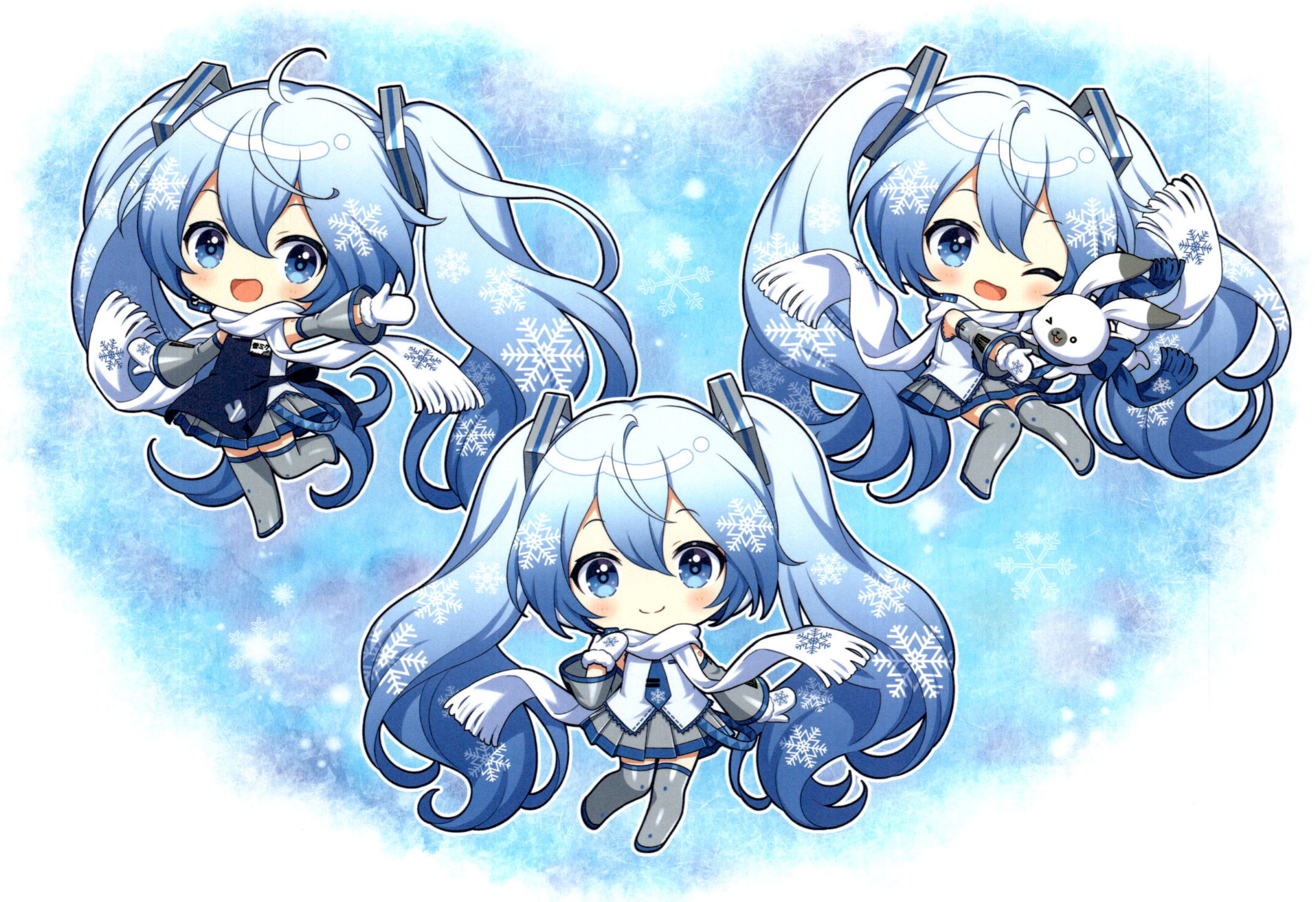

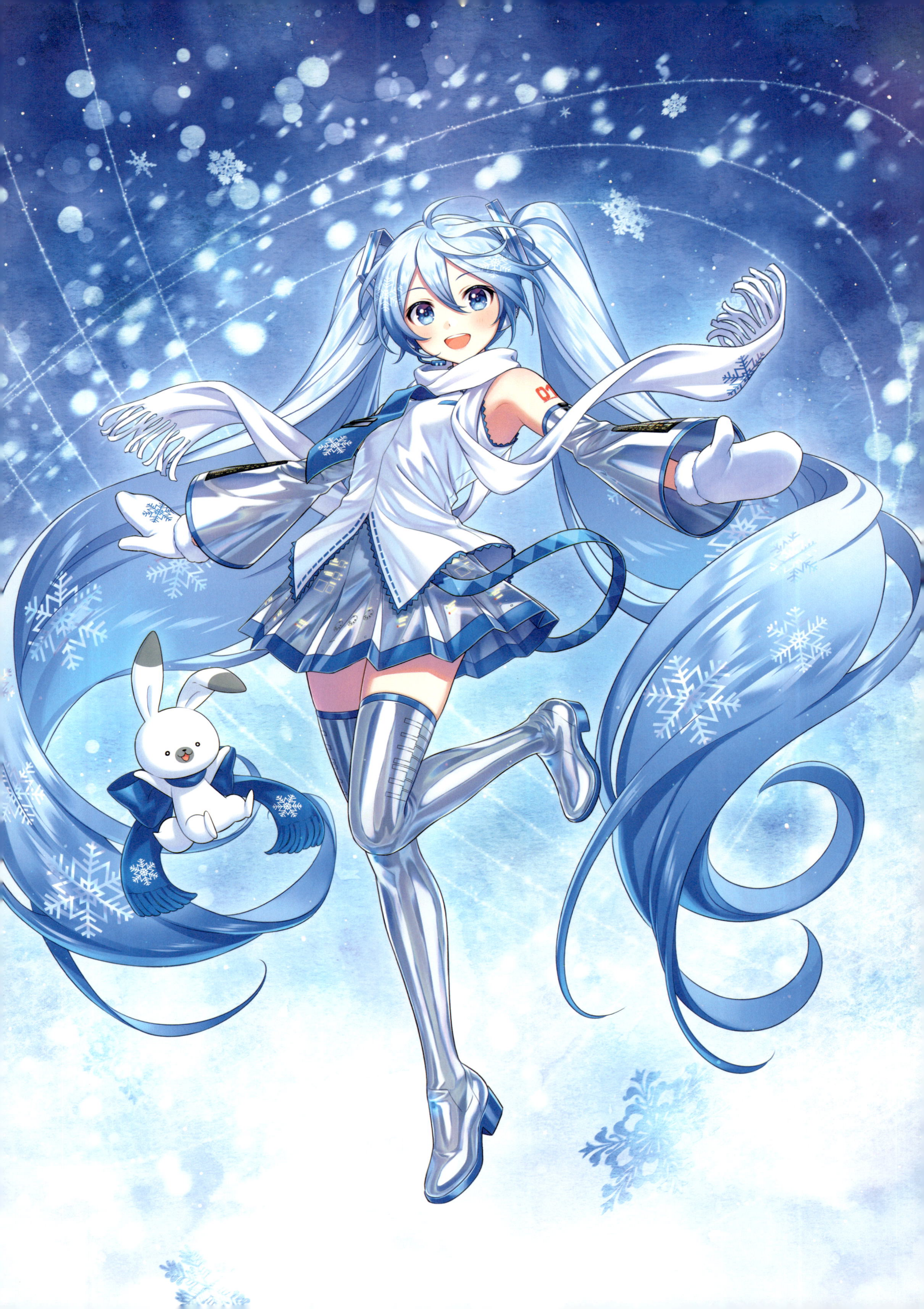

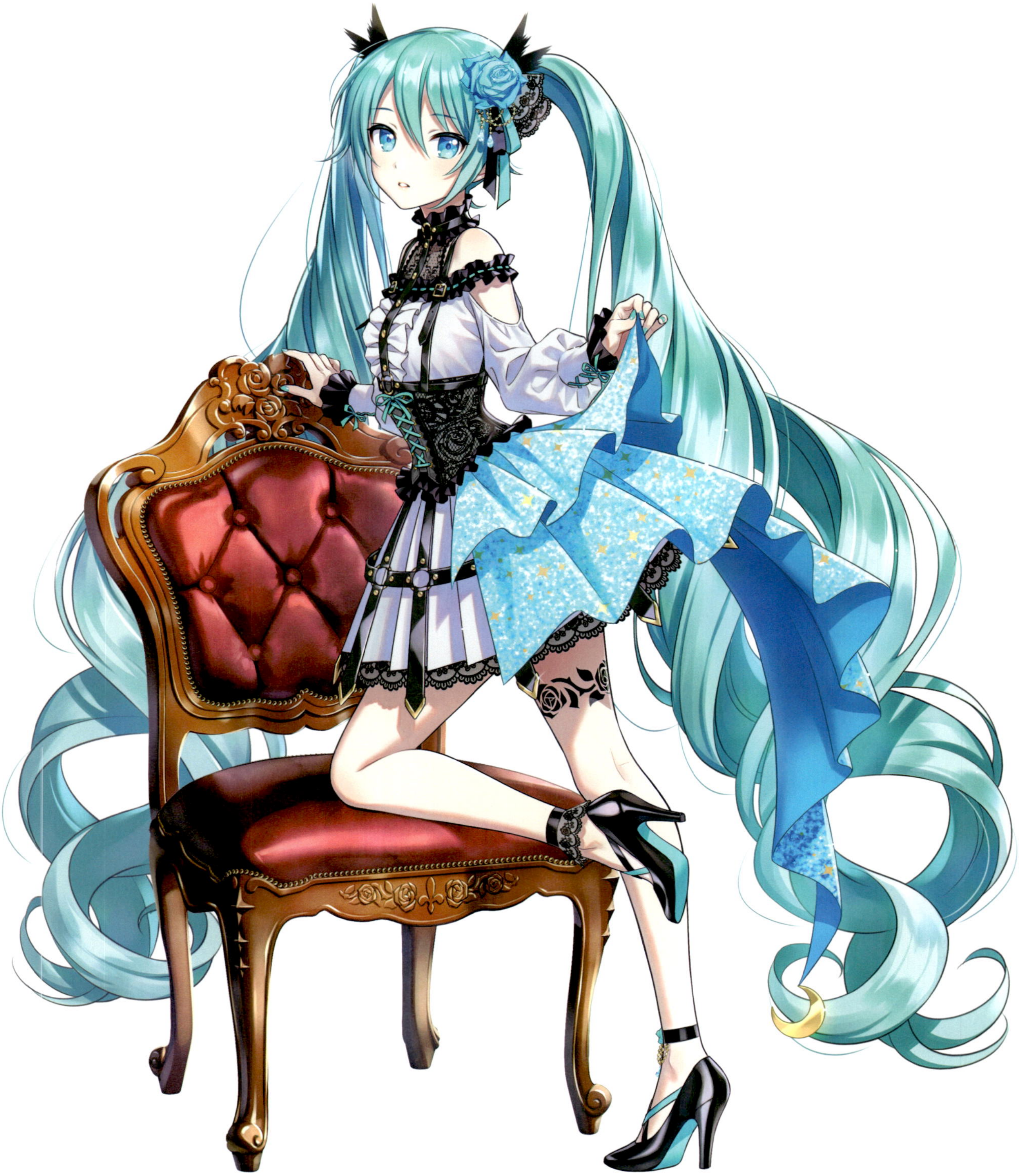

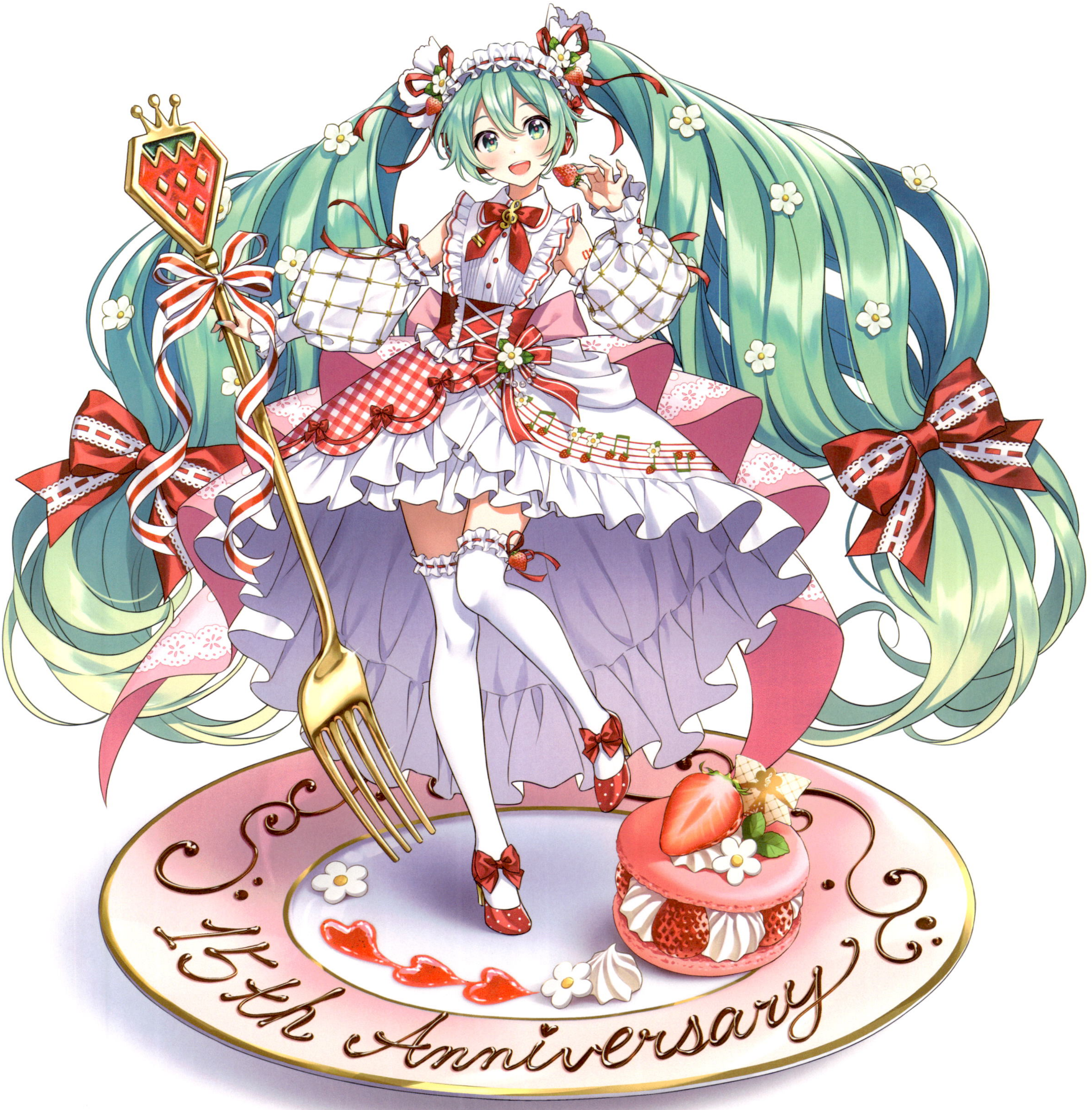

初音ミク×グッドスマイルカンパニー「初音ミク 15th Anniversary」描き下ろしビジュアル

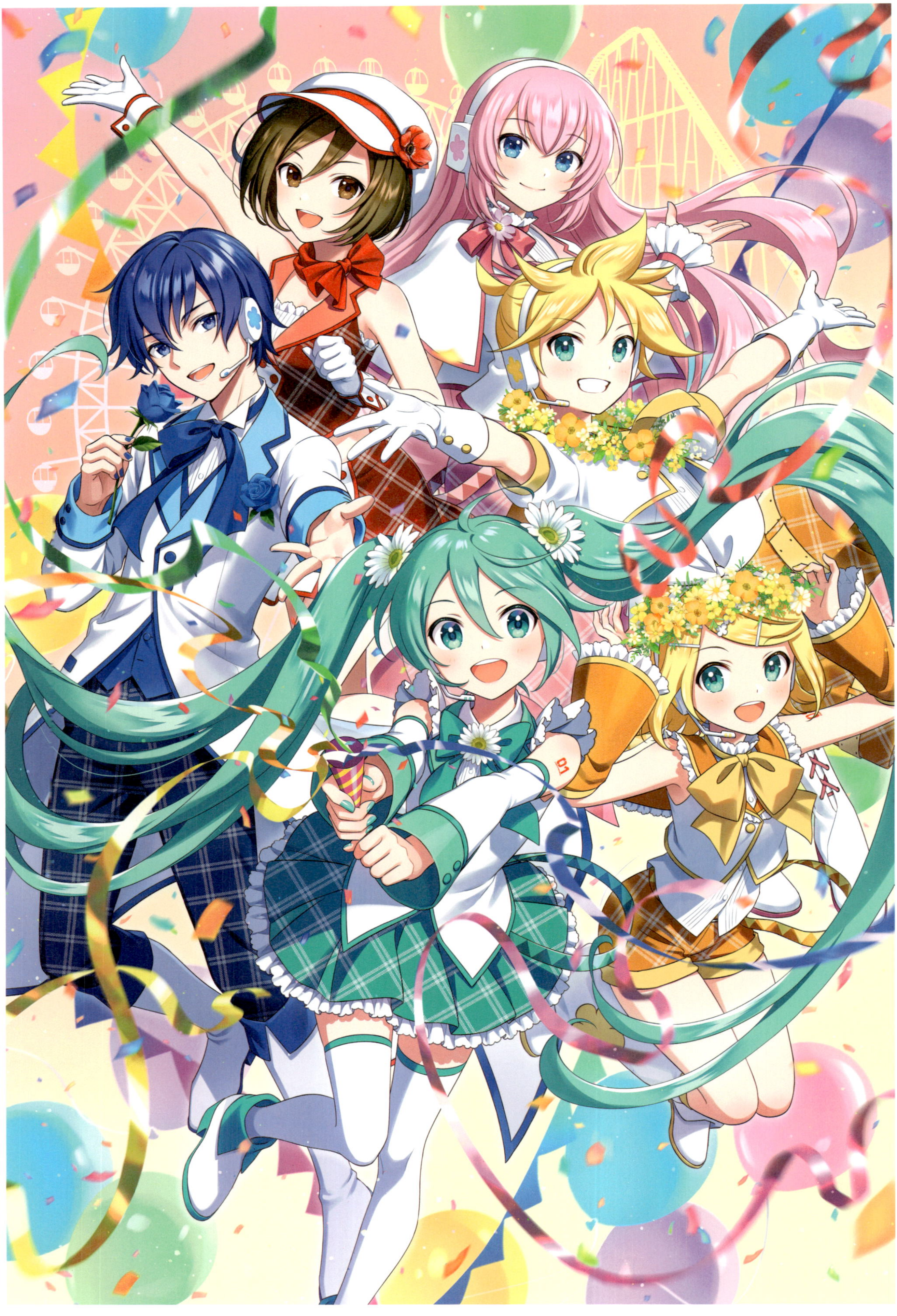

「初音ミク×よみうりランド2024 ～ 5th Anniversary ～」メインビジュアル

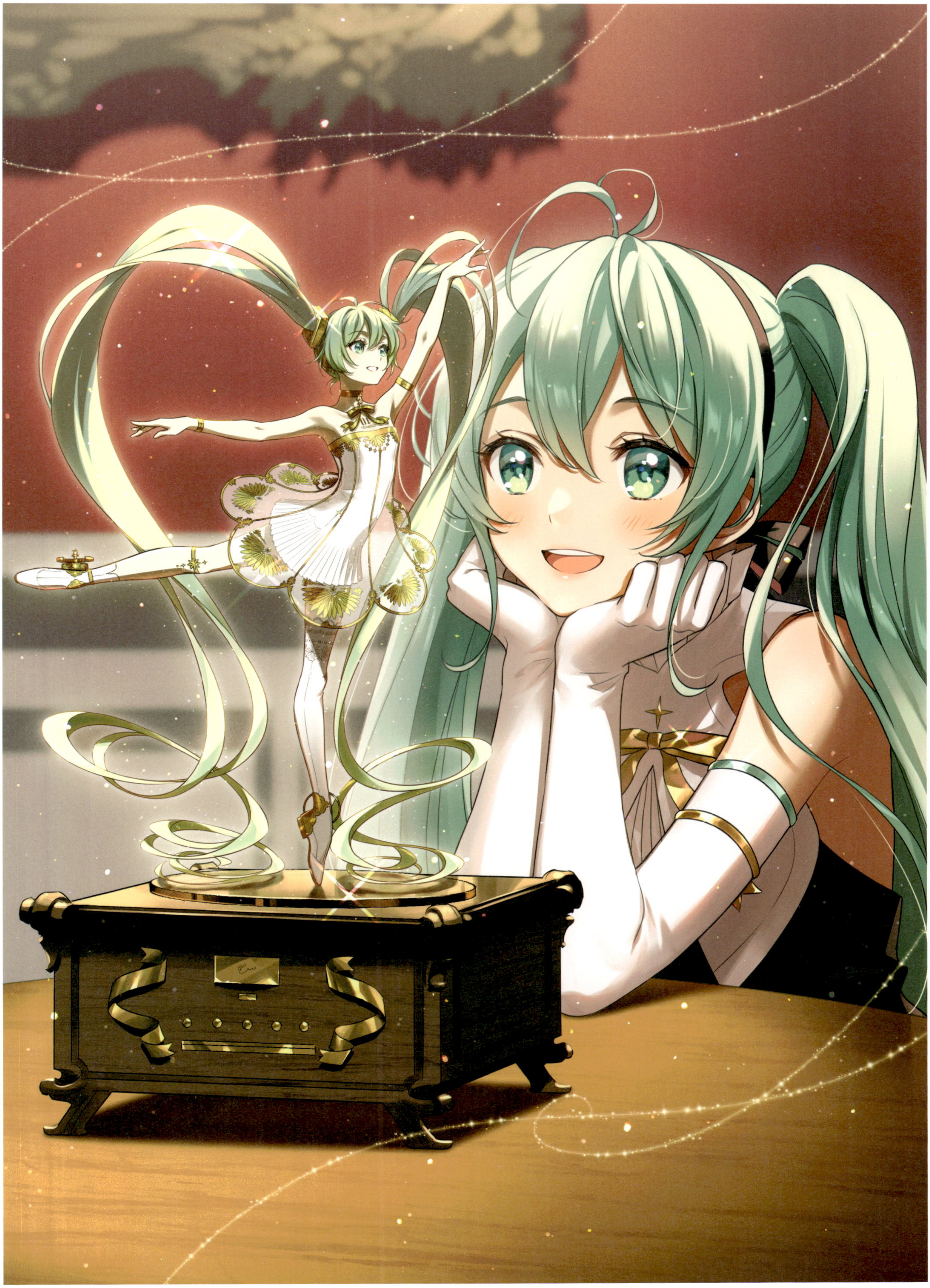

「初音ミクシンフォニー2020」パンフレットイラスト

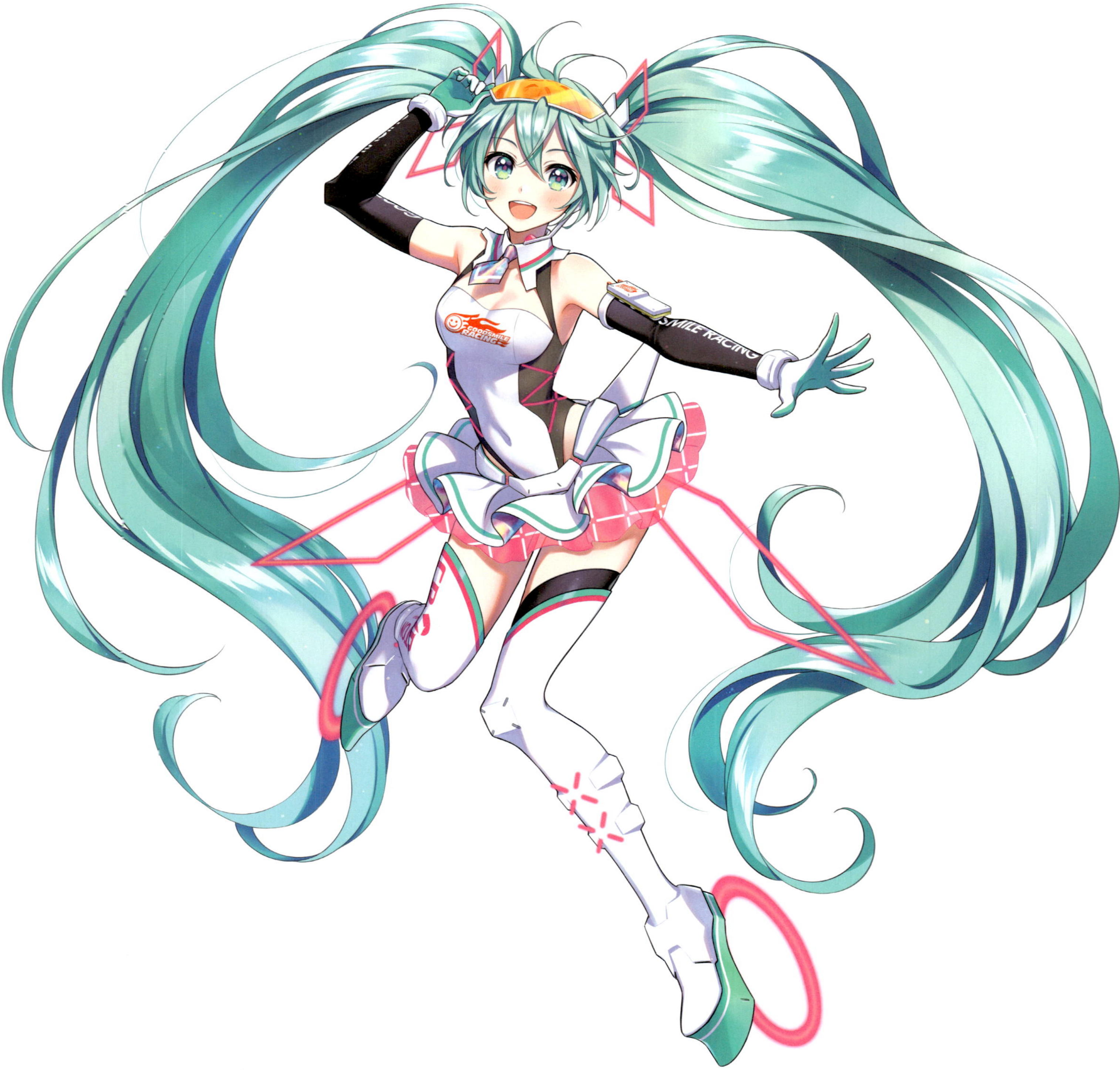

初音ミク GT プロジェクト専用キャラクター「レーシングミク 2021 Ver.」

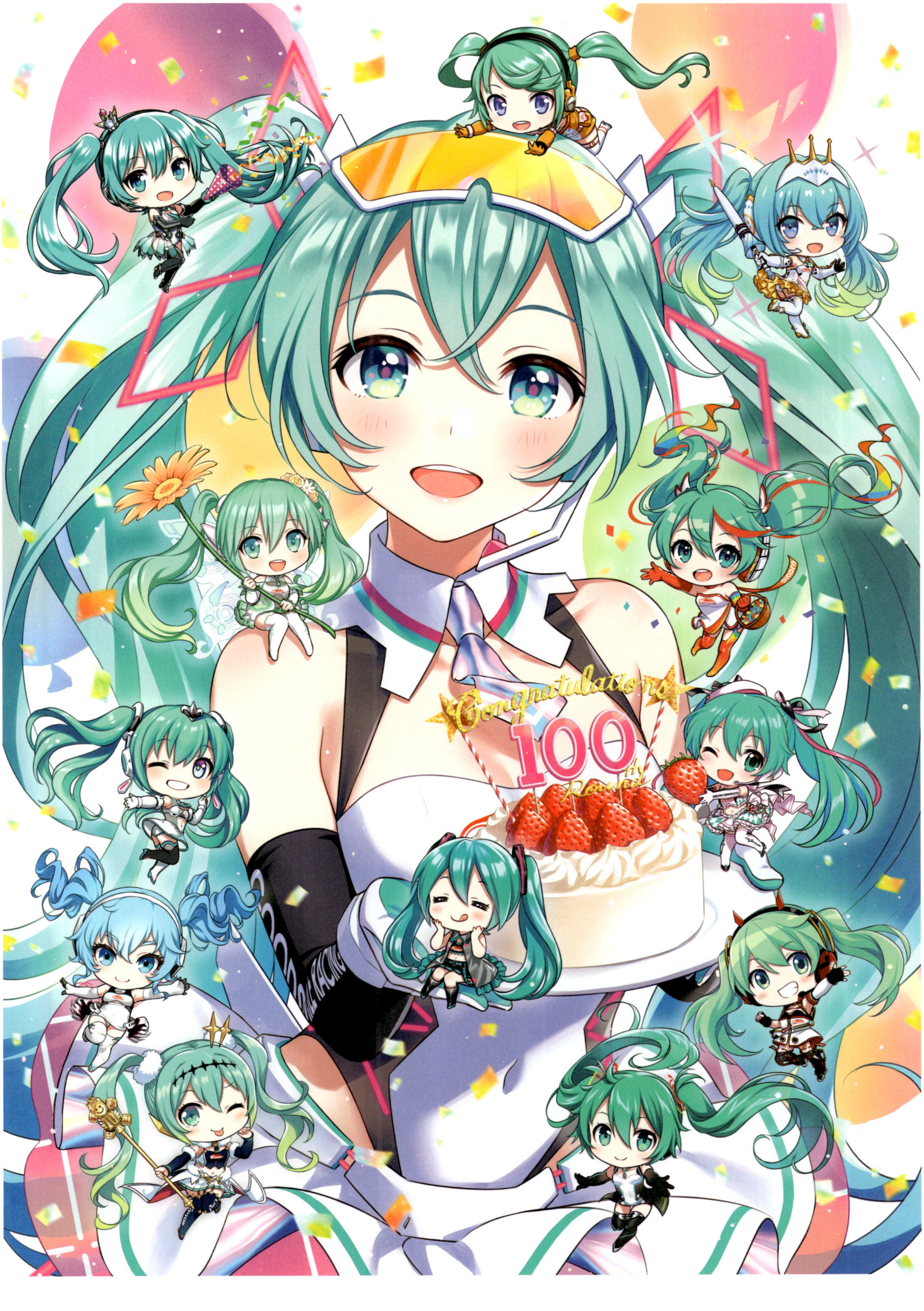

初音ミク GT プロジェクト SUPER GT 参戦100戦目 お祝いイラスト

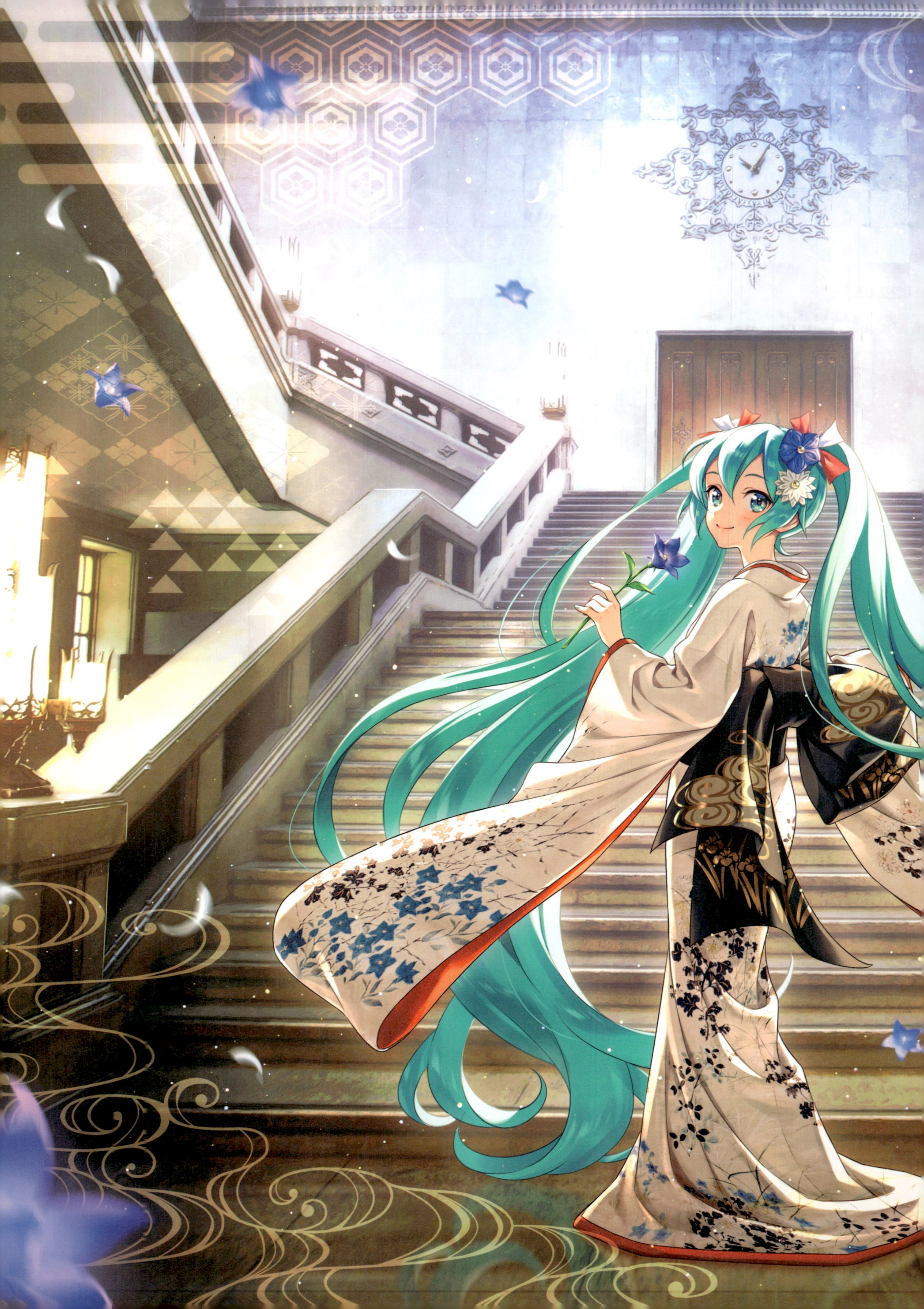

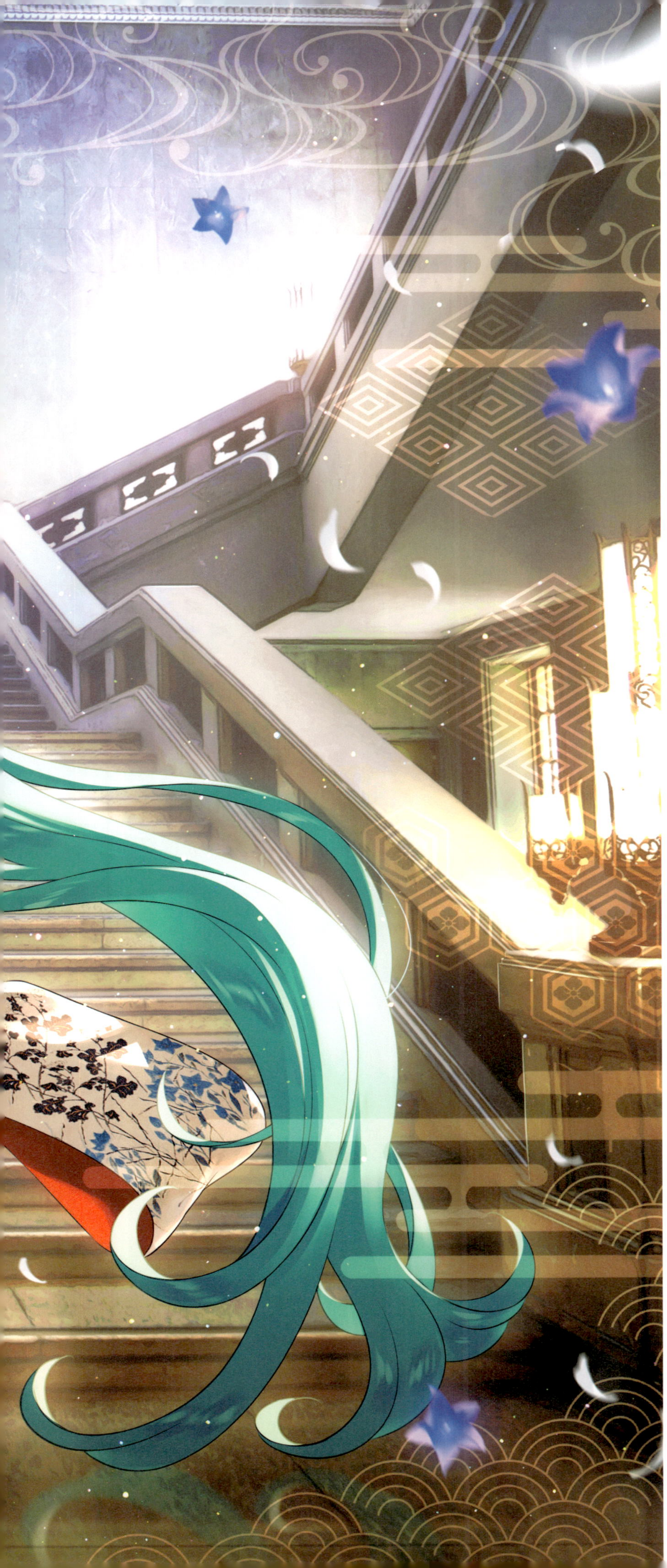

初音ミク「KYOTO NIPPON FESTIVAL」もみじ苑ビジュアル

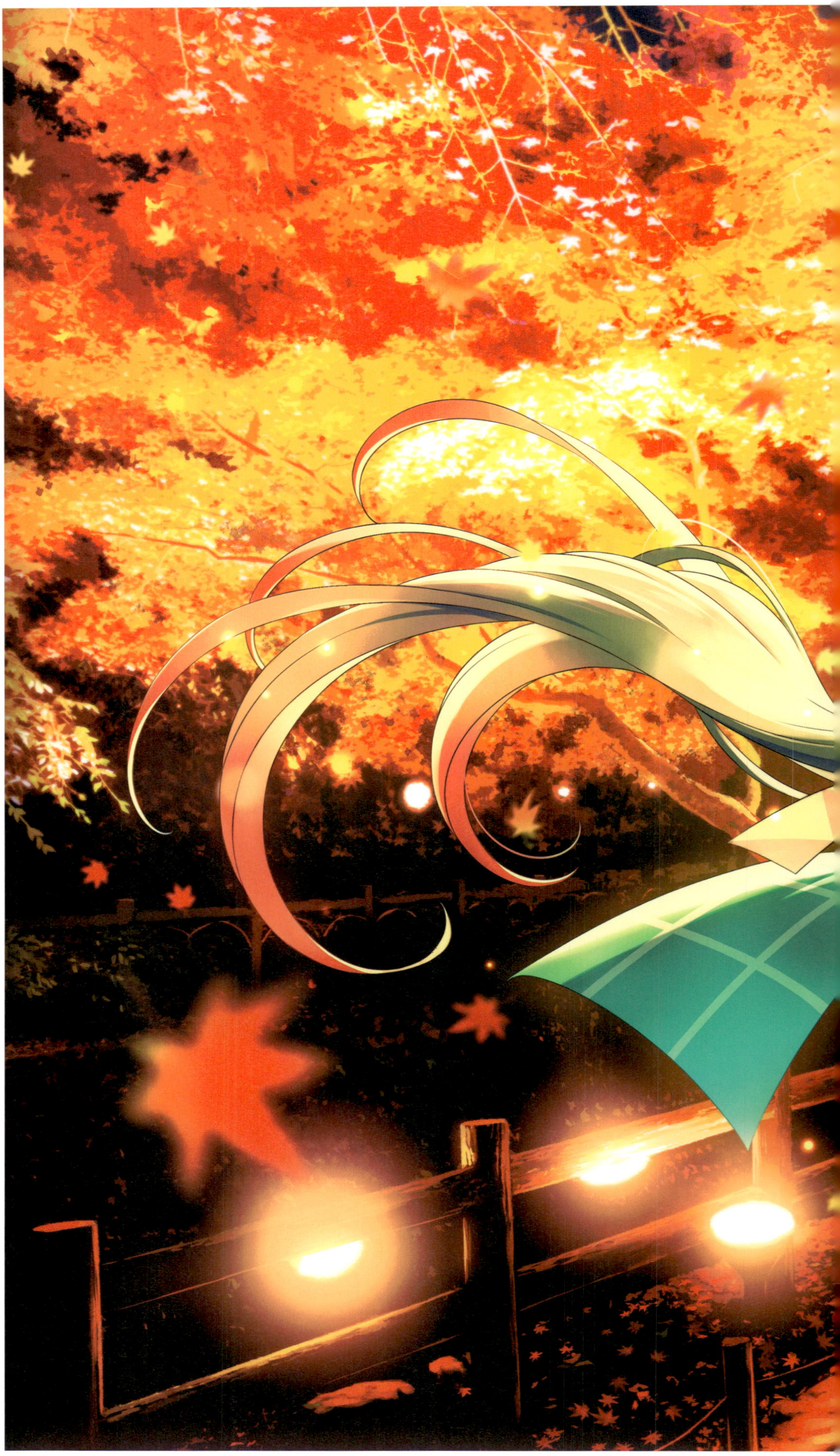

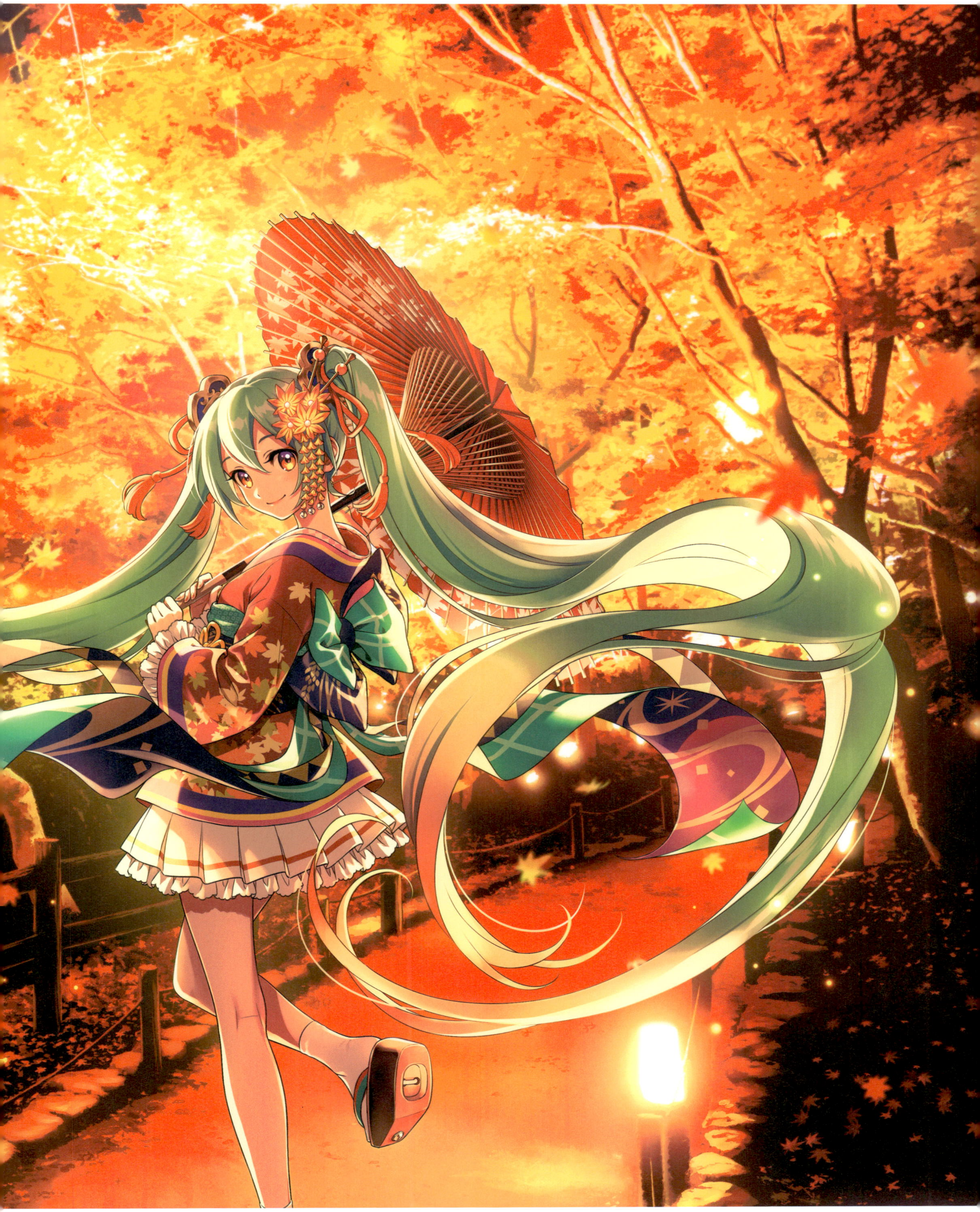

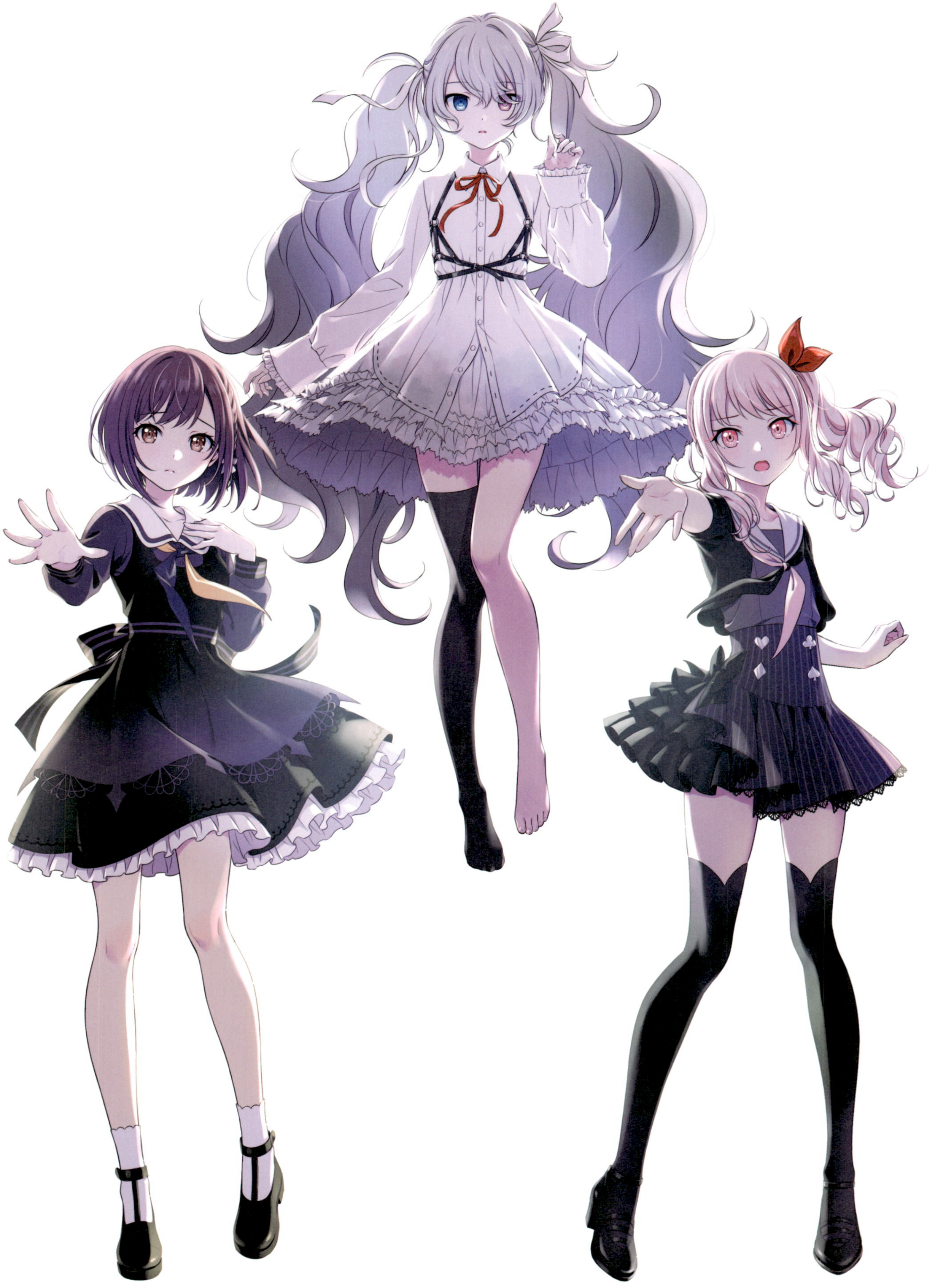

『プロジェクトセカイ カラフルステージ！ feat. 初音ミク』『携帯恋話』セカイ ver. 2DMV イラスト

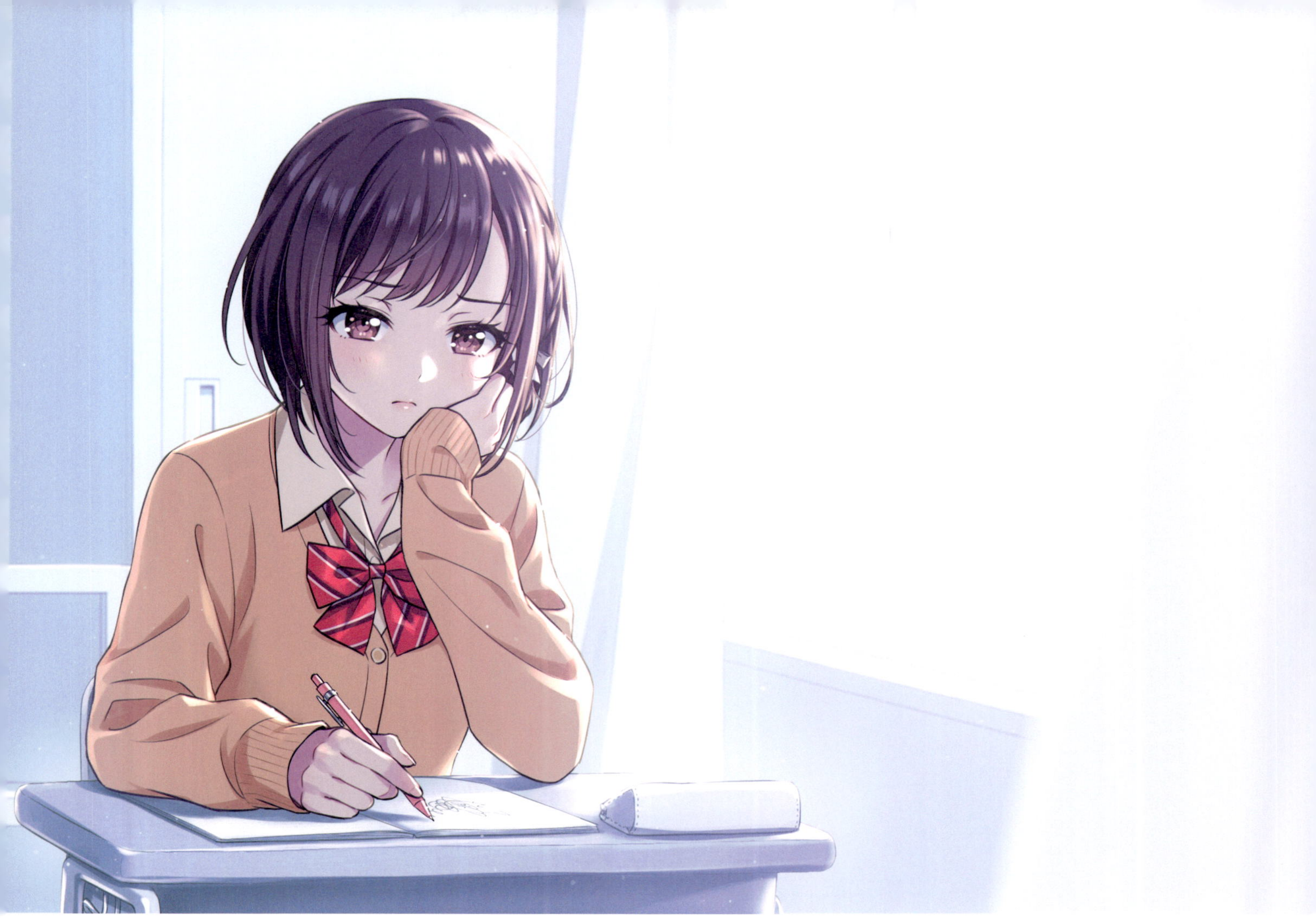

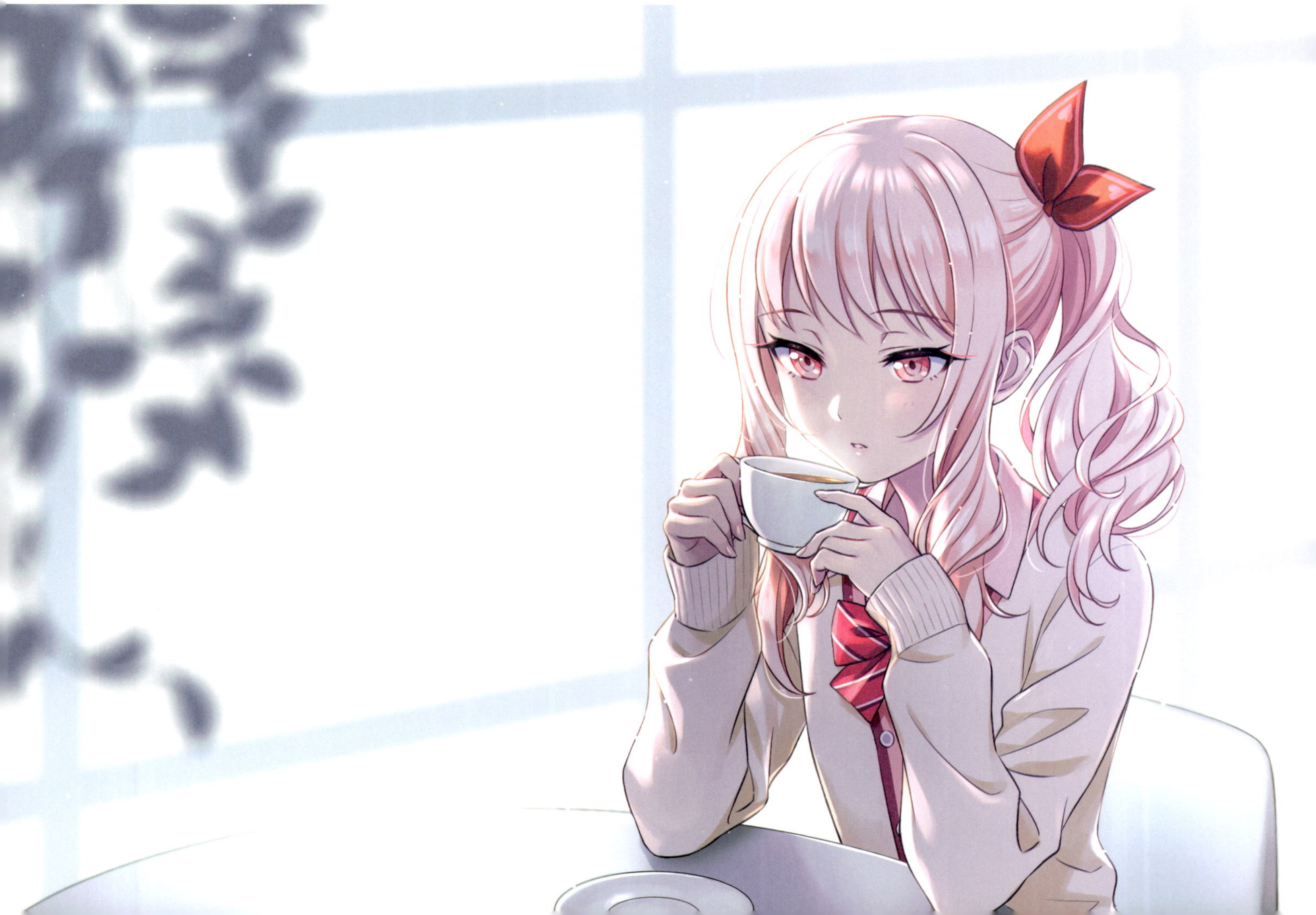

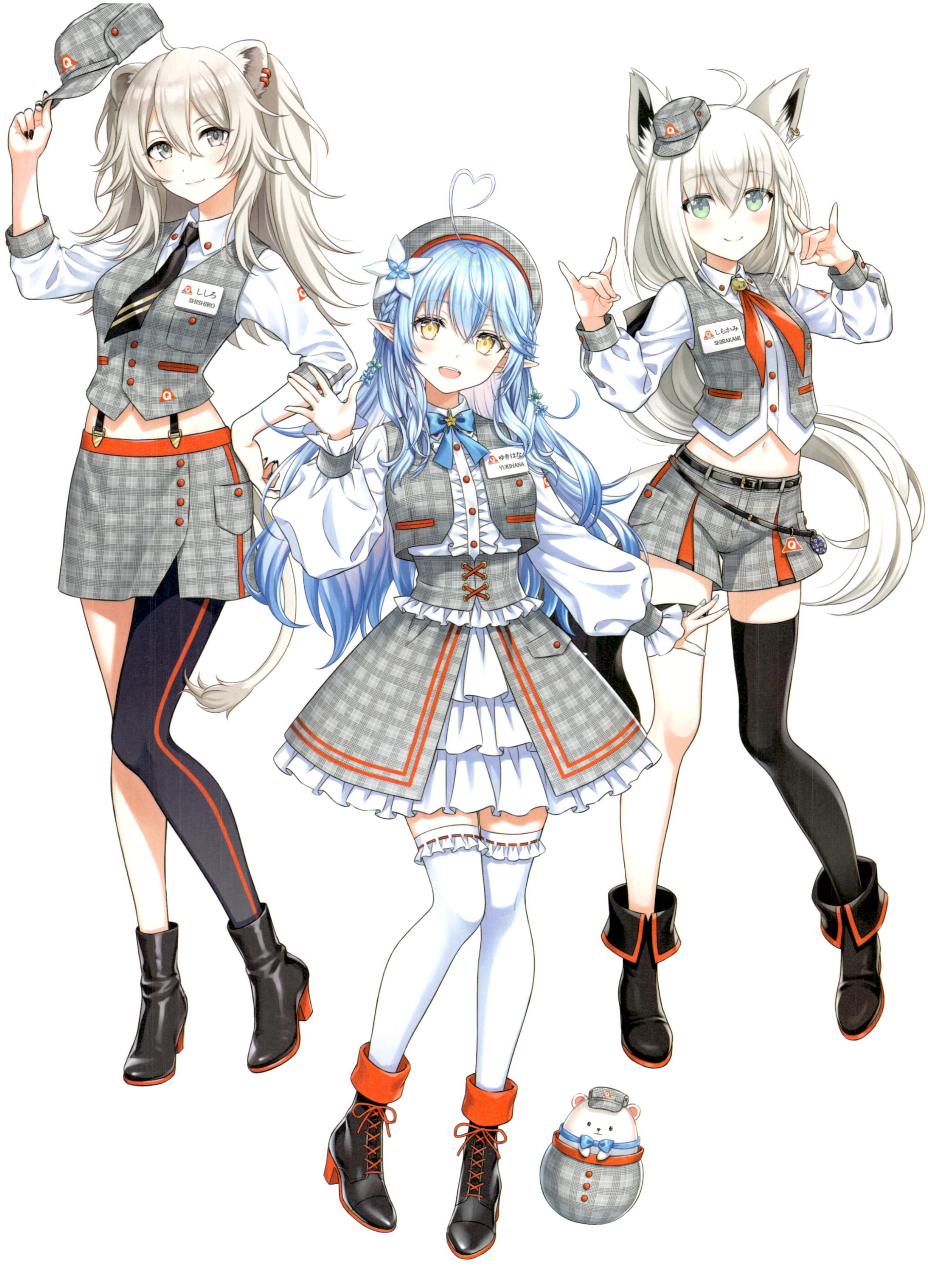
ししろ
SHISHIRO
ゆきはな
YUKIHANA
しらかみ
SHIRAKAMI

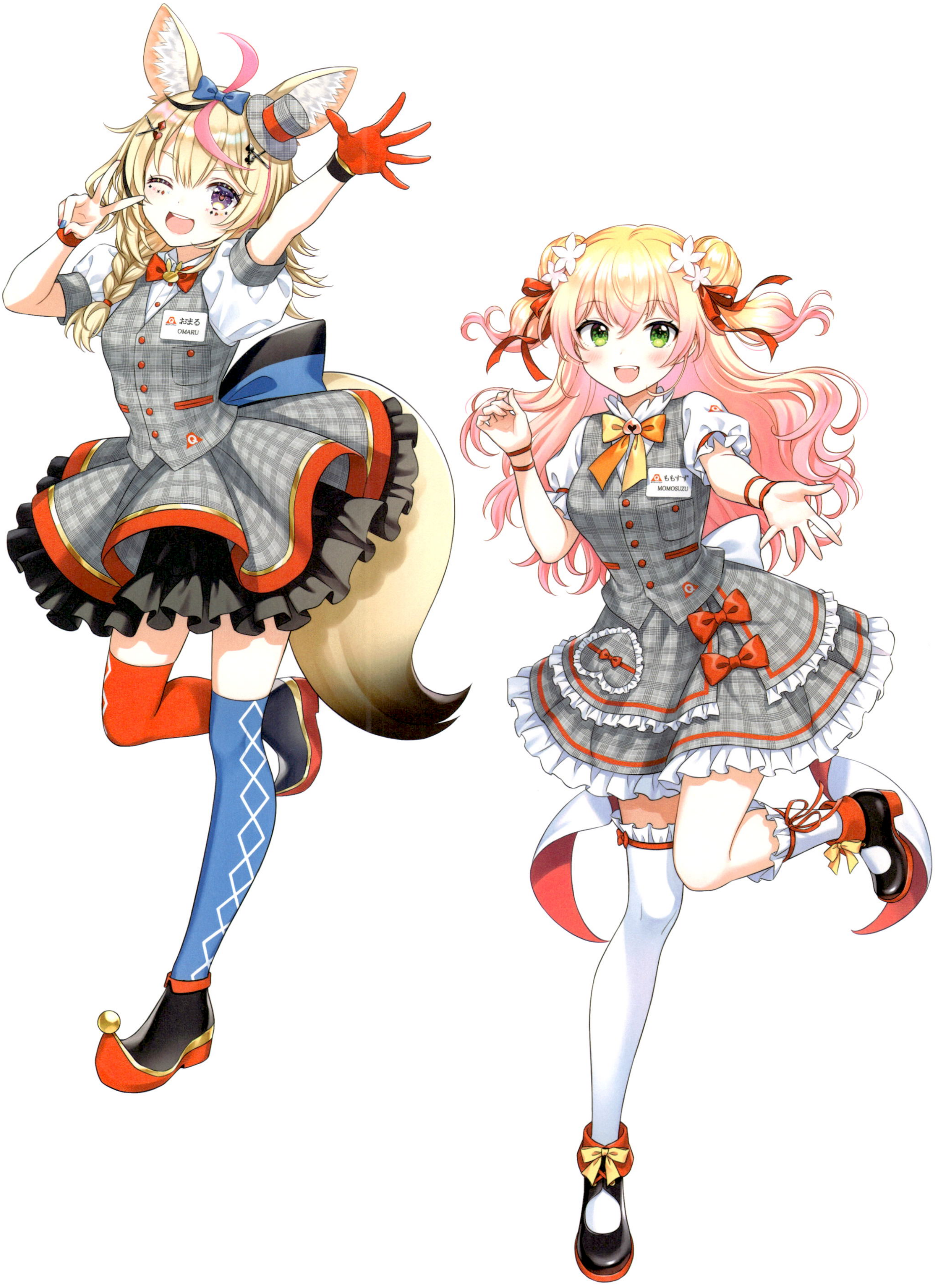
おまる
OMARU
ももすず
MOMOSUZU

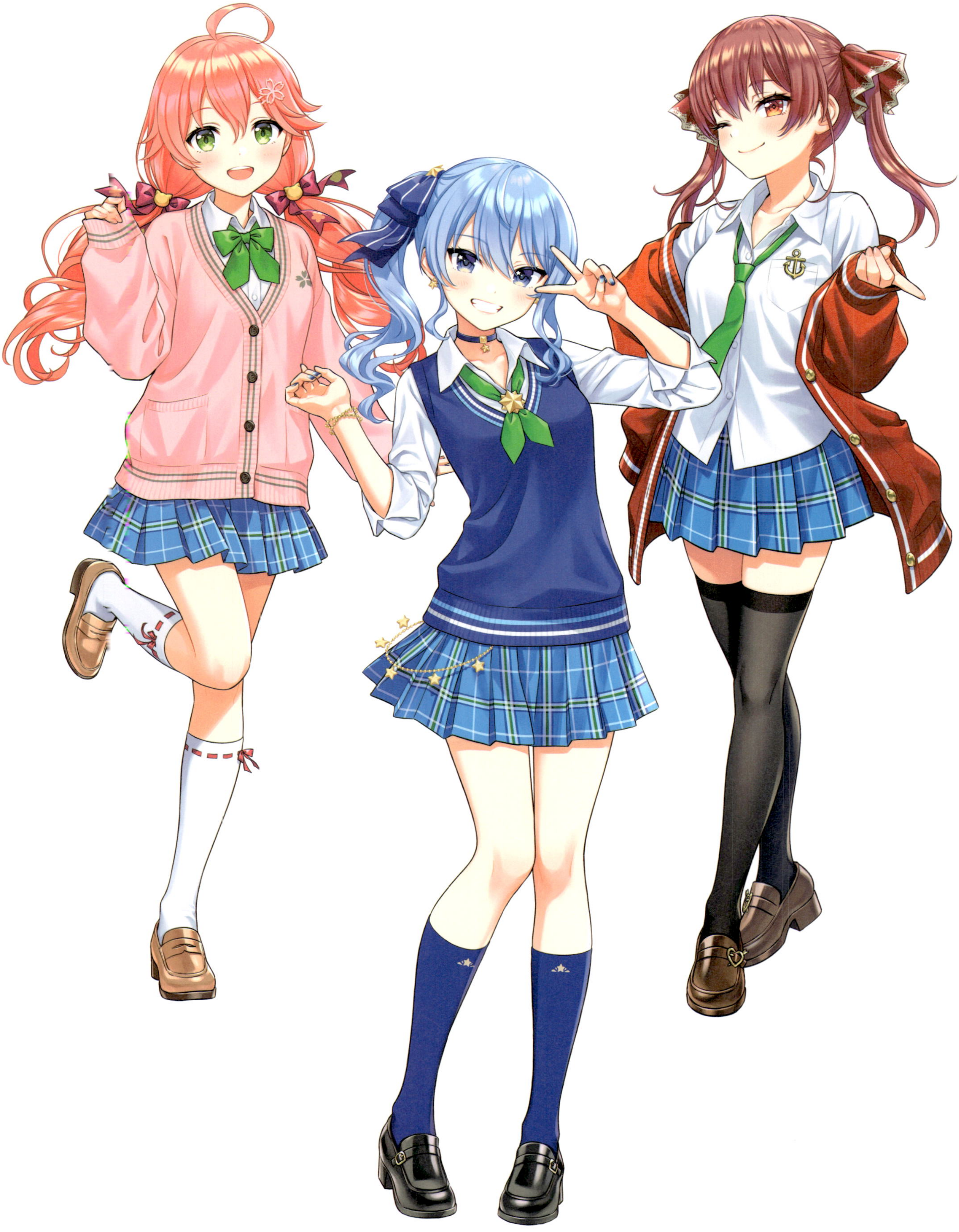

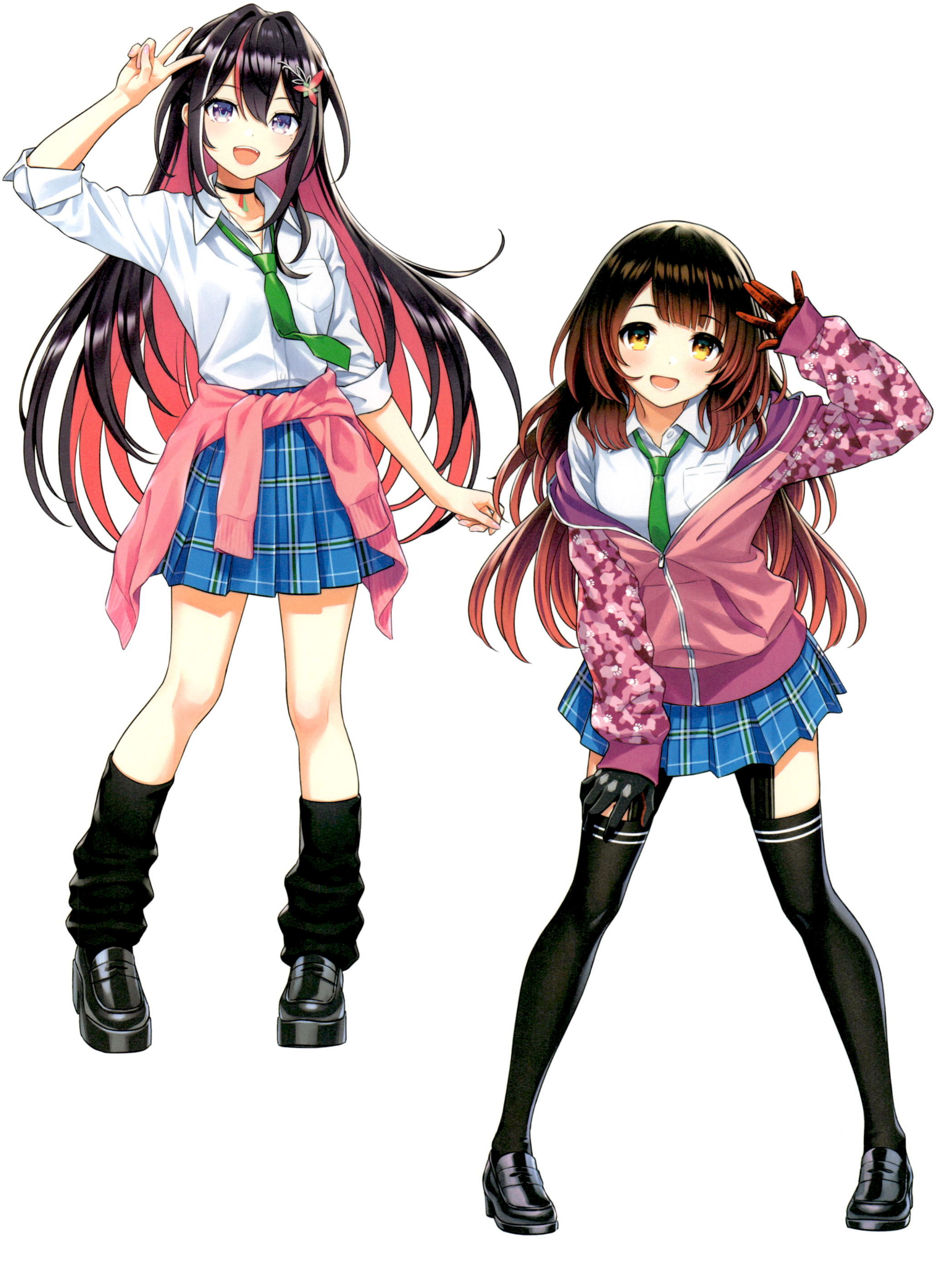

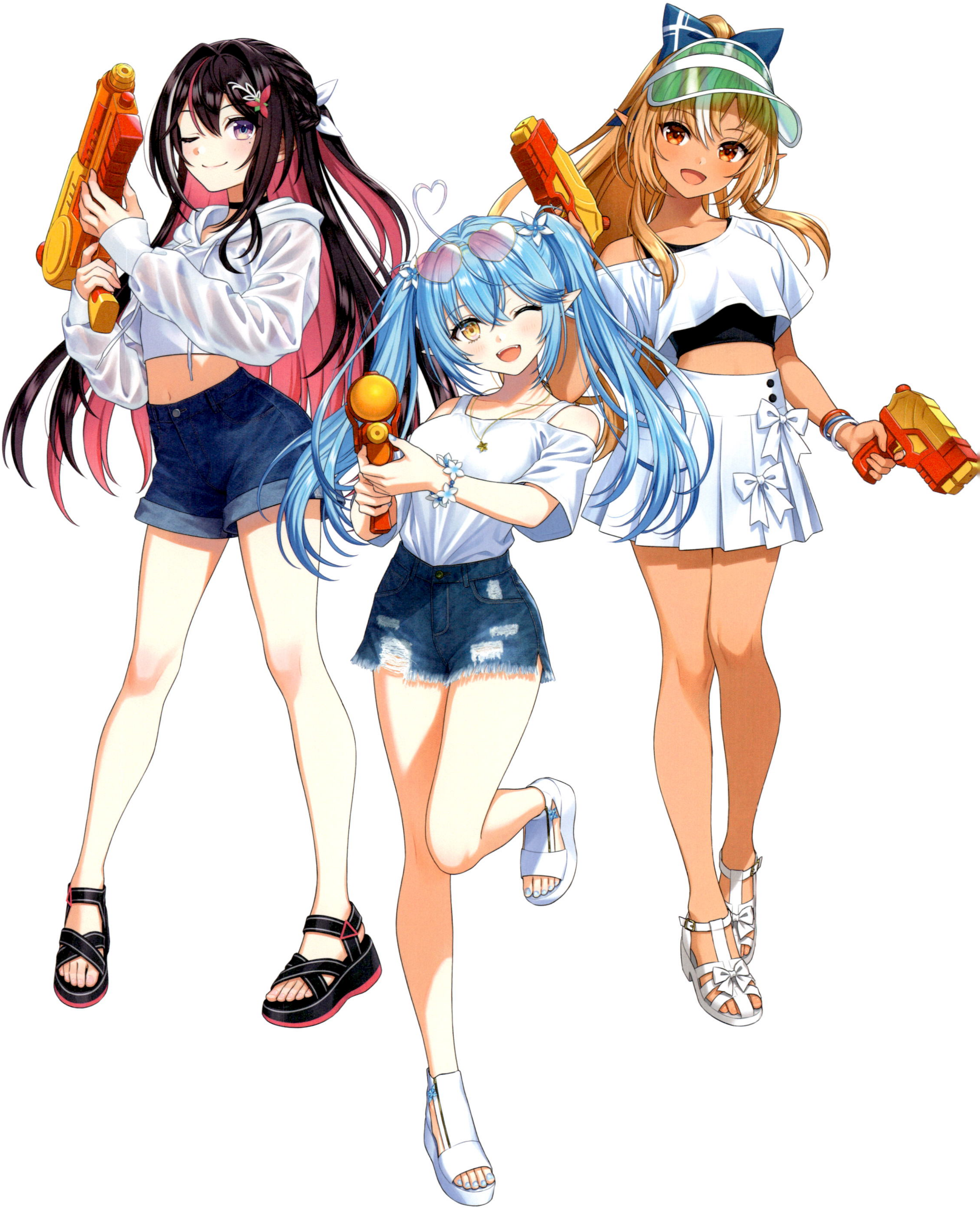

「ドデカミン × ホロライブキャンペーン」イラスト

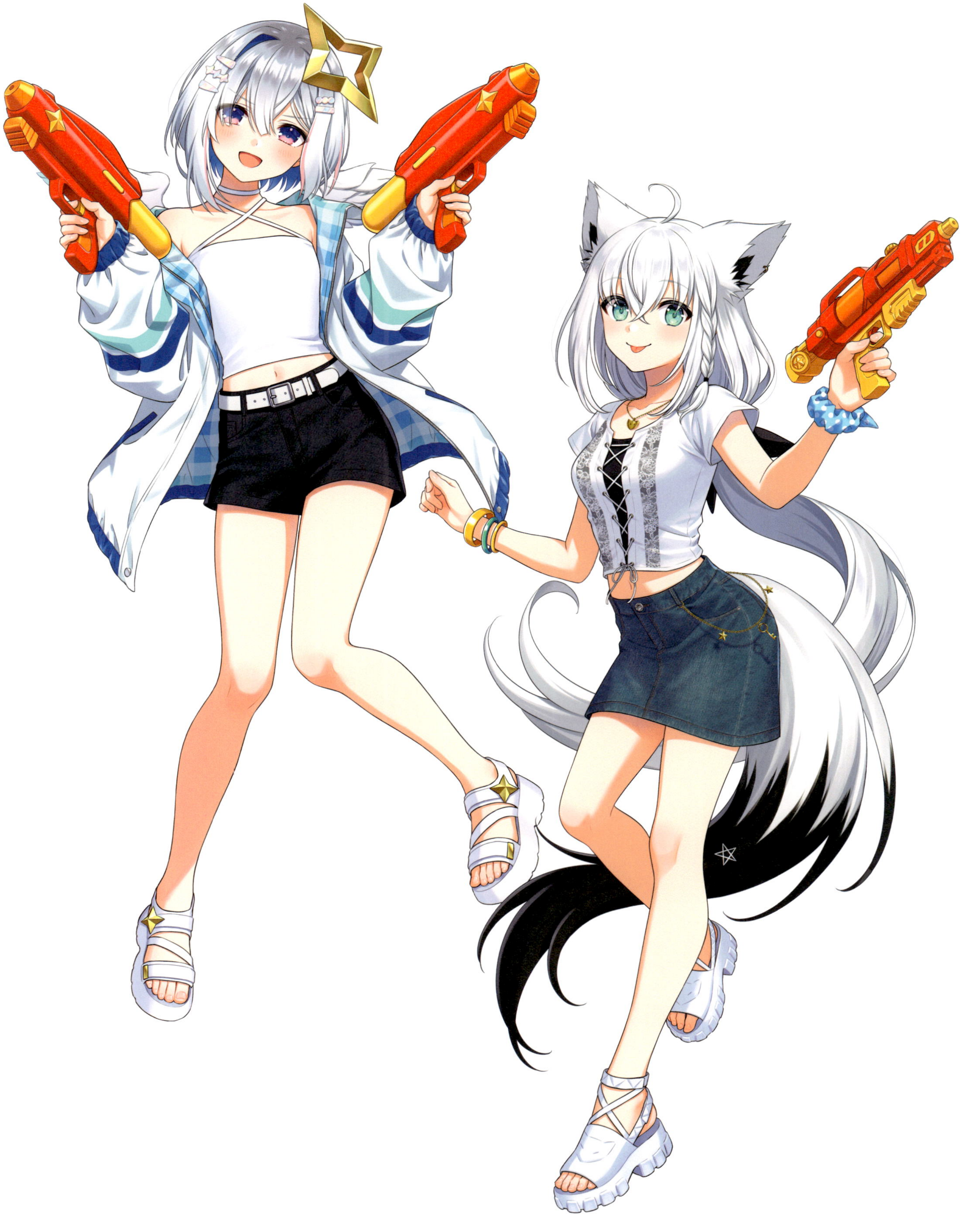

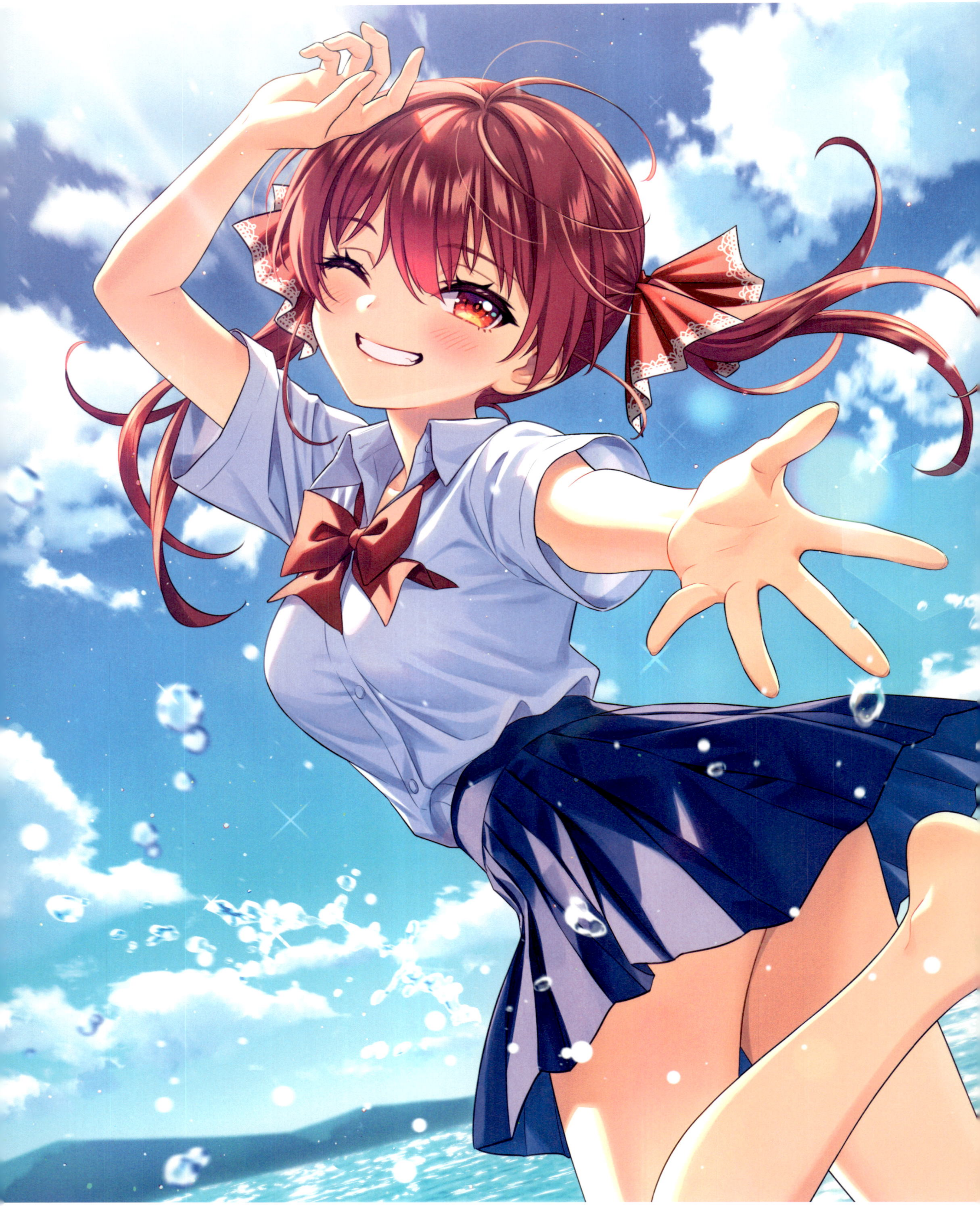

宝鐘マリン 1st アルバム『Ahoy!! キミたちみんなパイレーツ♡』アナザージャケット

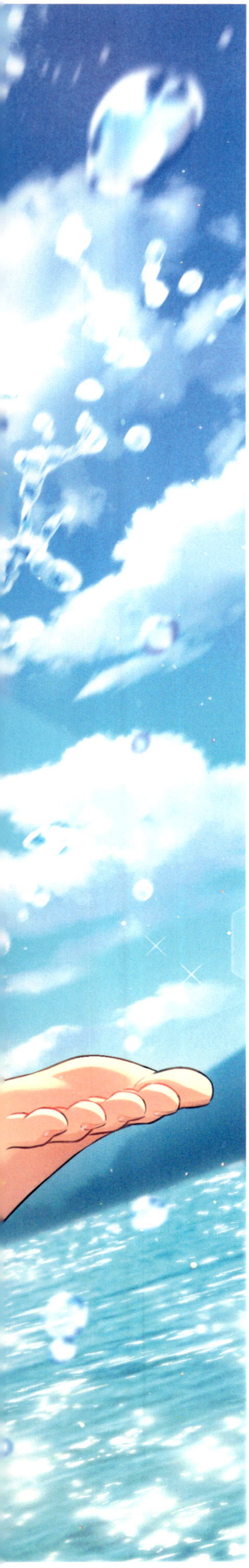

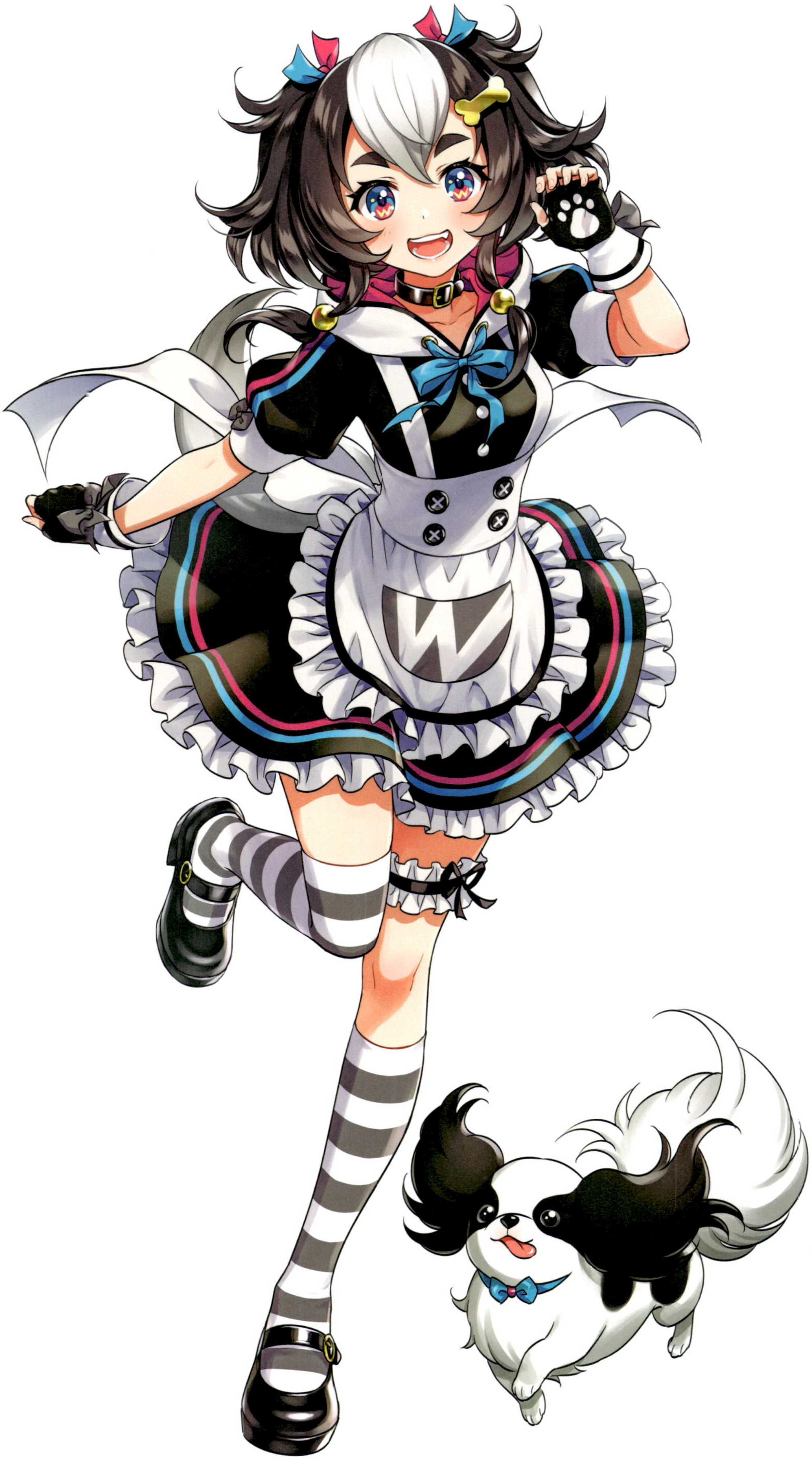

わんだらー公式キャラクター「わん子としらす」キャラクターデザイン

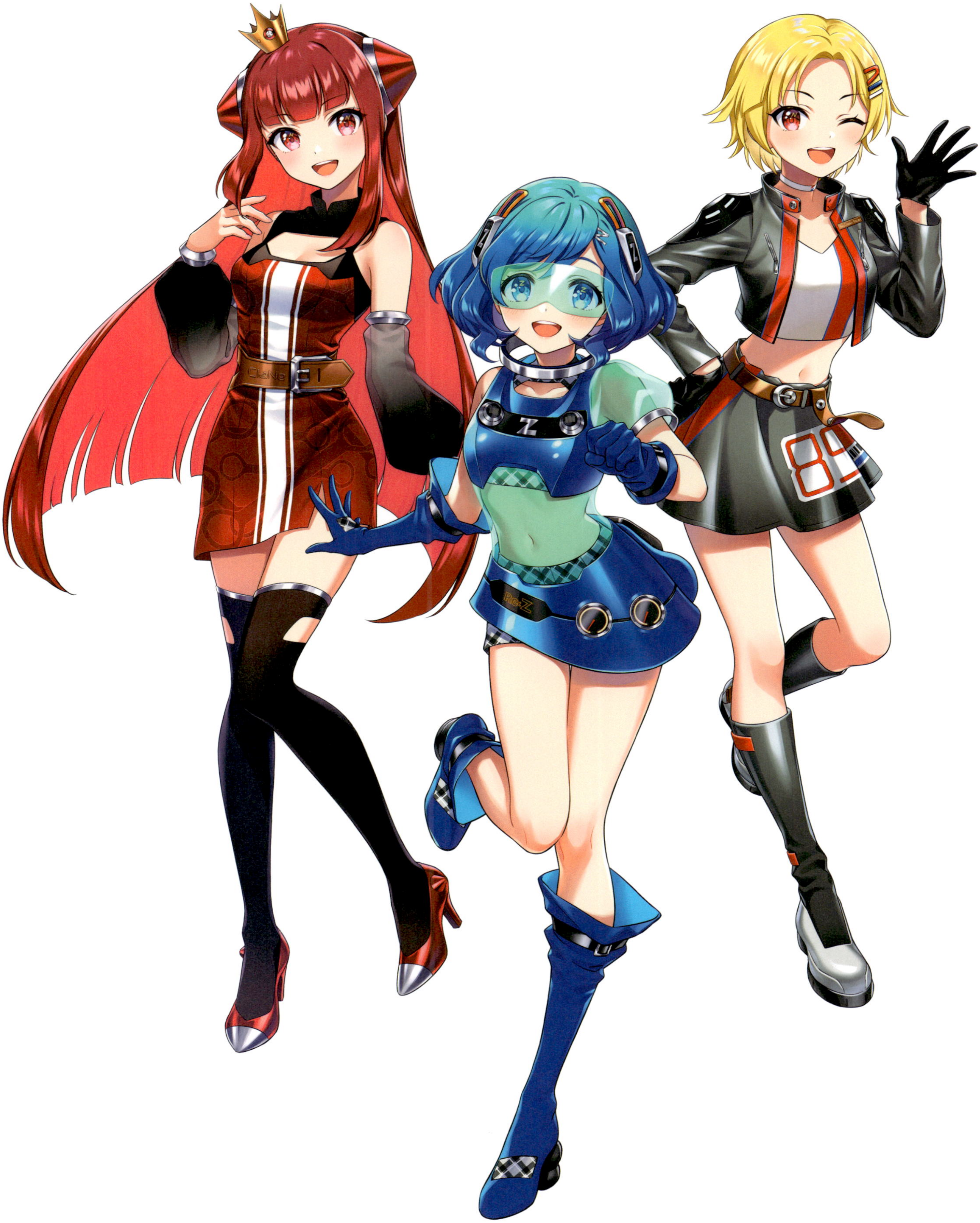

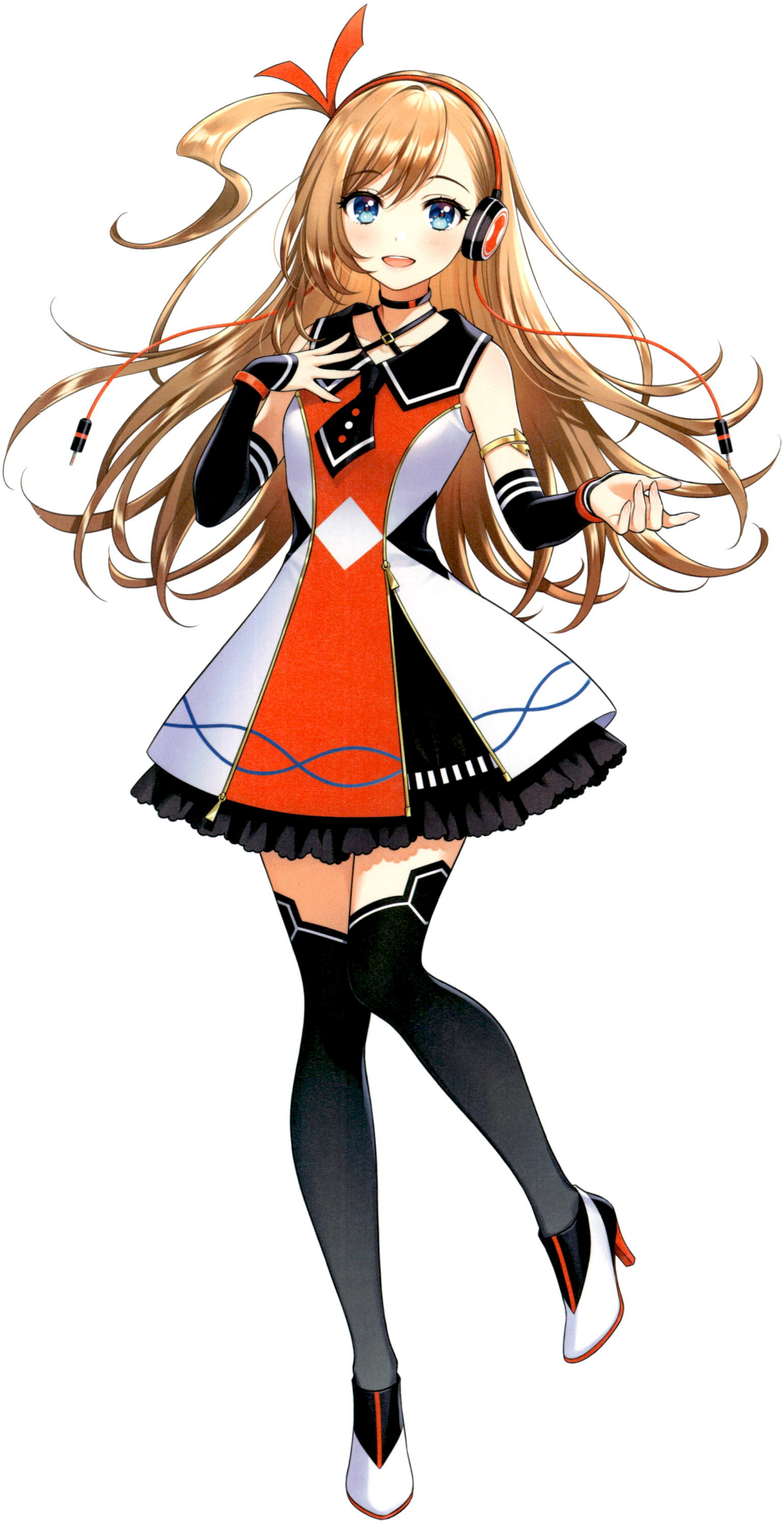

塩野義製薬バーチャル社員「シオノギカナデ」メインビジュアル

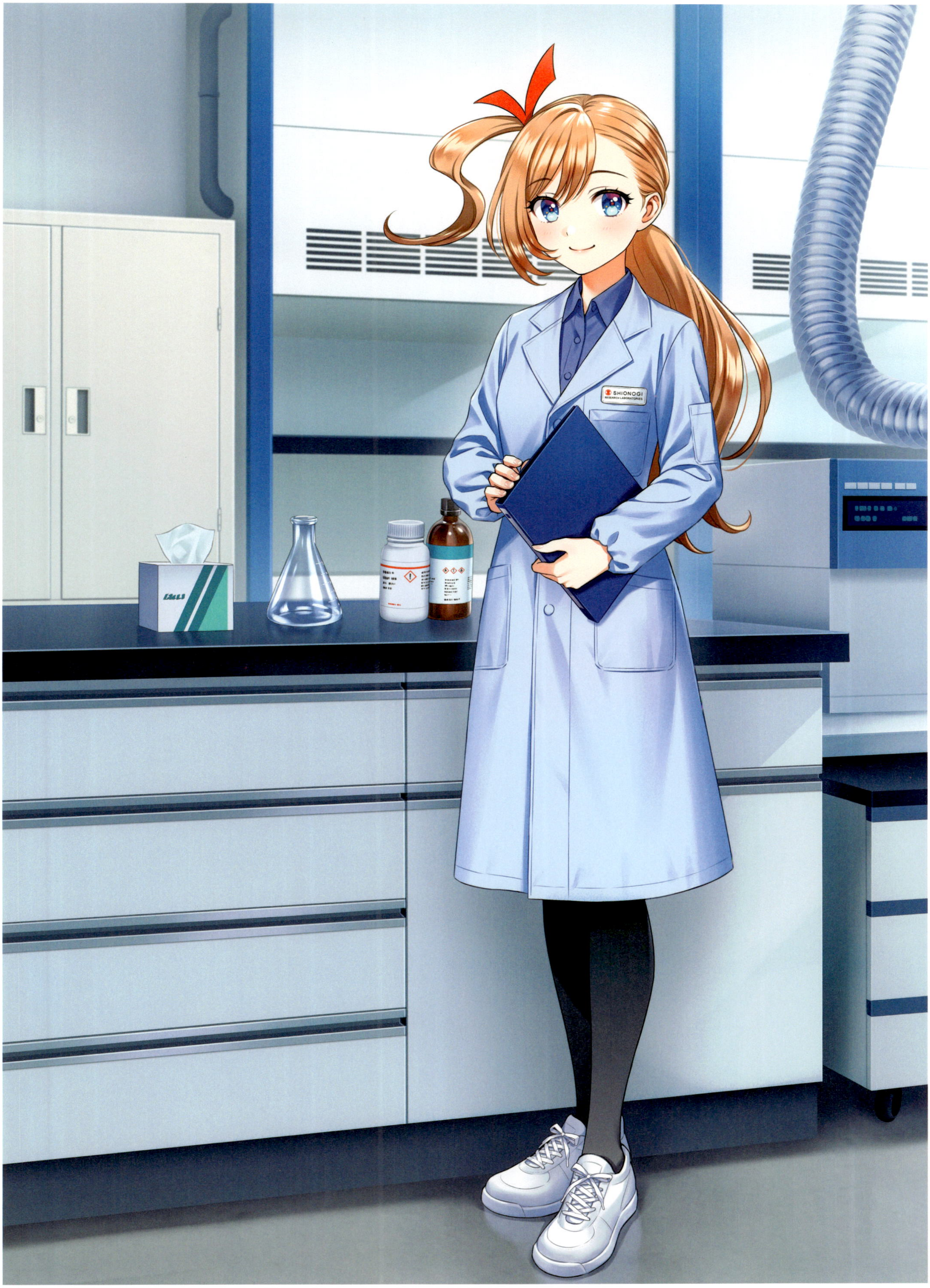

塩野義製薬バーチャル社員「シオノギカナデ」ラボコート（実験衣）キービジュアル

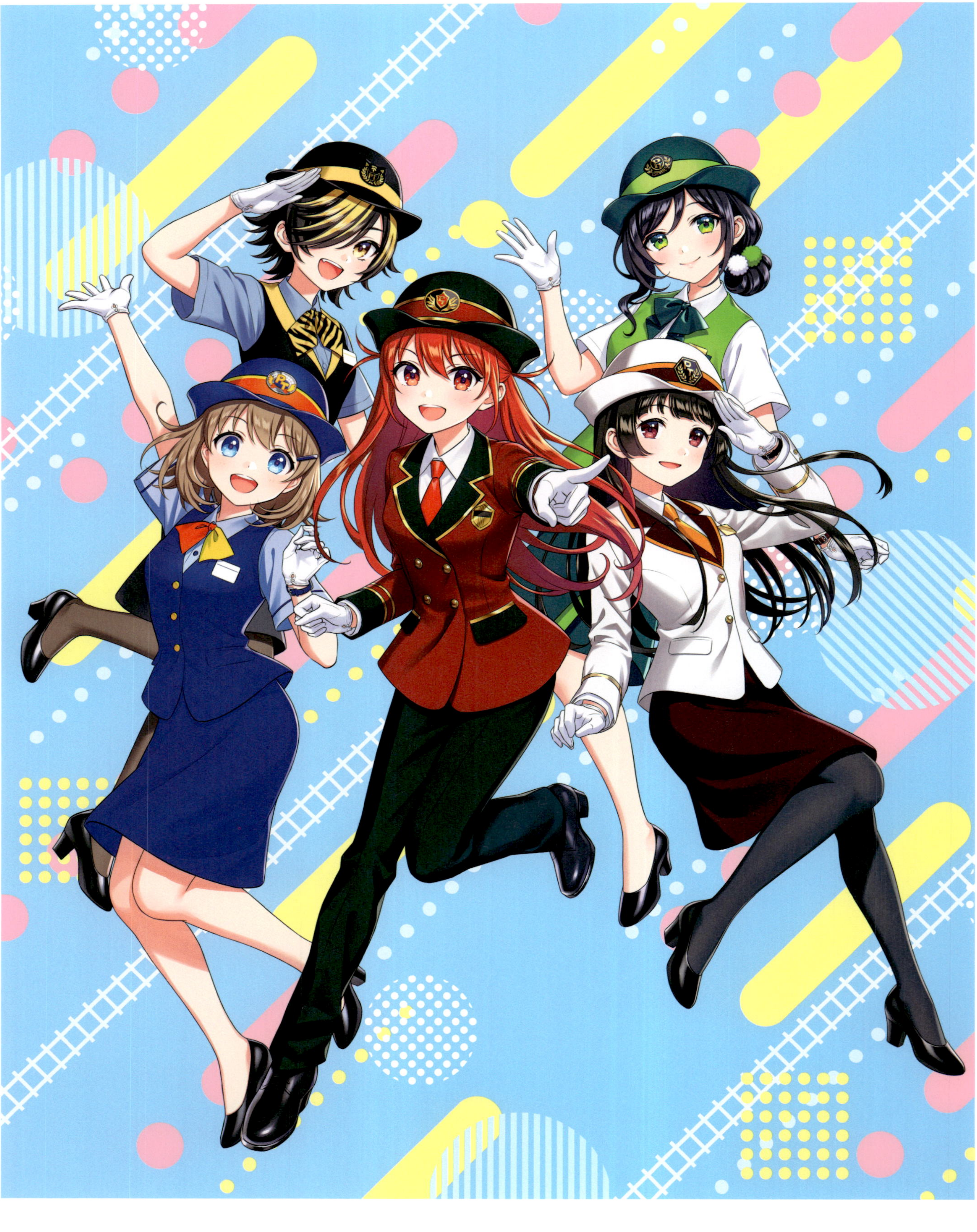

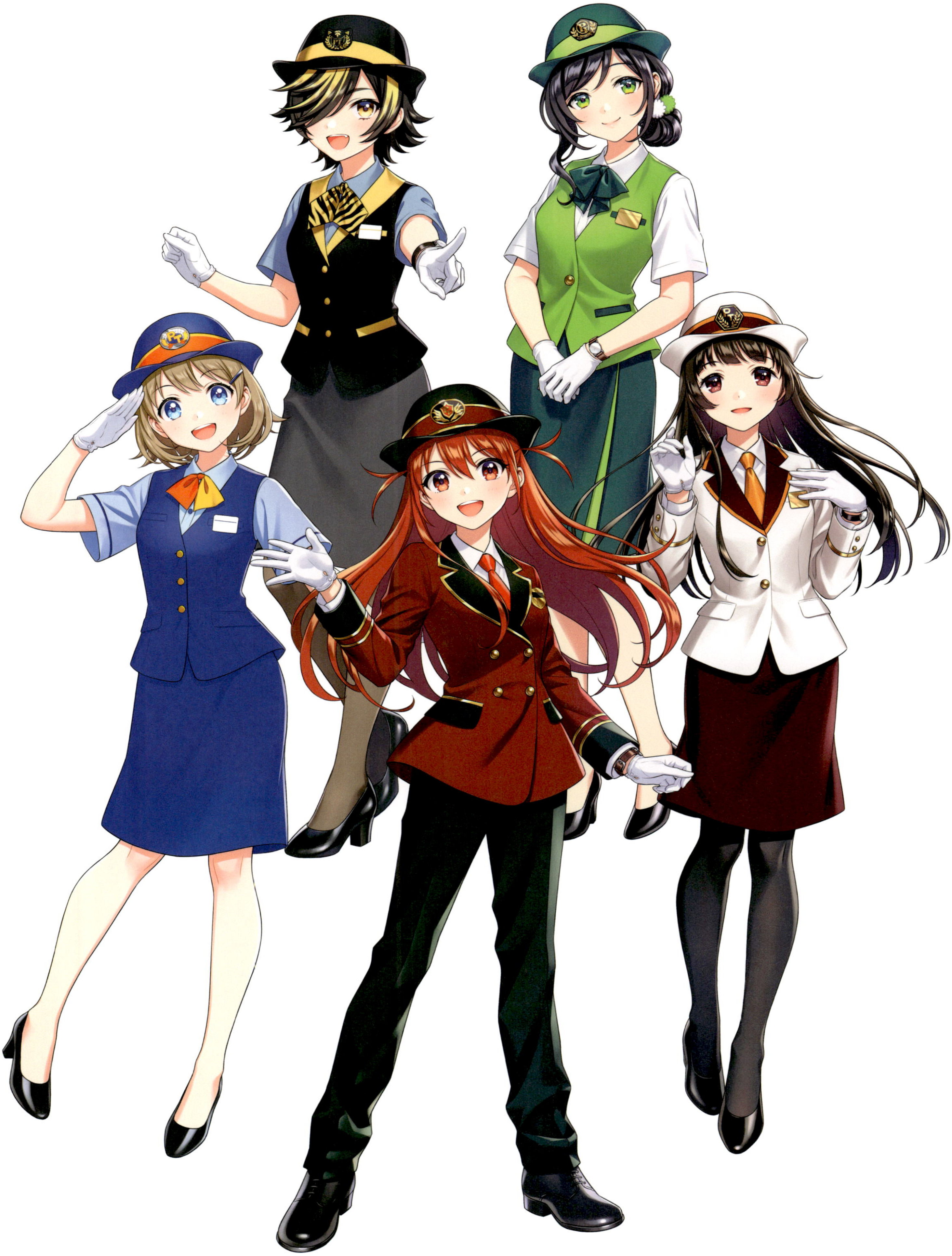

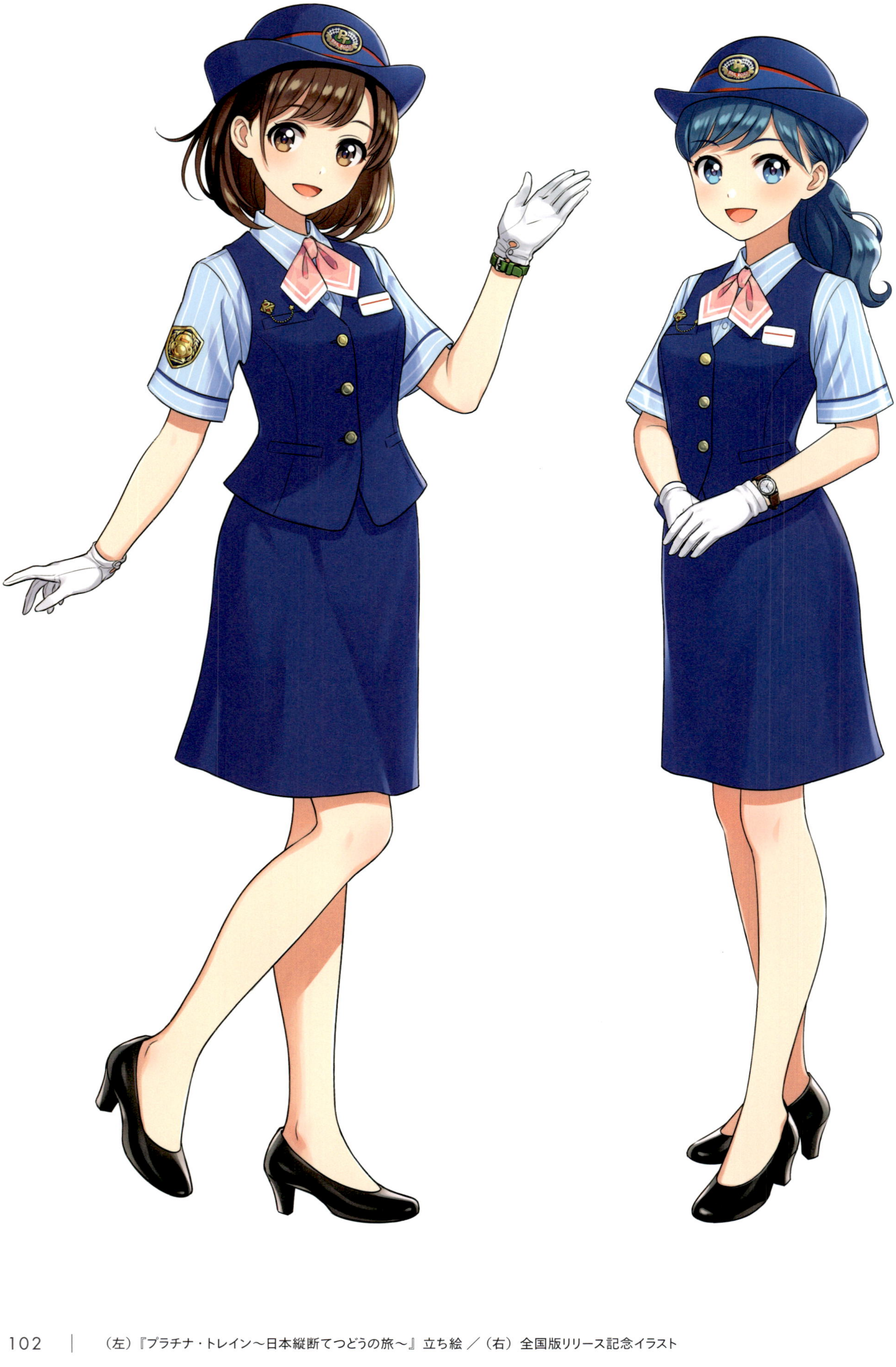

（左）『プラチナ・トレイン～日本縦断てつどうの旅～』立ち絵 ／（右）全国版リリース記念イラスト

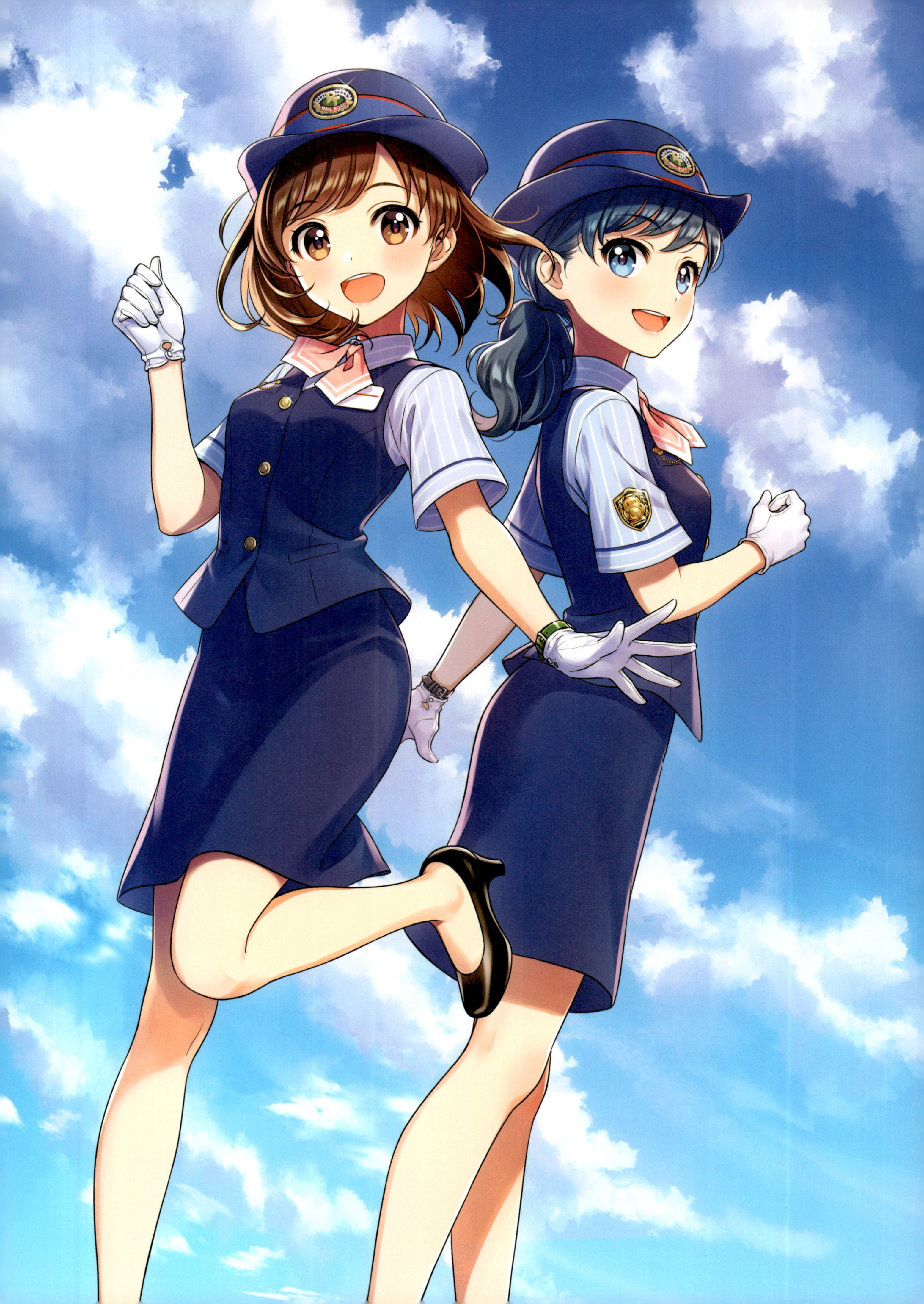
RAIL ROAD

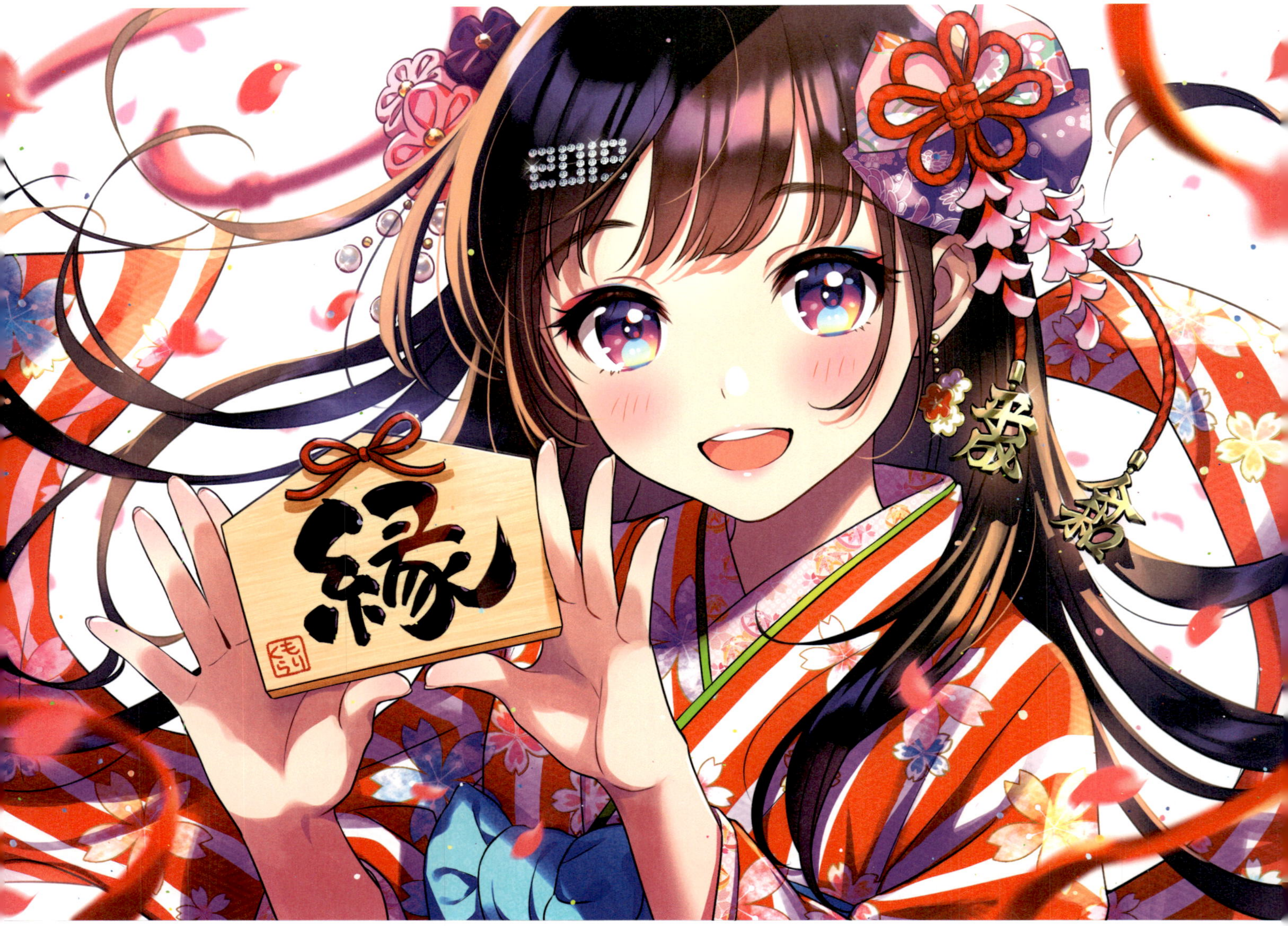
2019
縁
もりくら

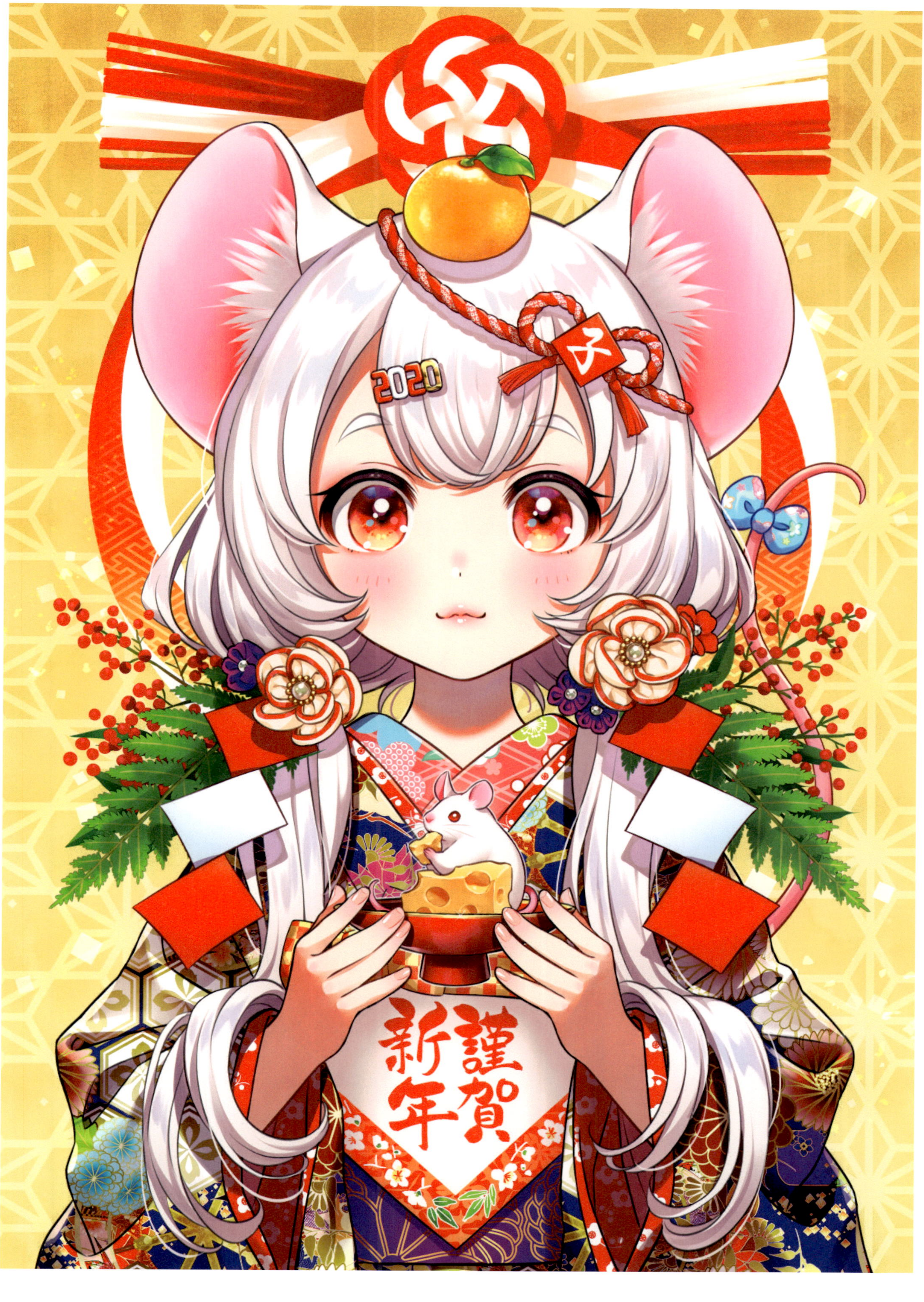
2020
子
謹賀新年

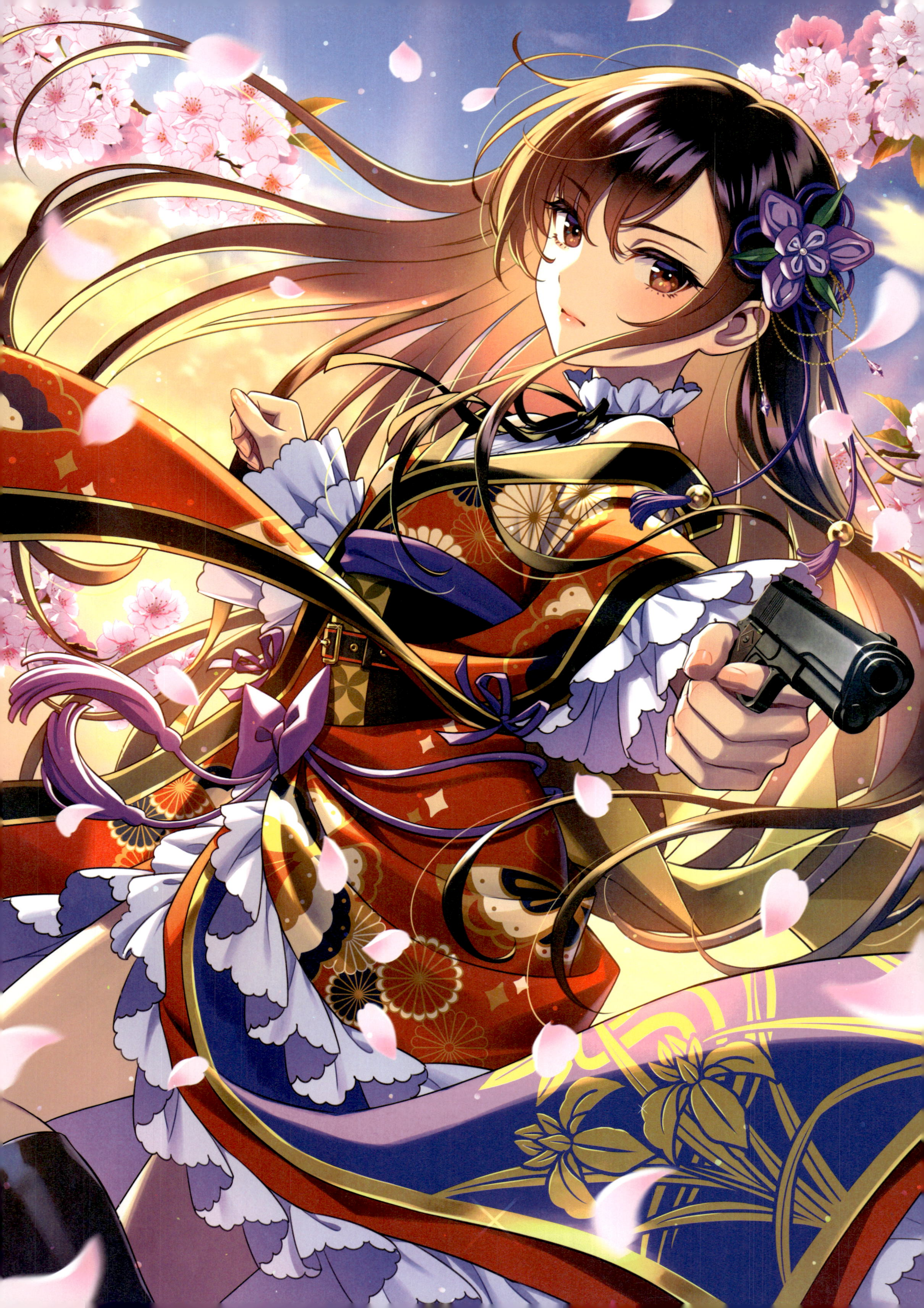

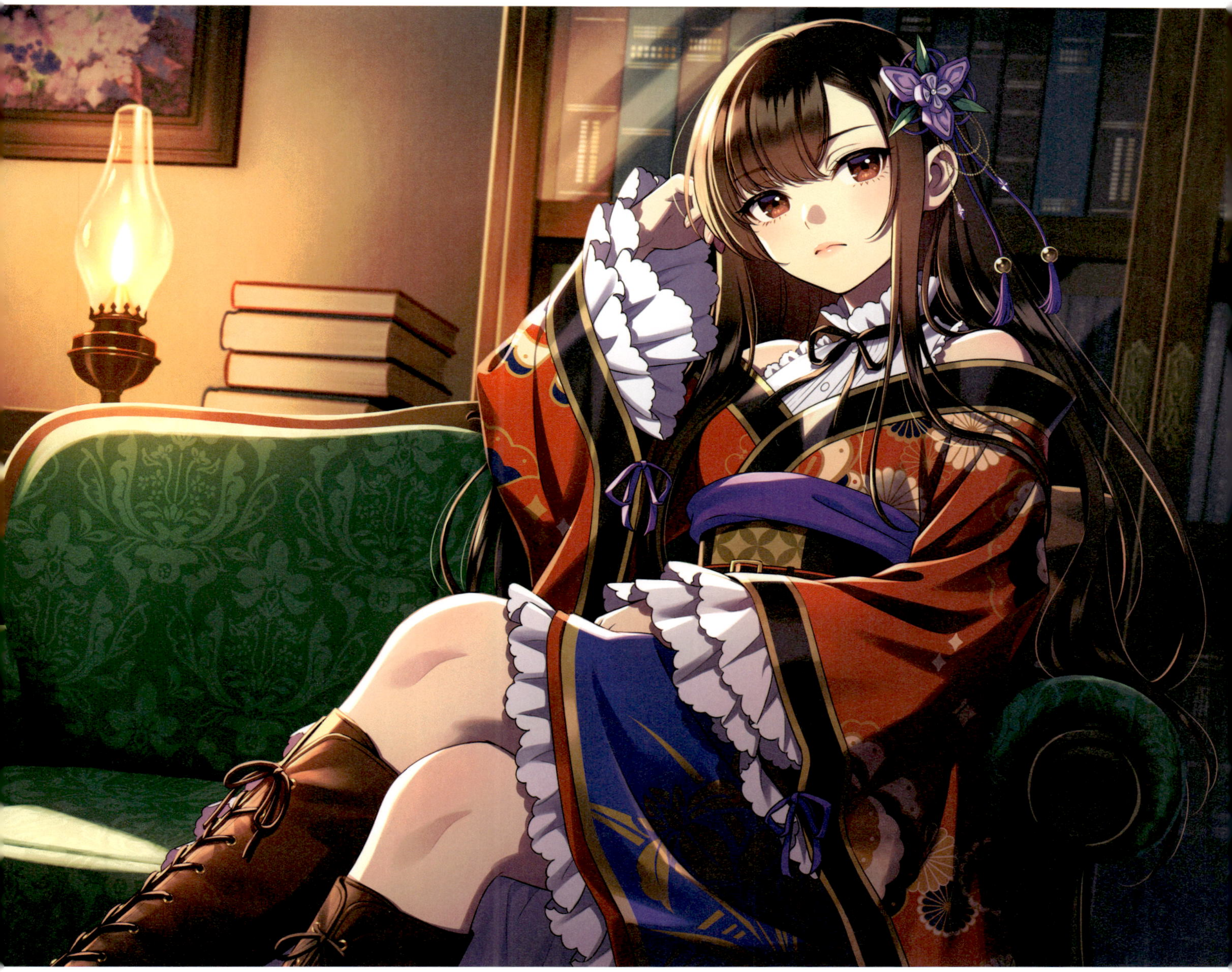

（左）ファンタジア文庫『夏目漱石ファンタジア』装画 ／（右）ファンタジア文庫『夏目漱石ファンタジア』口絵

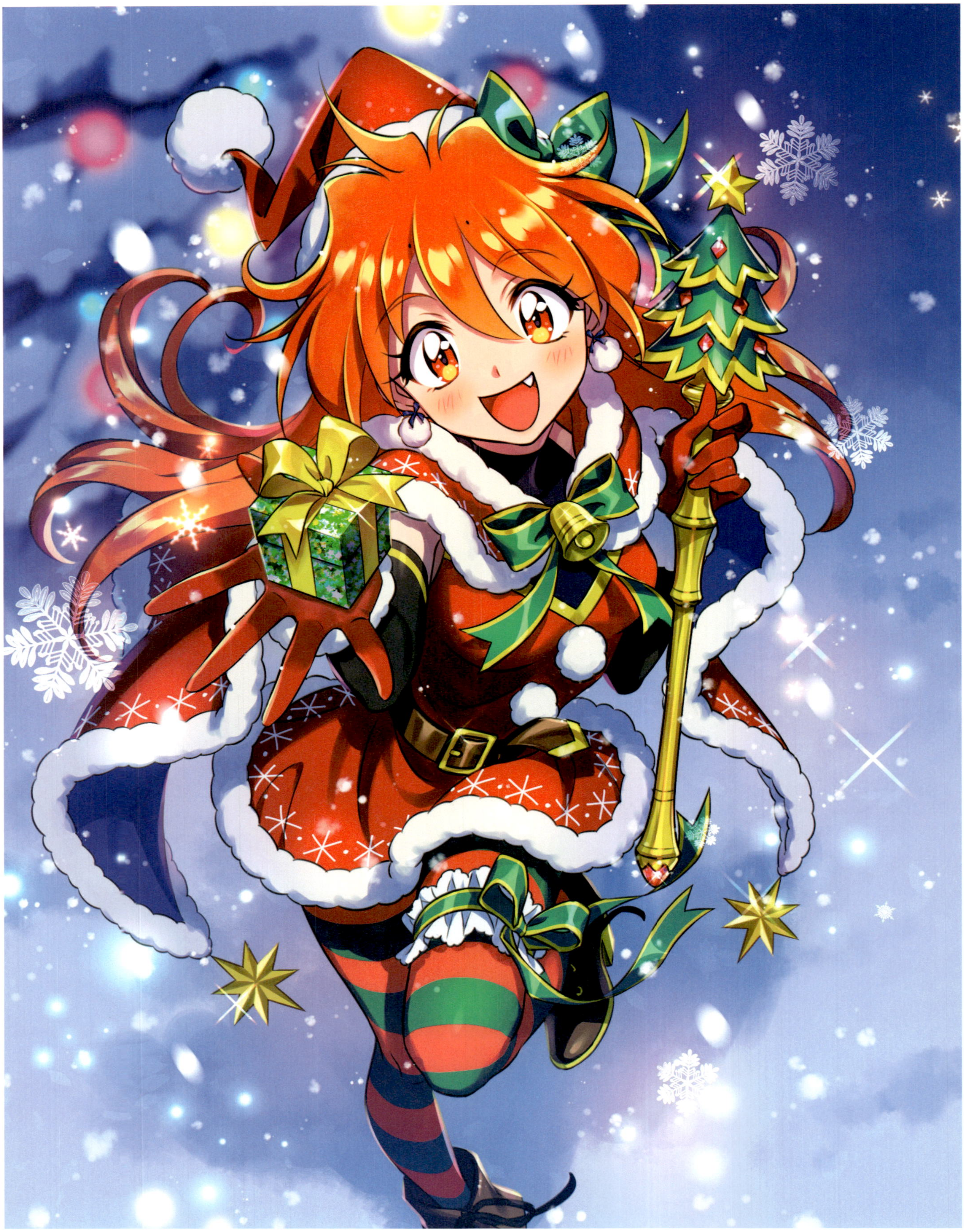

『ファンタジア・リビルド』「スレイヤーズ」サンタ姿のリナ=インバース ご褒美イラスト

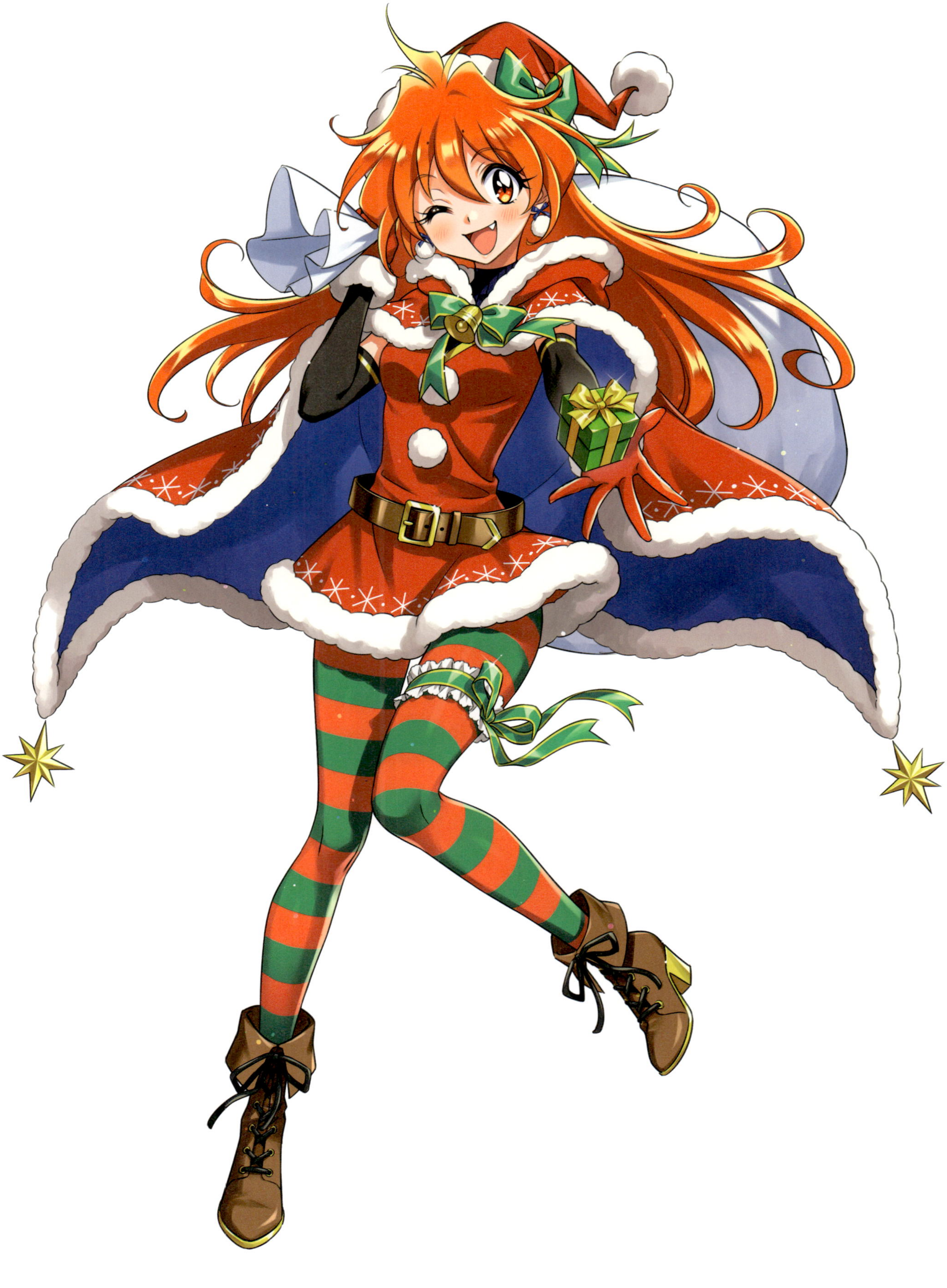

『ファンタジア・リビルド』「スレイヤーズ」サンタ姿のリナ=インバース 立ち絵

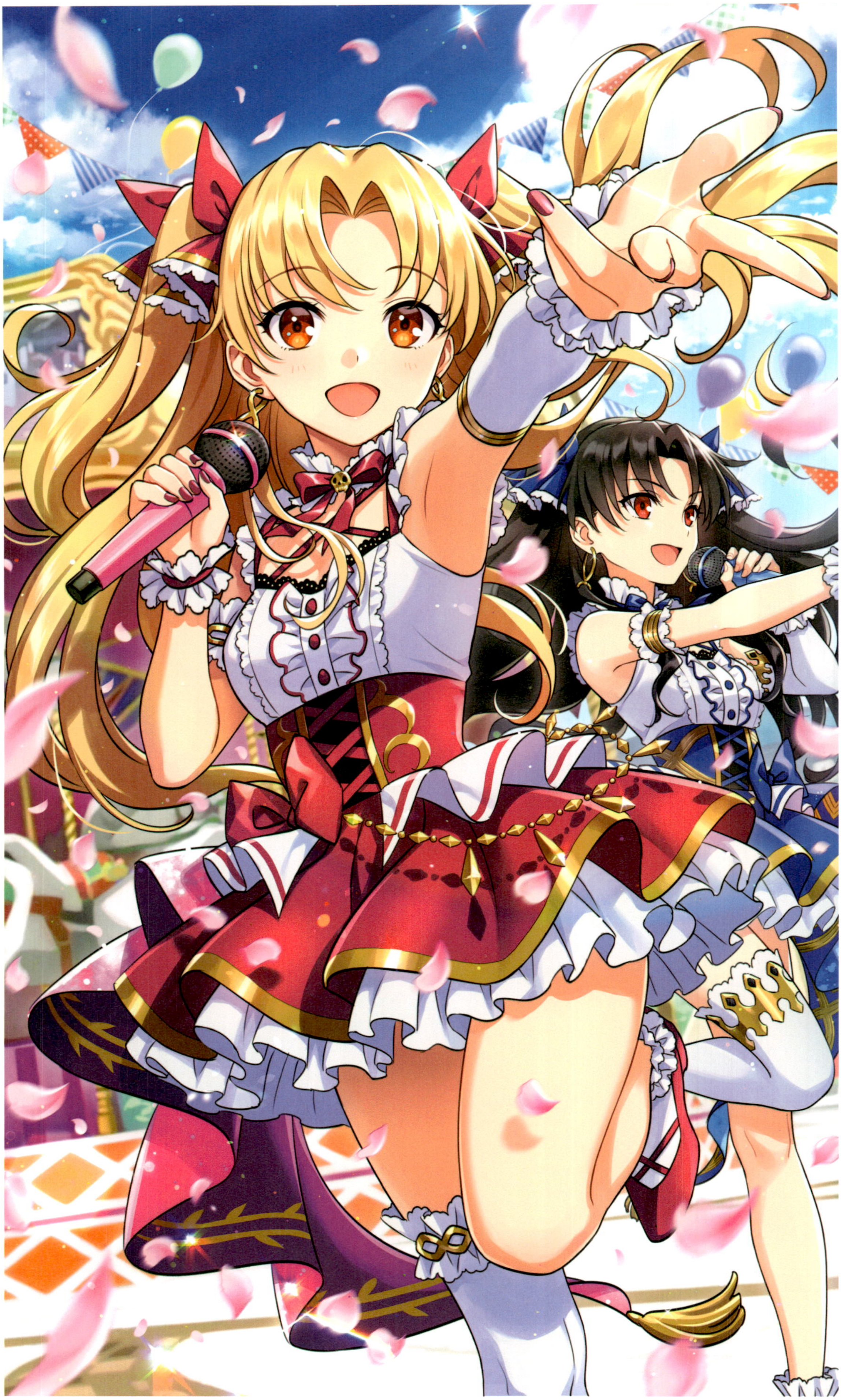

『Fate/Grand Order』概念礼装 フラワーサンシャイン

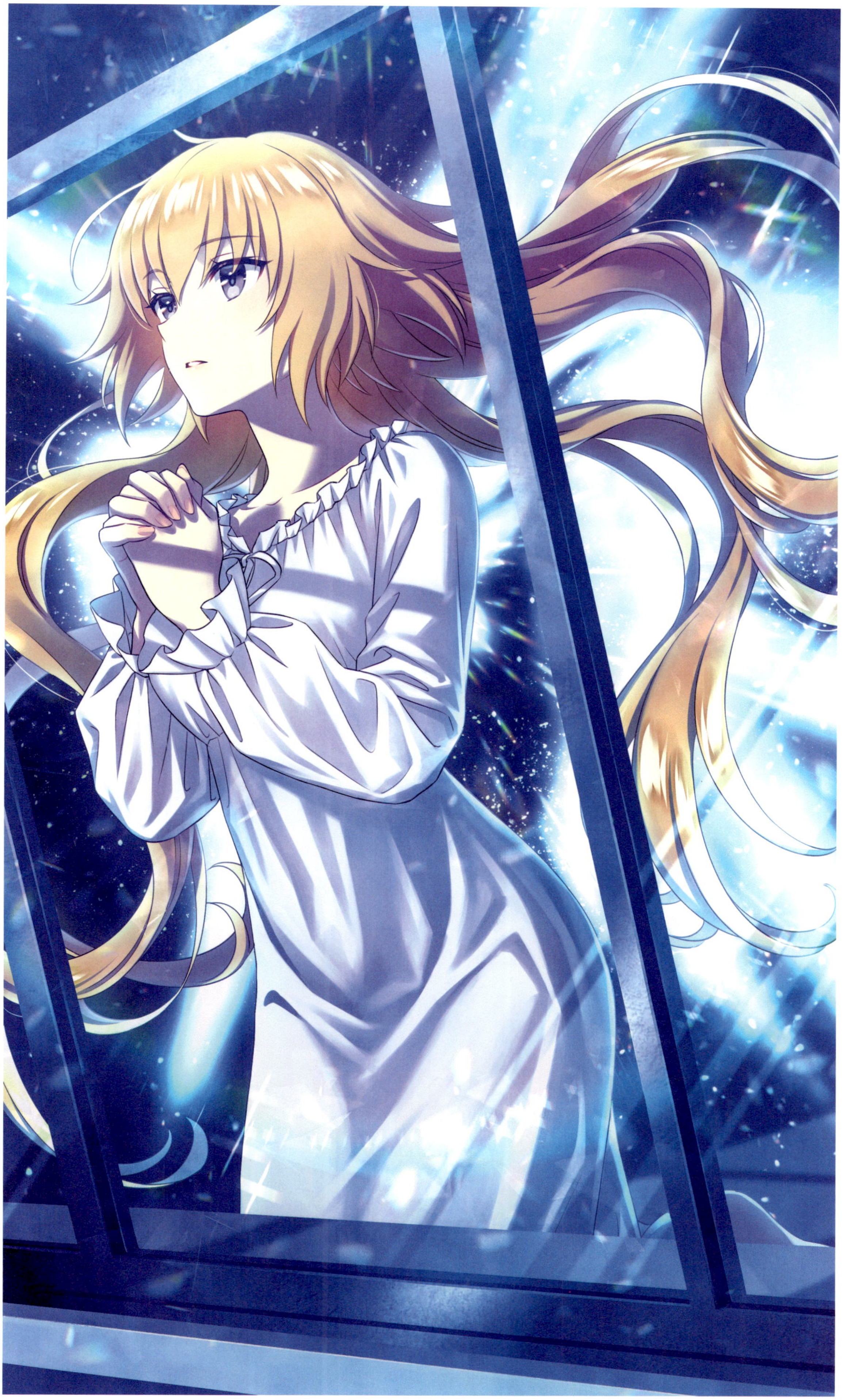

『Fate/Grand Order』概念礼装 オルレアンの羊

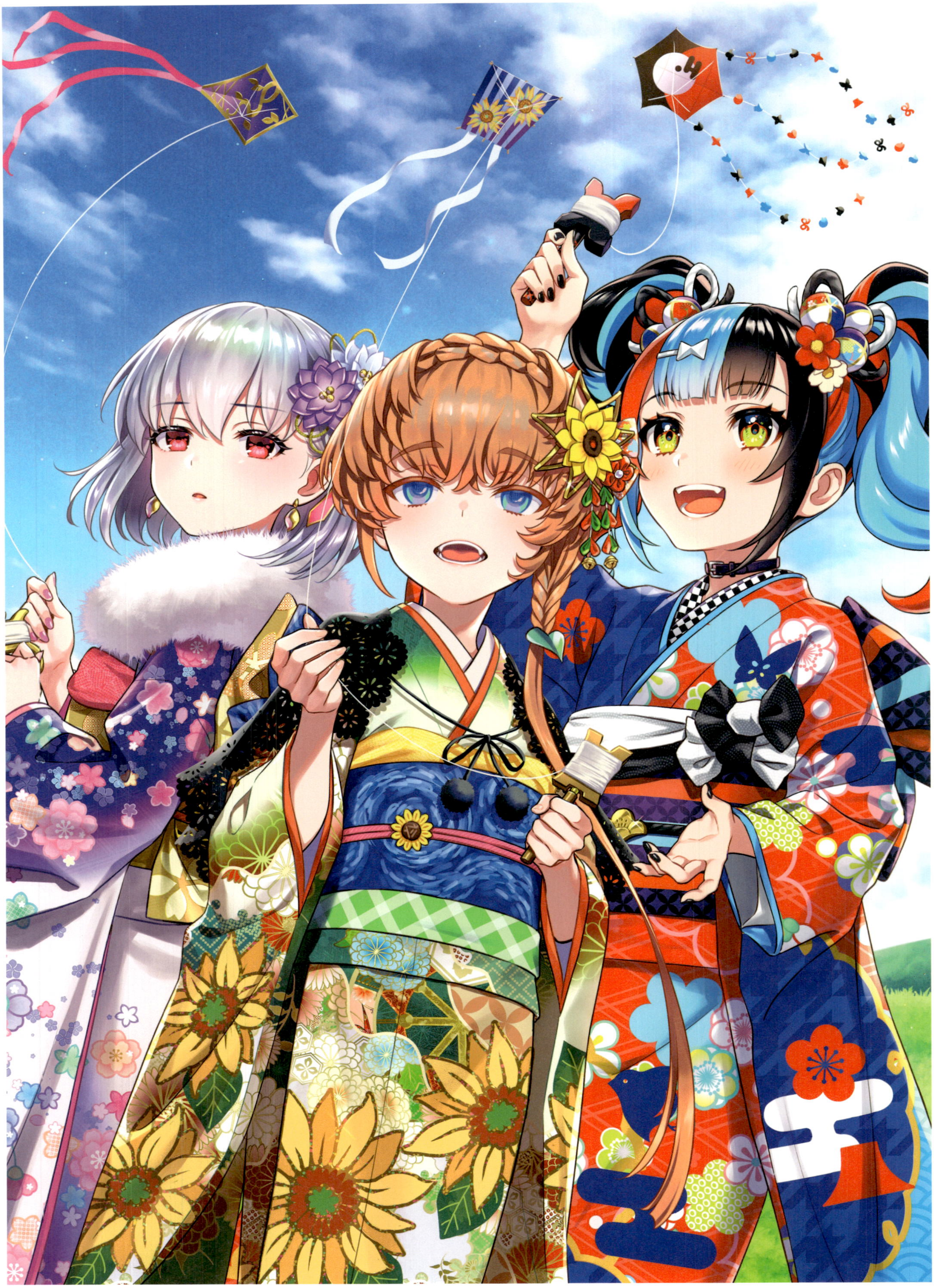

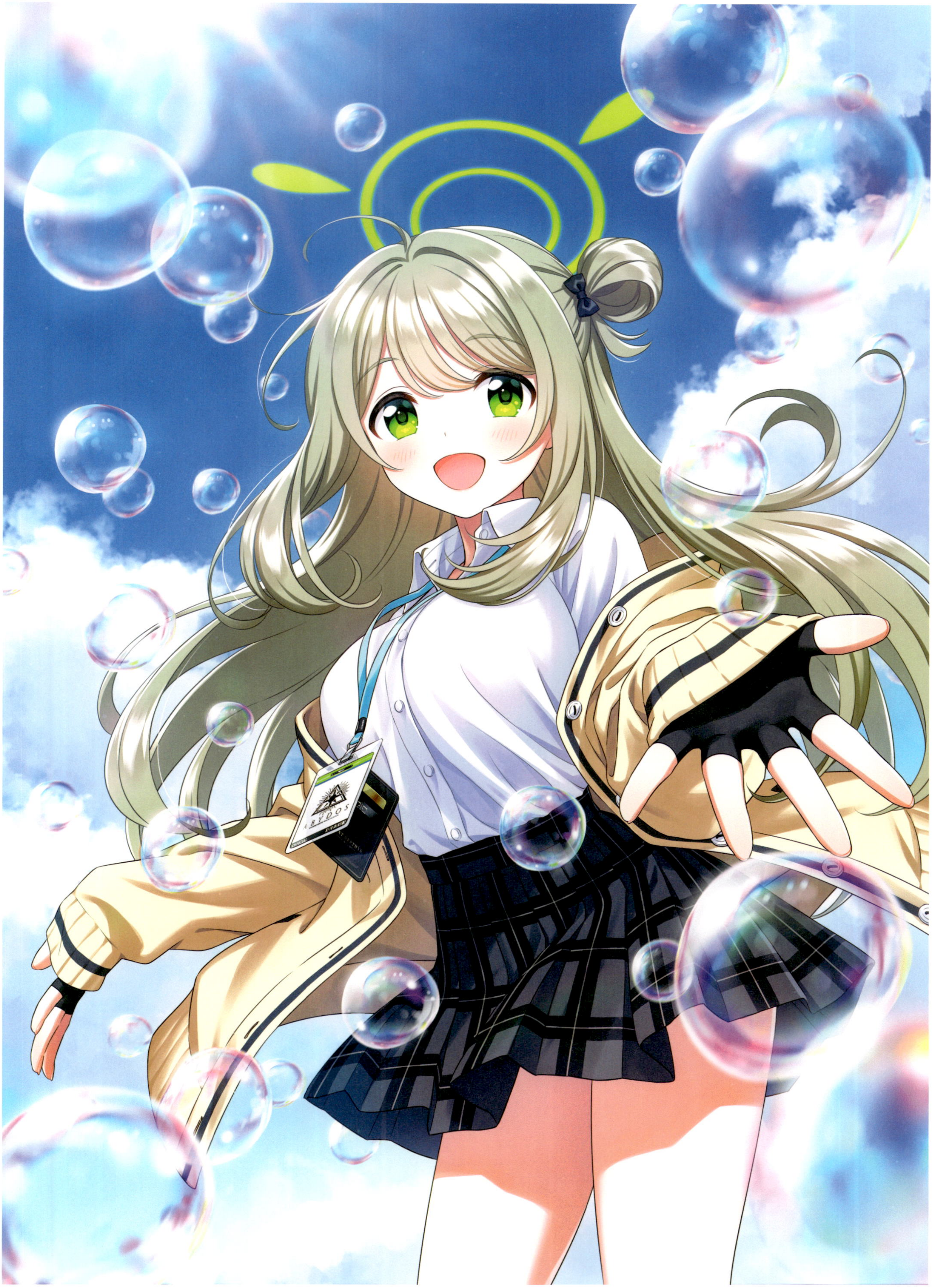

『ブルーアーカイブ -Blue Archive-』× Anideal ノノミ オードトワレ 描き下ろしイラスト

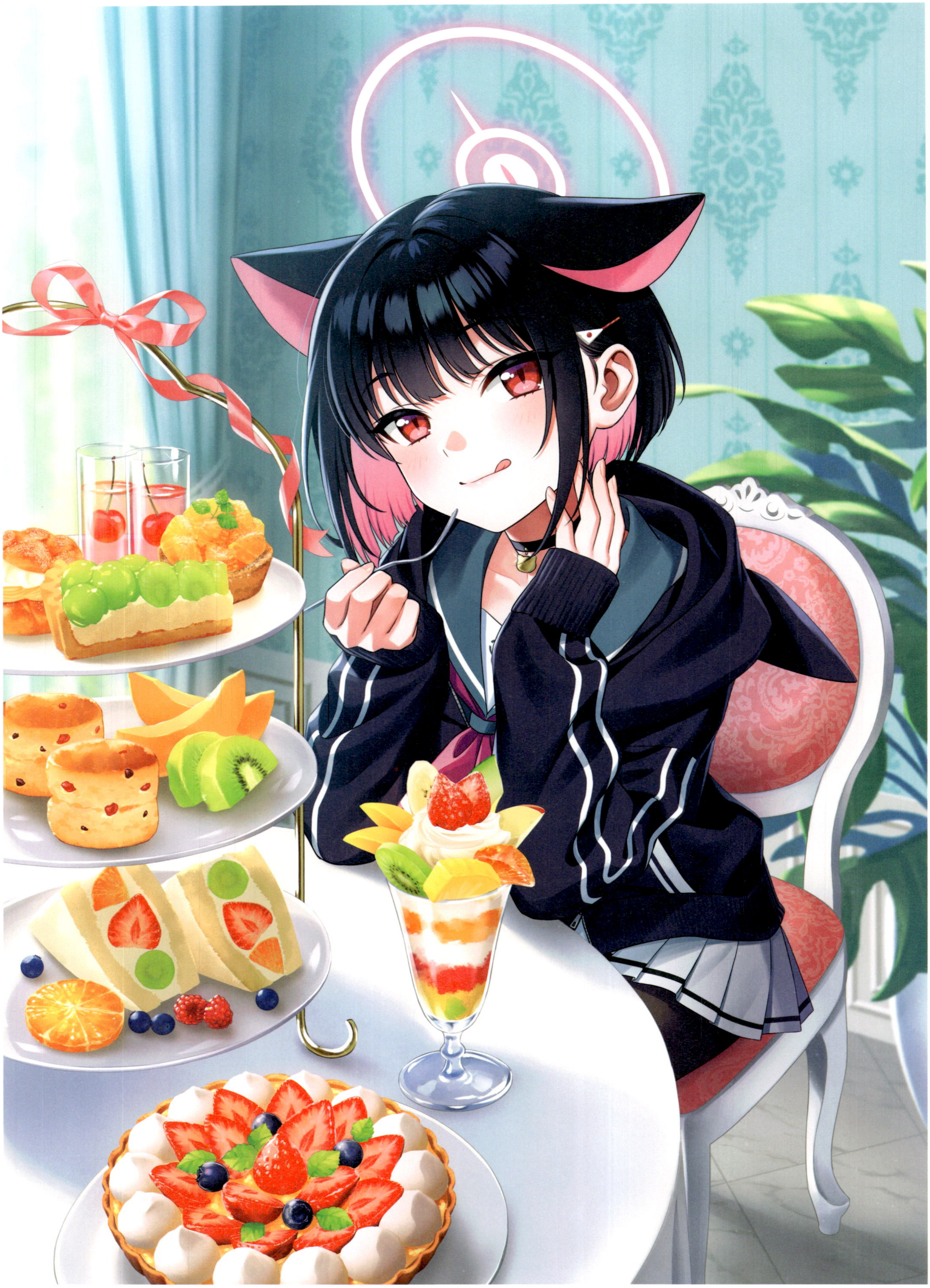

『ブルーアーカイブ -Blue Archive-』× Anideal カズサ オードトワレ 描き下ろしイラスト

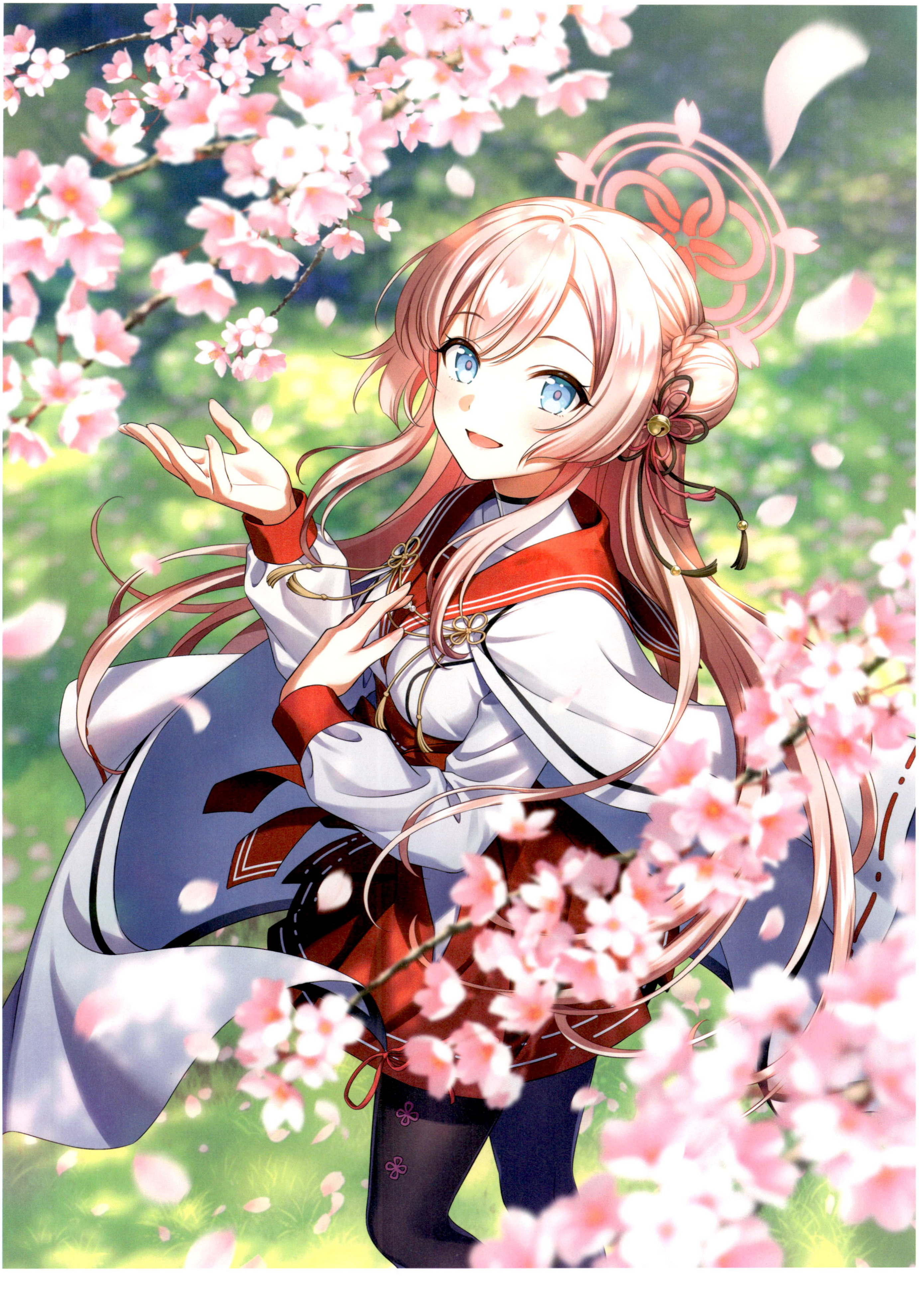

『ブルーアーカイブ -Blue Archive-』× Anideal ミモリ オードトワレ 描き下ろしイラスト

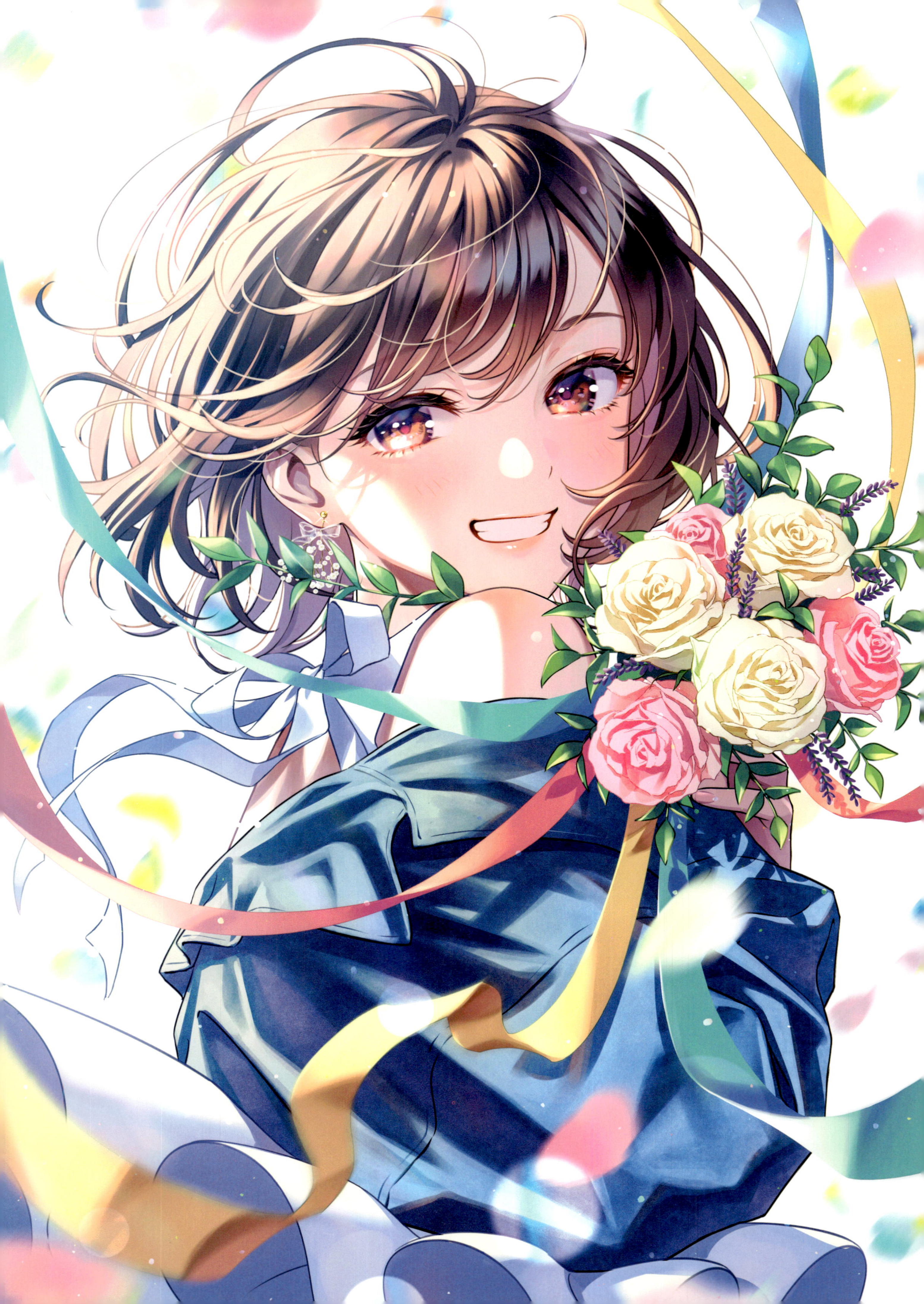

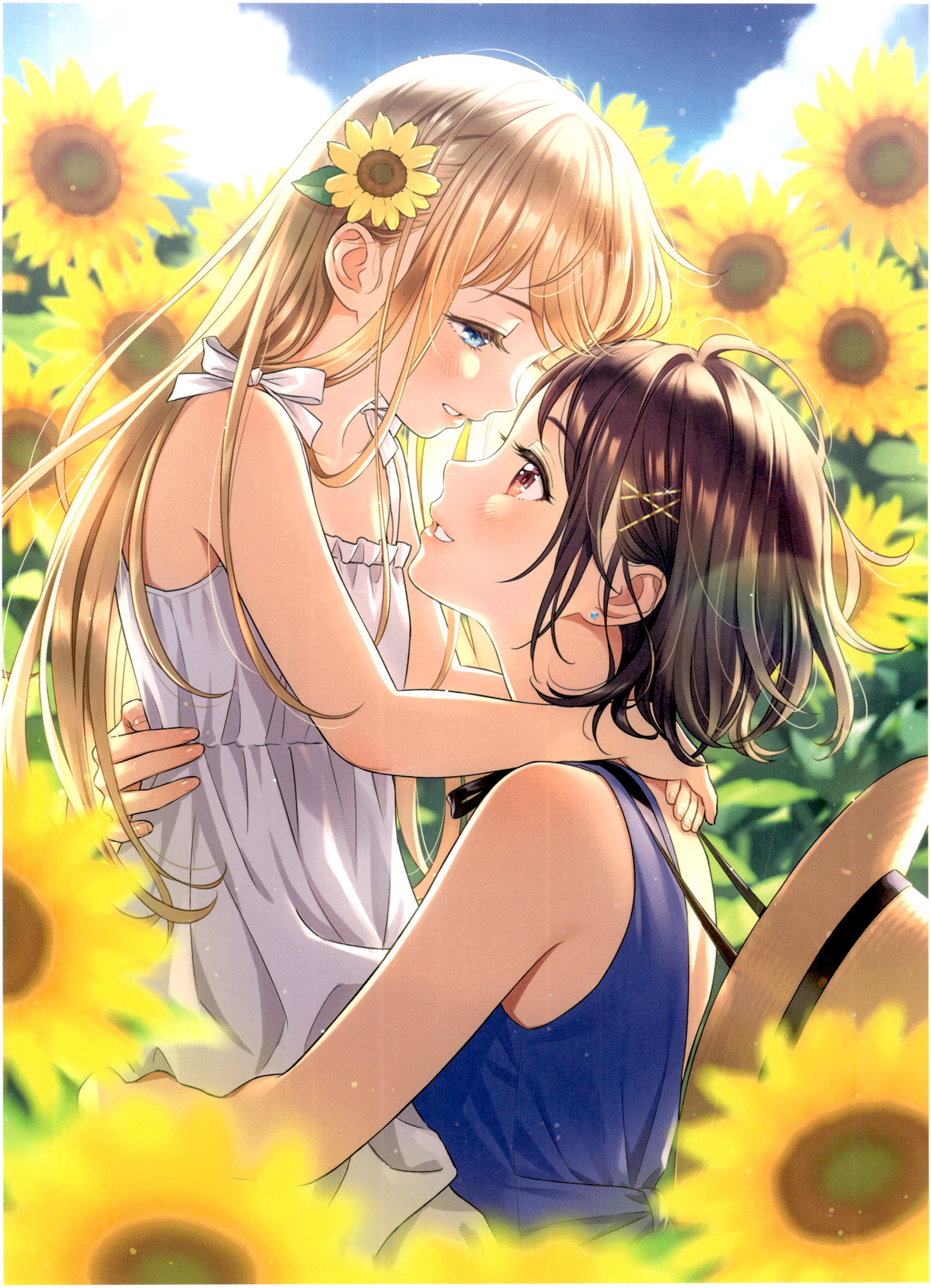

（左）FUN'S PROJECT エポスカード券面イラスト ／ （右）『シロップ PURE おねロリ百合アンソロジー』カバーイラスト

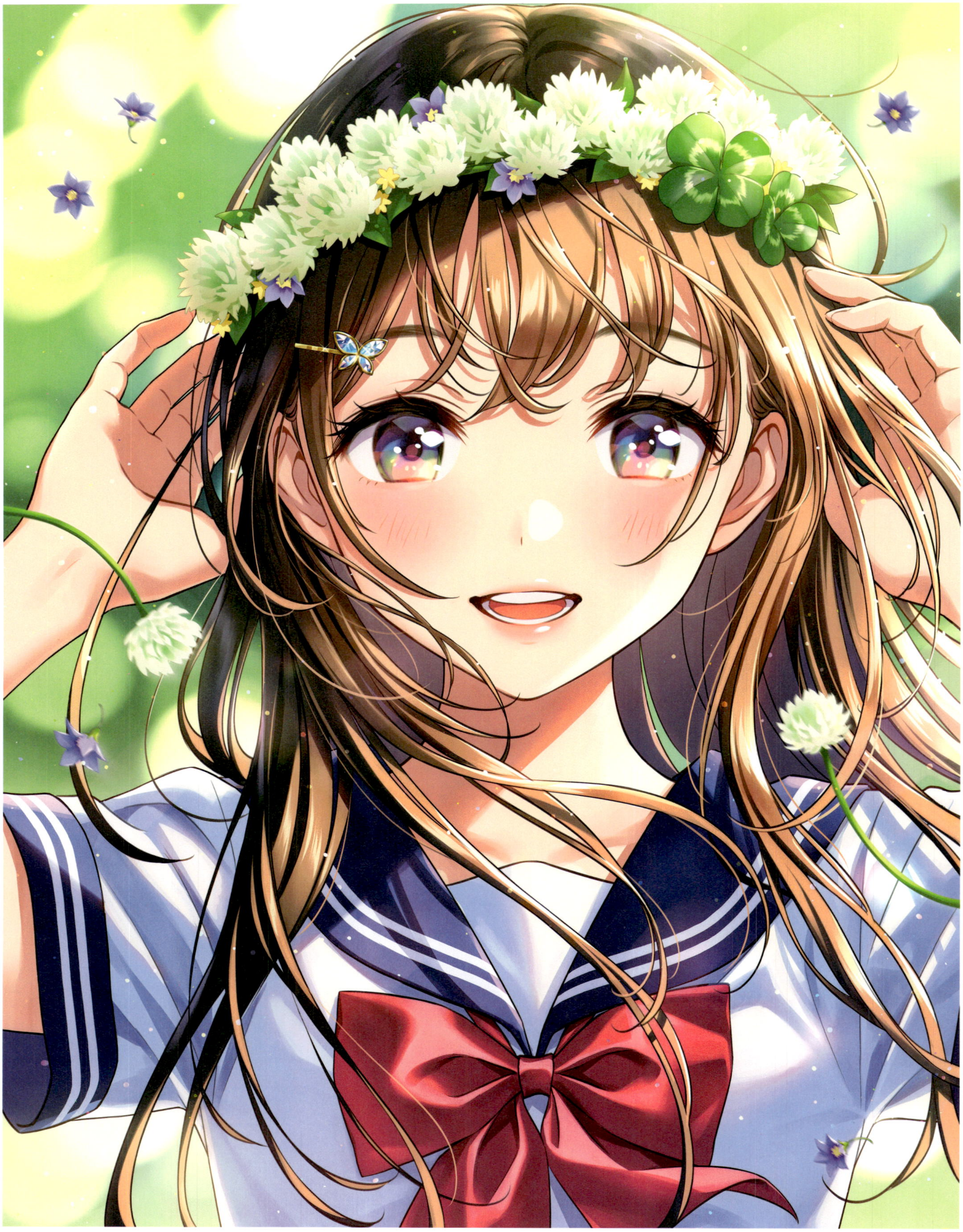

（左）『季刊エス Vol.74 2021年7月号』カバーイラスト ／ （右）「もうすぐ夏休み」メロンブックス限定グッズイラスト

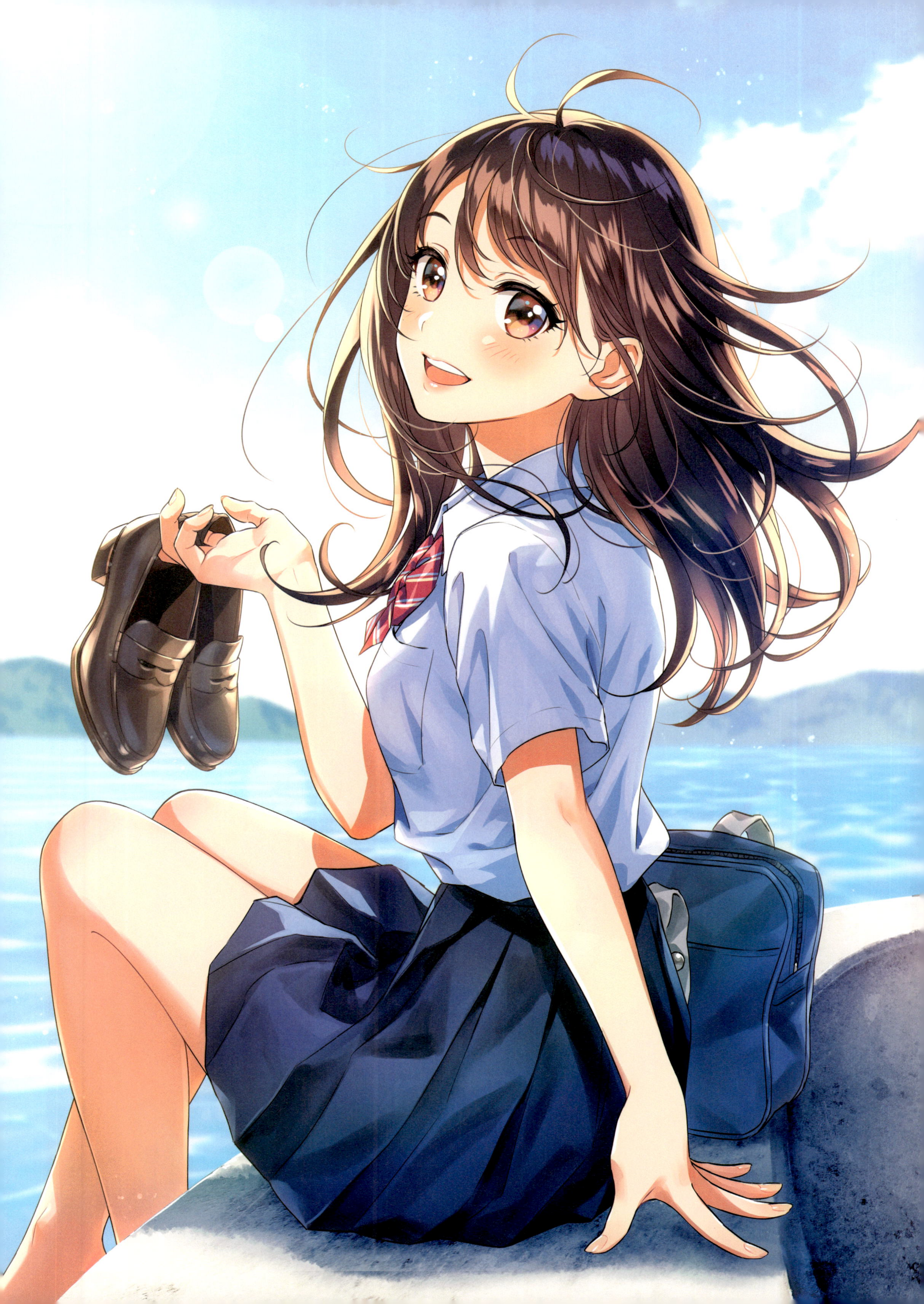

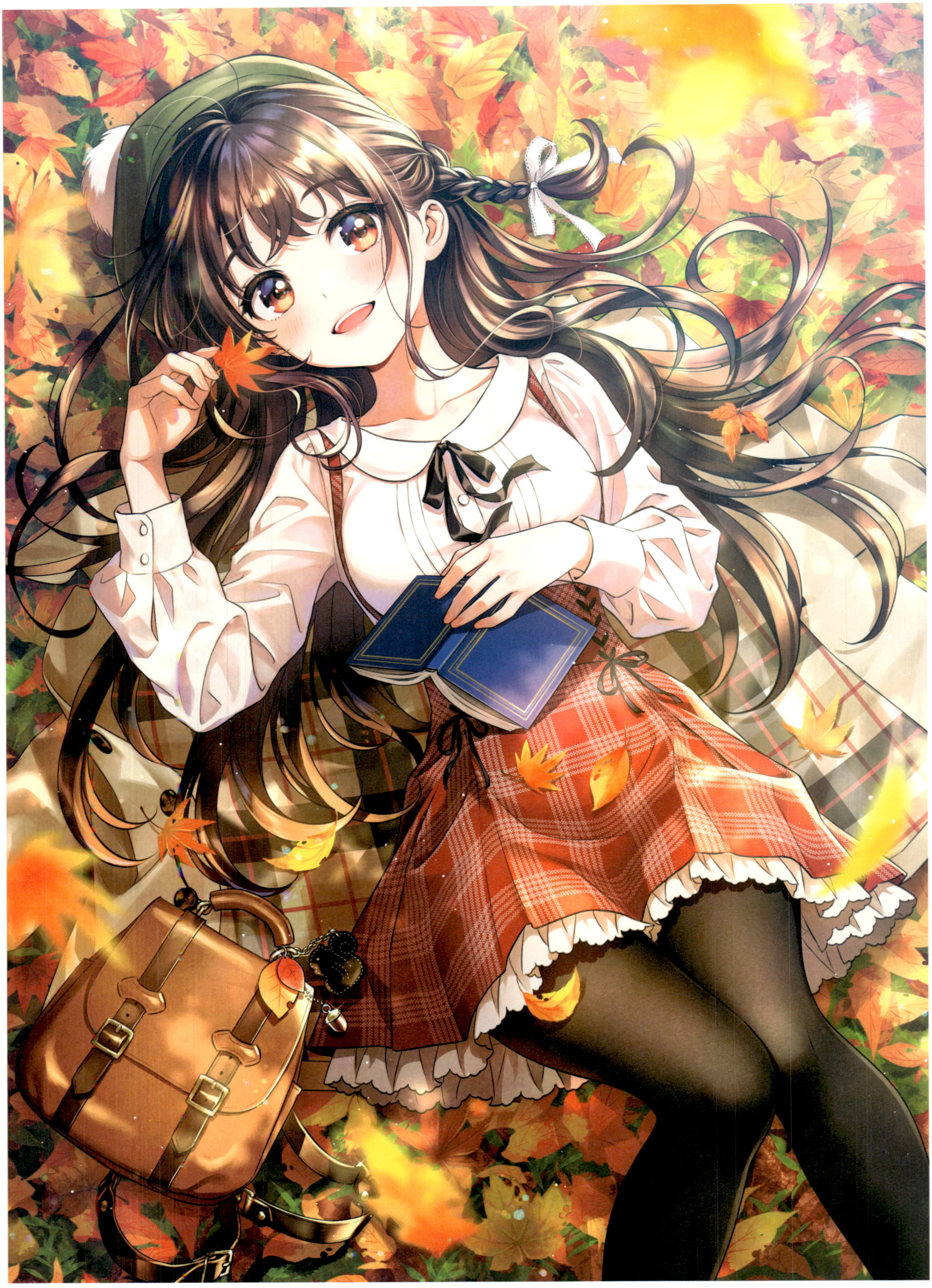

「秋色の絨毯」メロンブックス第3回オリジナル大同人祭イラスト

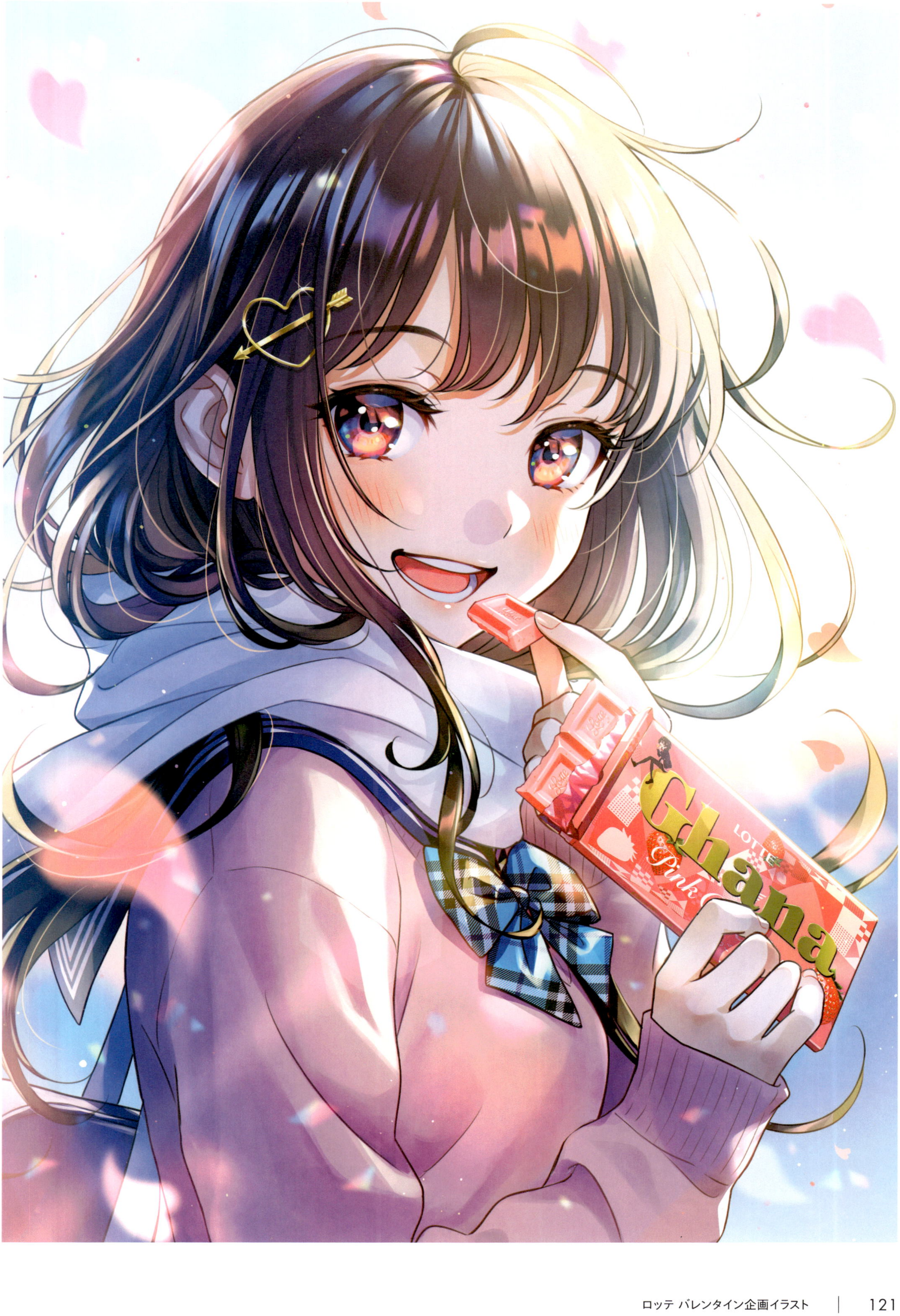
LOTTE
Ghana
Pink

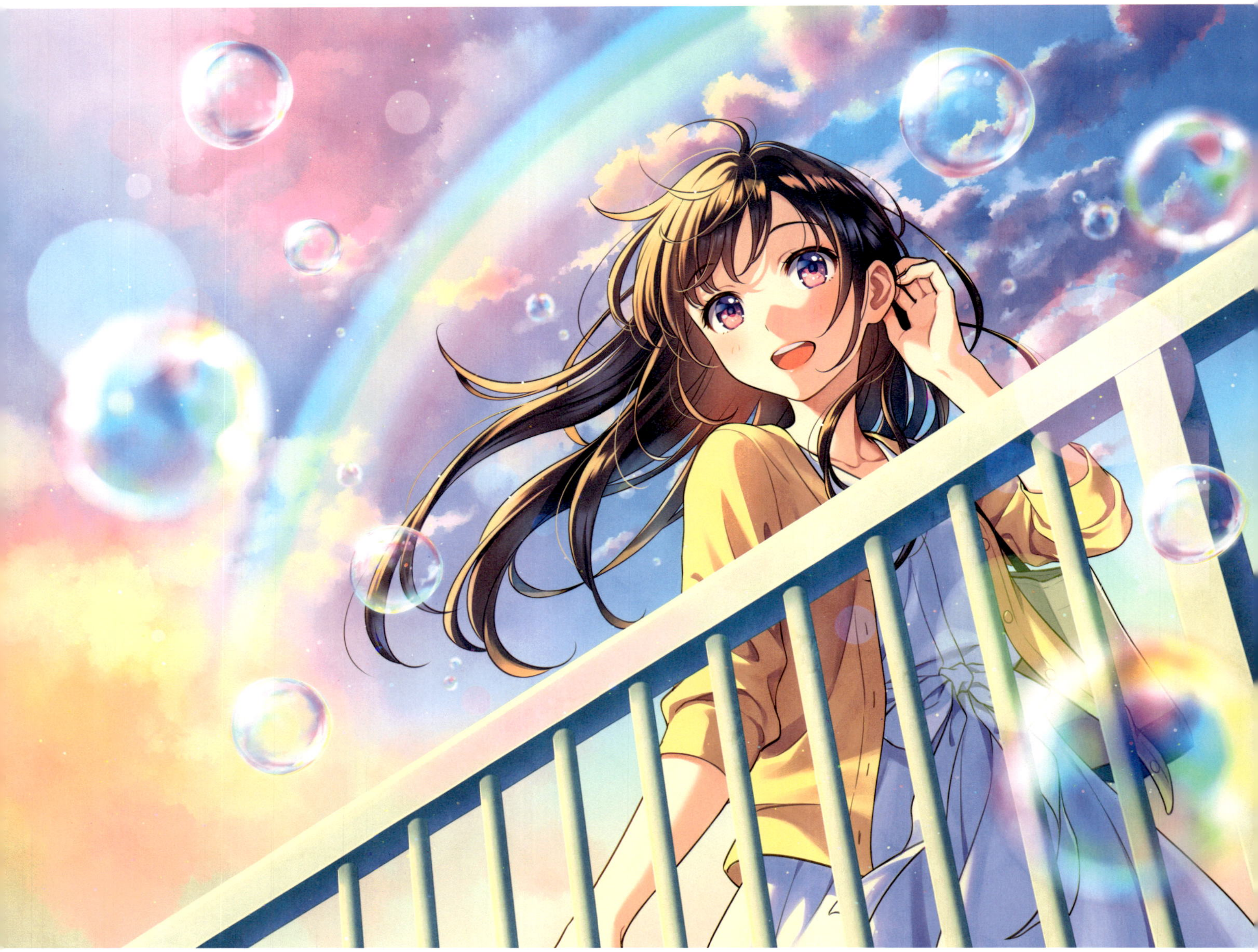

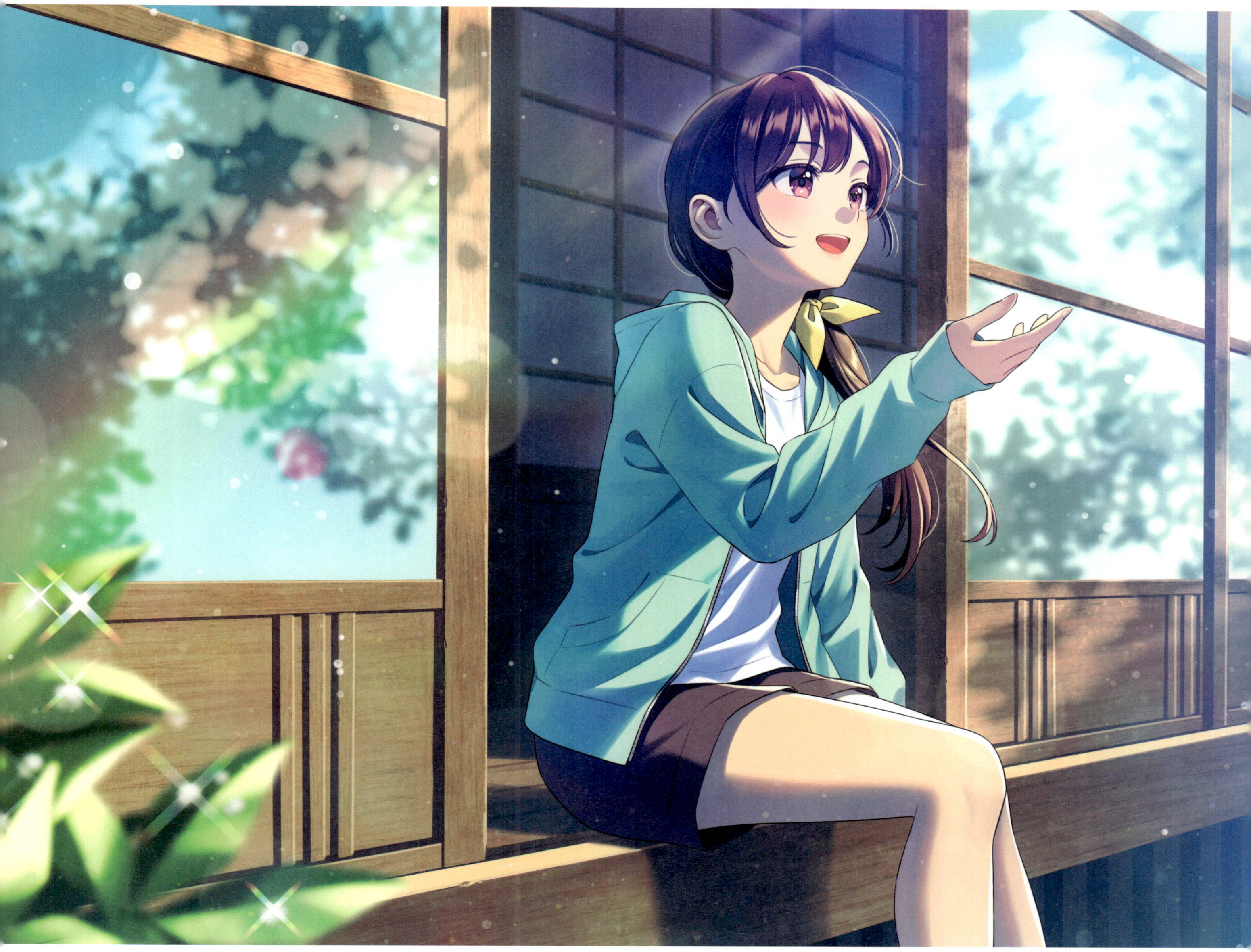

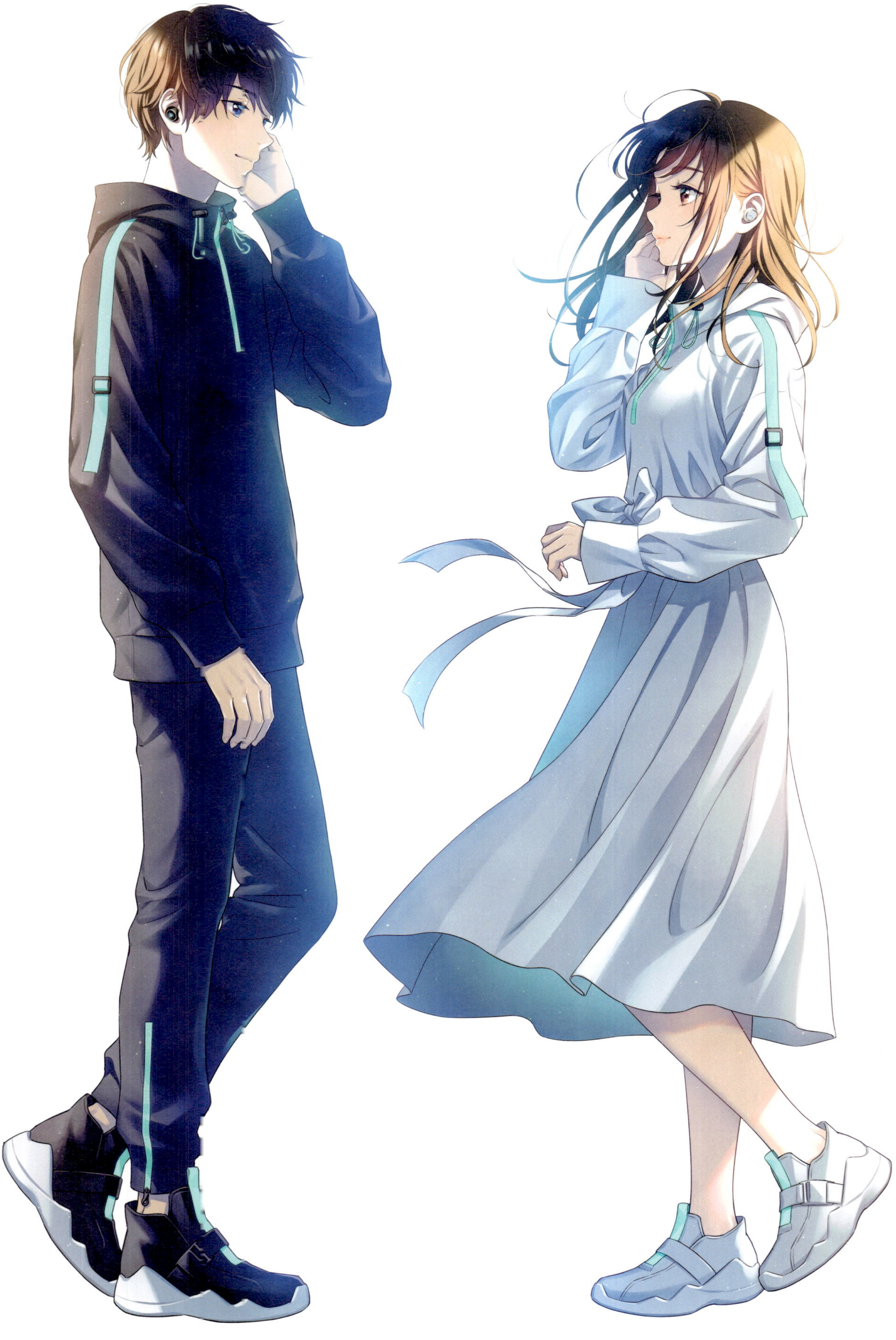

「True Wireless Earphones ANIMA ANW01 Black/White」パッケージイラスト

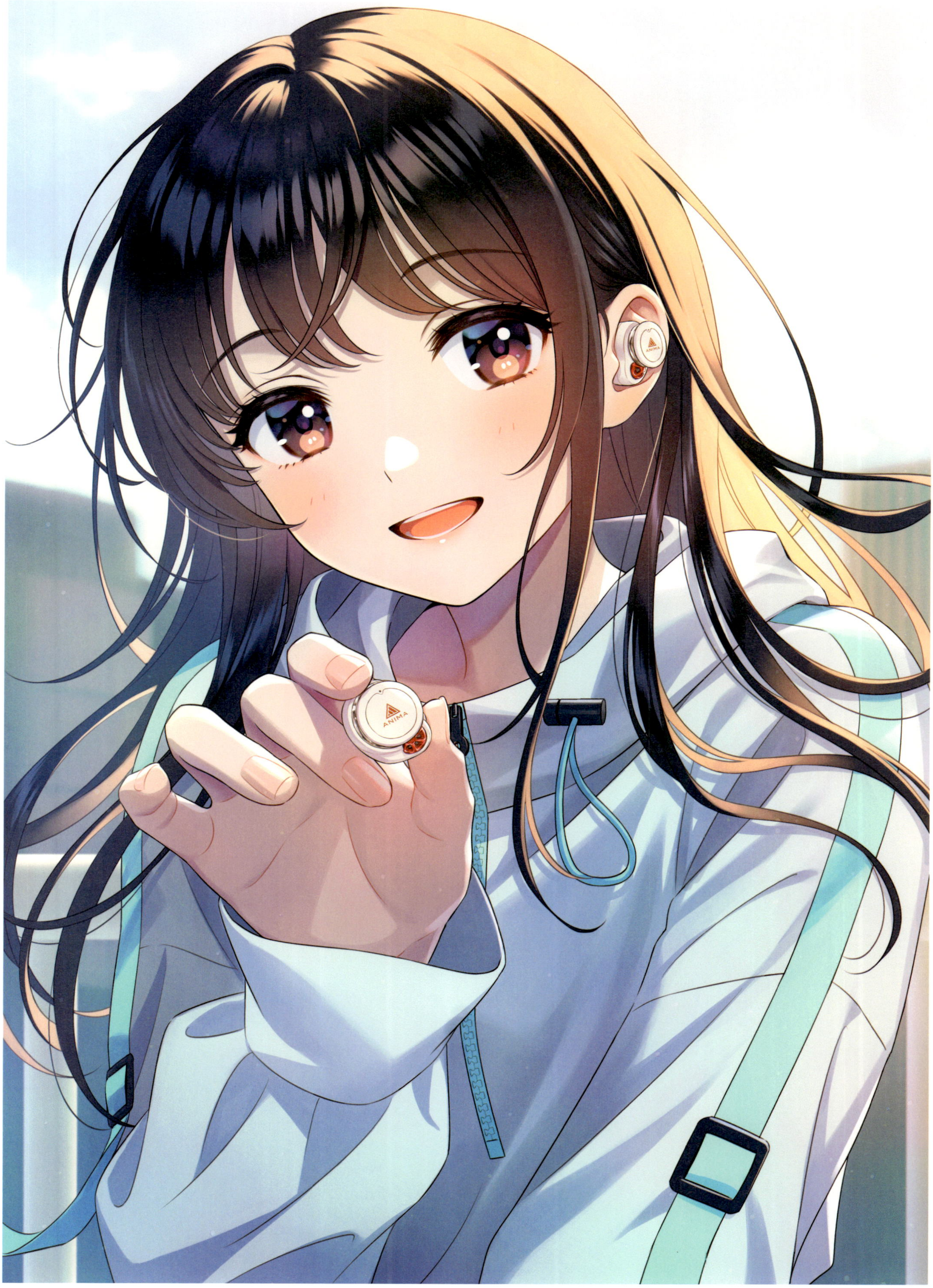

「True Wireless Earphones ANIMA ANW02 Black/White」パッケージイラスト

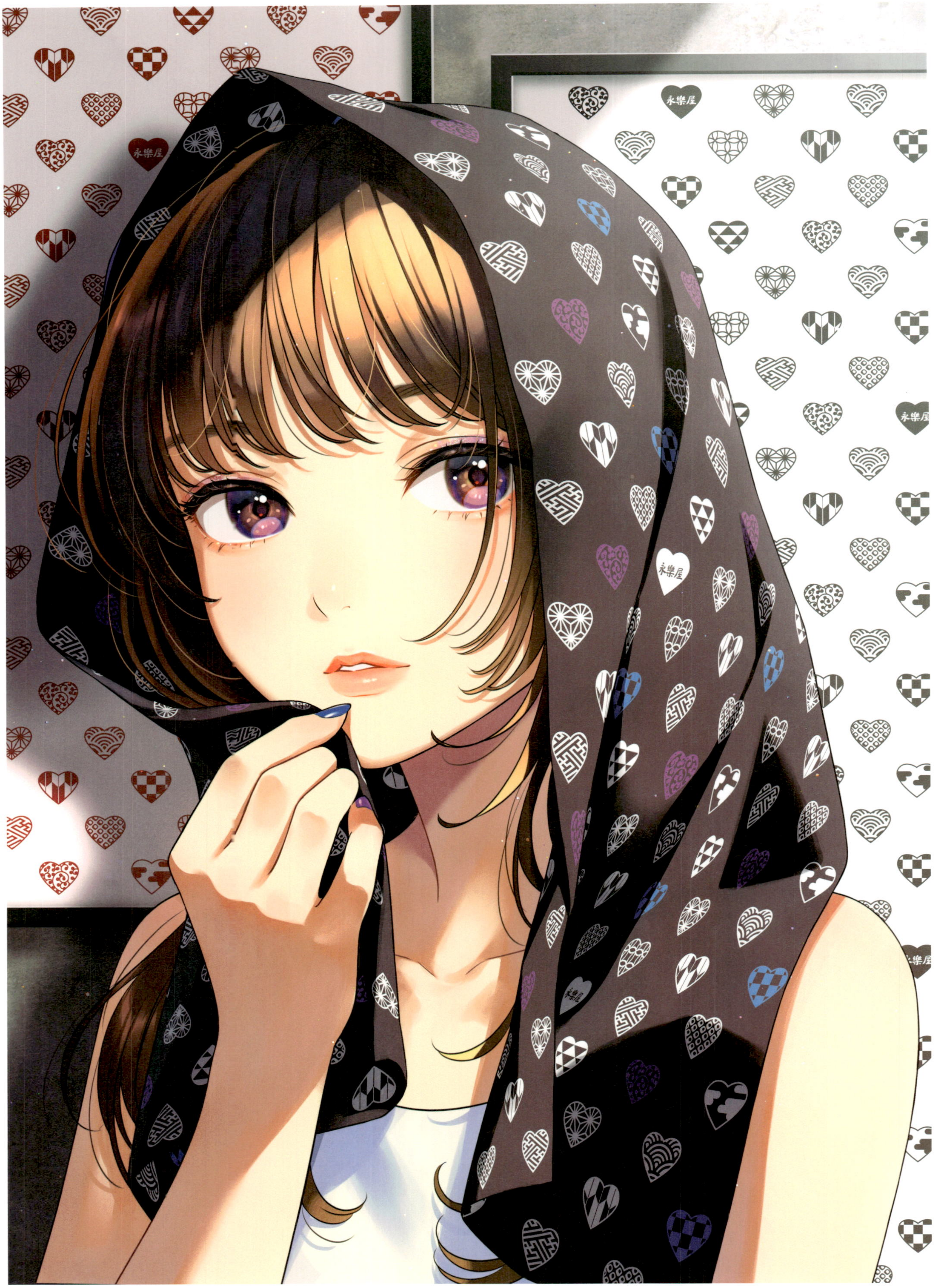
永楽屋
永楽屋
永楽屋
永楽屋

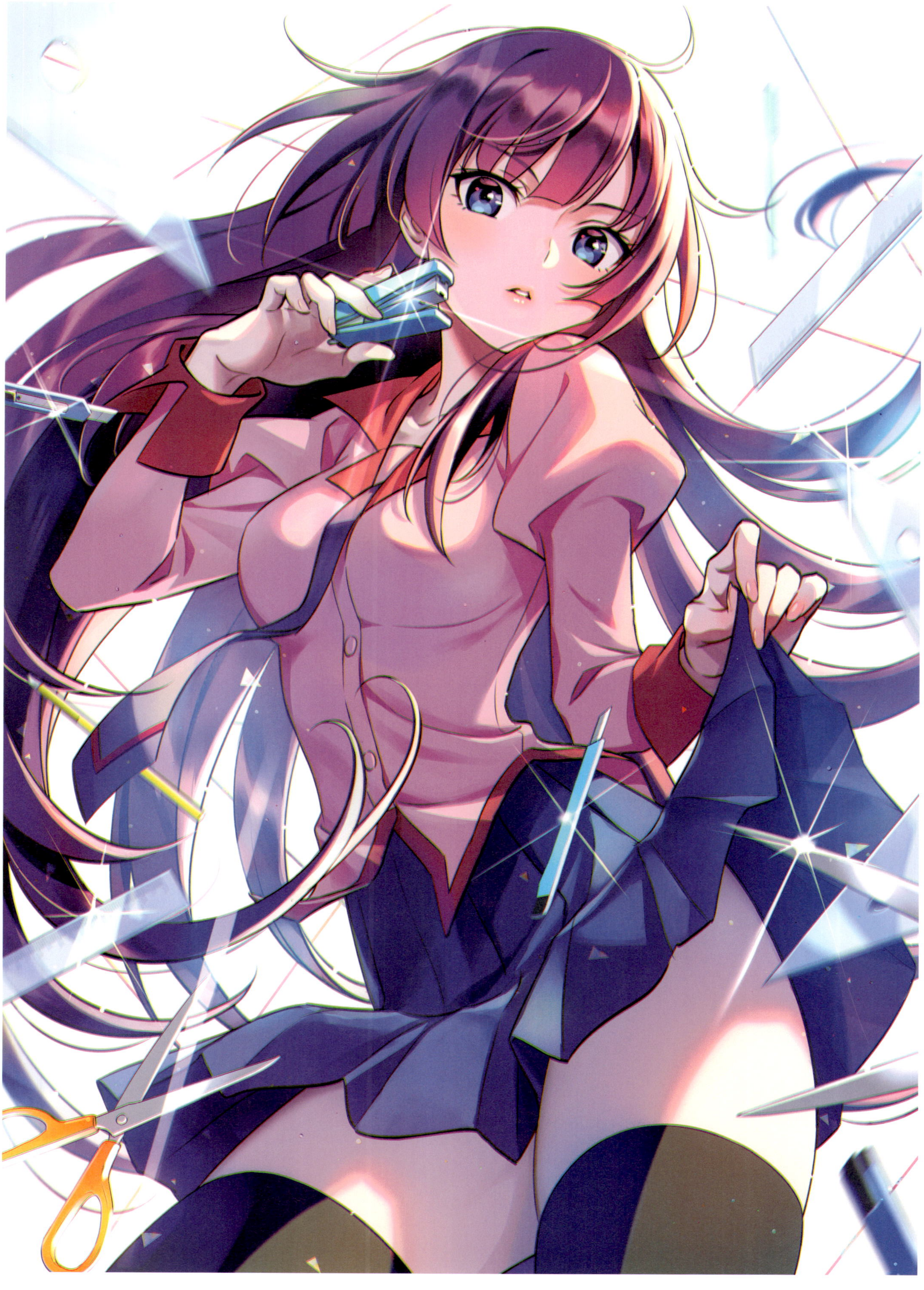

『化物語（13）特装版』イラストカード

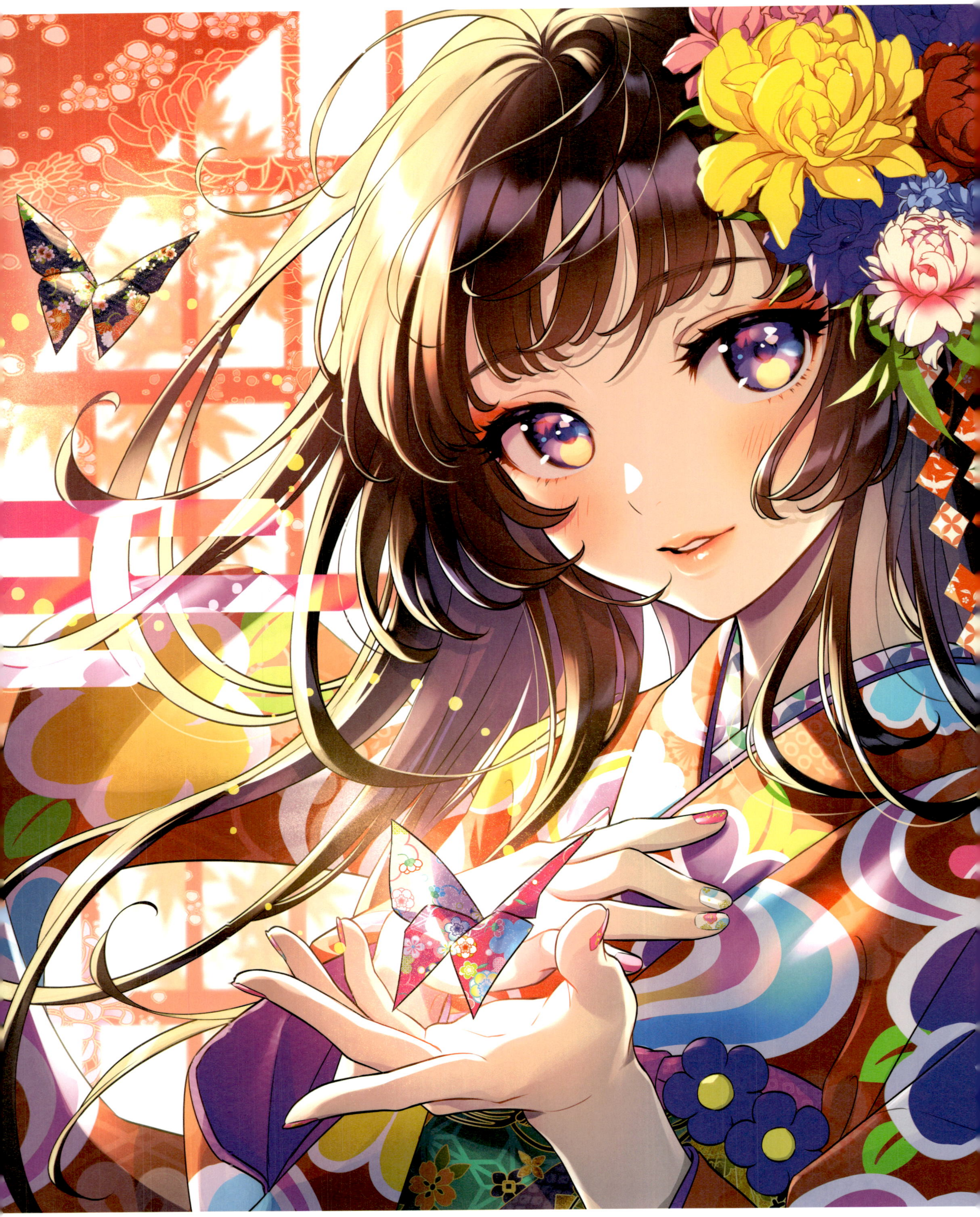

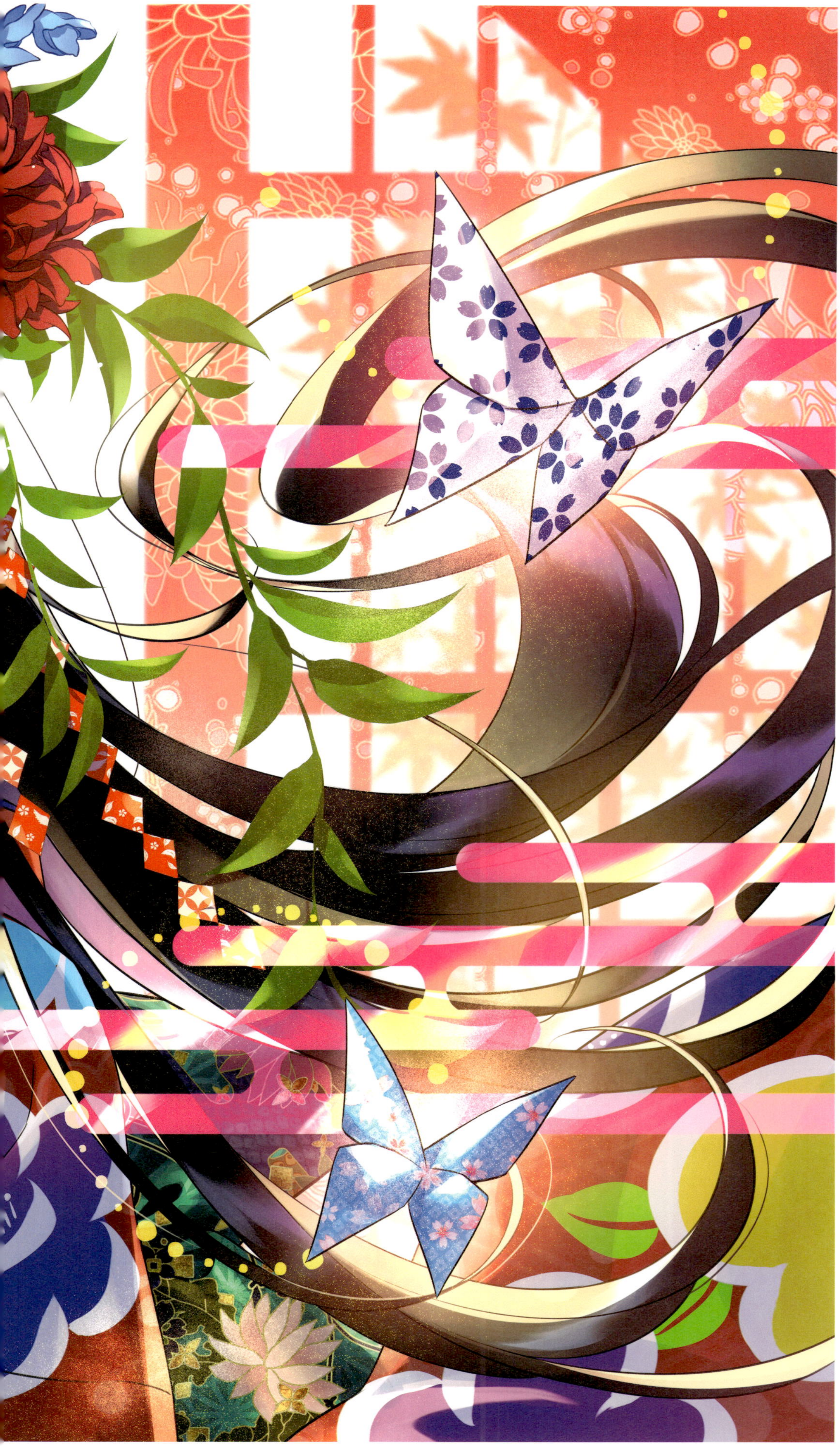

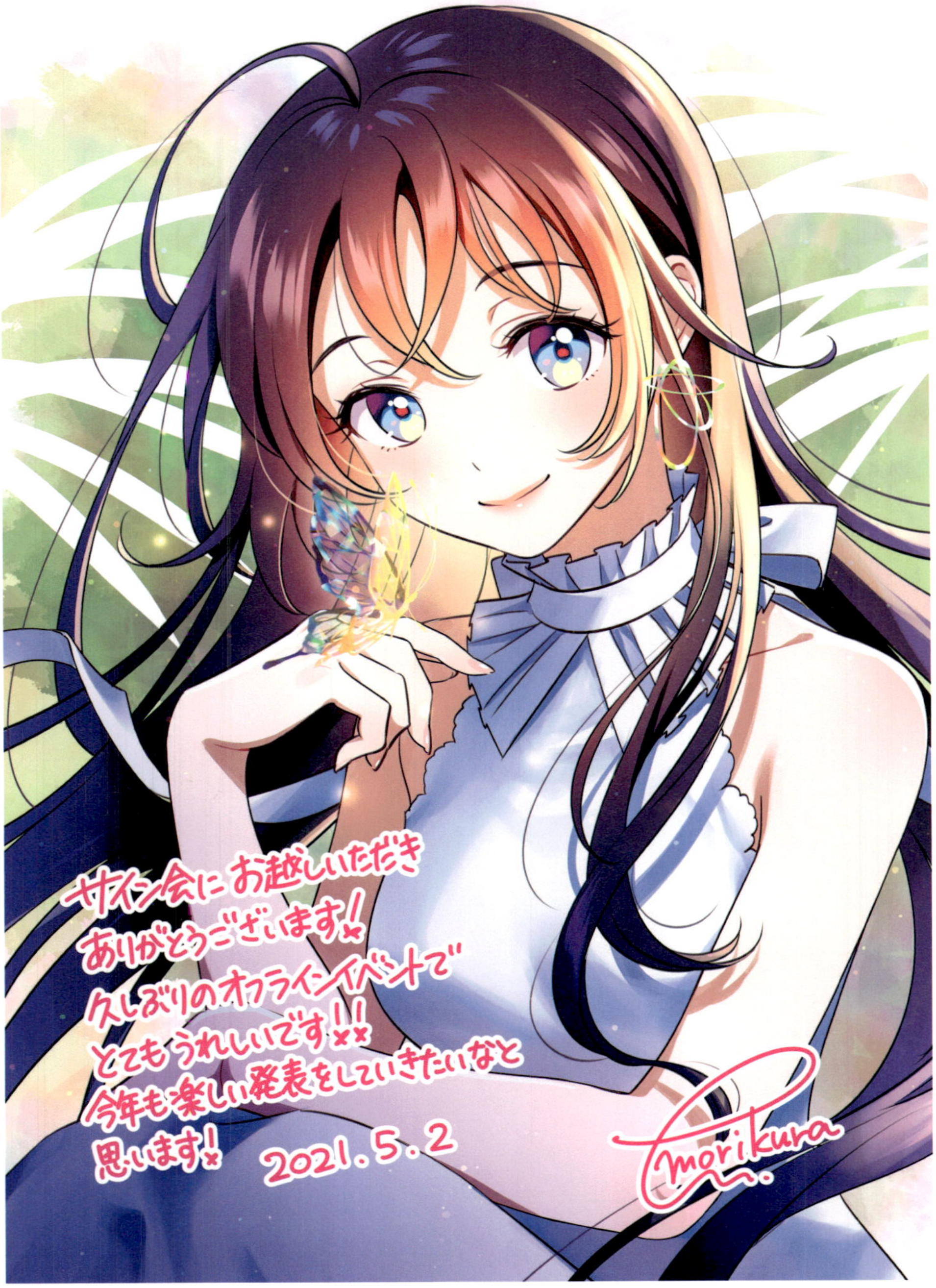
サイン会にお越しいただき
ありがとうございます！
久しぶりのオフラインイベントで
とてもうれしいです!!
今年も楽しい発表をしていきたいなと
思います！
2021.5.2
morikura

（左）「絵師100人展 11」のサイン会用に描き下ろしたポストカード ／（右）絵師100人展 11「星との約束」

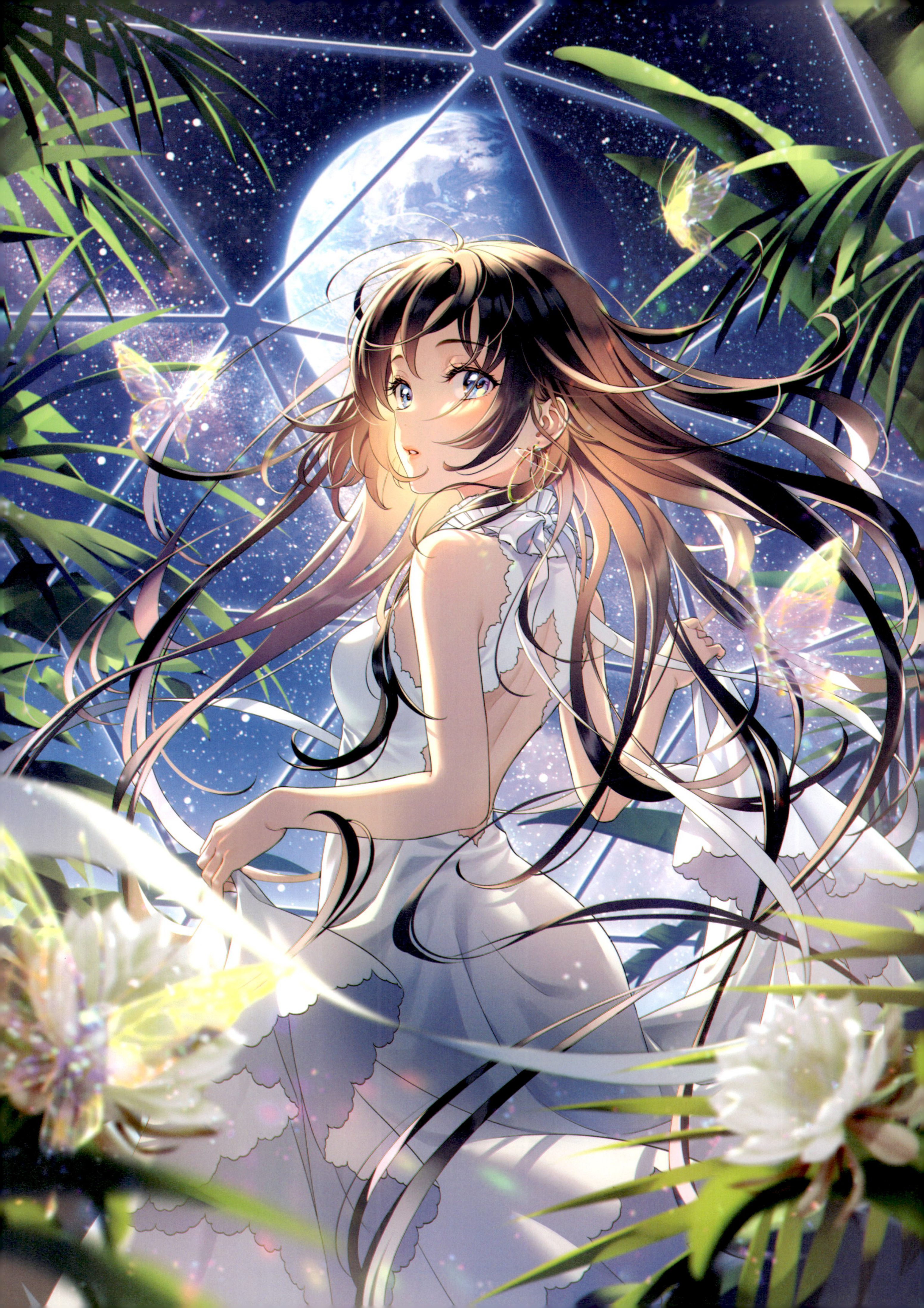

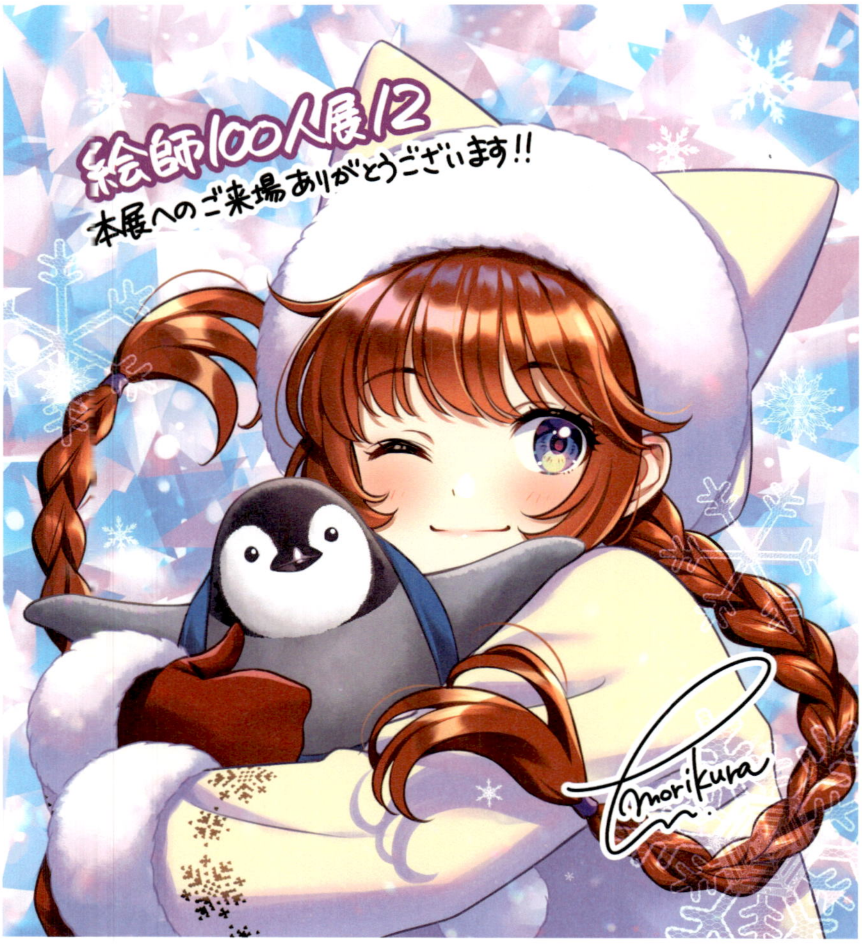

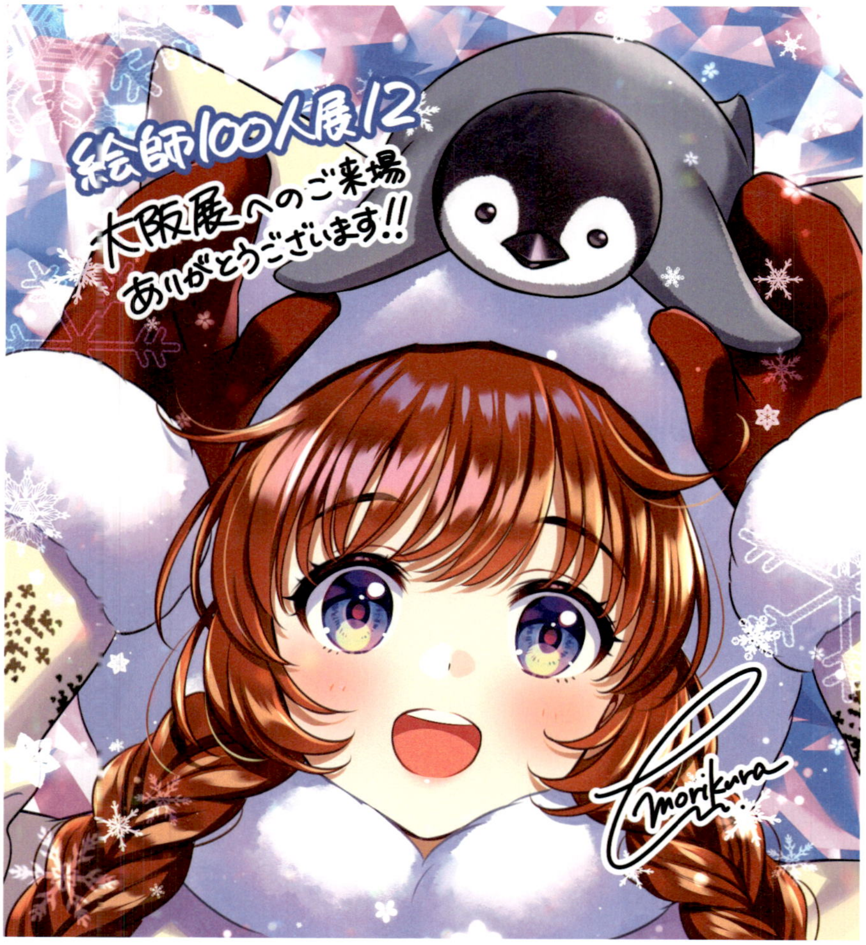

（左）「絵師100人展 12」特典ミニ色紙用イラスト／（右）絵師100人展 12「足跡のない道」

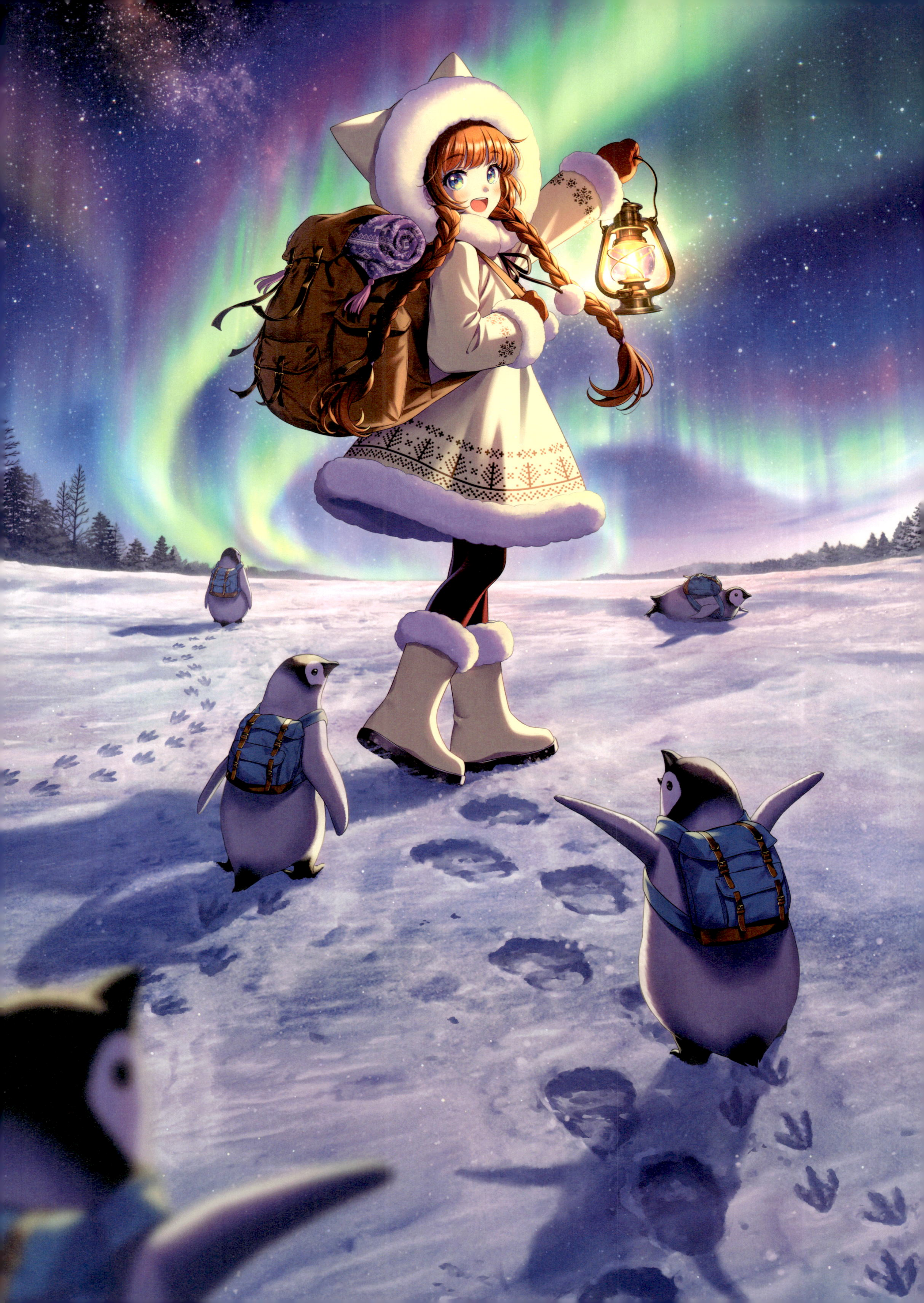

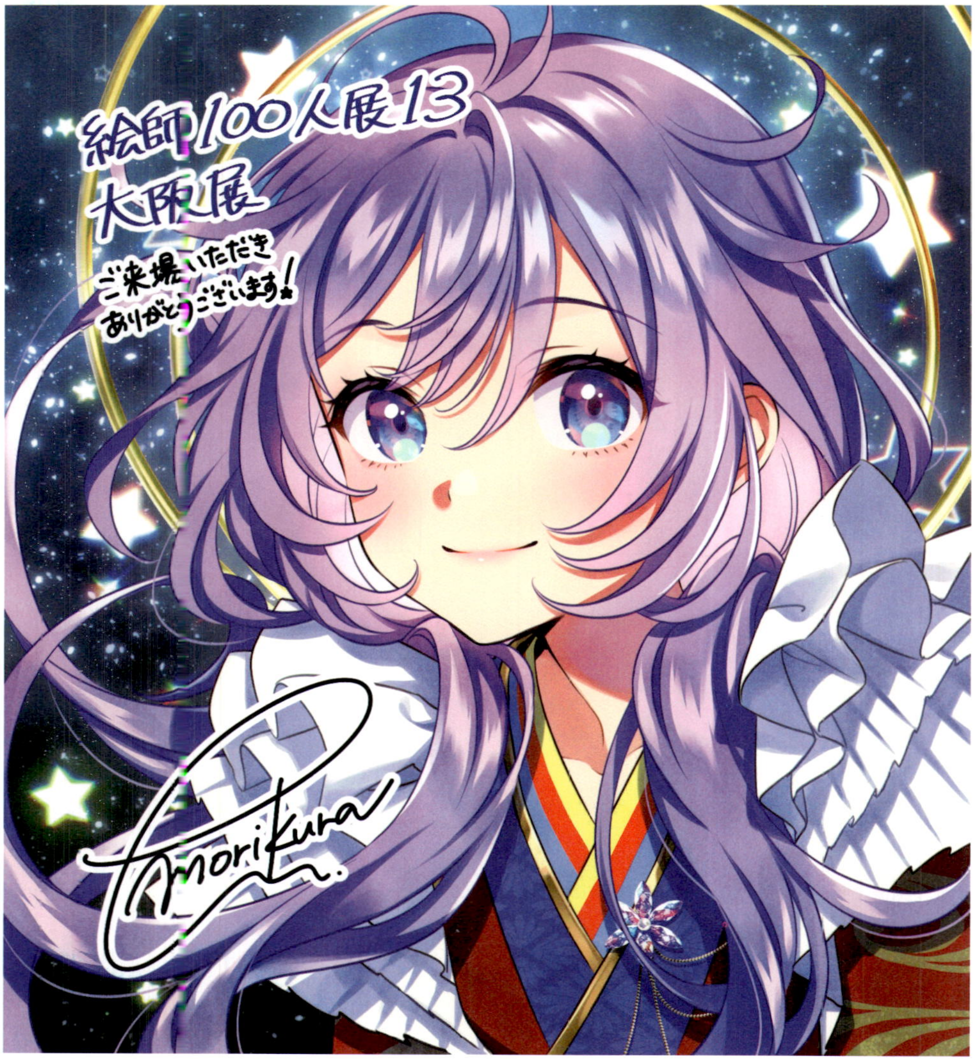
絵師100人展13
大阪展
ご来場いただき
ありがとうございます！

（左）「絵師100人展 13 大阪展」特典ミニ色紙用イラスト ／（右）絵師100人展 13「めぐりめぐる」

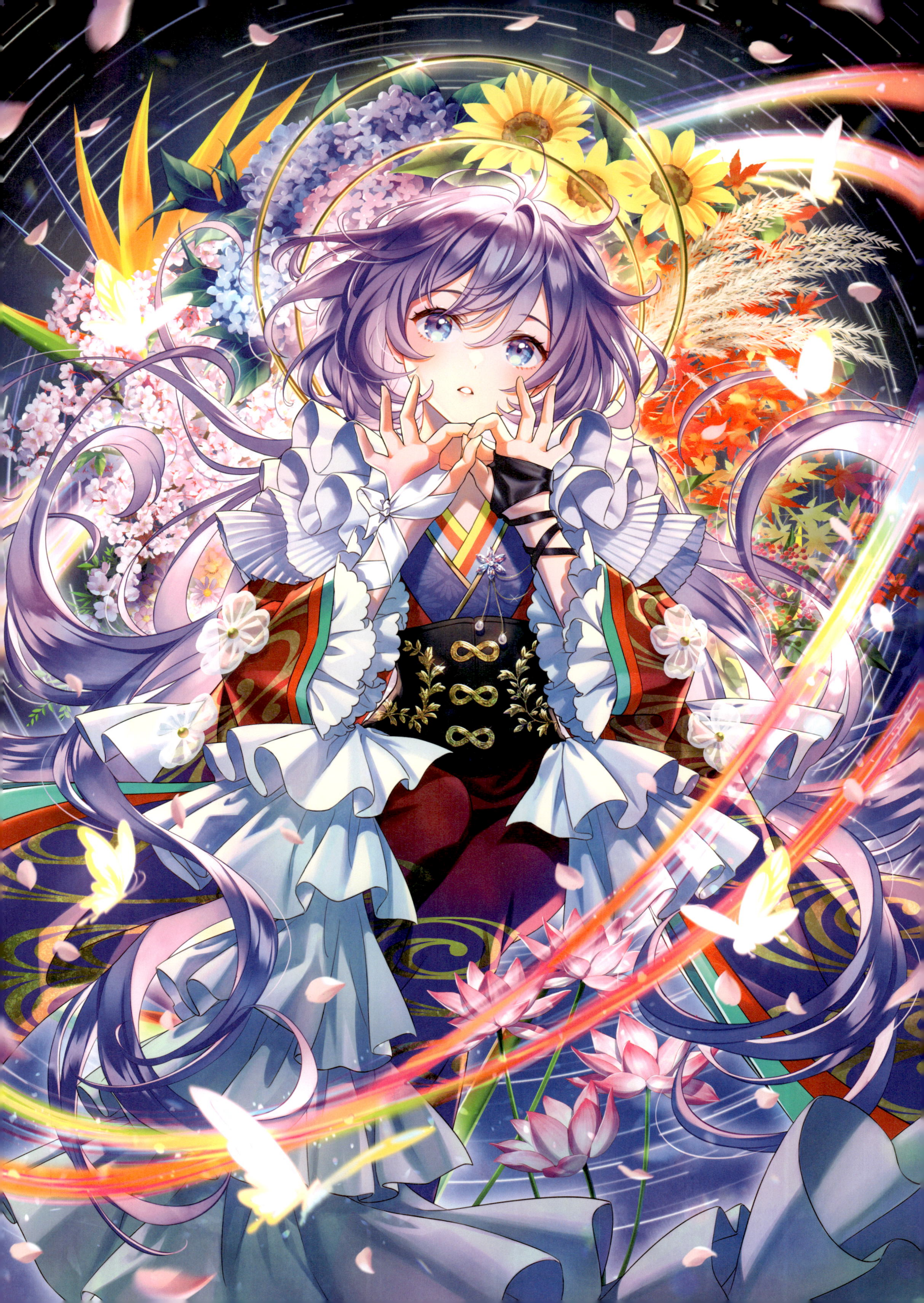

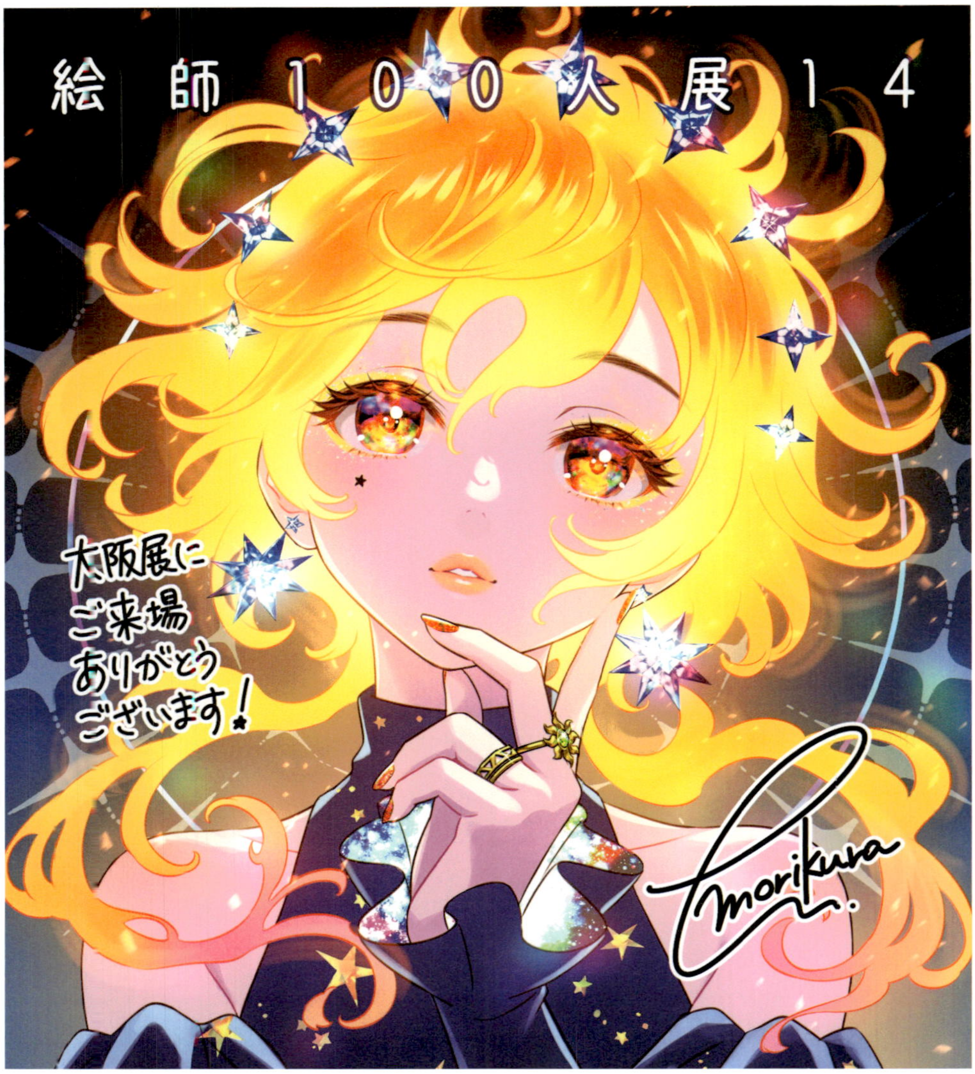

（左）「絵師 100 人展 14 大阪展」特典ミニ色紙用イラスト／（右）絵師 100 人展 14「Soleil」

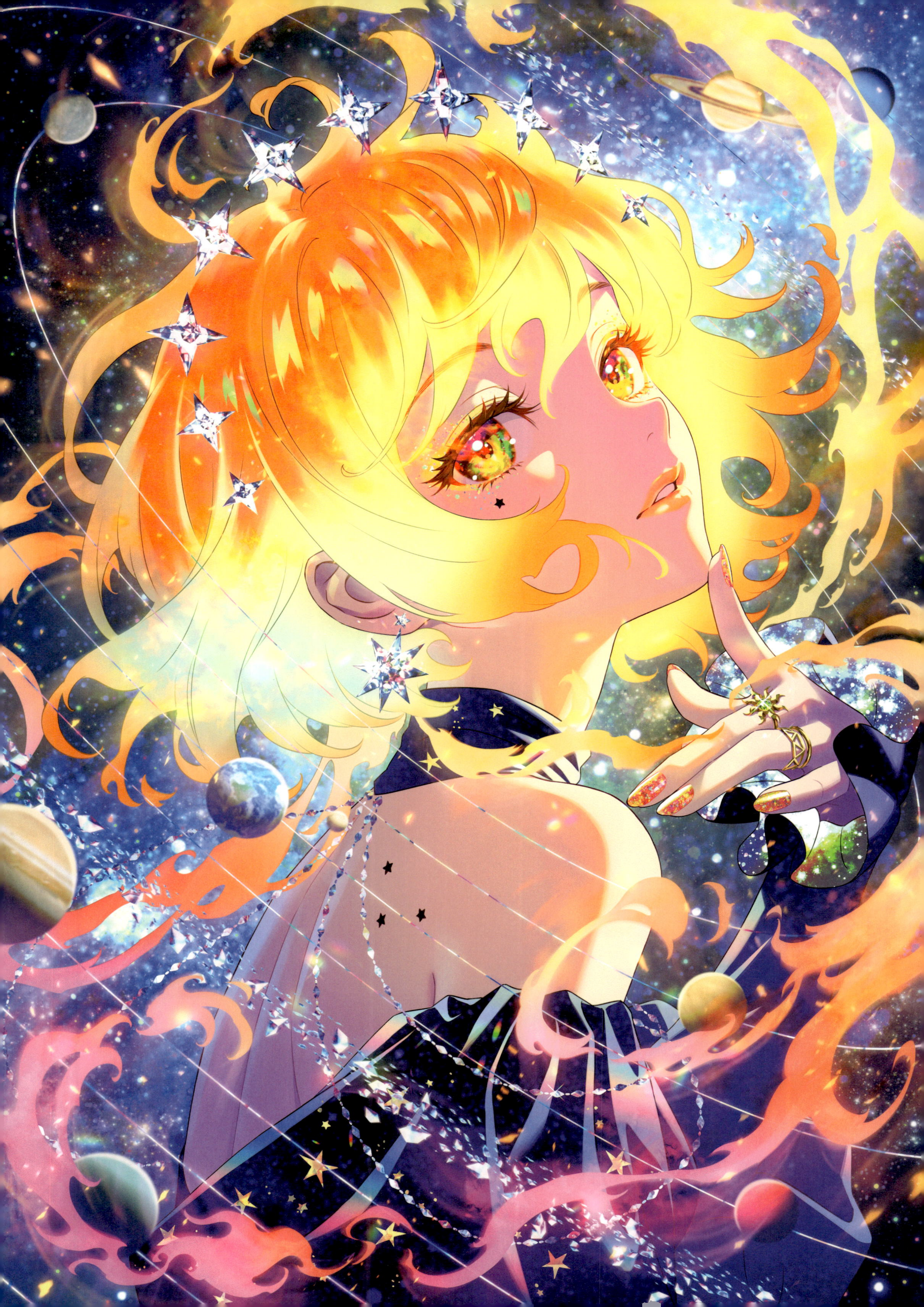

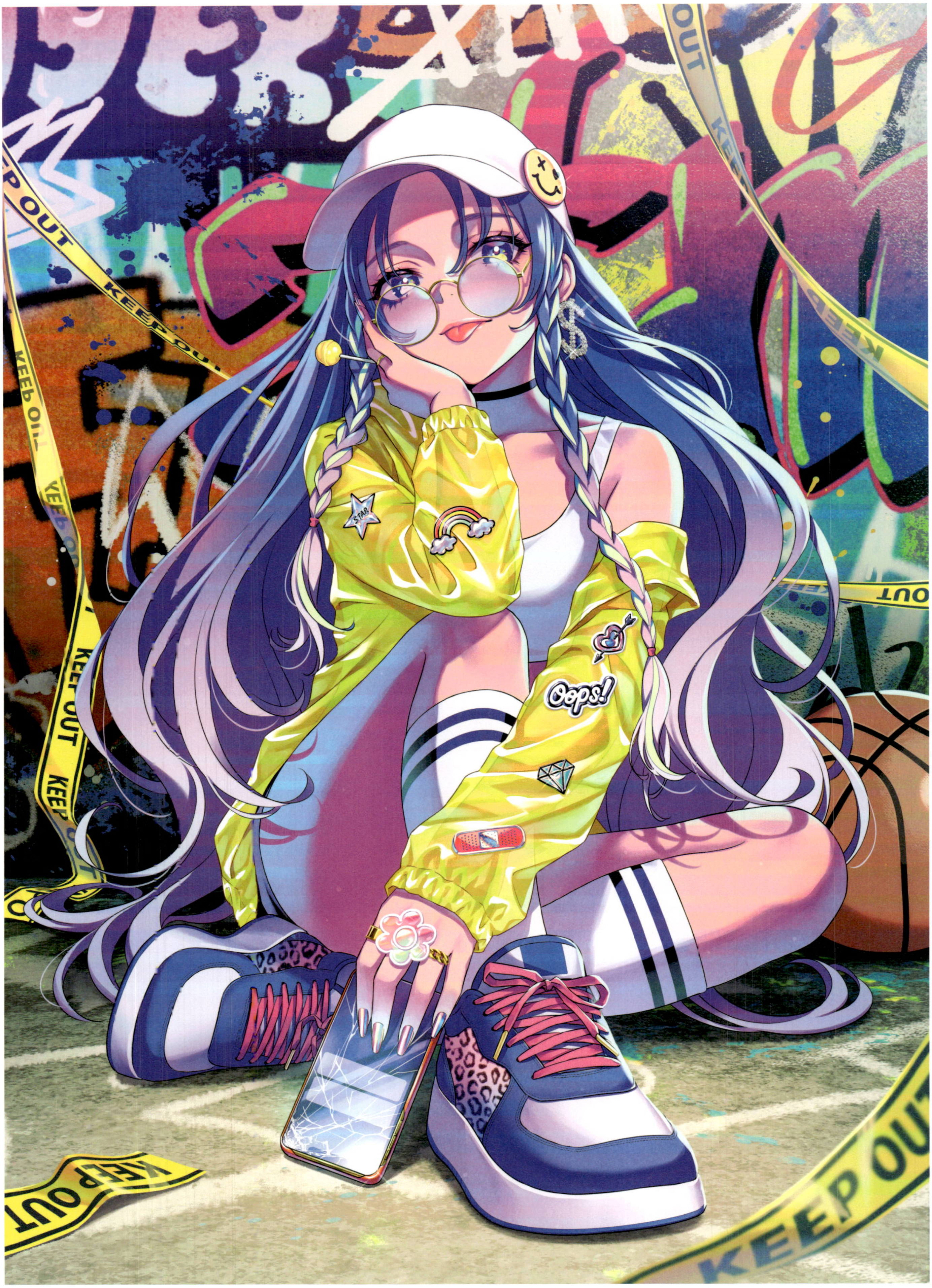
KEEP OUT
Oops!

Original Works

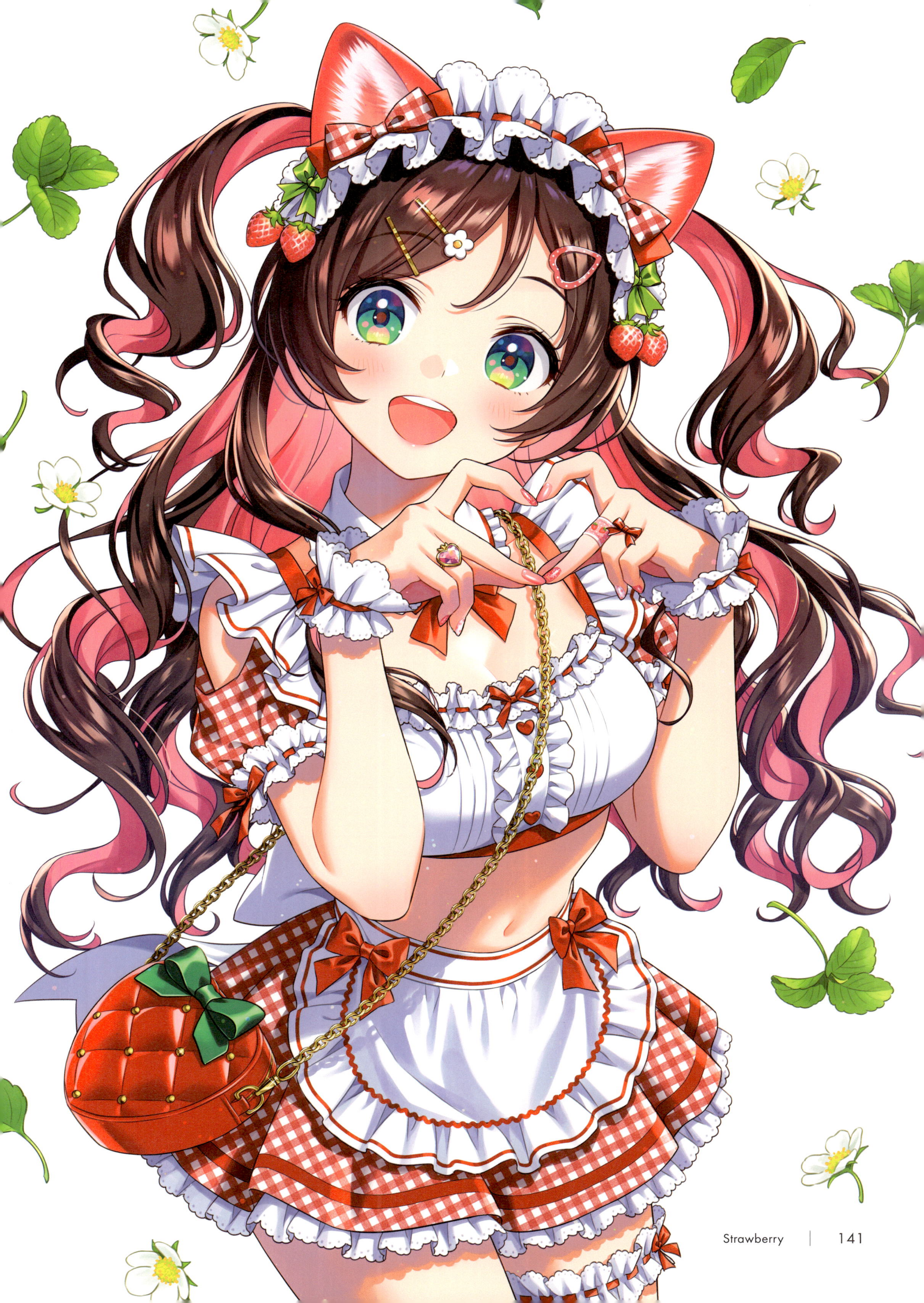

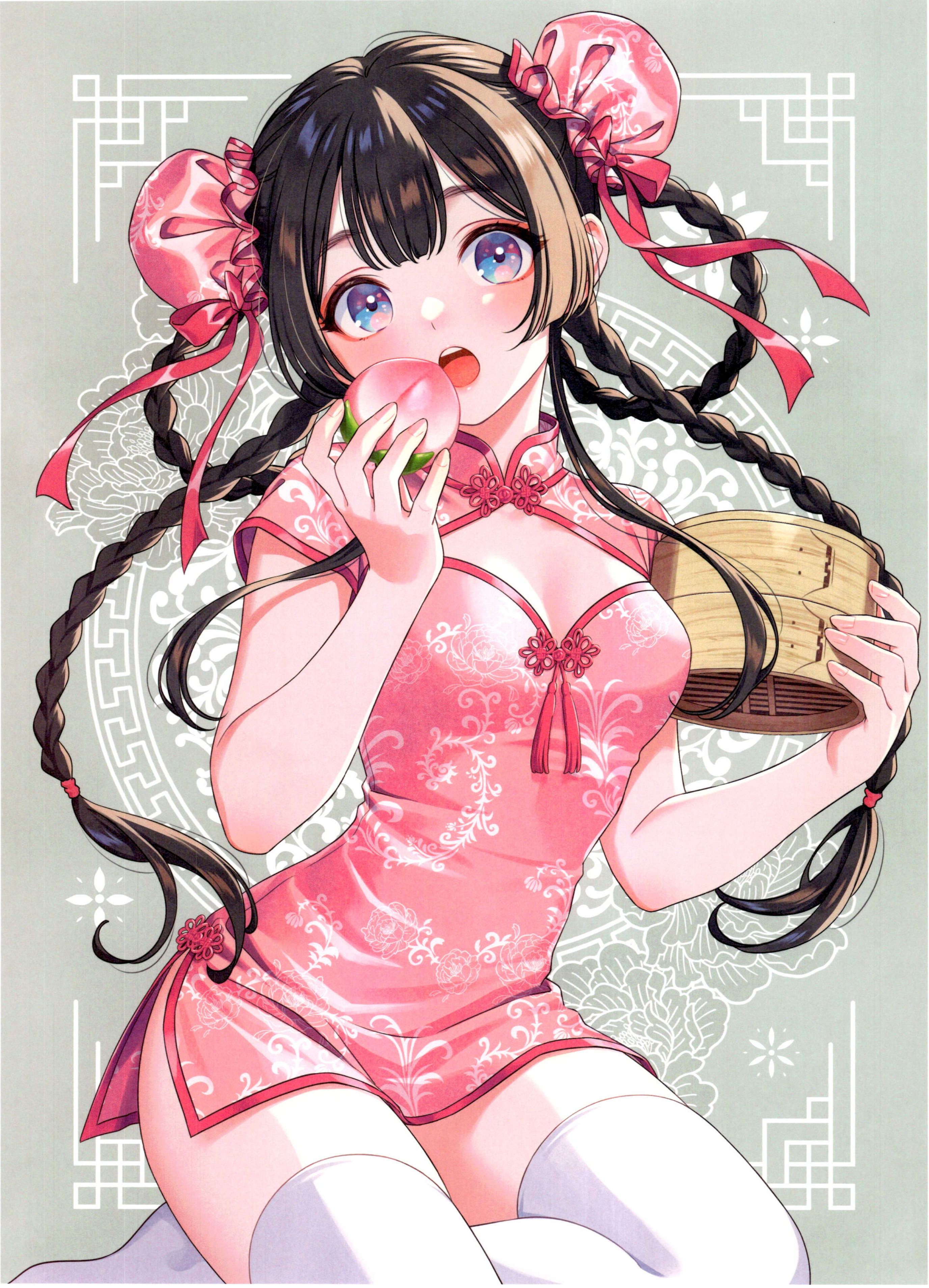

（左）Peach／（右）Grapes

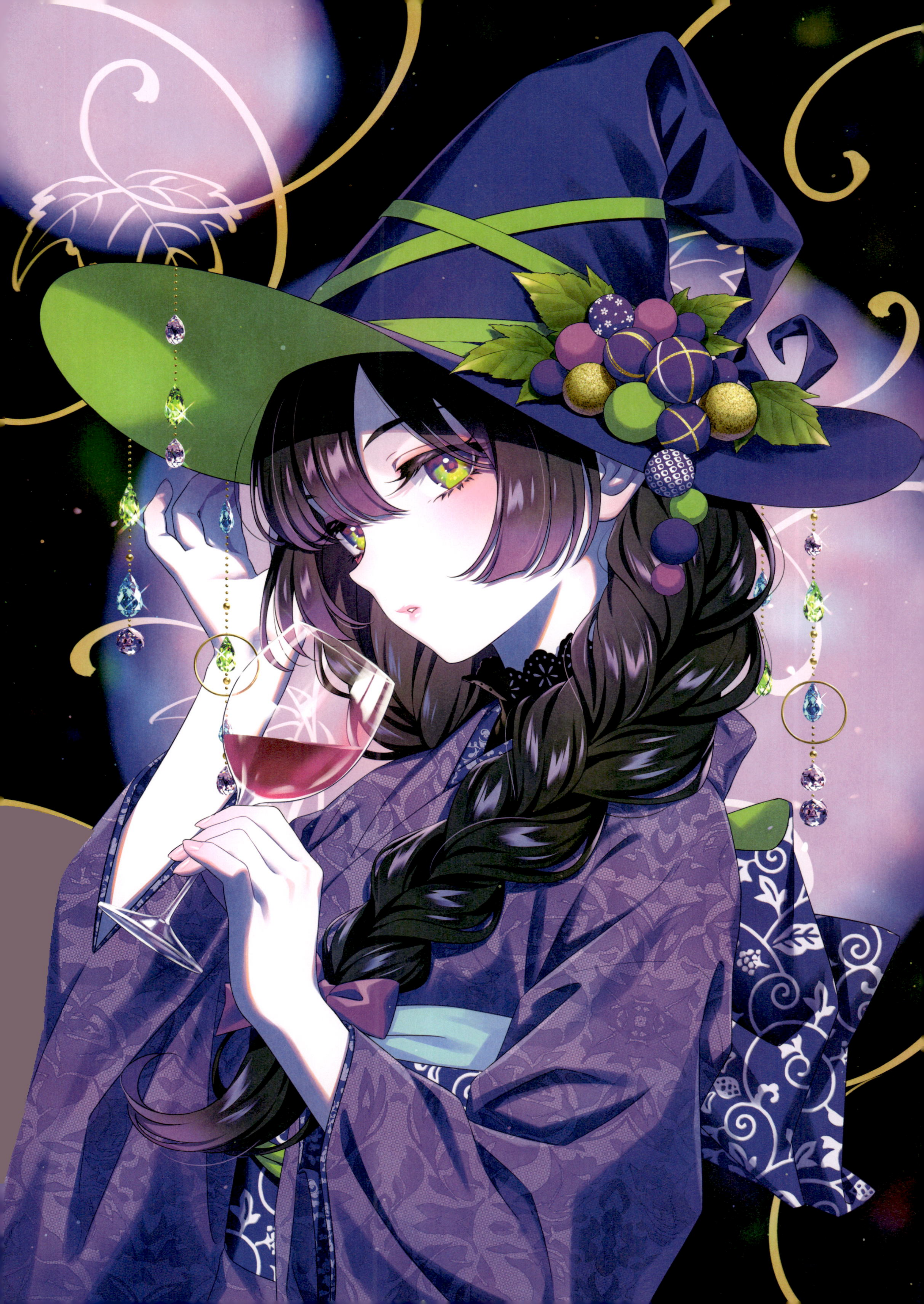

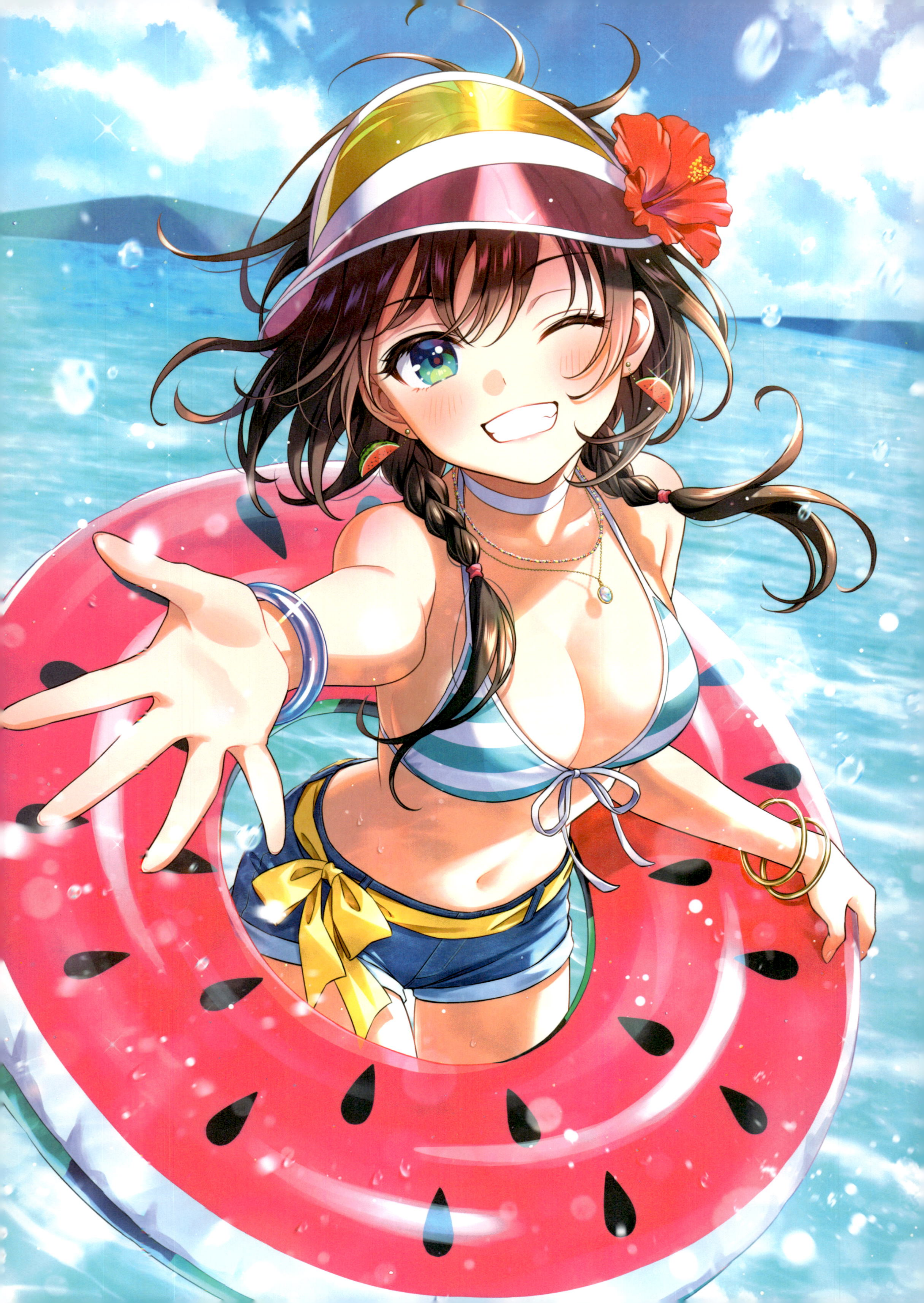

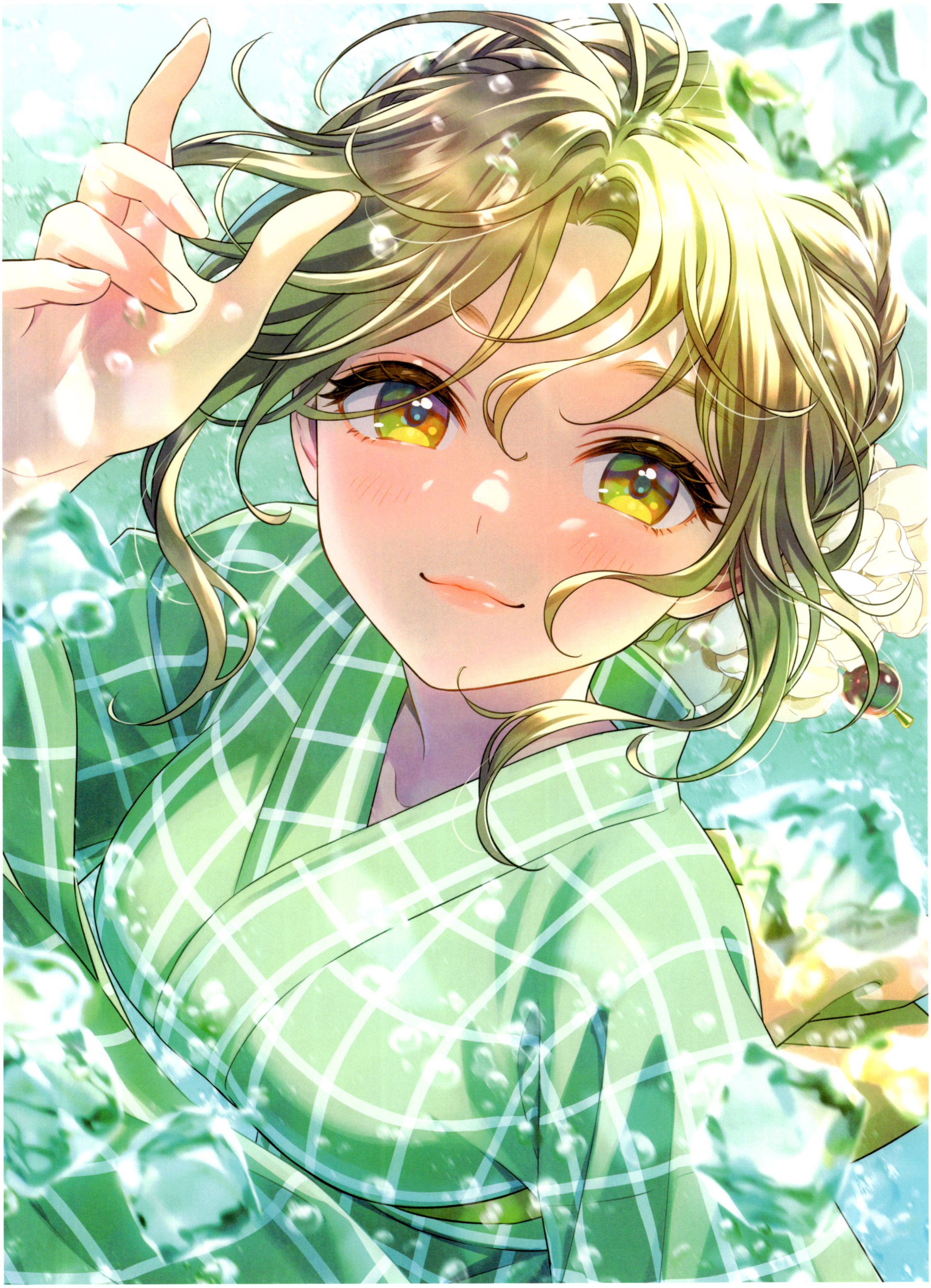

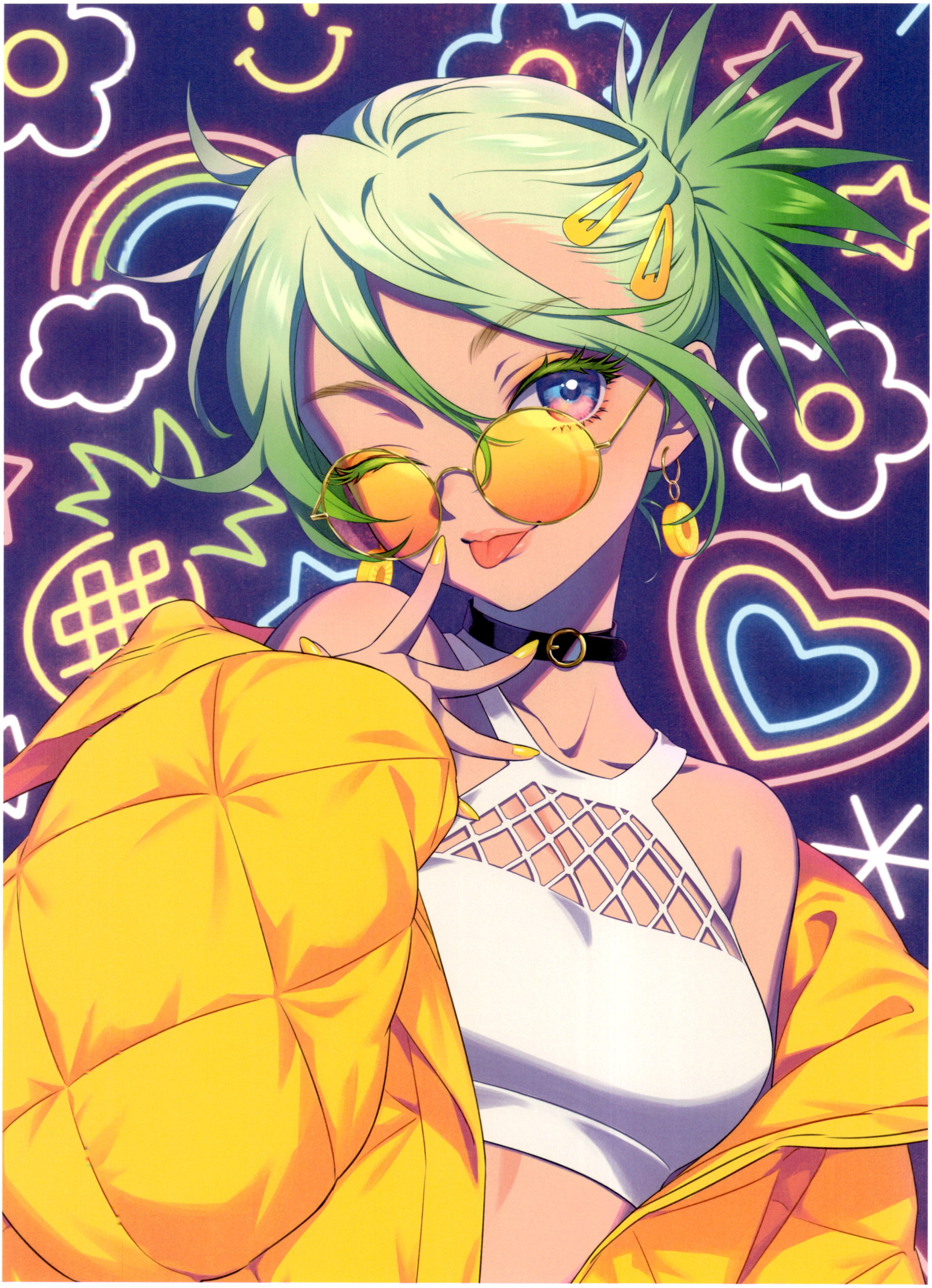

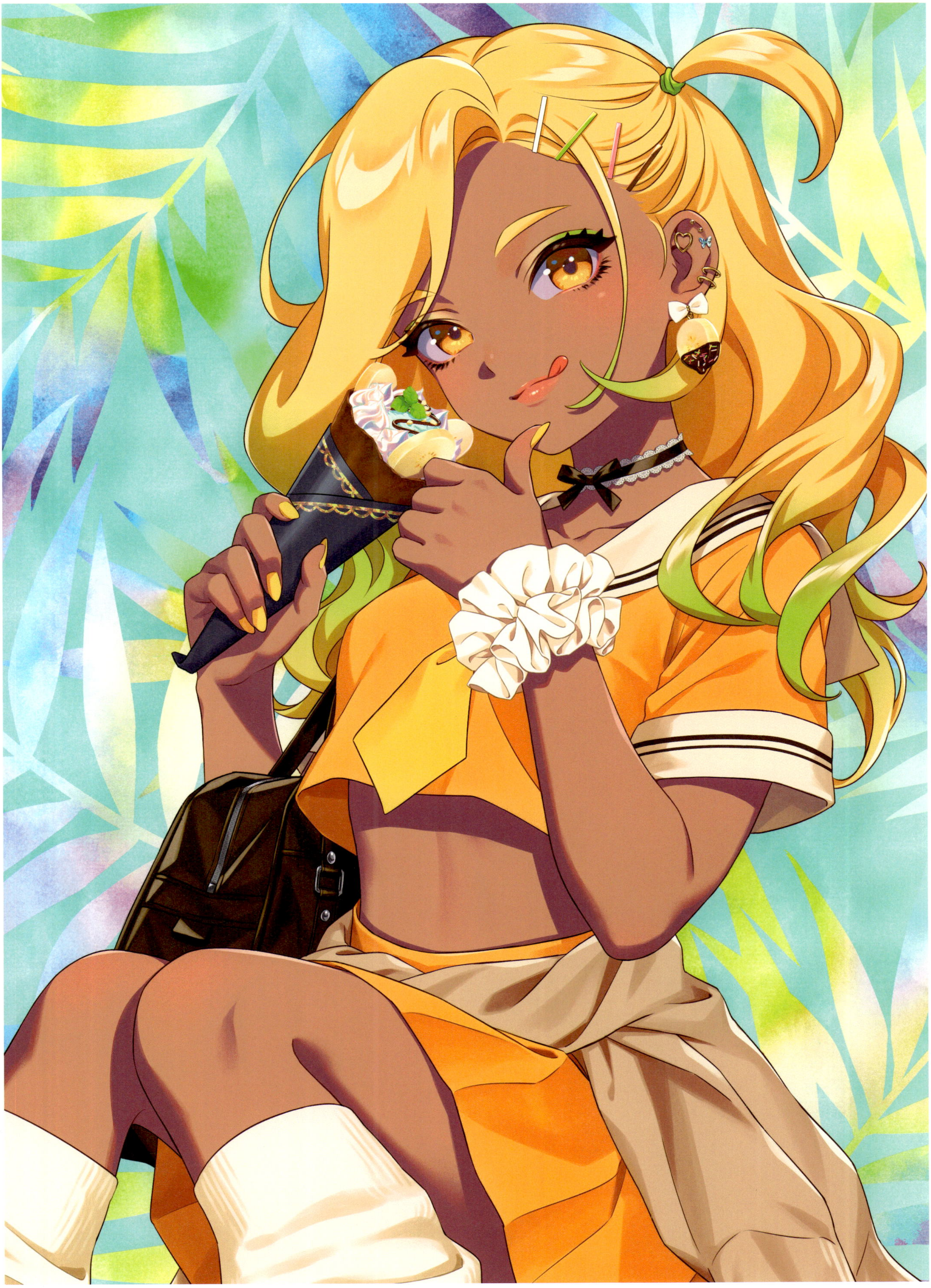

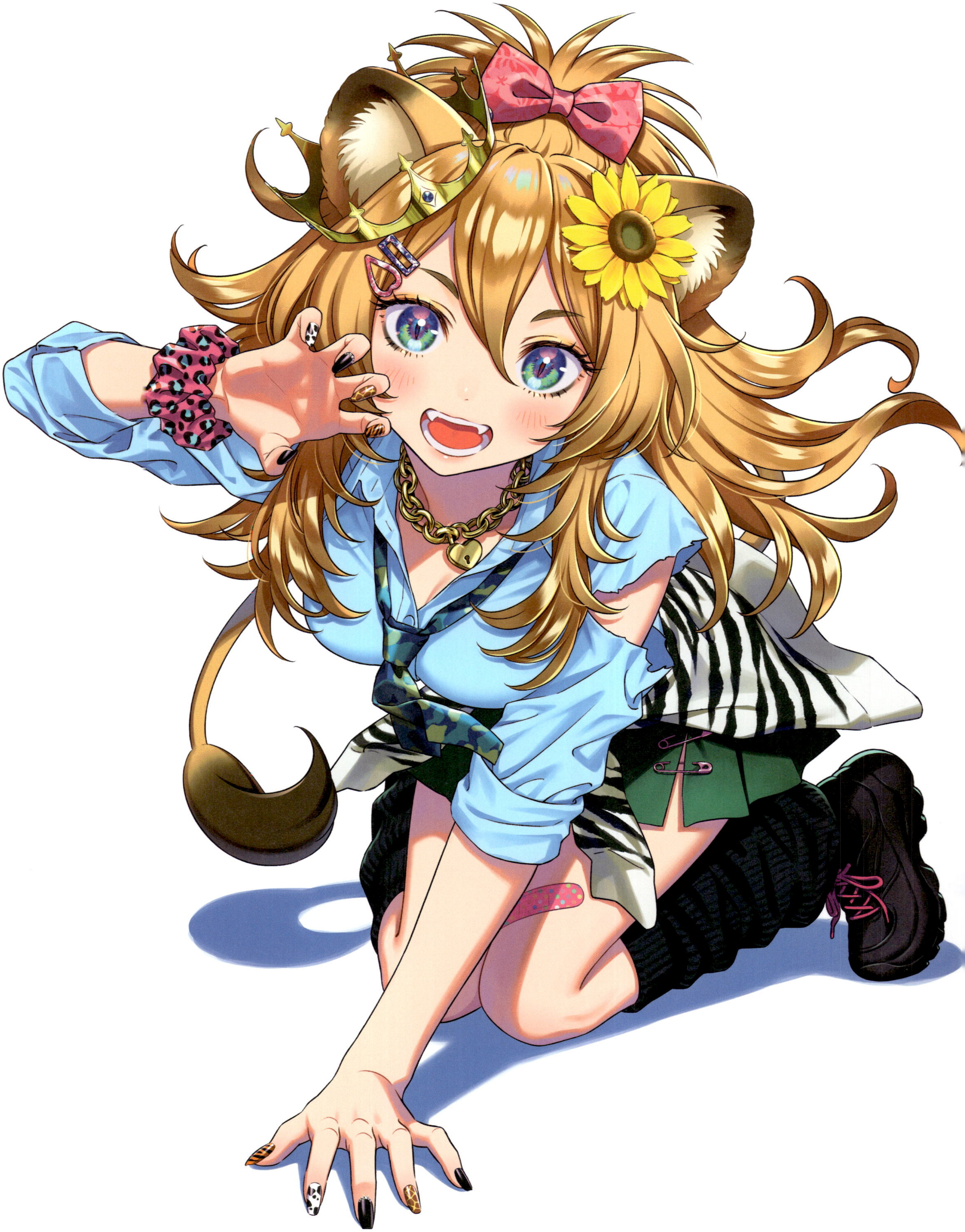

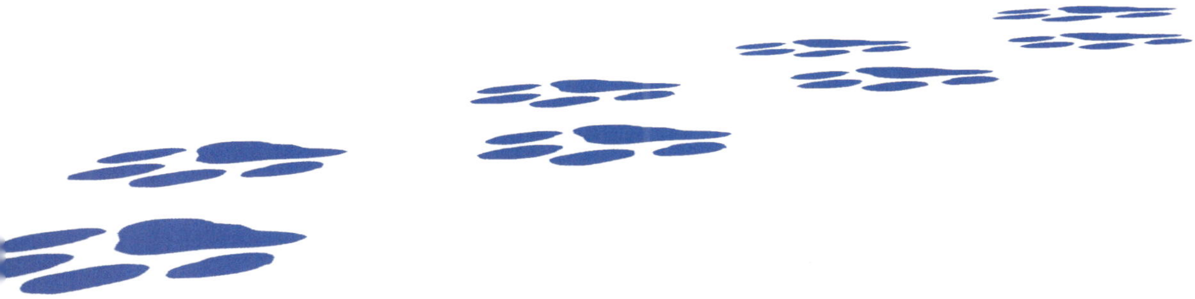

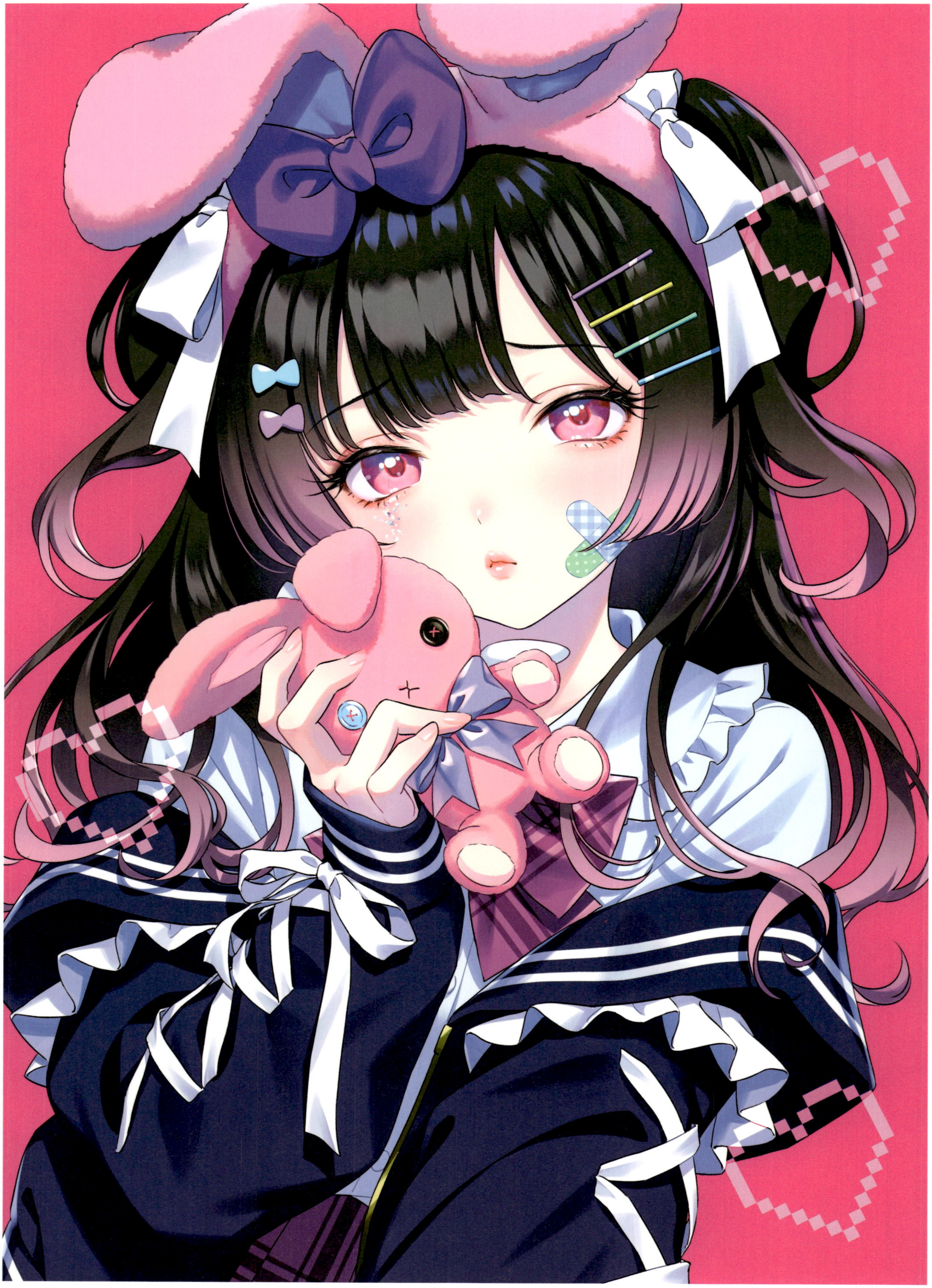

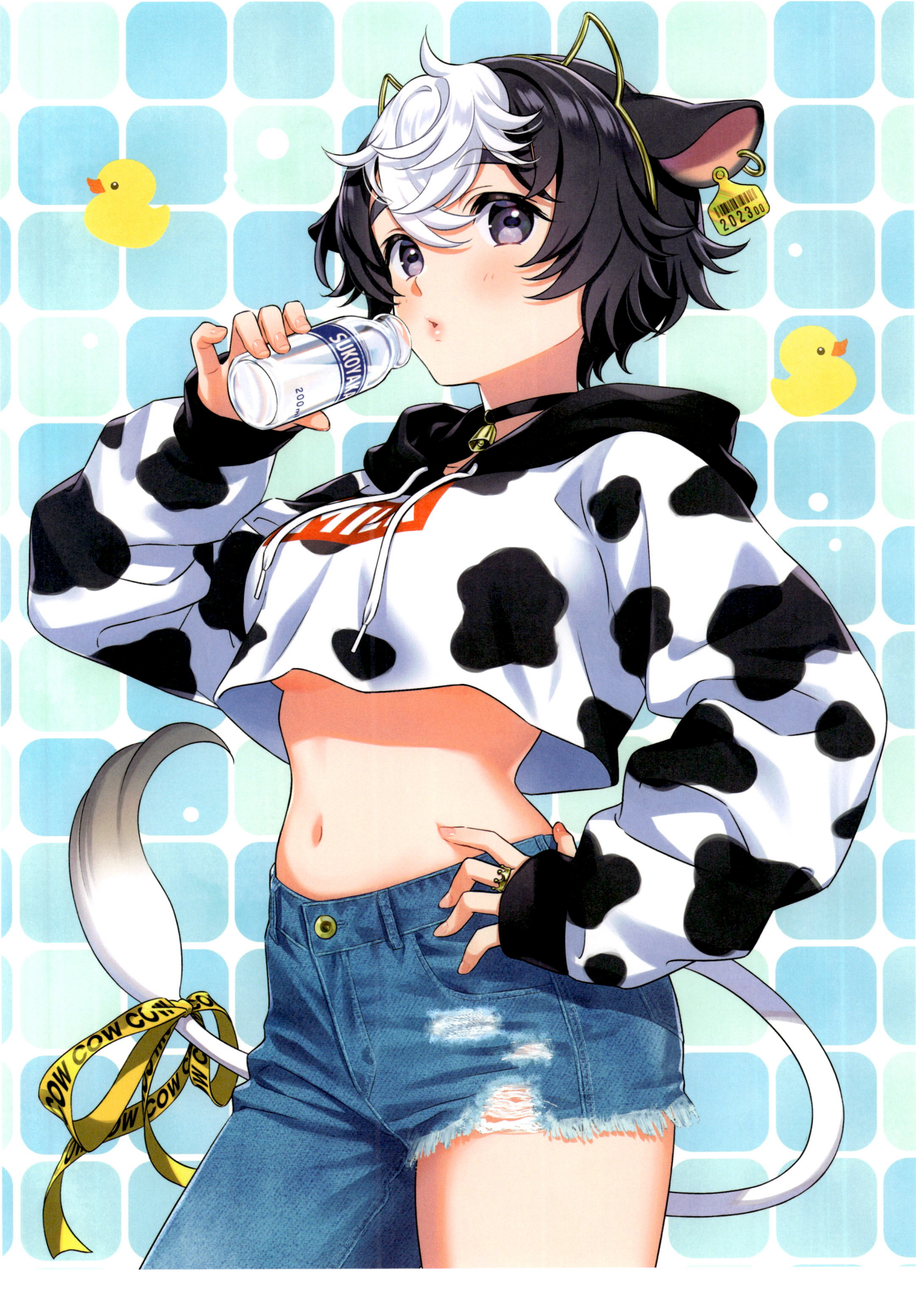
COW COW

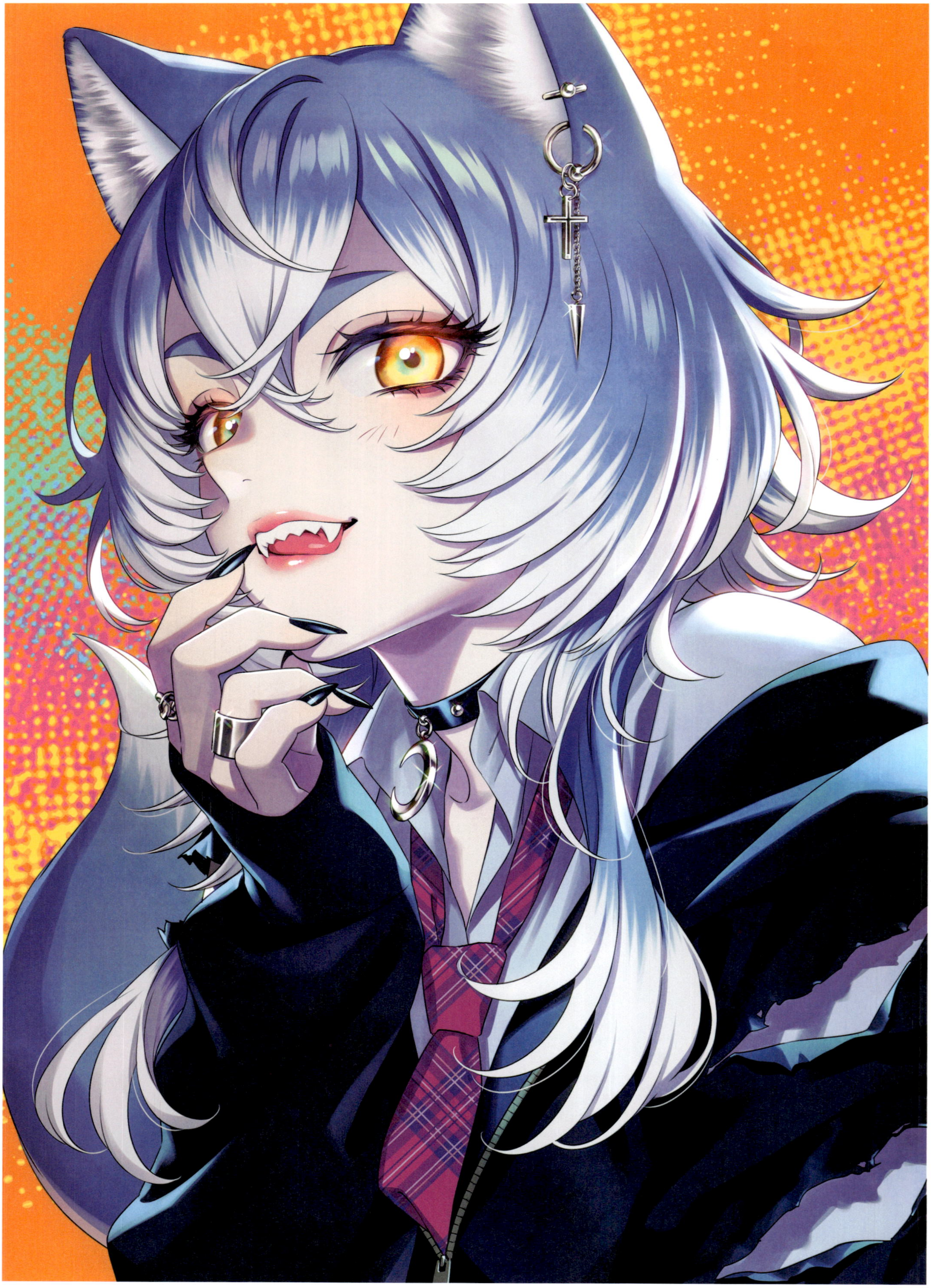

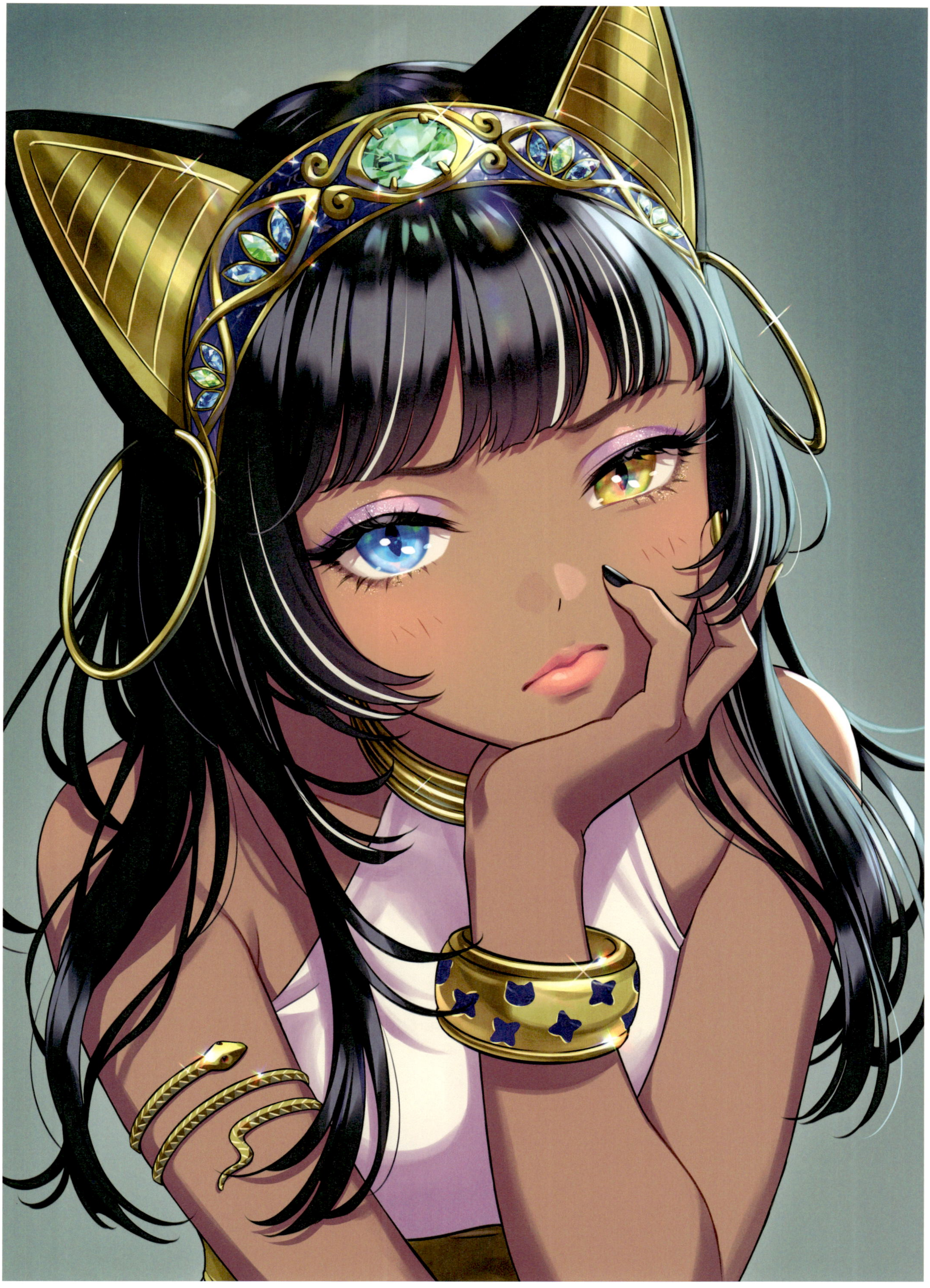

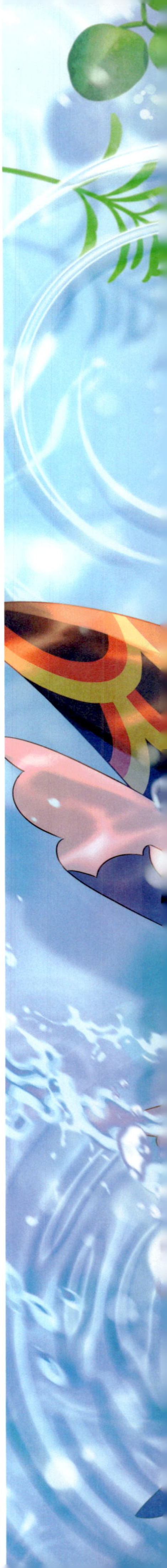

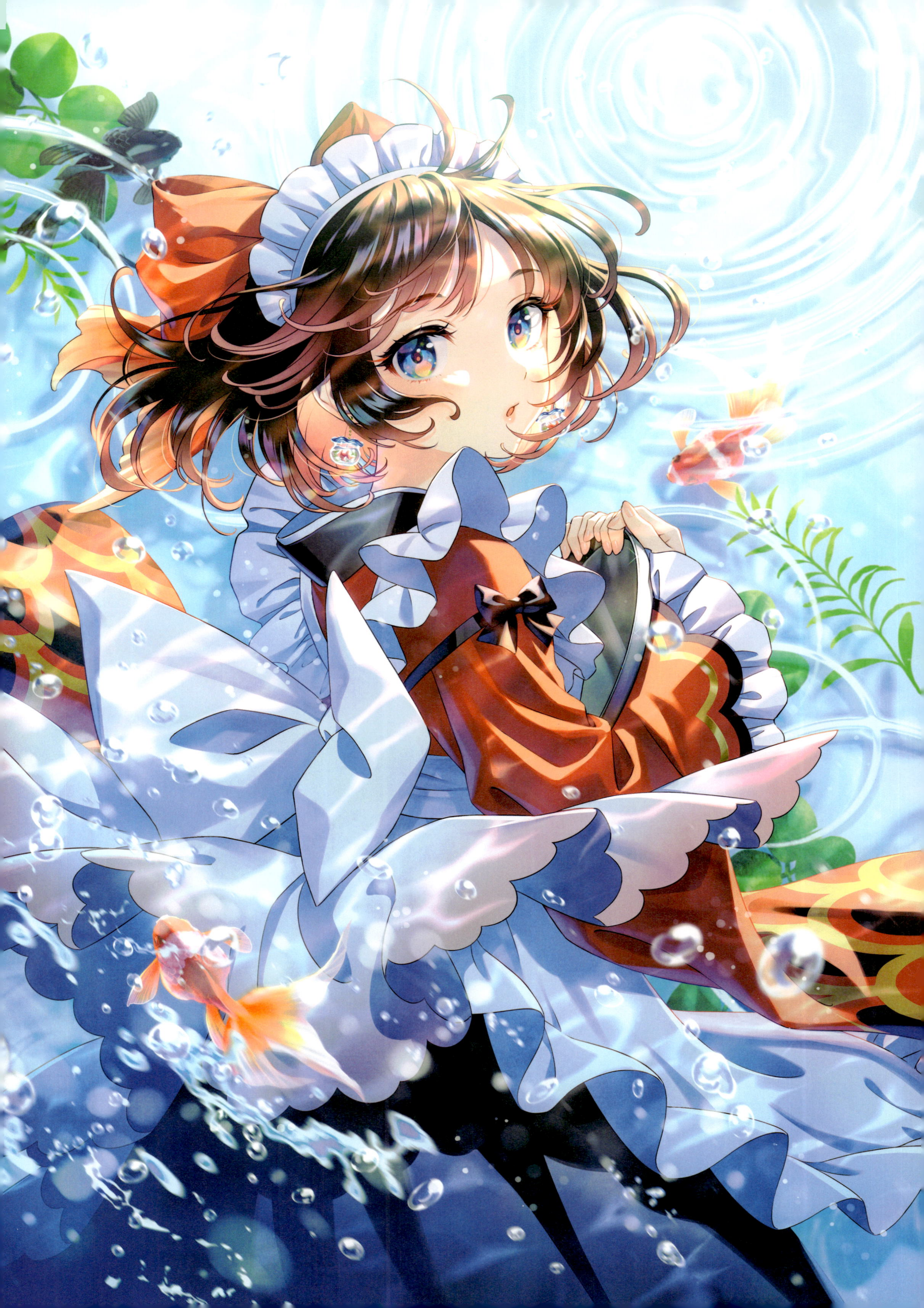

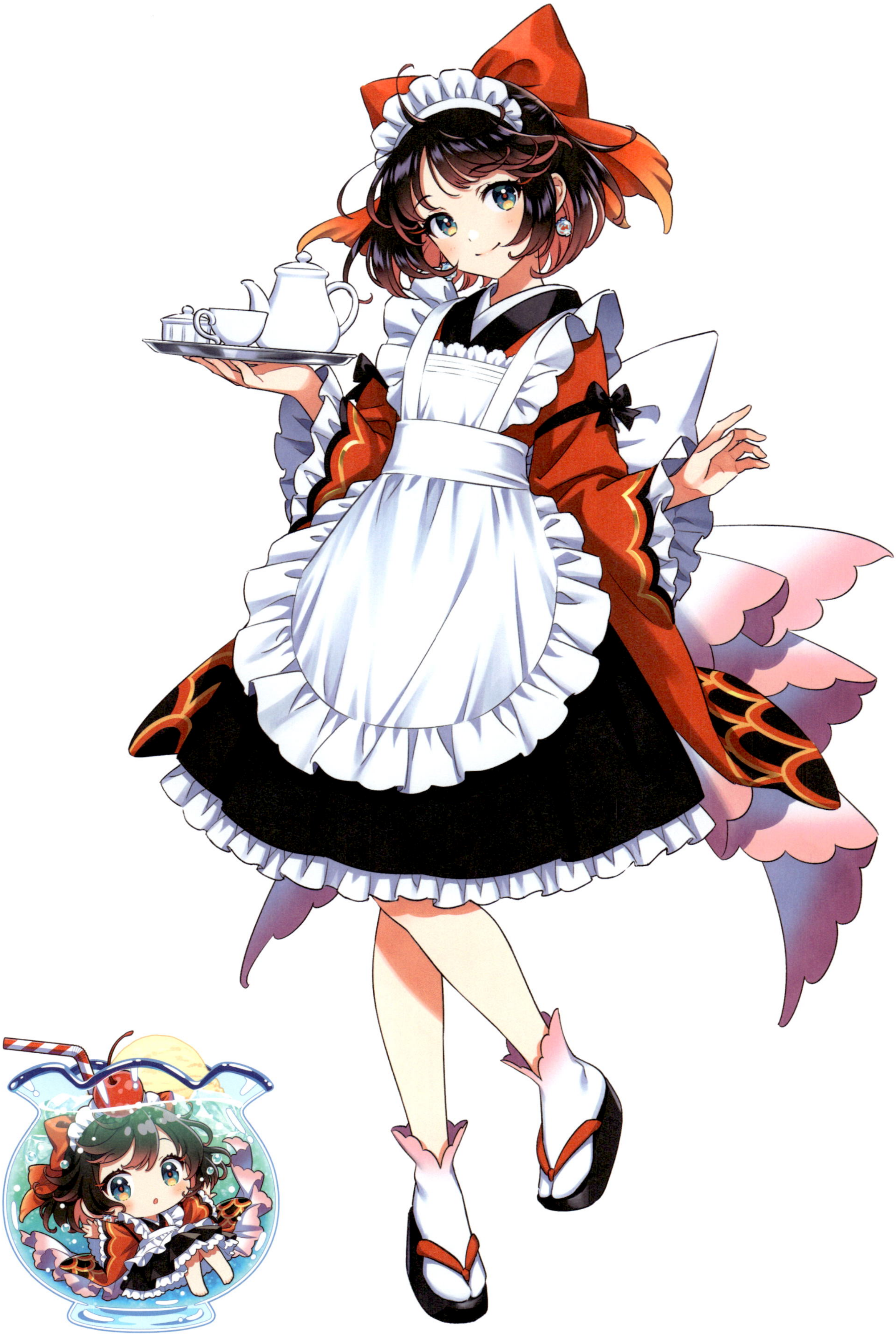

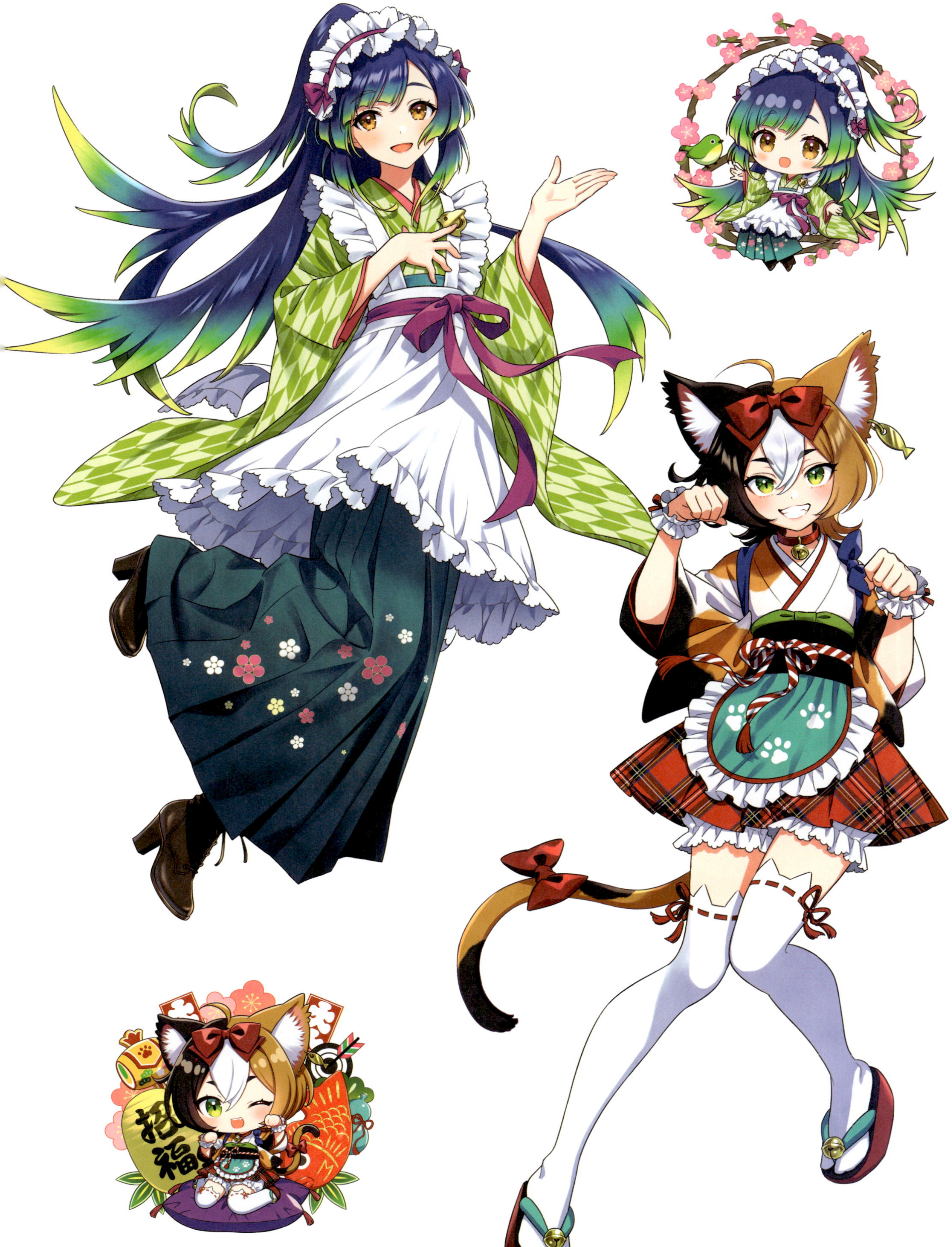

（左）メジロ／（右）招き猫

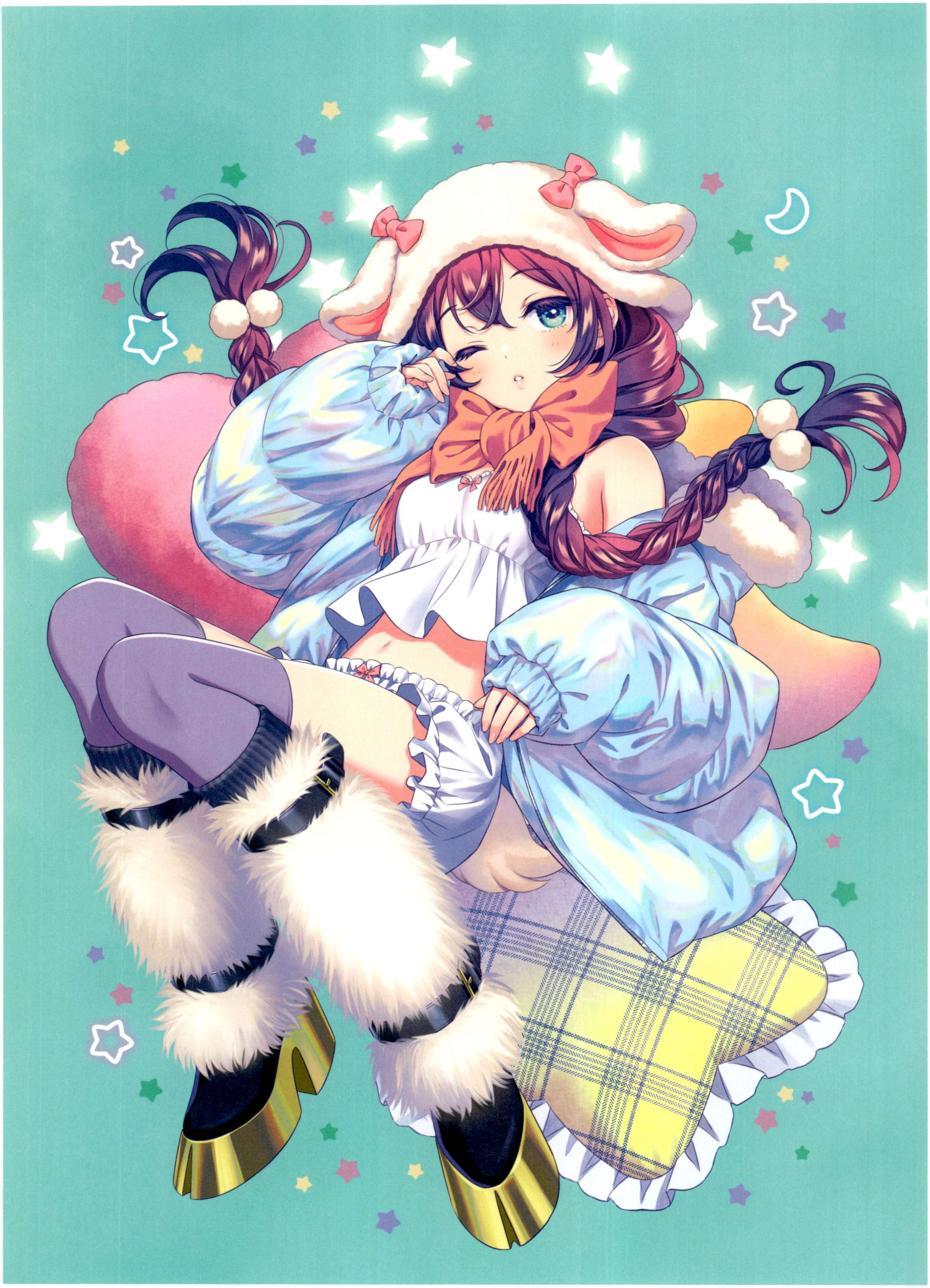

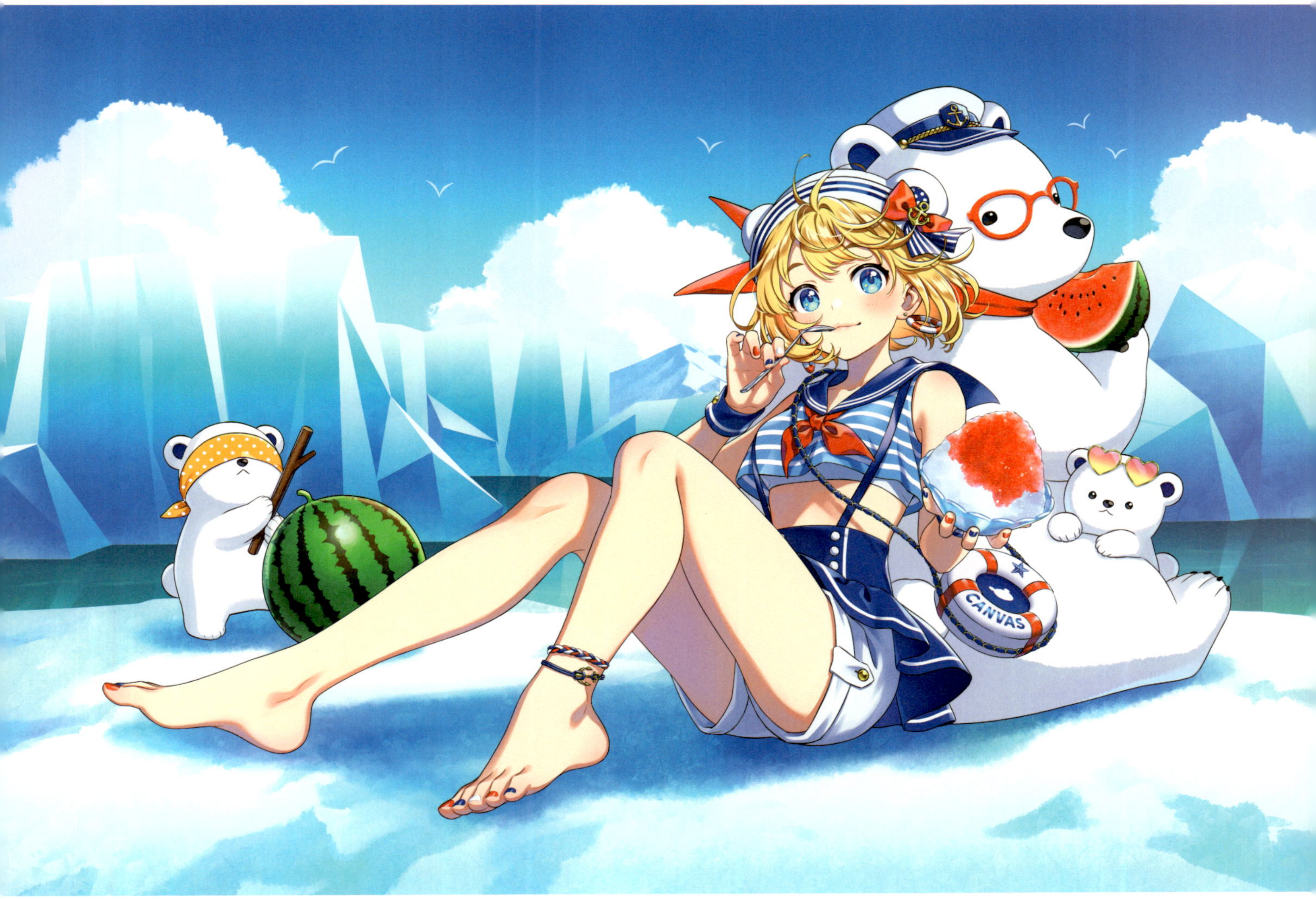
CANVAS

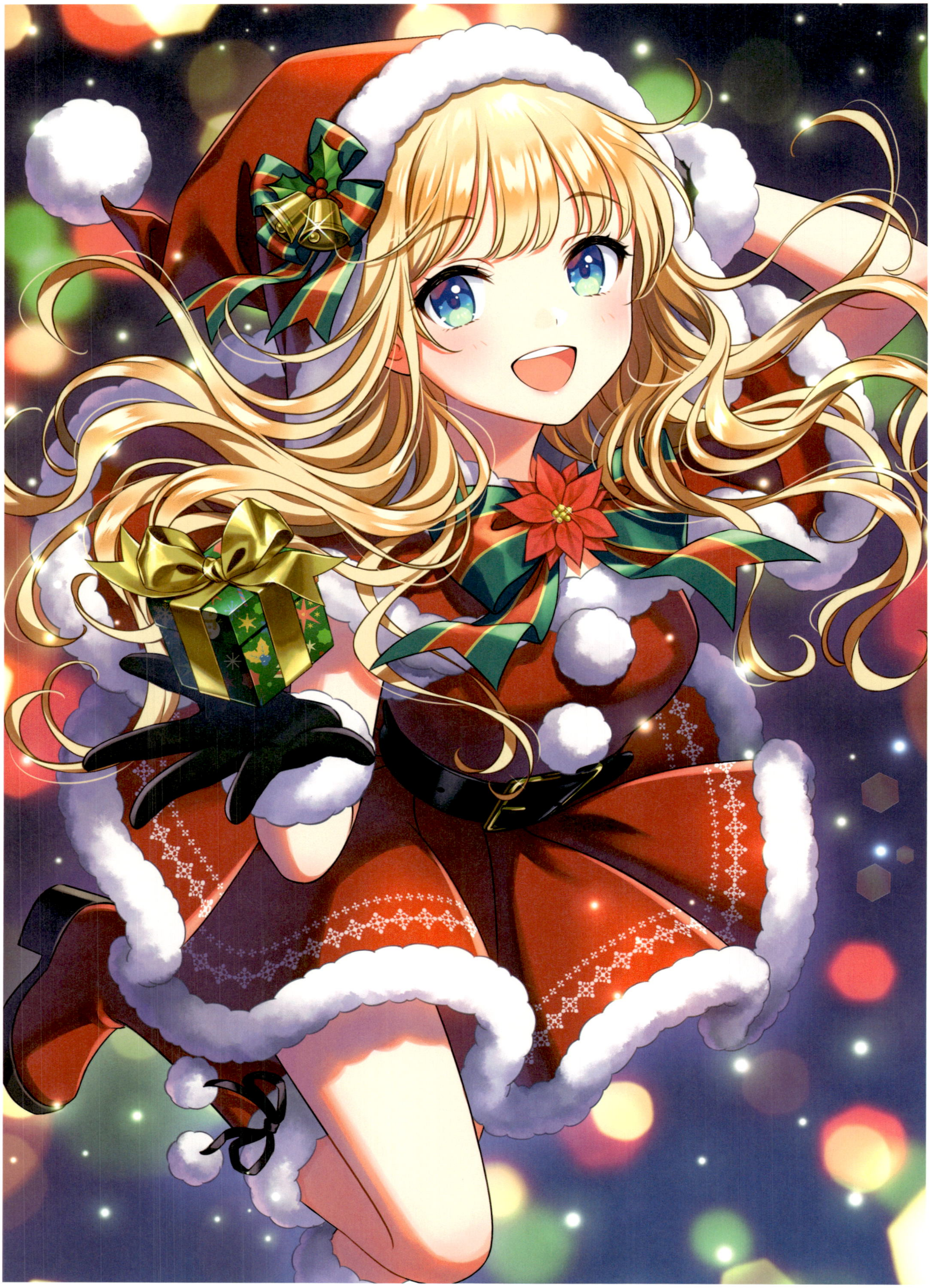

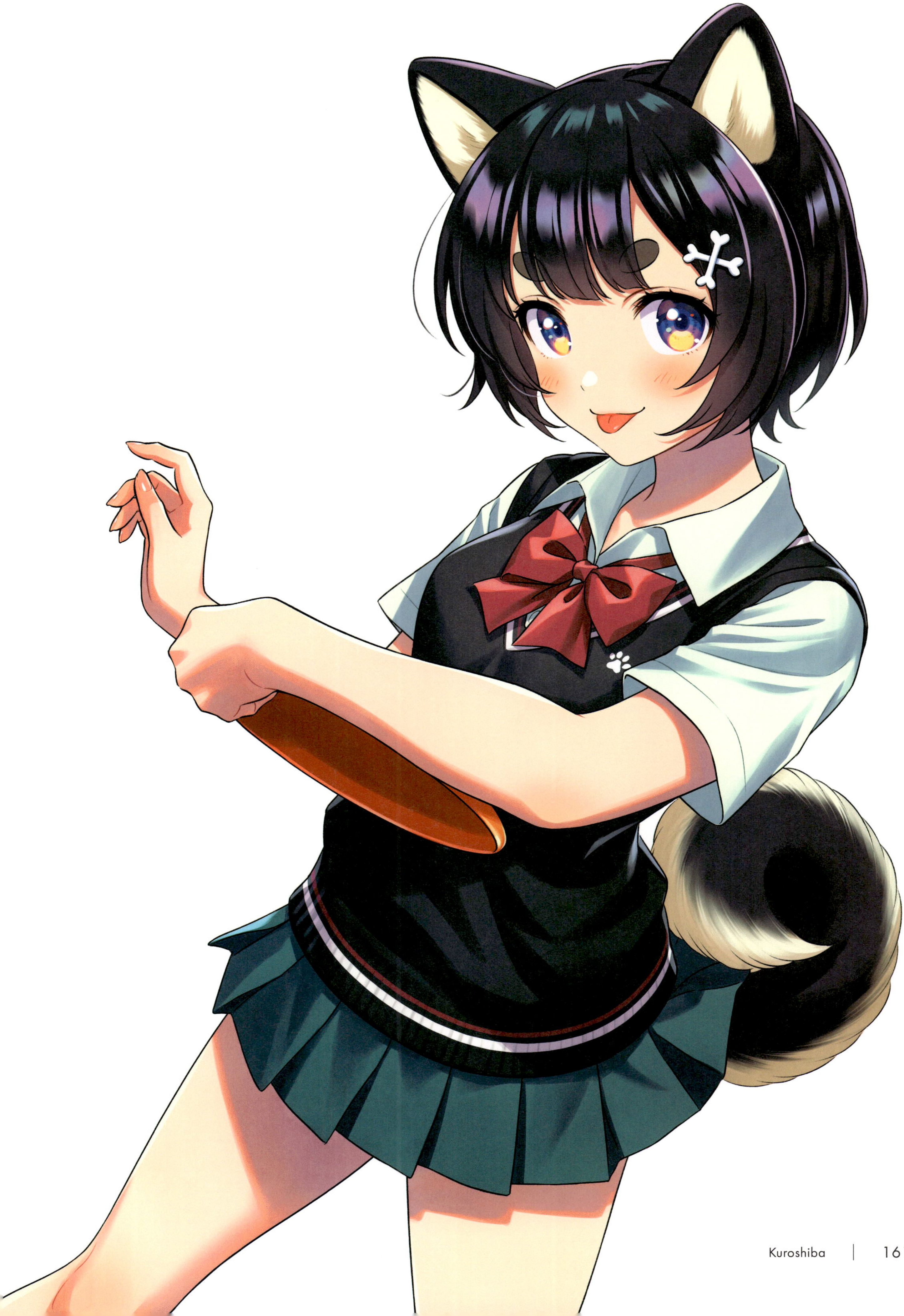

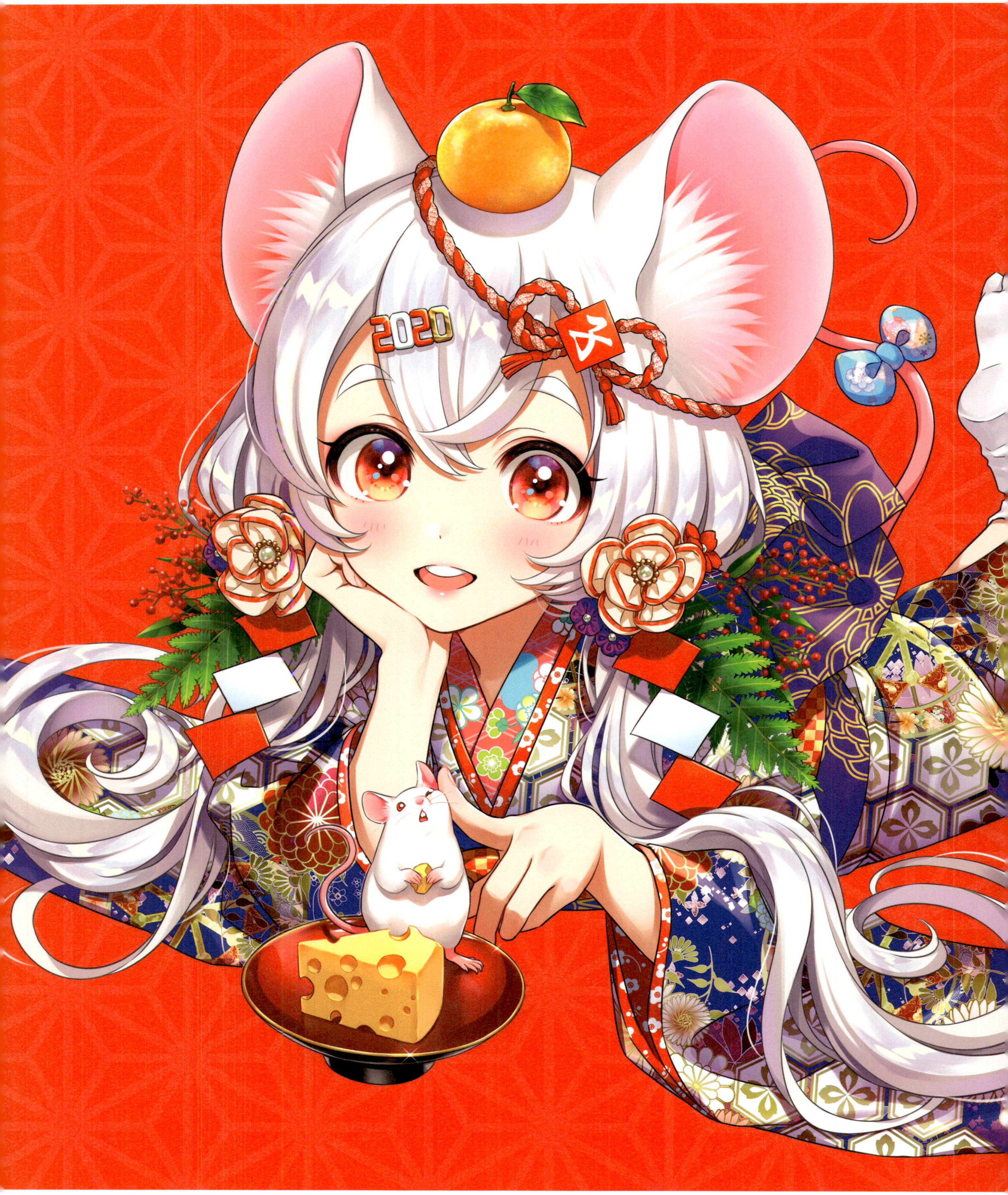
2020

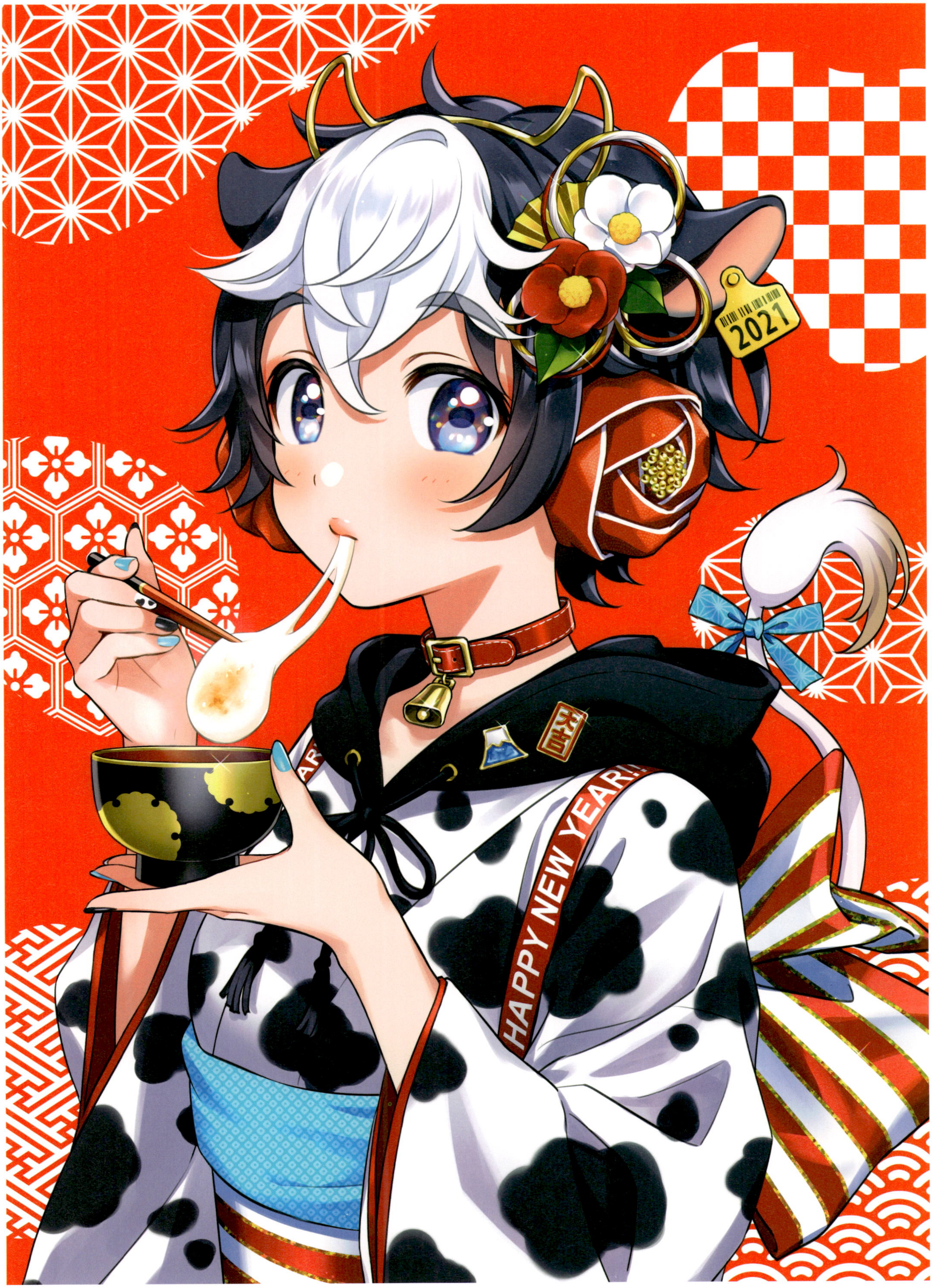
2021
大吉
HAPPY NEW YEAR!!

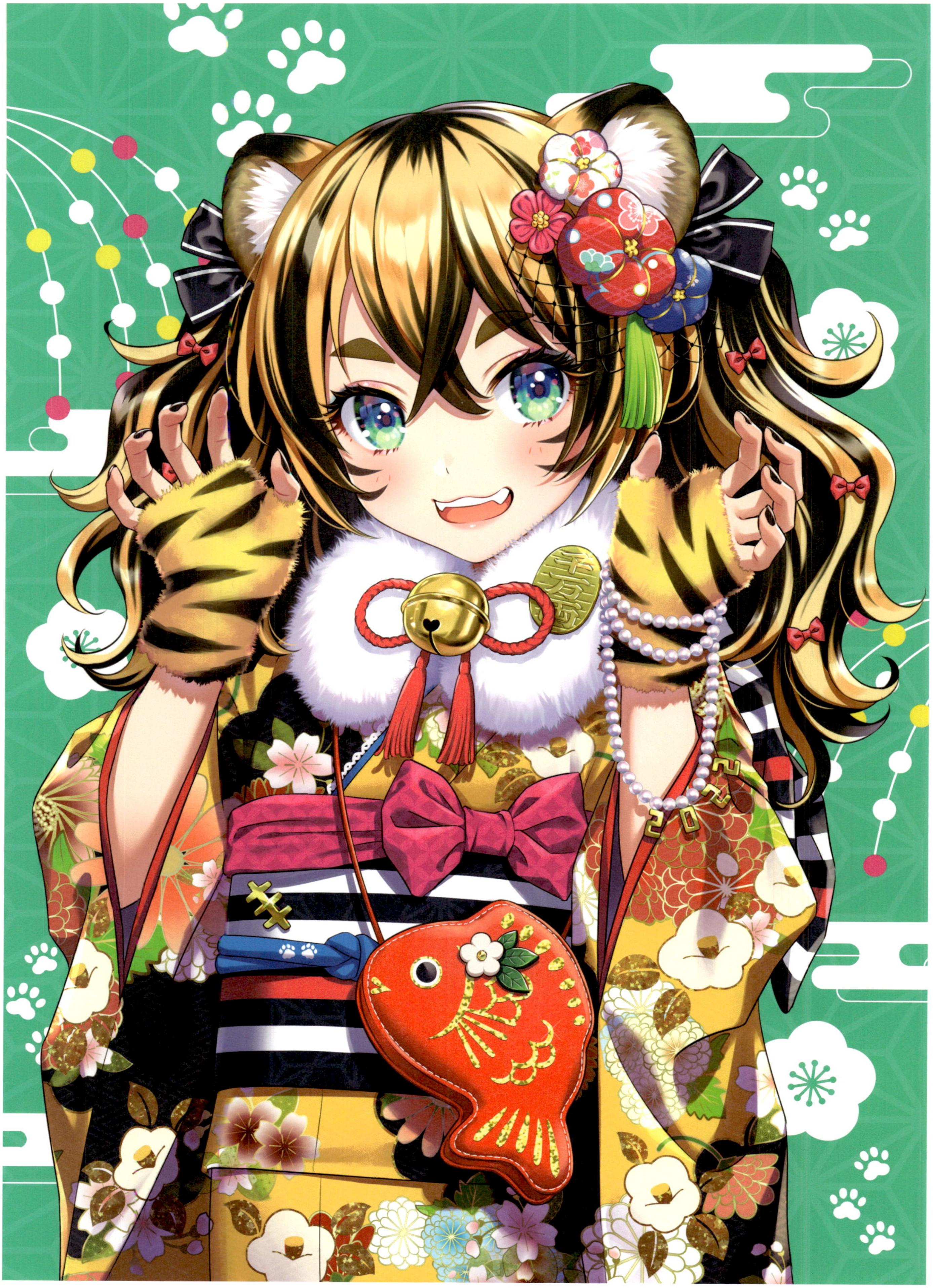

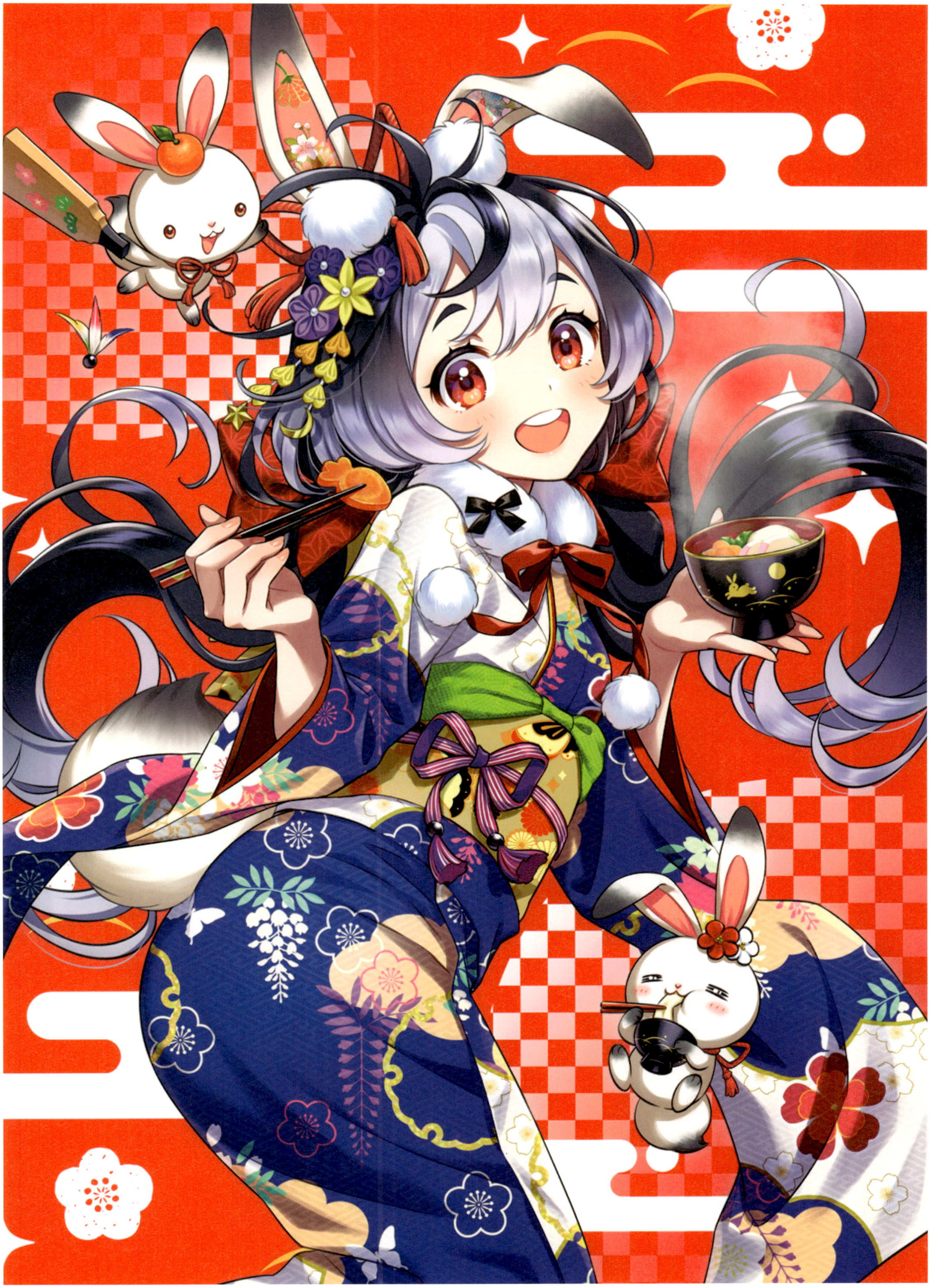

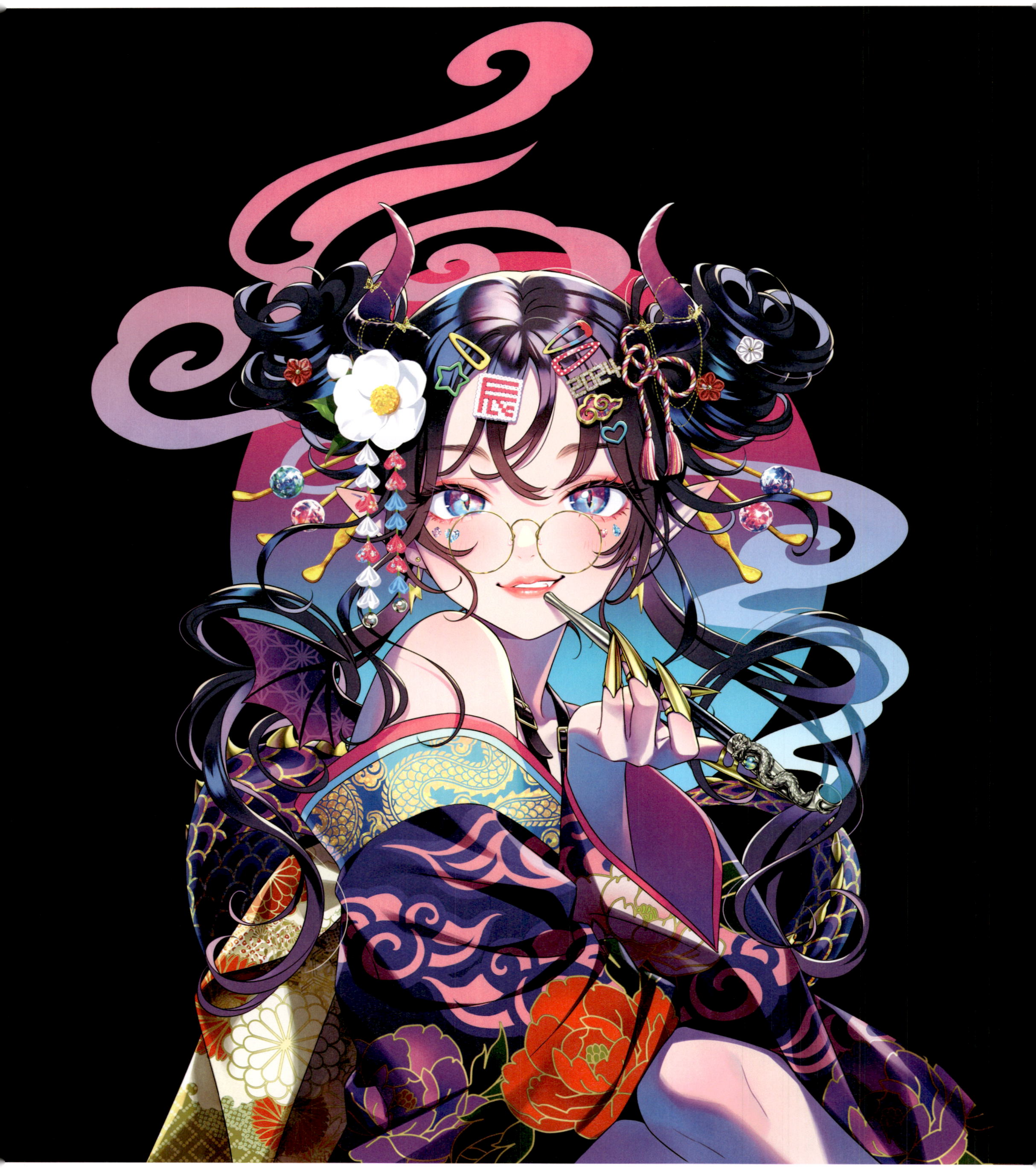
辰
2024

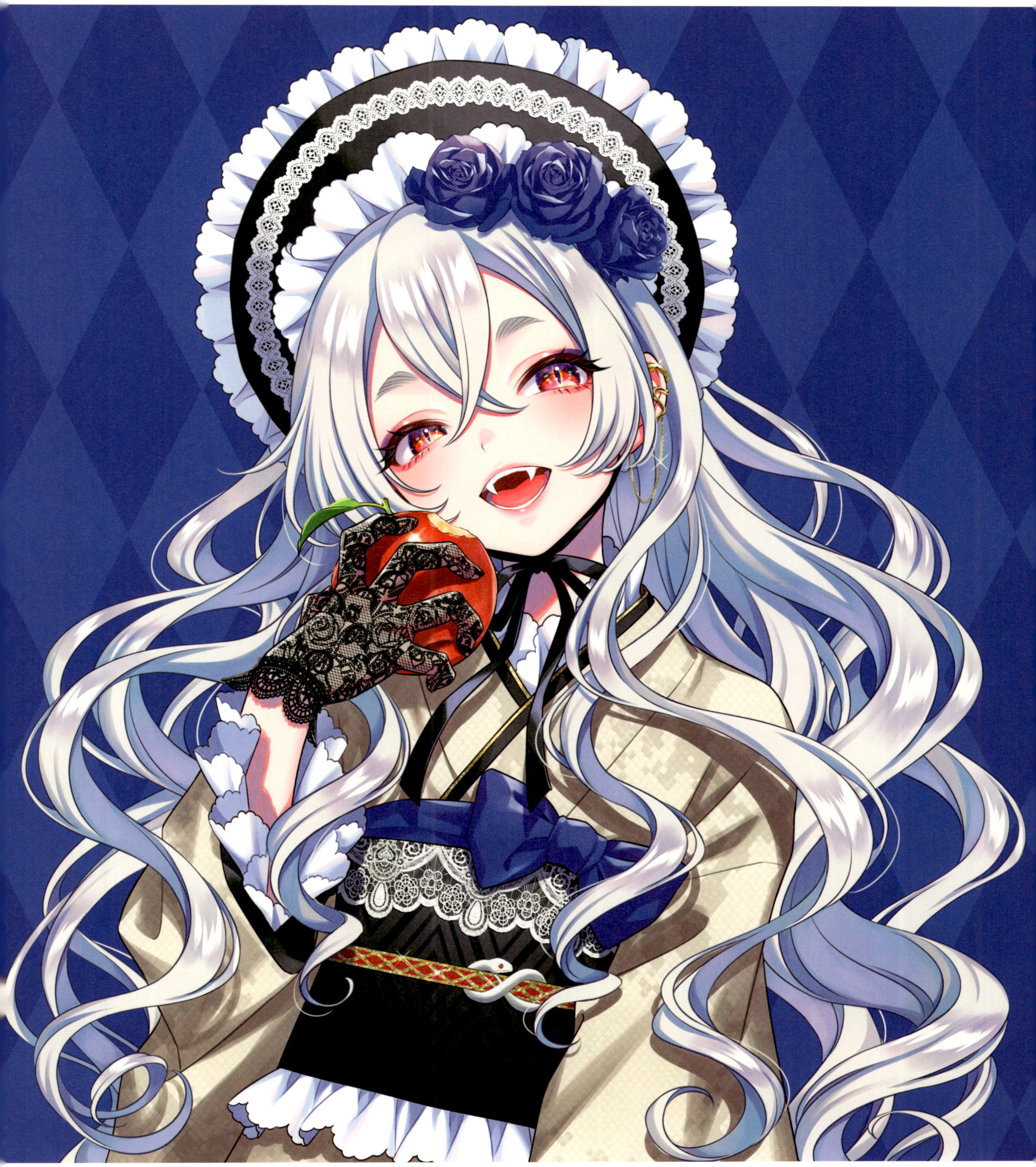

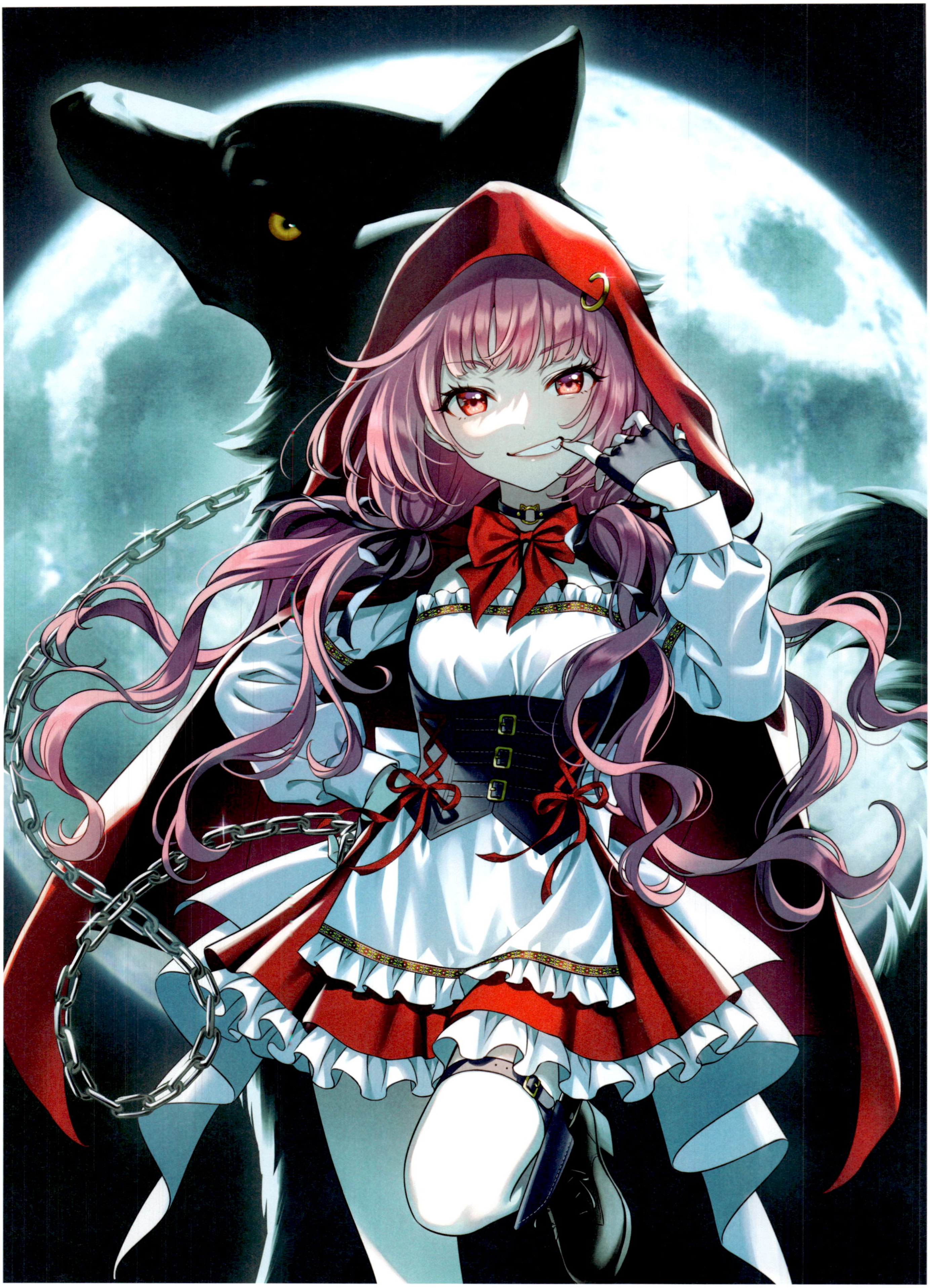

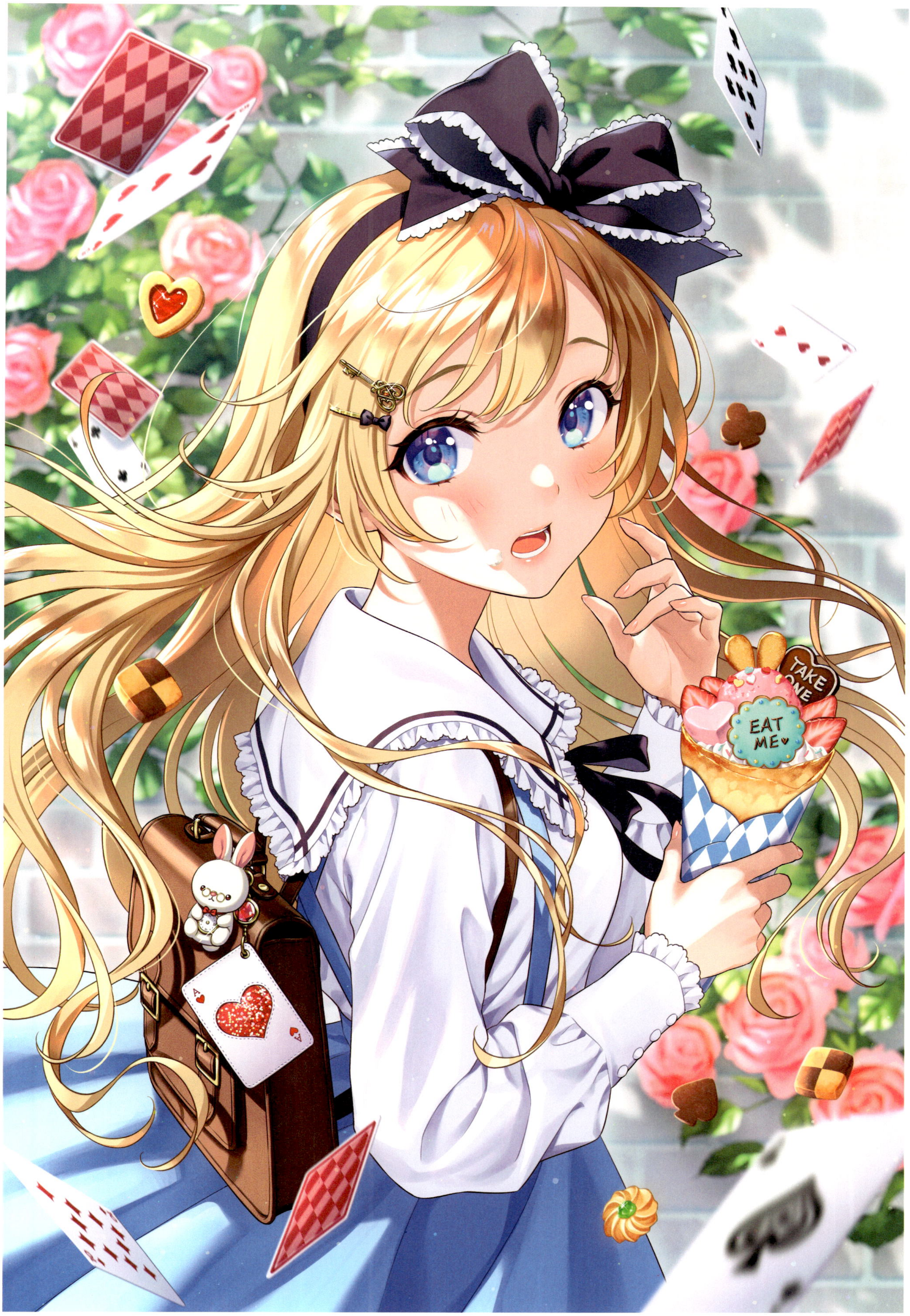
TAKE ONE
EAT ME

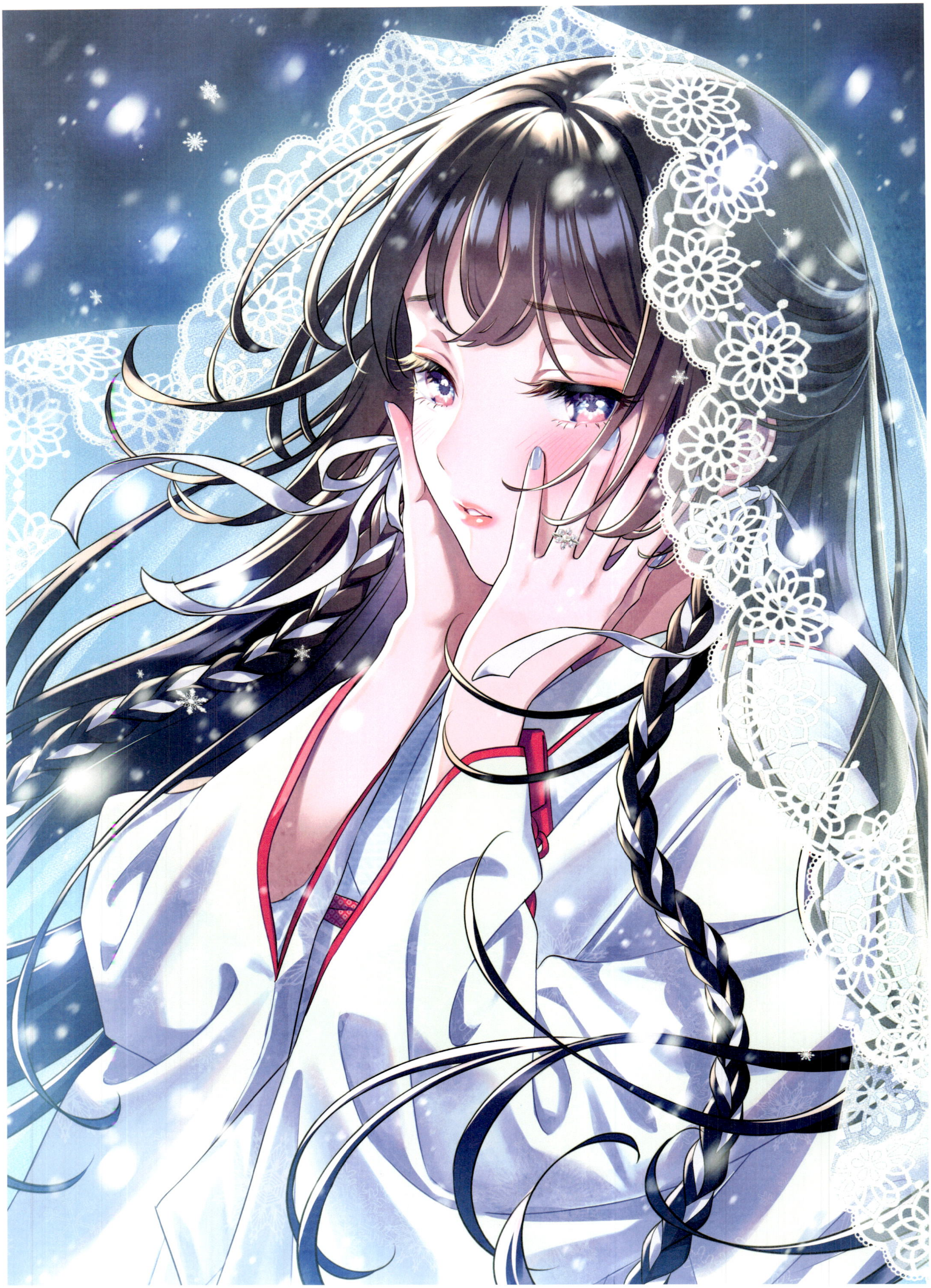

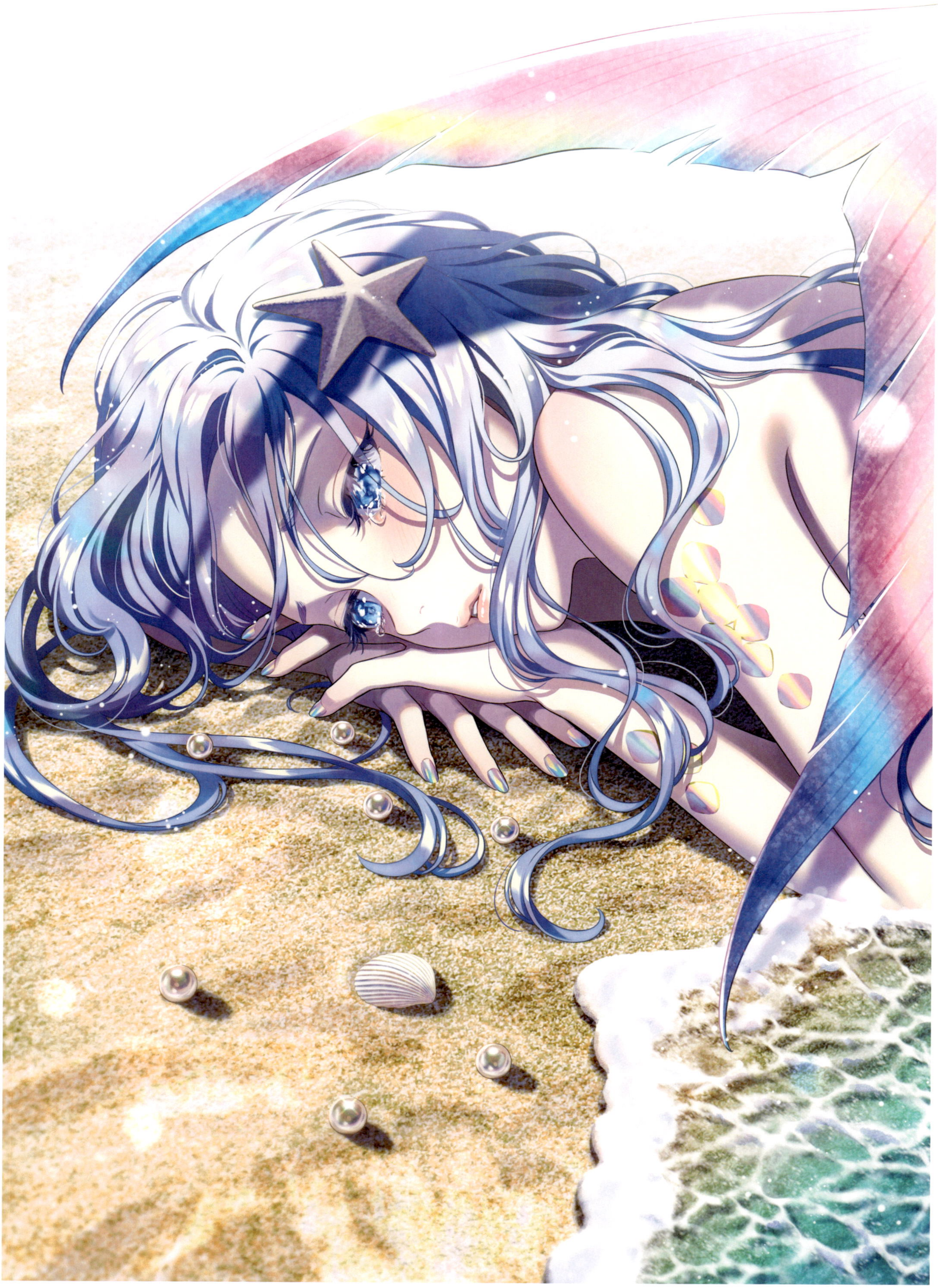

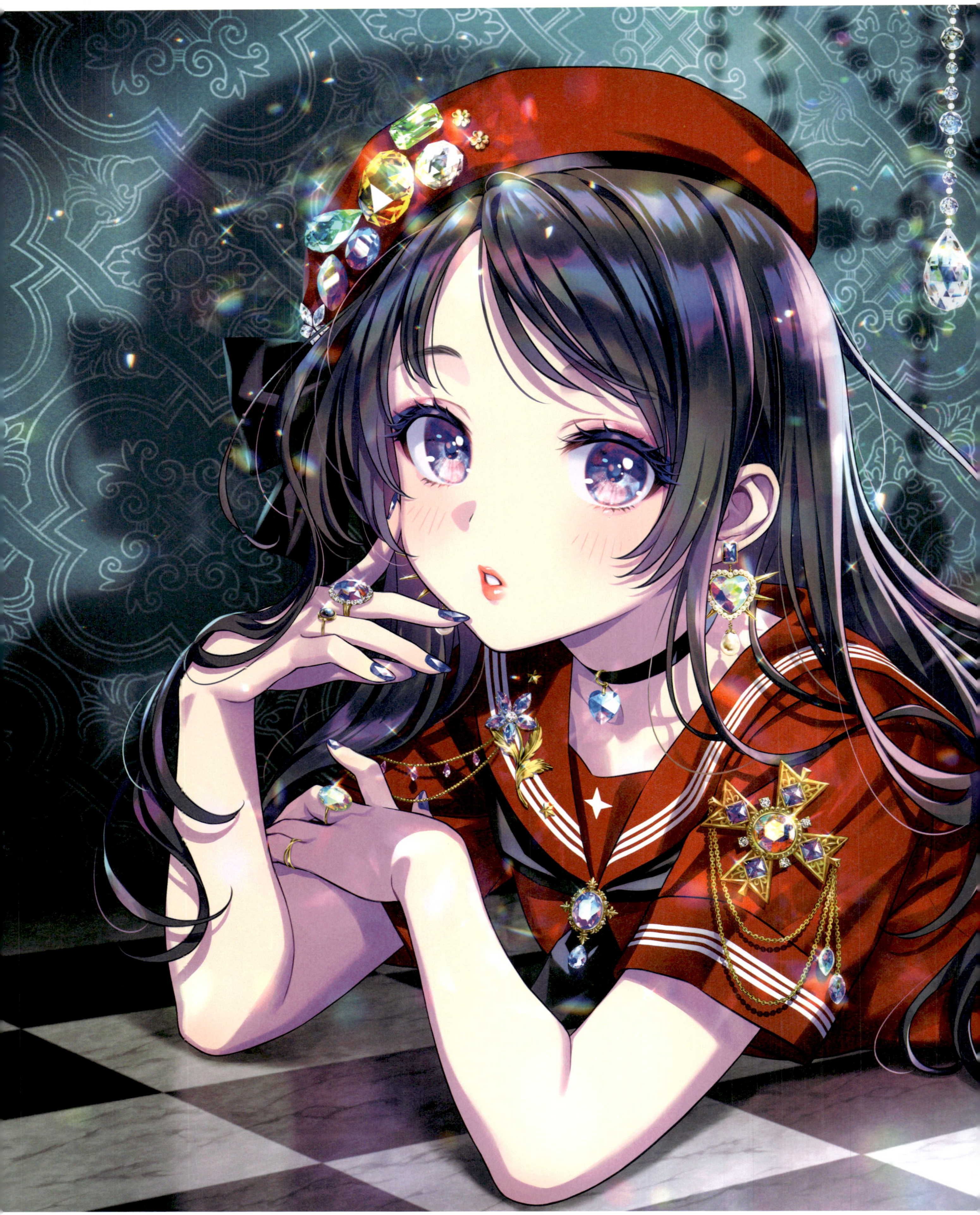

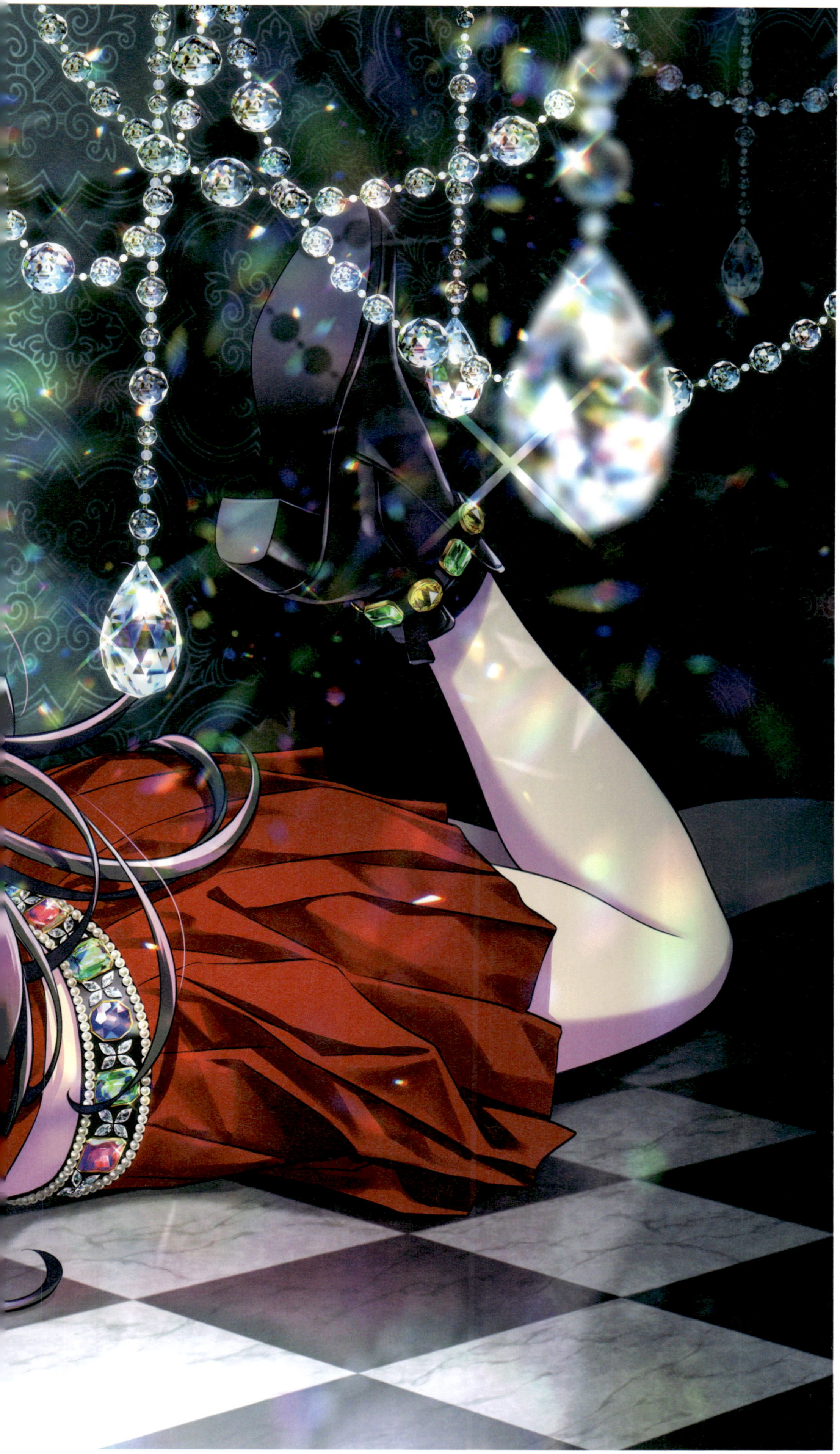

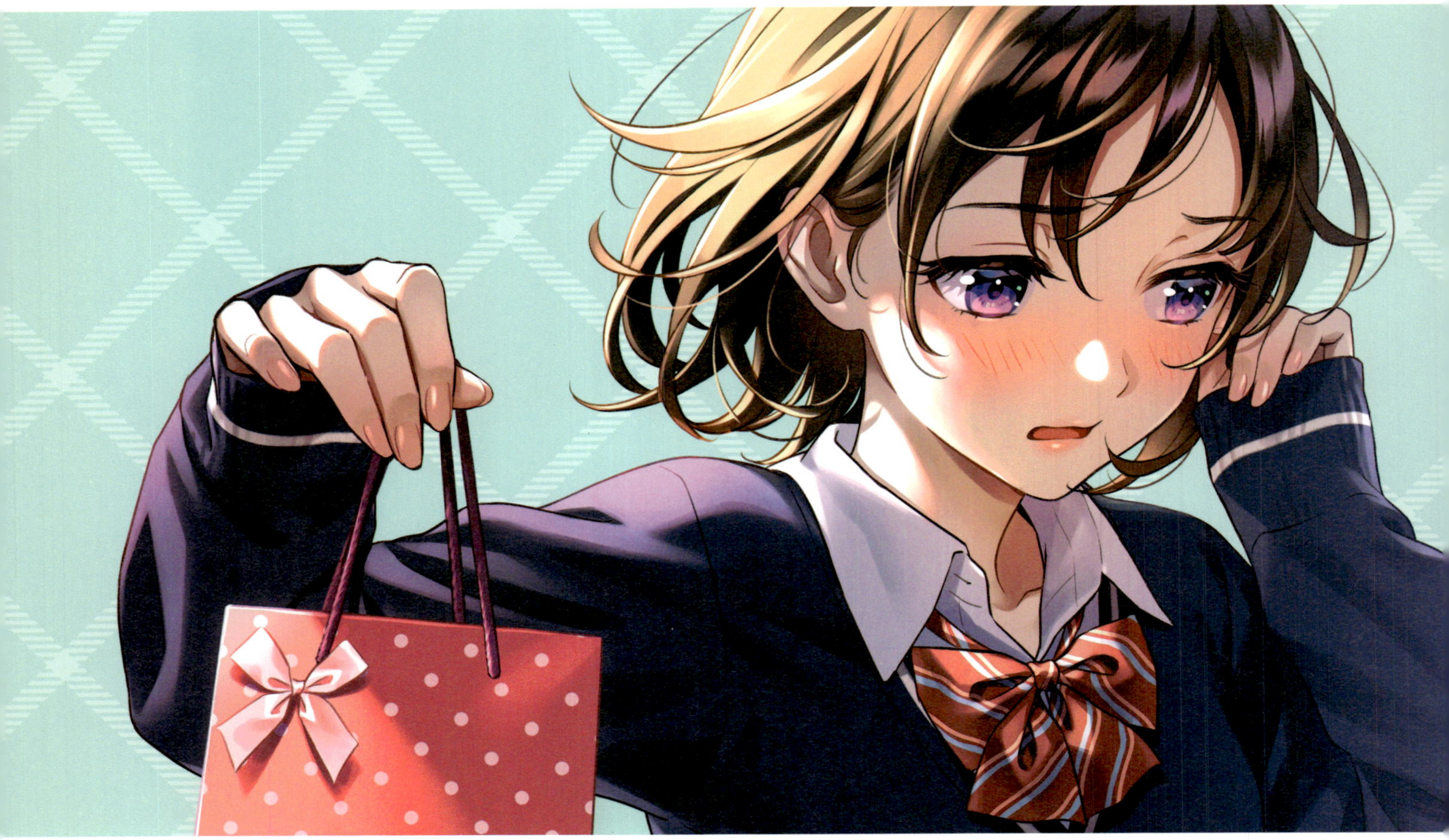

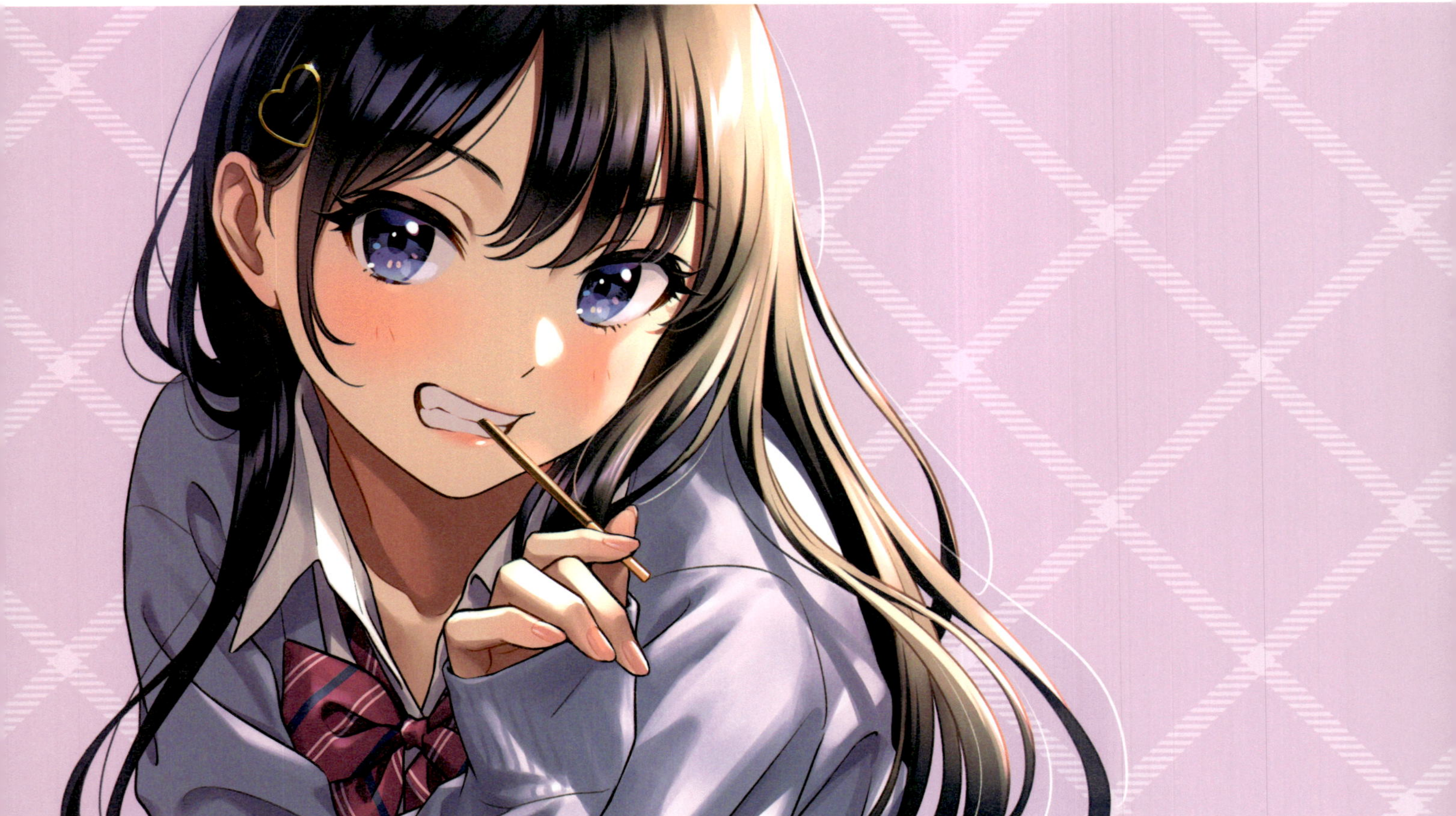

（上）「どうせ一個も貰ってないんでしょ」／（下）「ヒマだしゲームでもしよっか?」

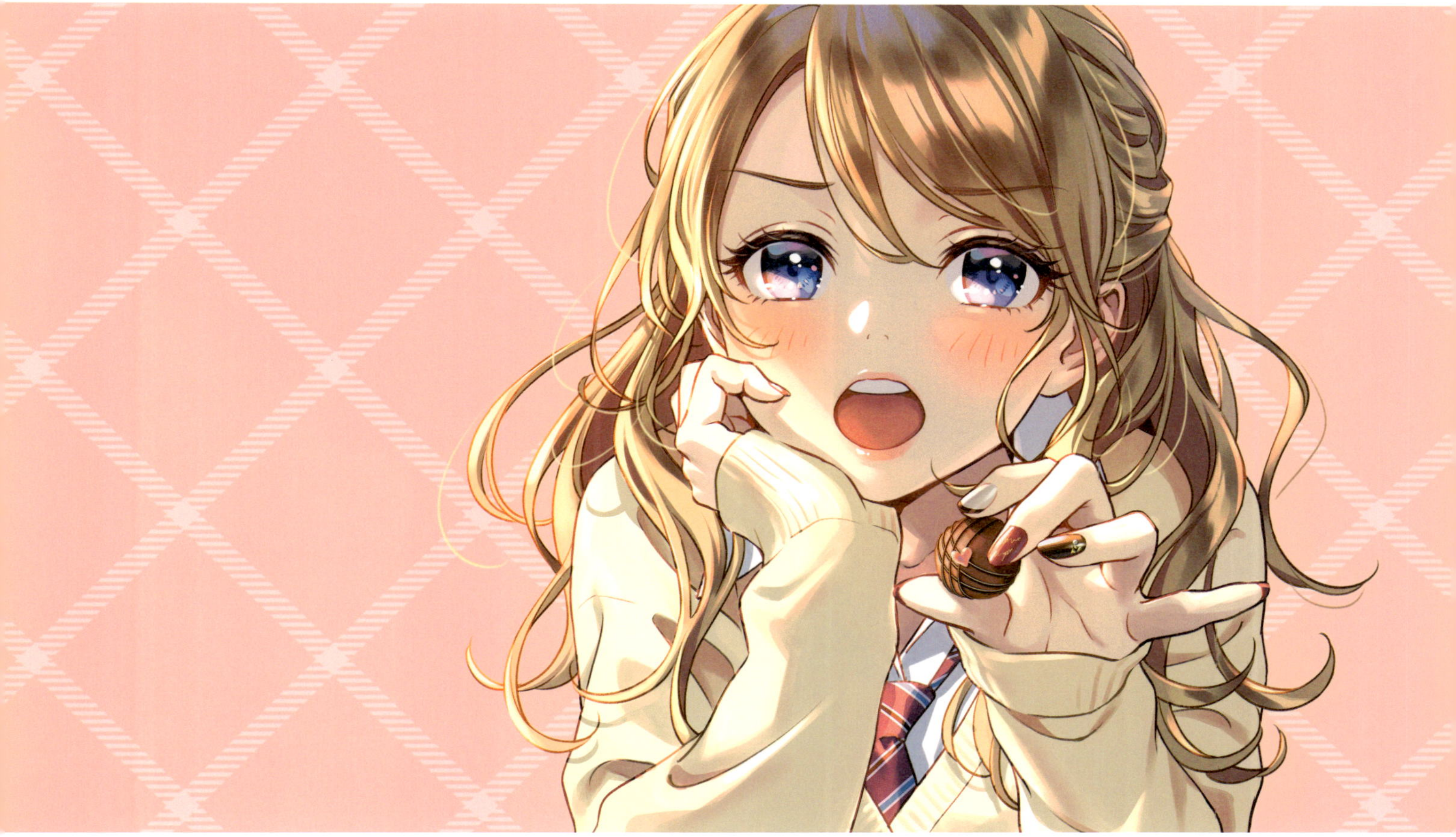

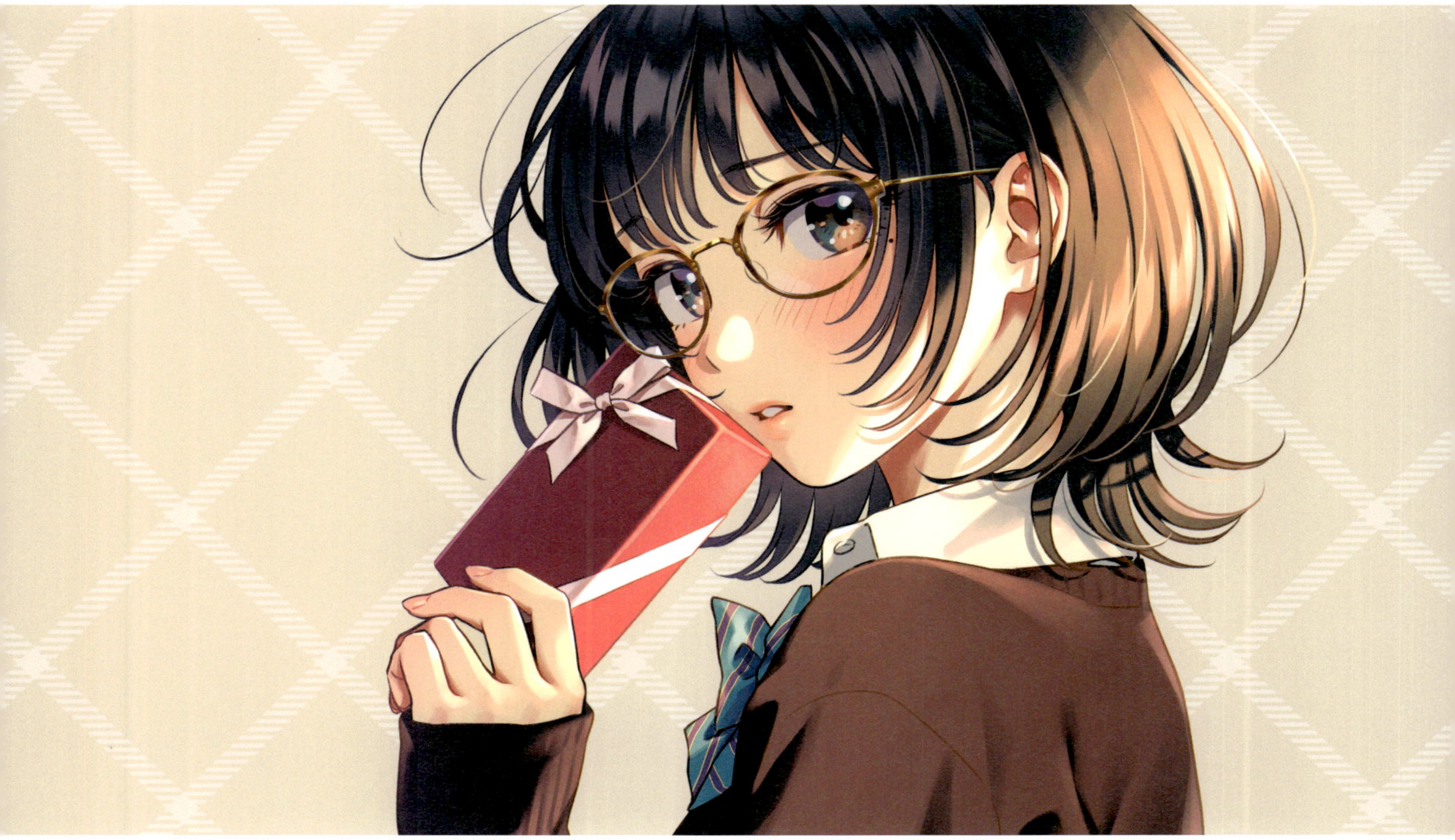

（上）「照れてないで早く口開けなさいよ」／（下）「…要ります?」

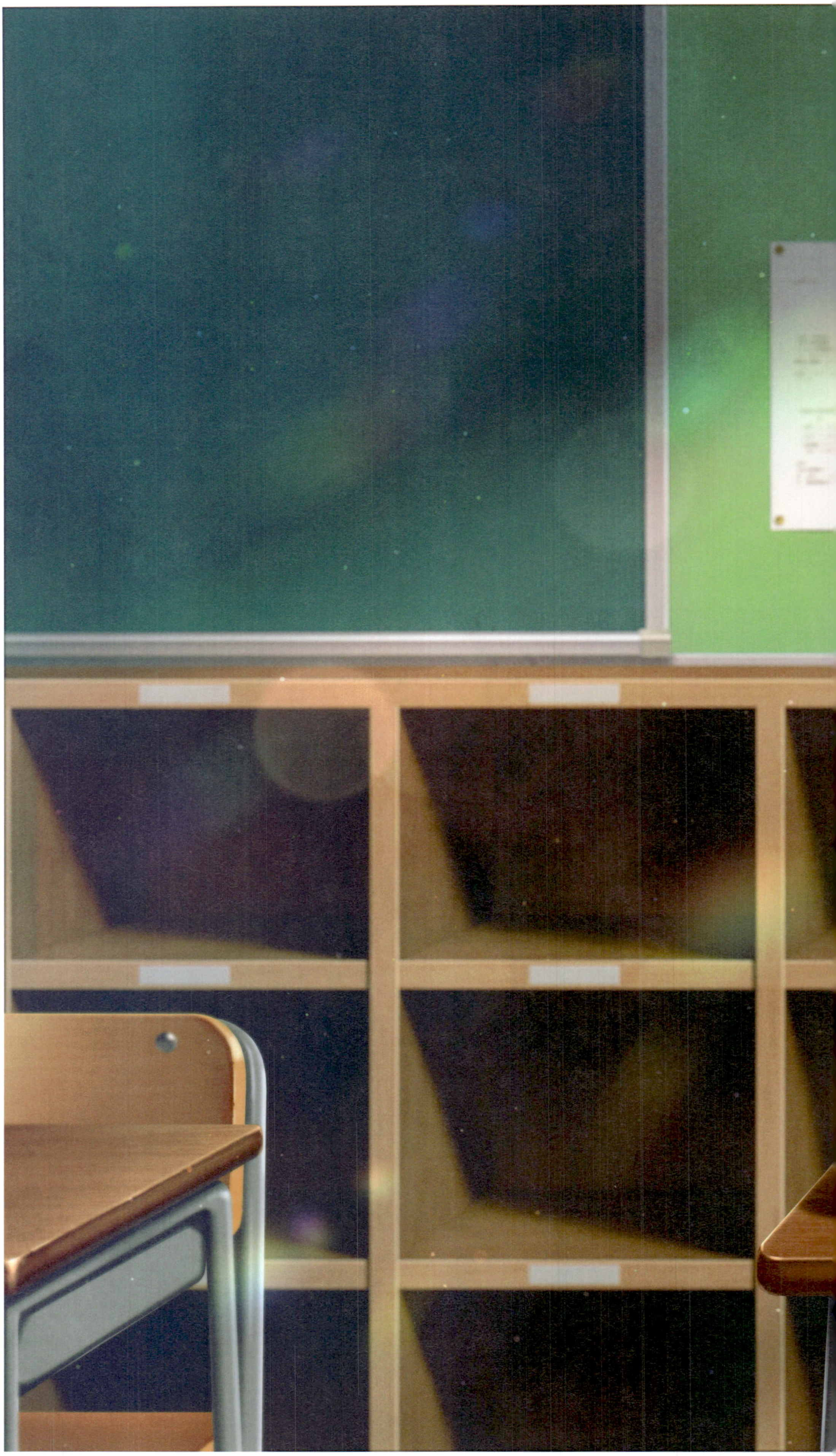

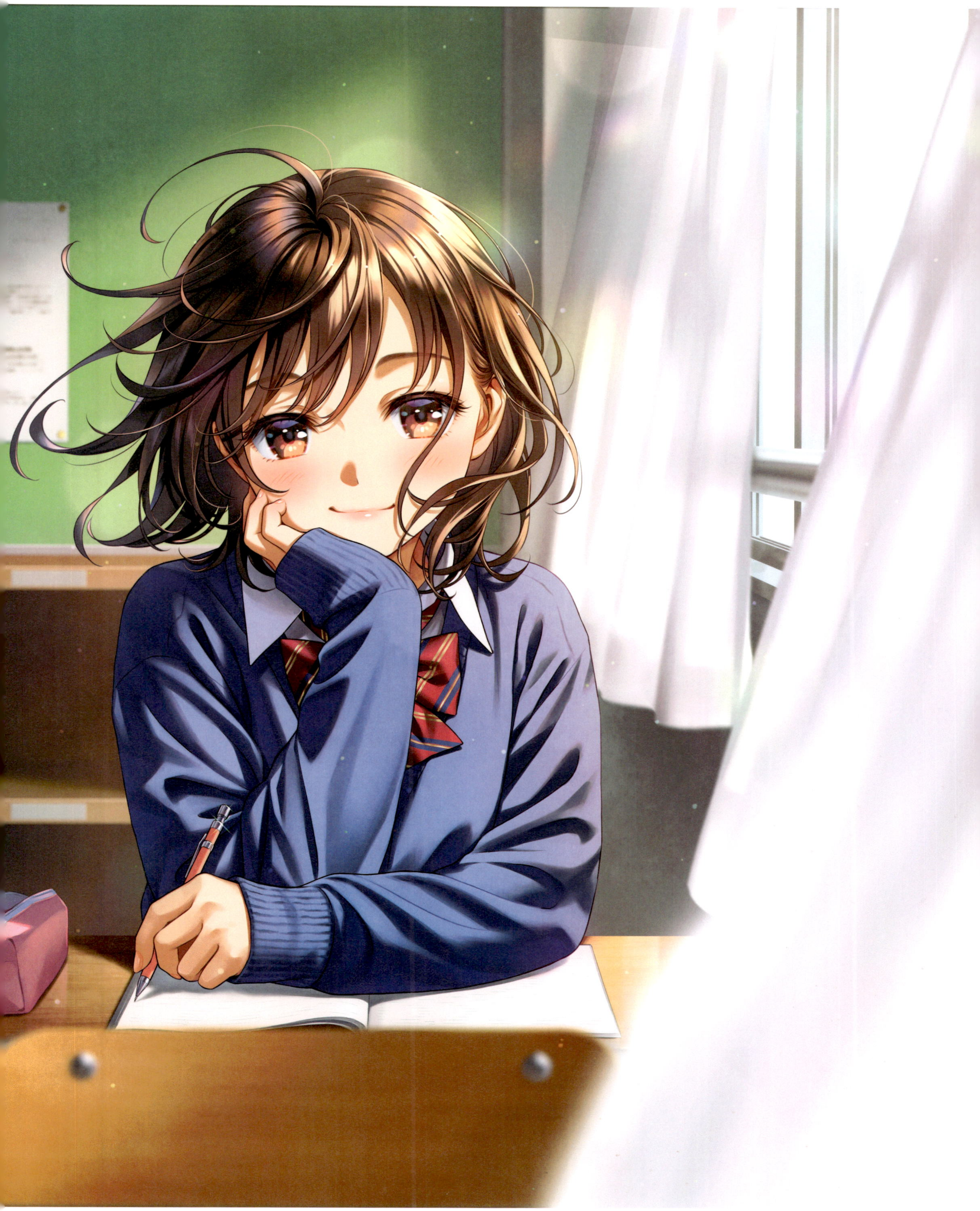

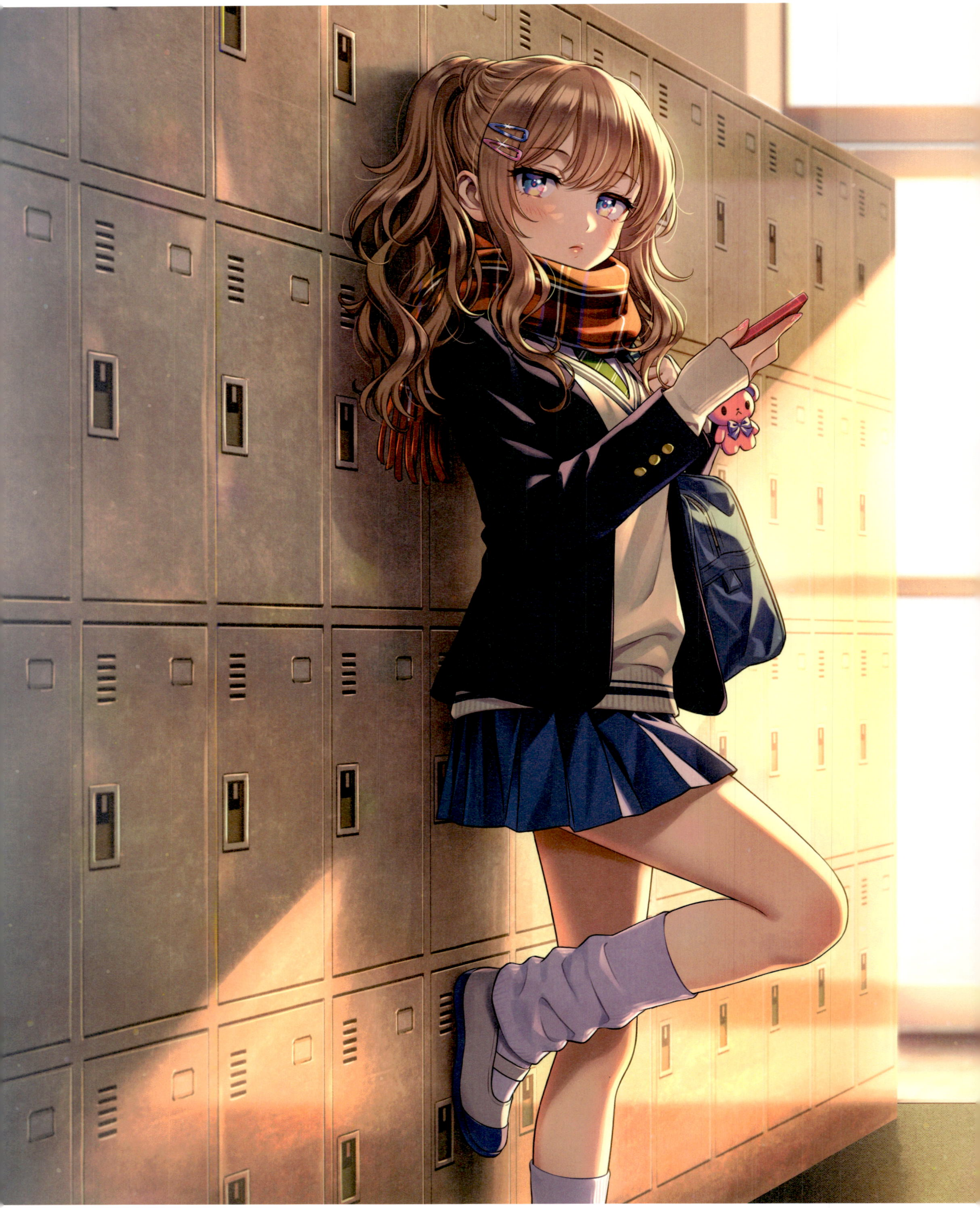

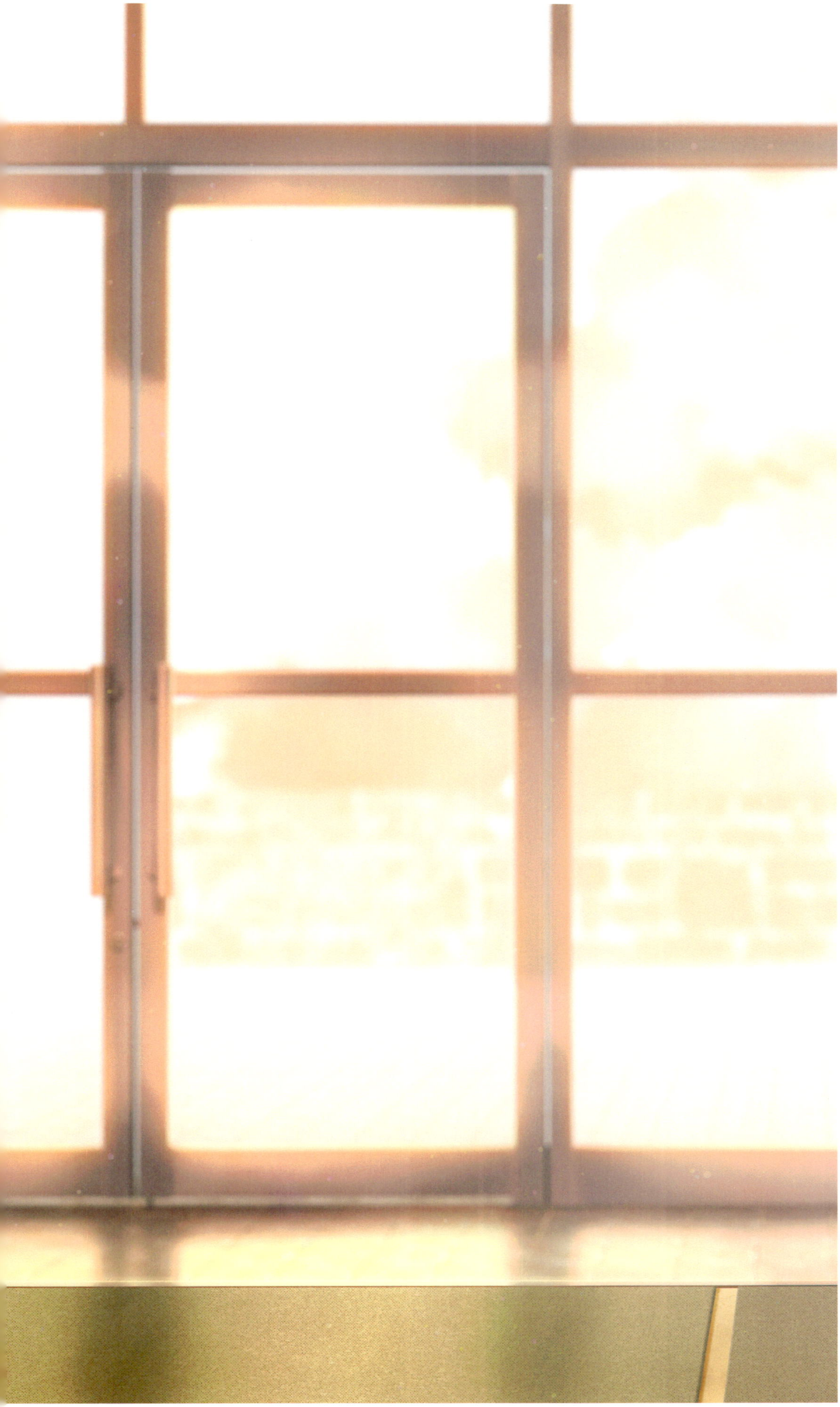

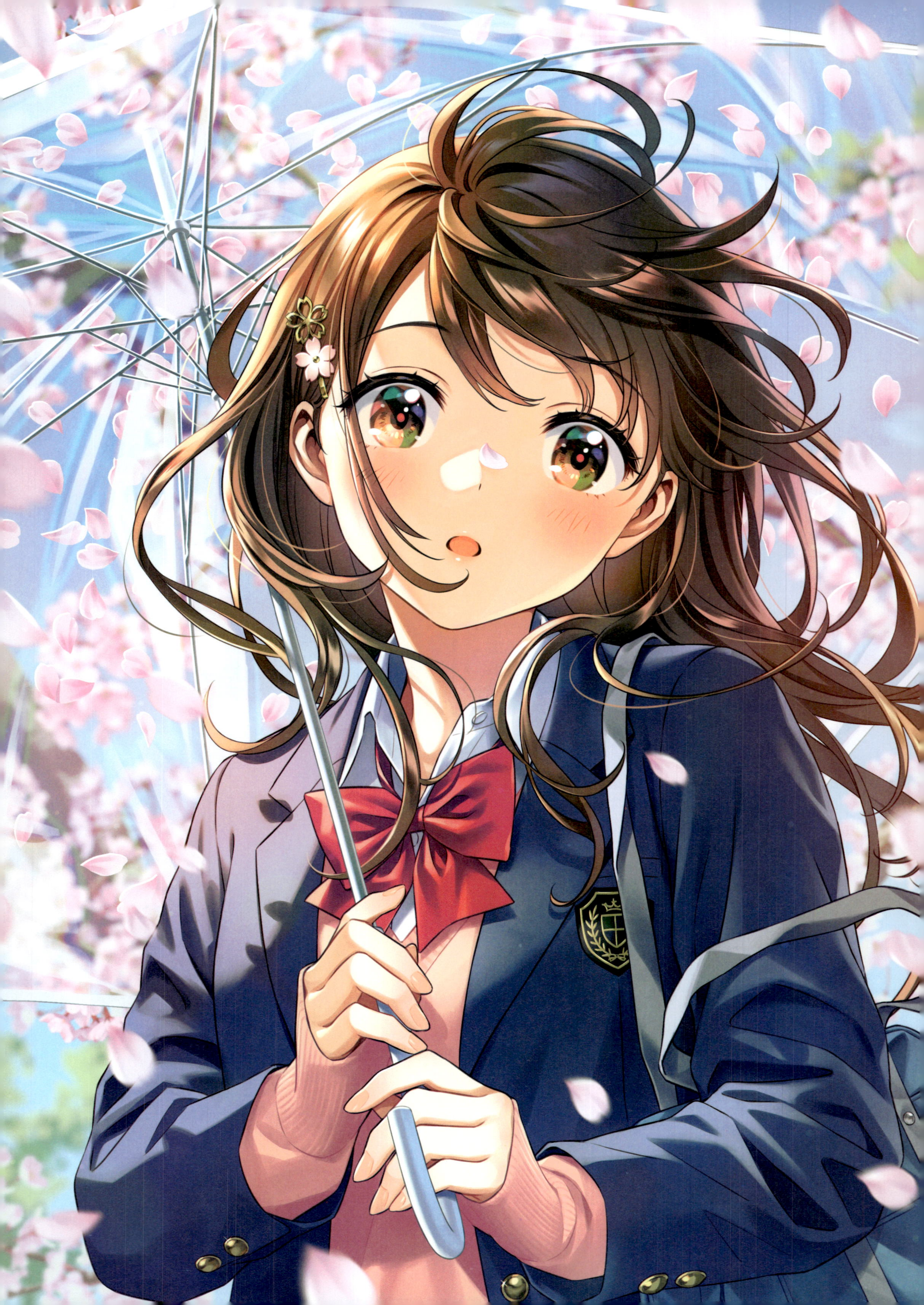

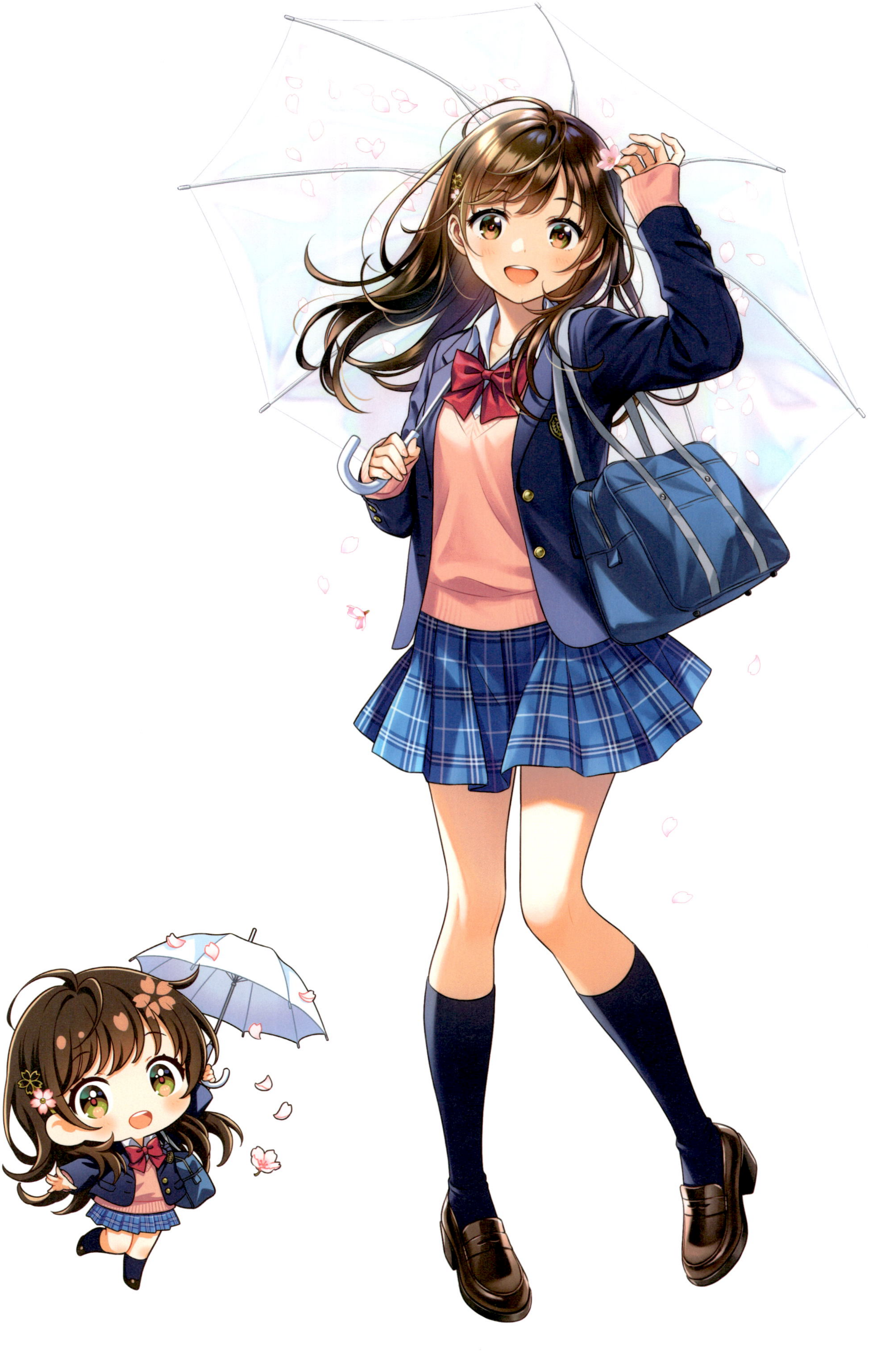

（左）森倉 円 イラスト展「桜降る季節」メインビジュアル ／（右）立ち絵、SD

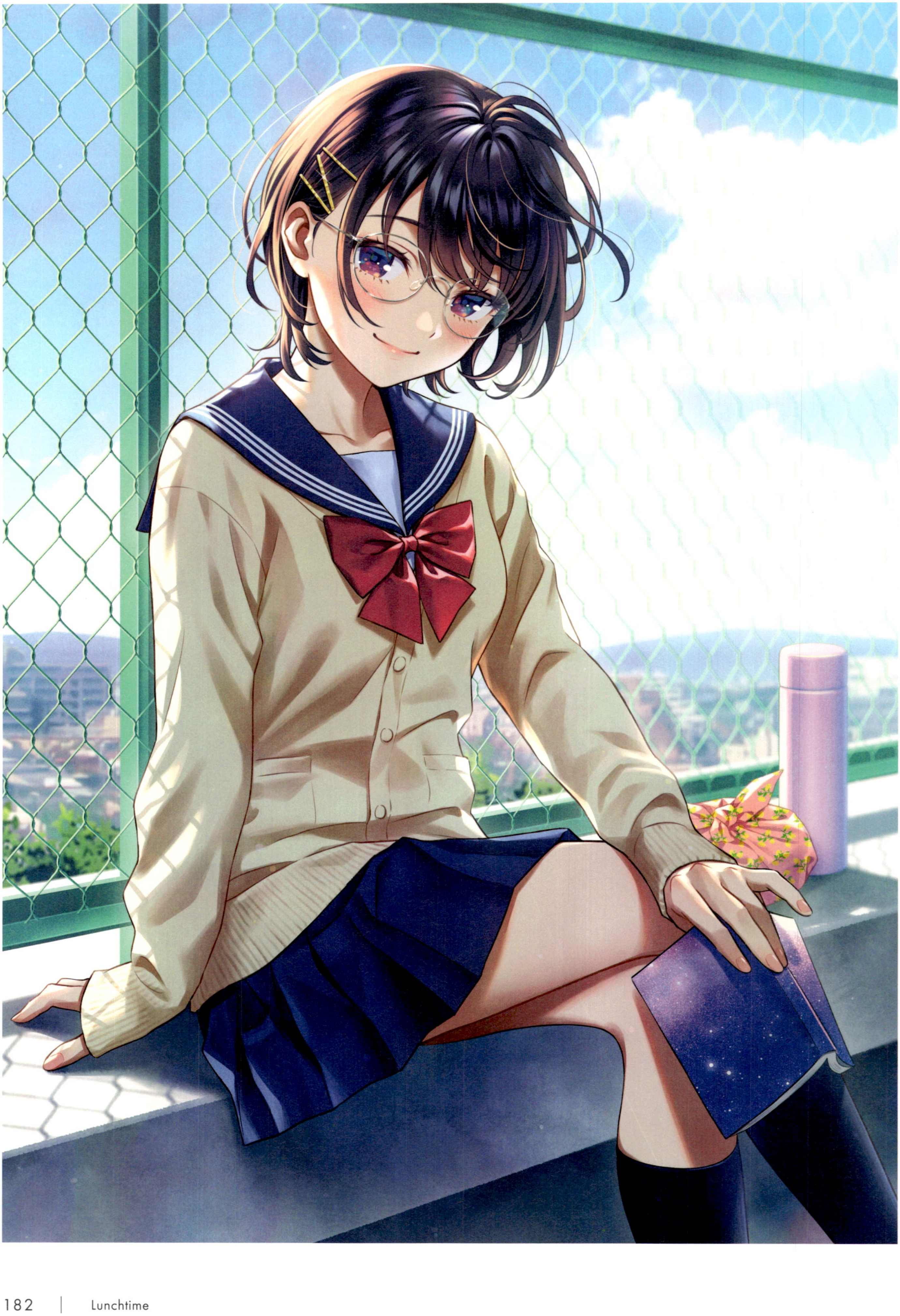

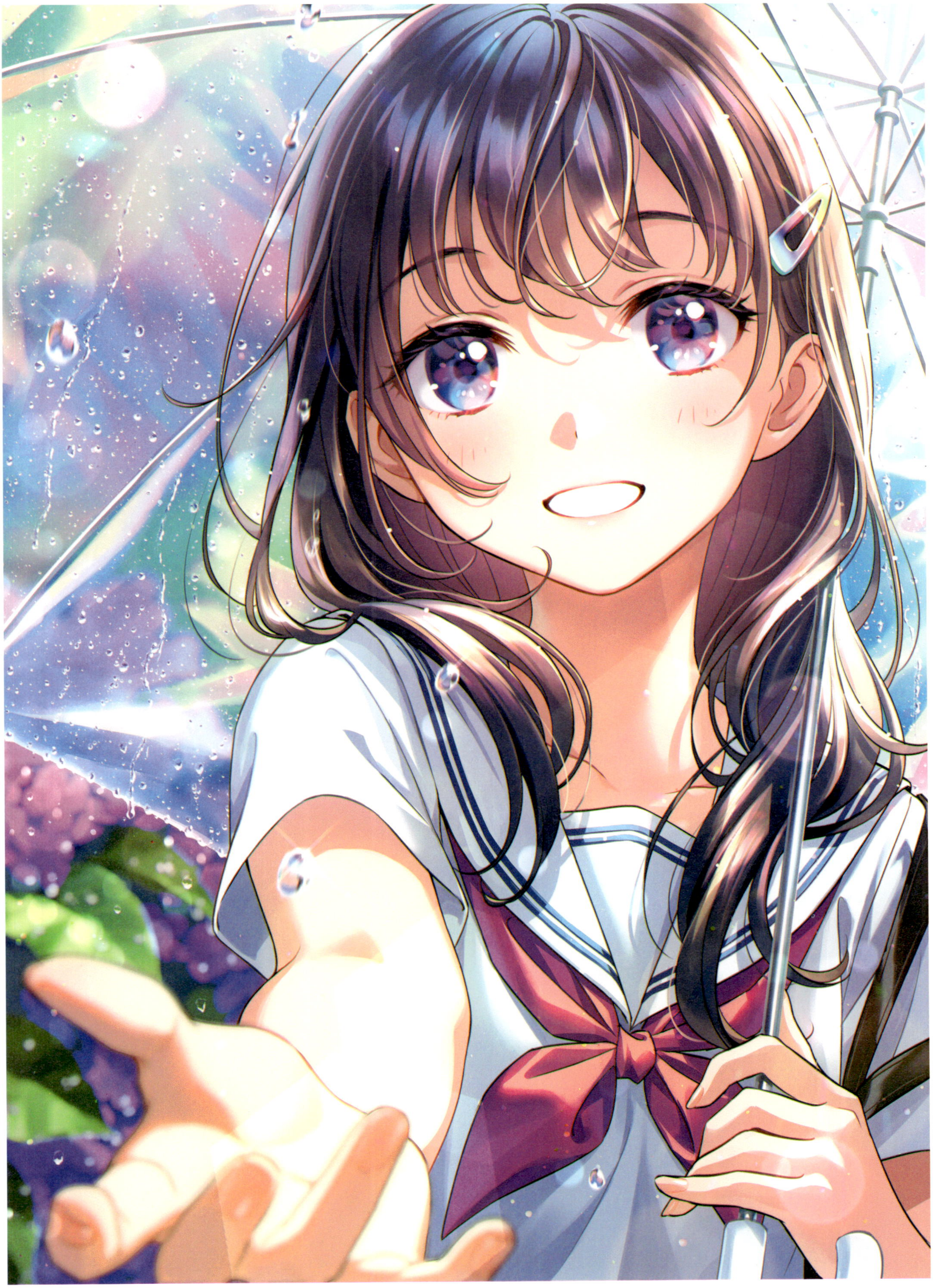

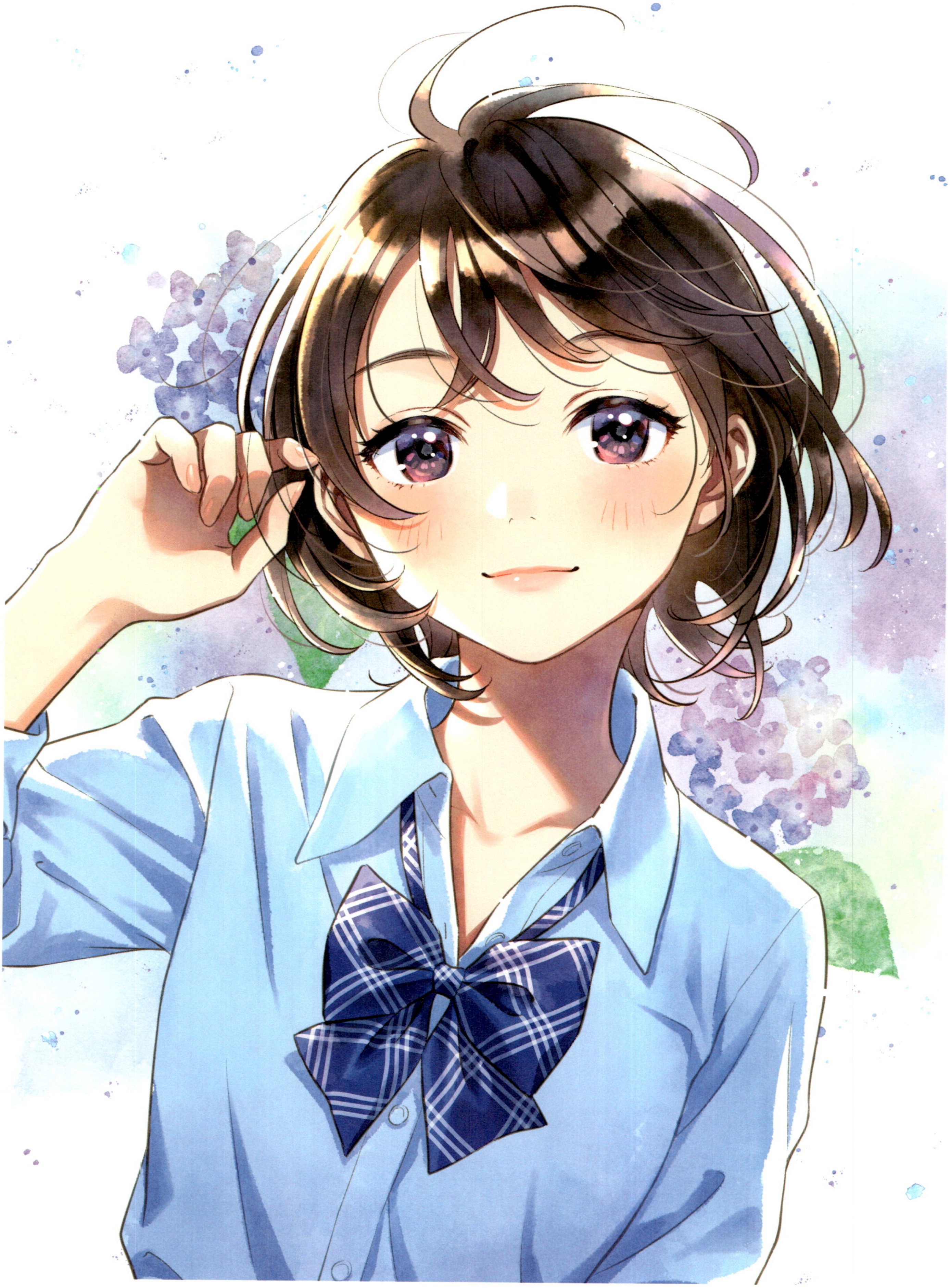

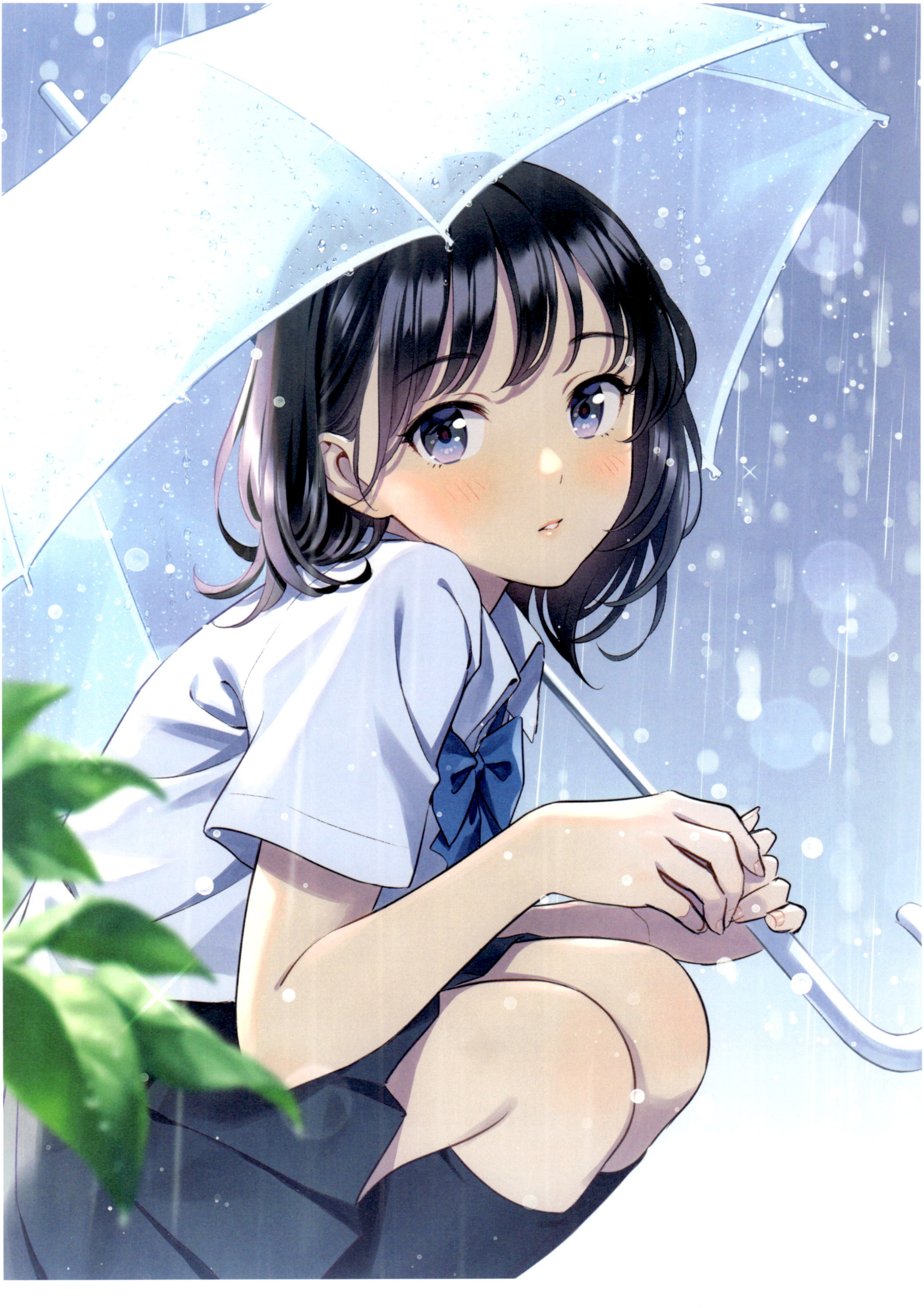

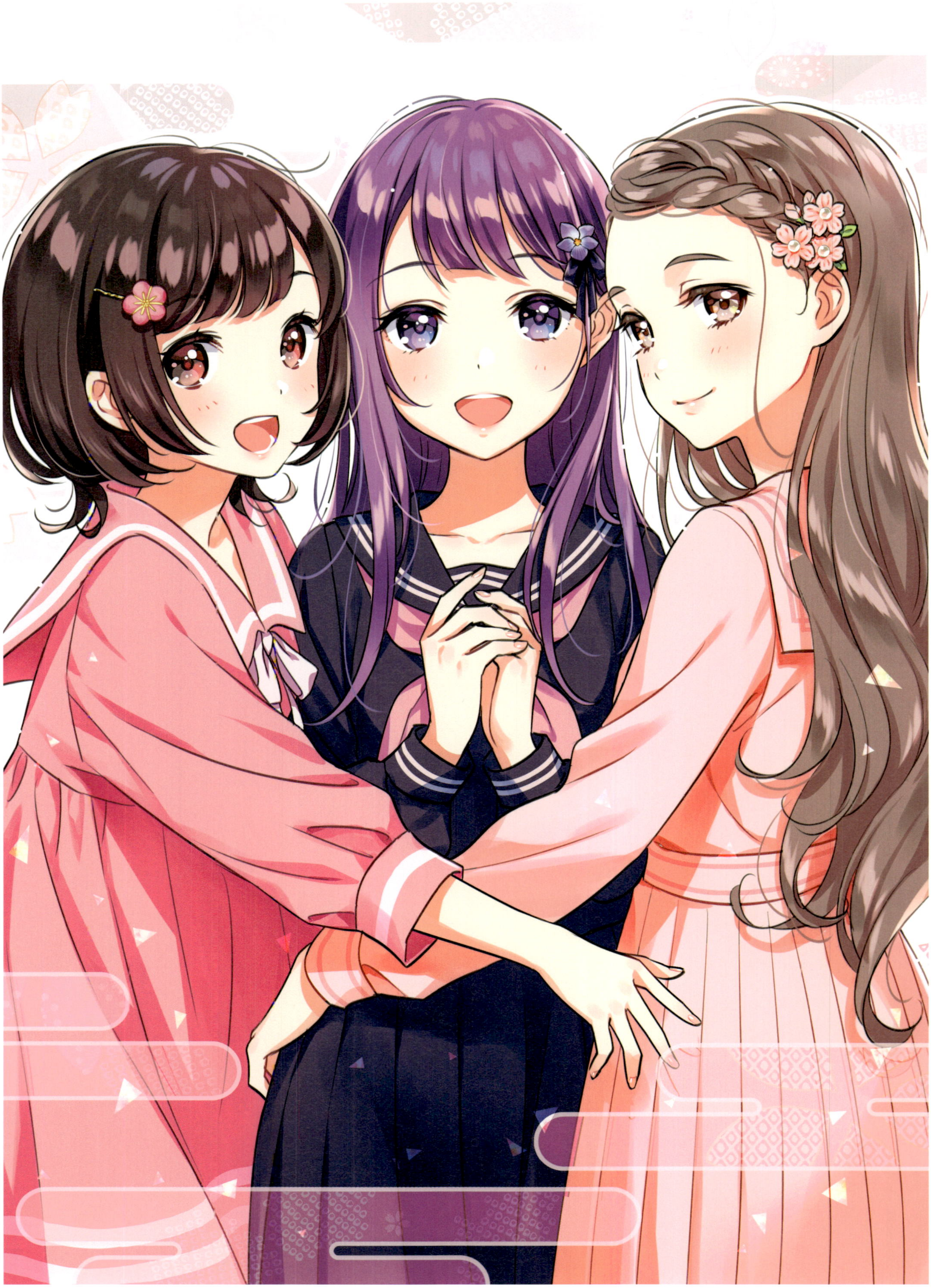

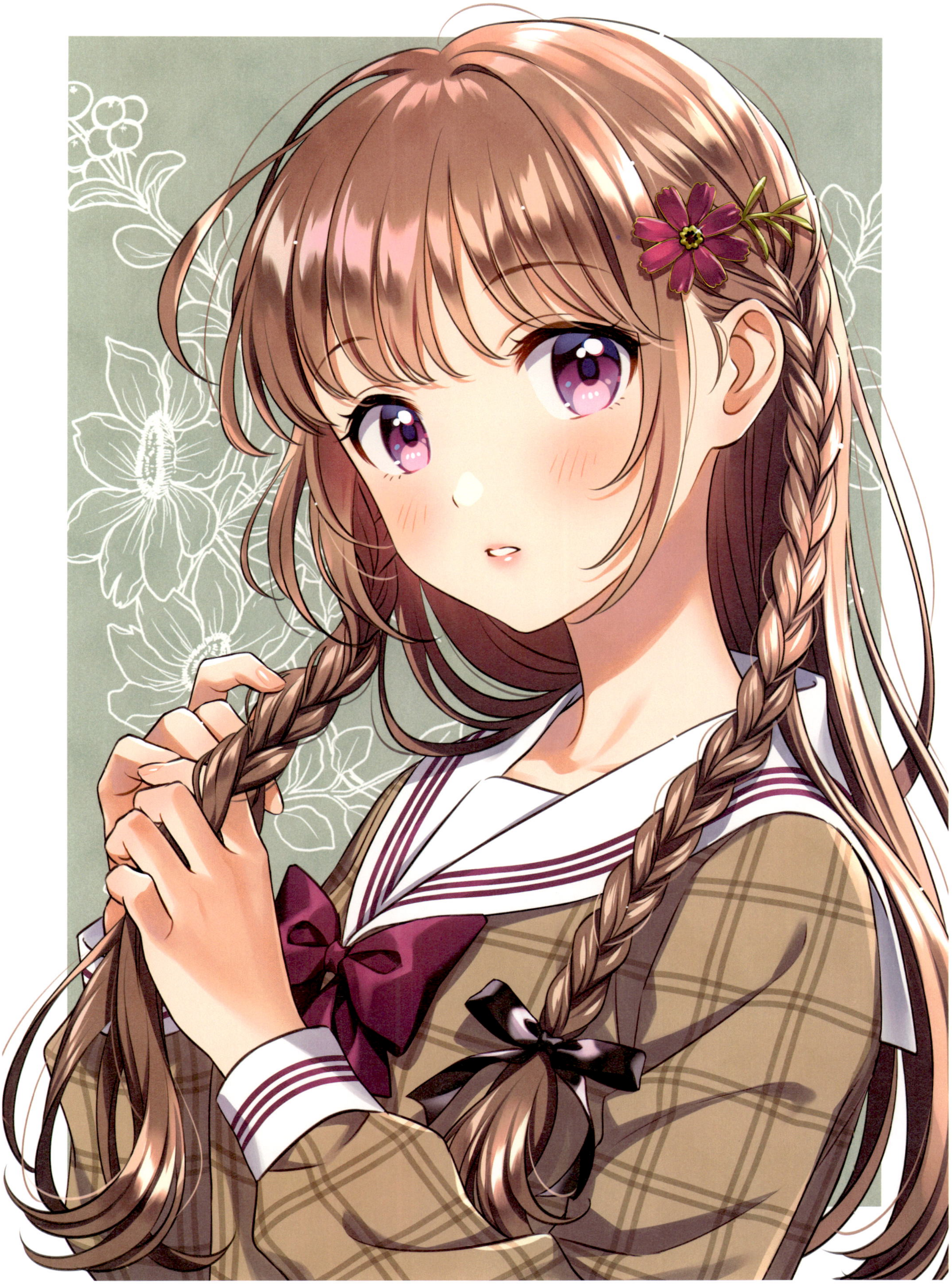

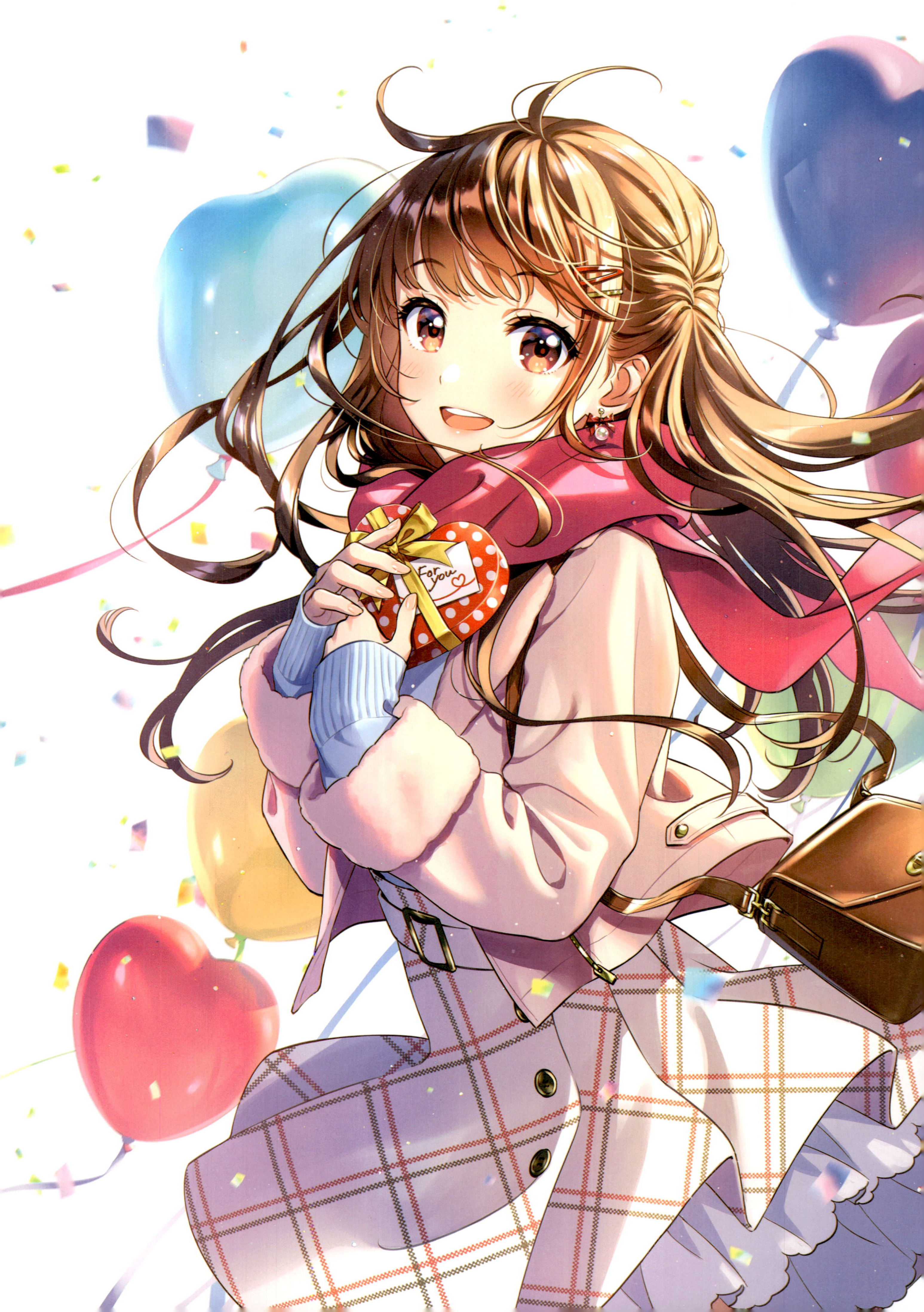
For you

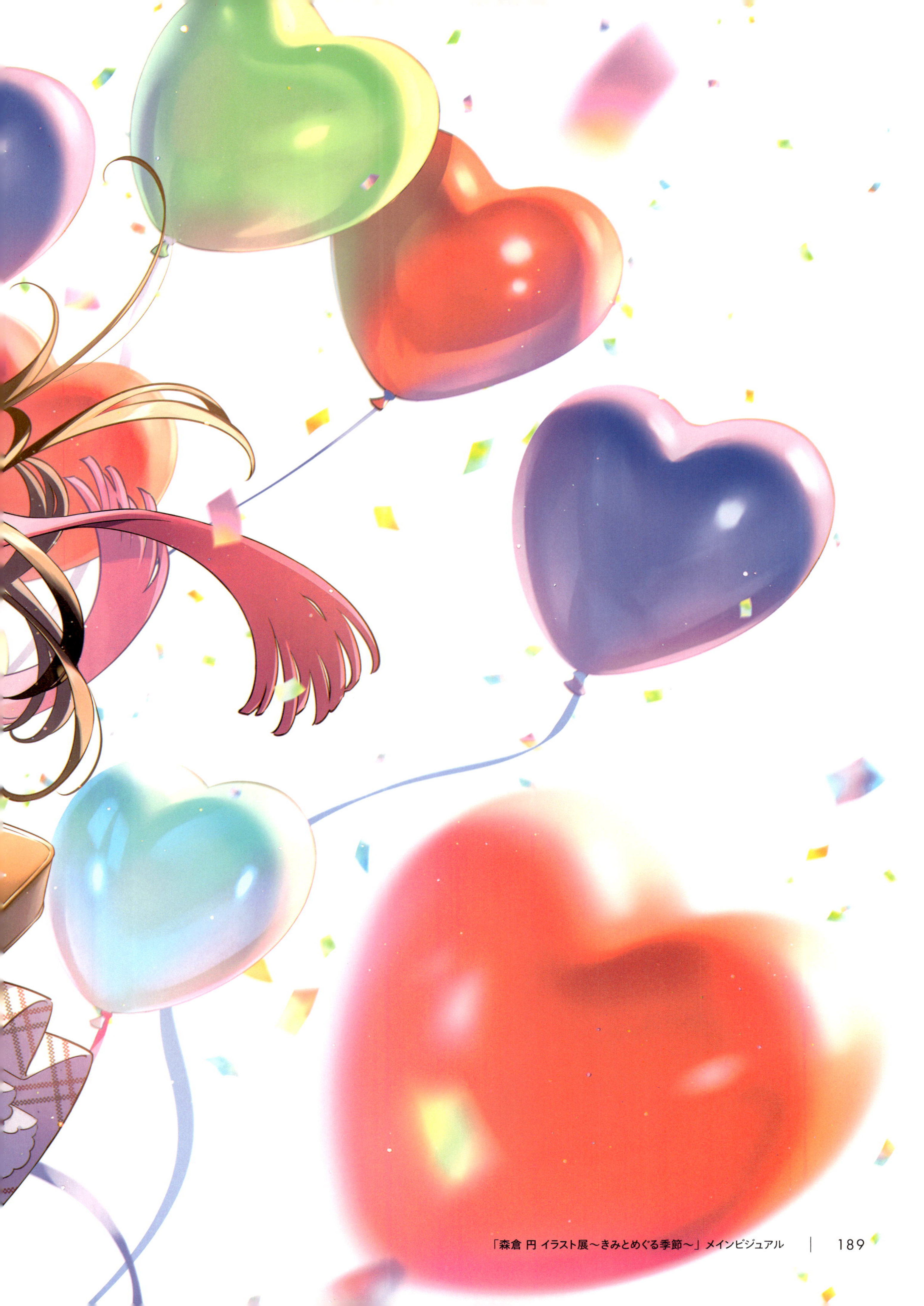

「森倉 円 イラスト展〜きみとめぐる季節〜」メインビジュアル

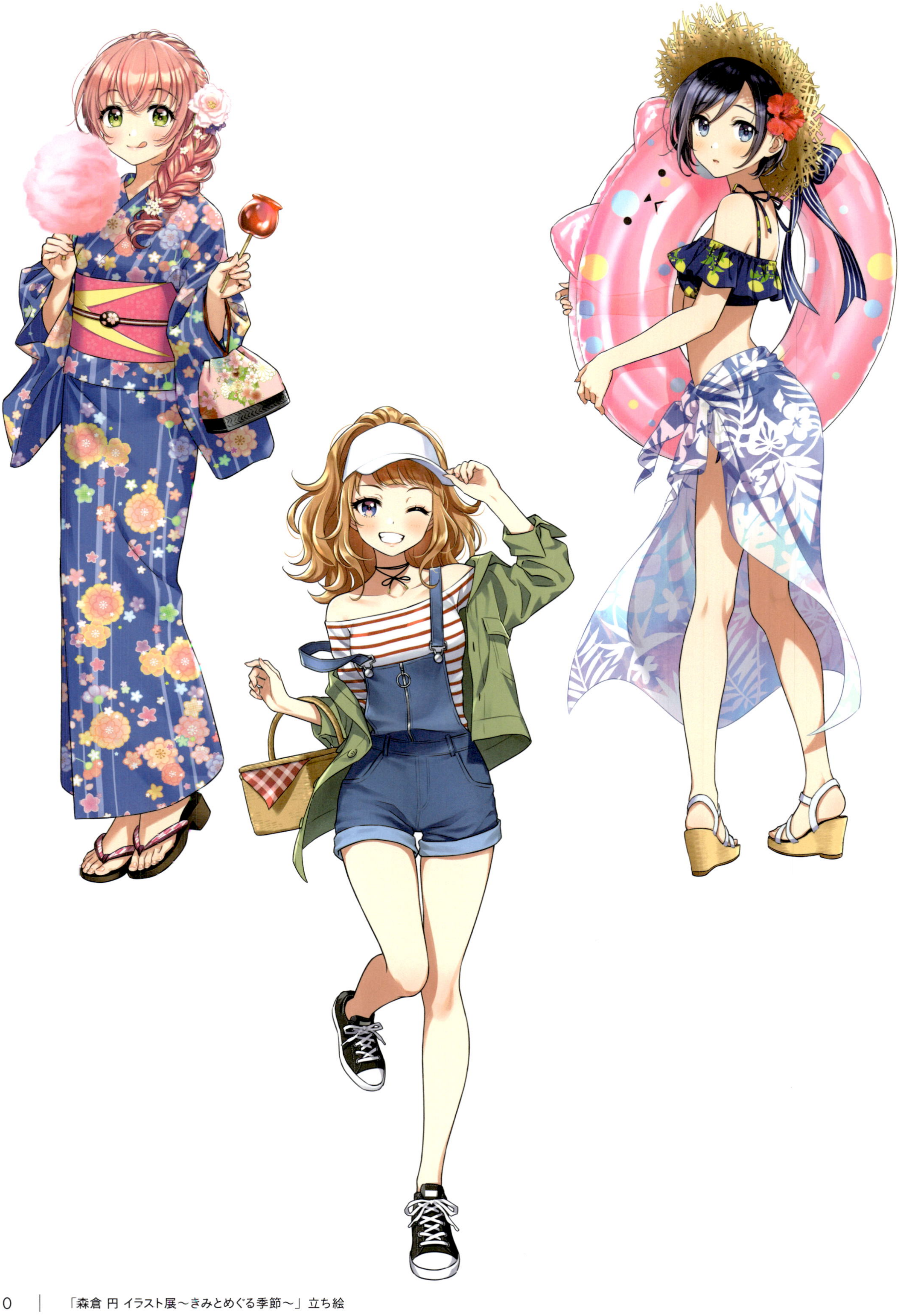

「森倉 円 イラスト展～きみとめぐる季節～」立ち絵

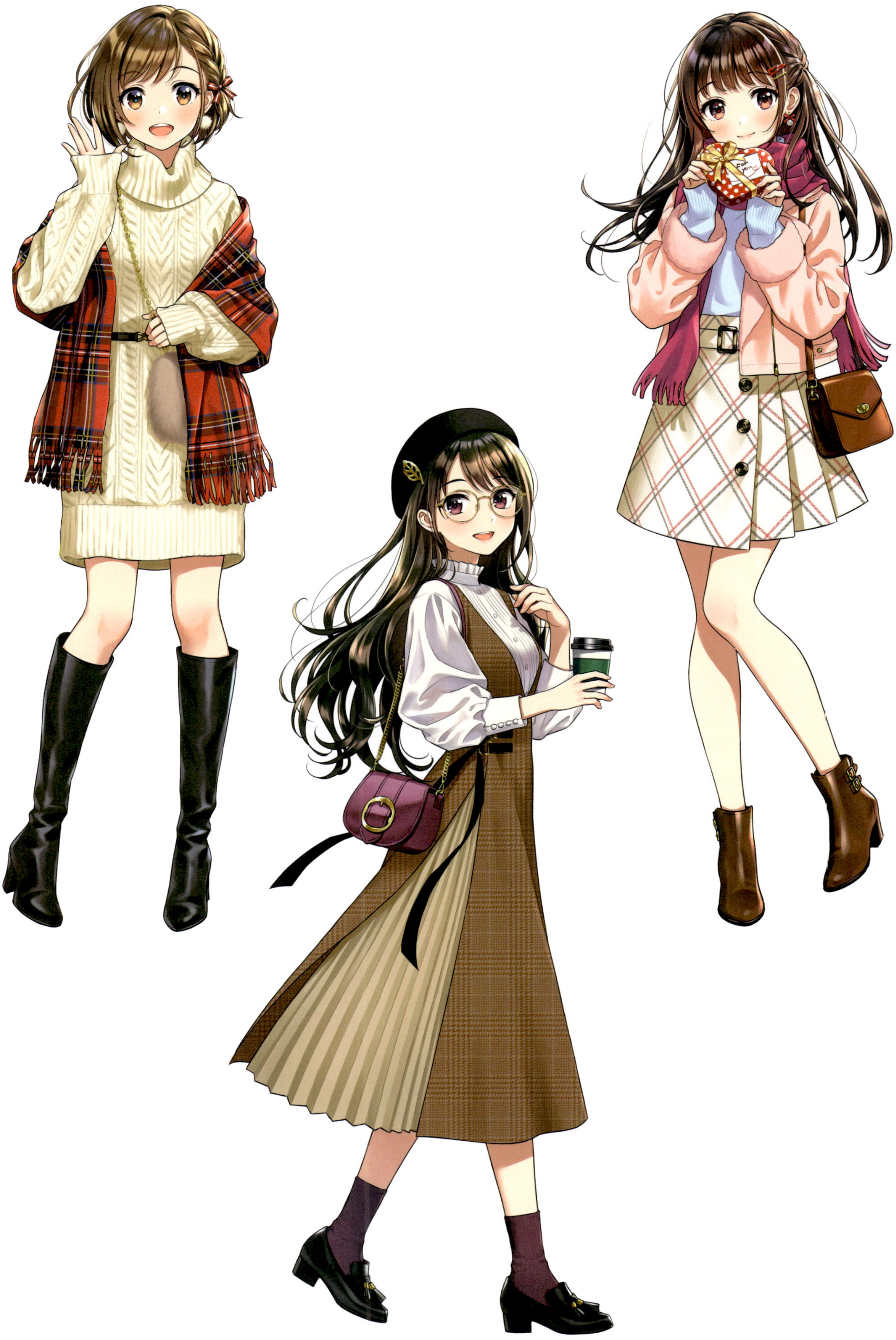

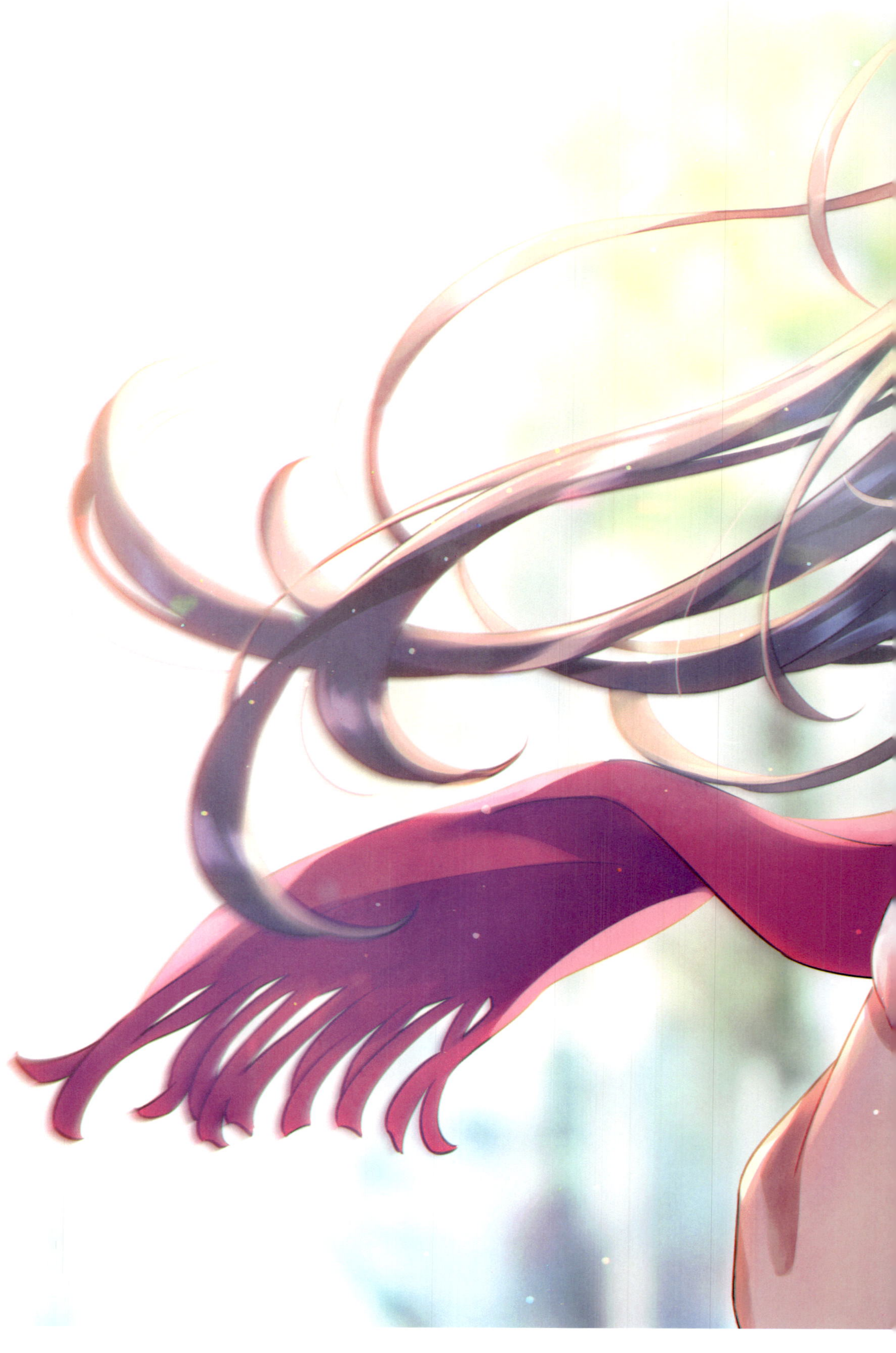

「早く着きすぎちゃったかな…」

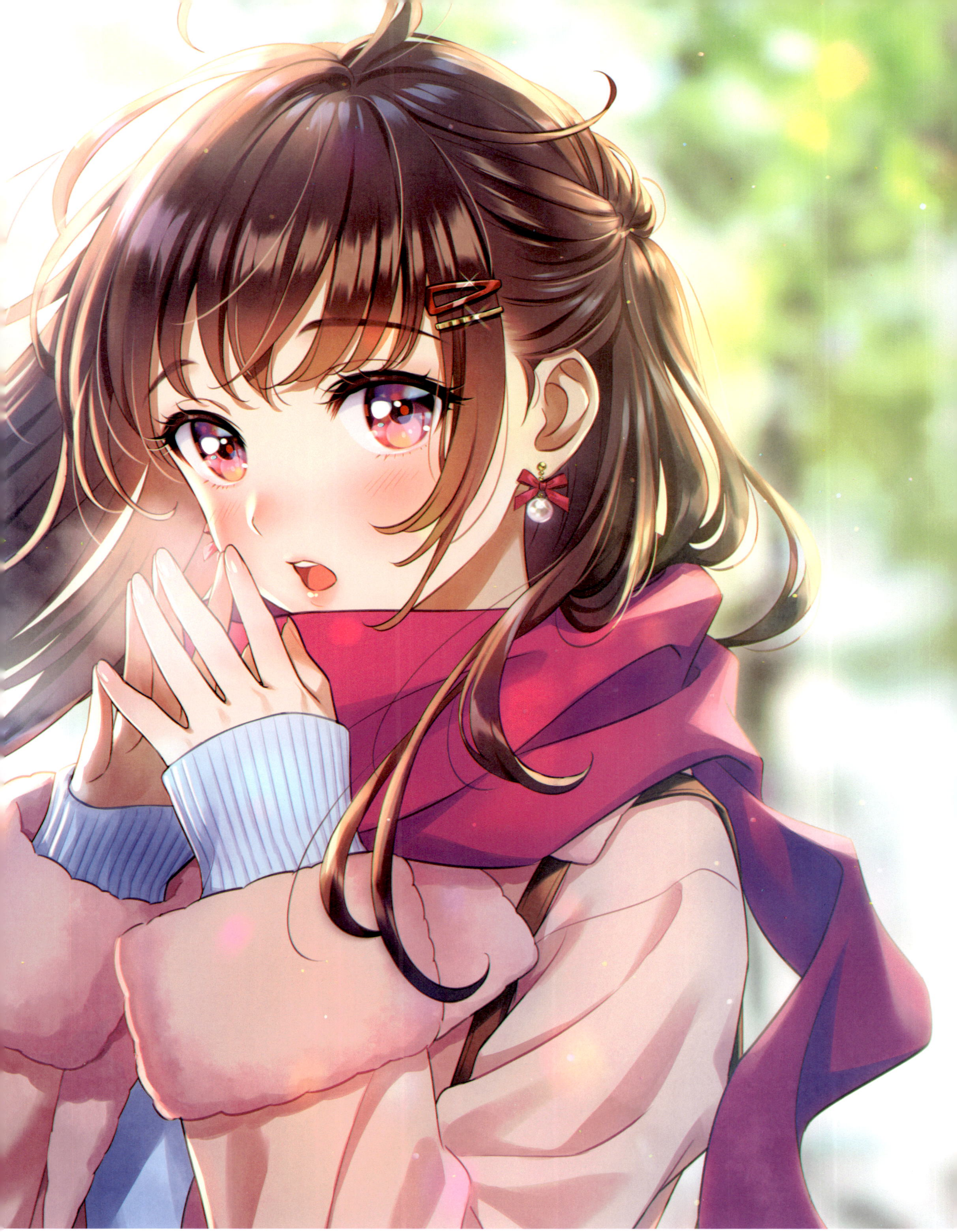

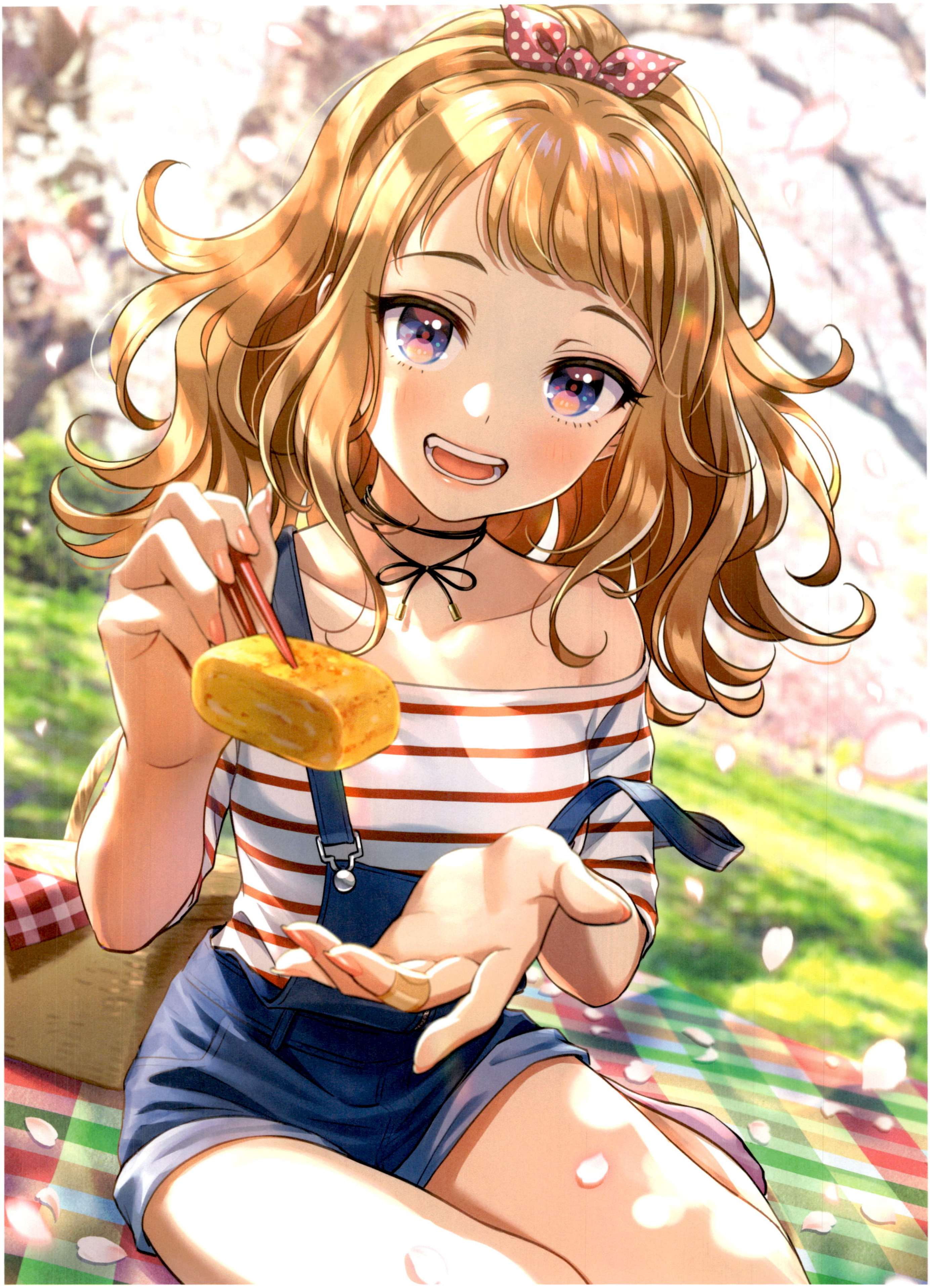

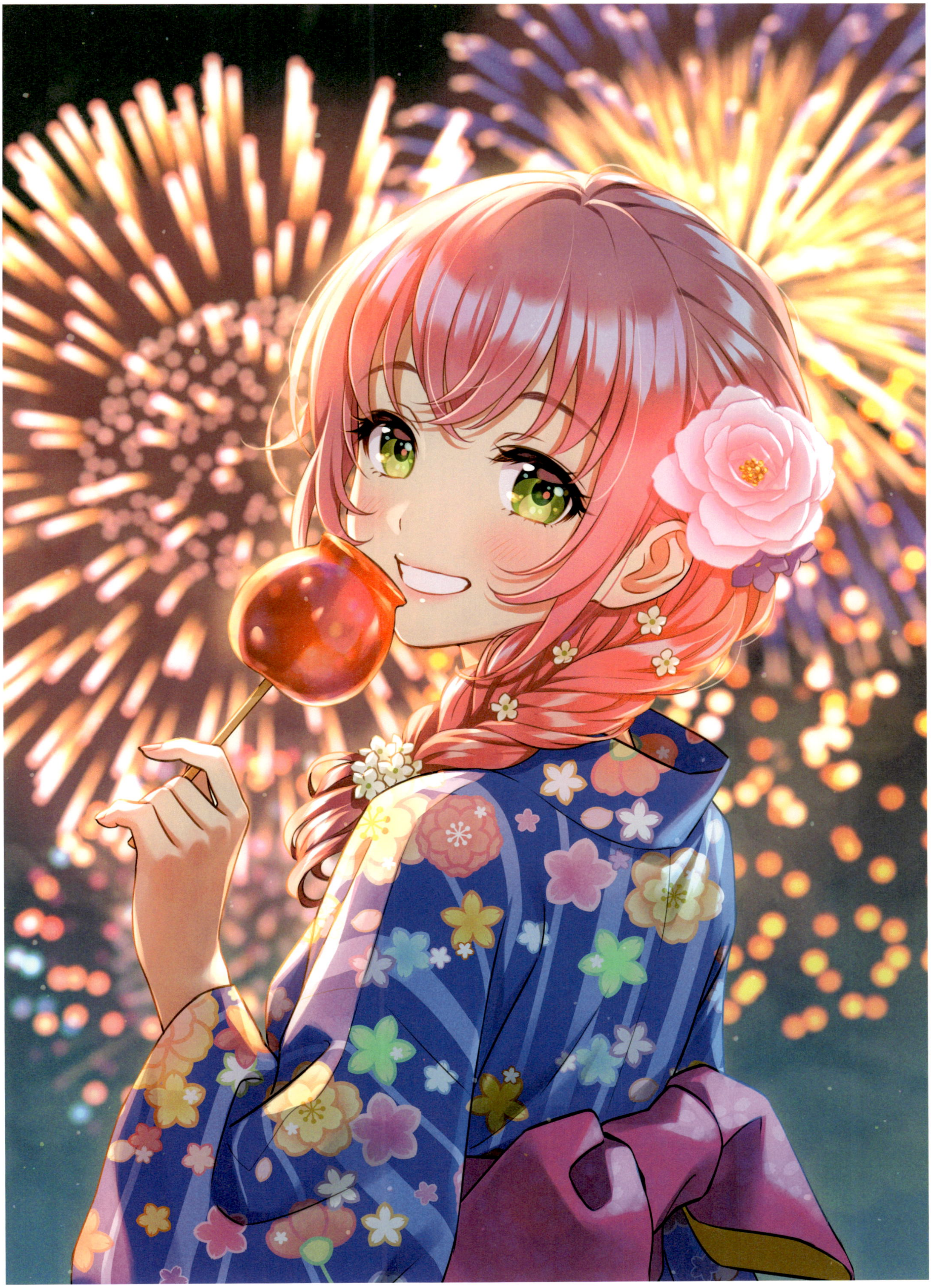

「きれいだね」

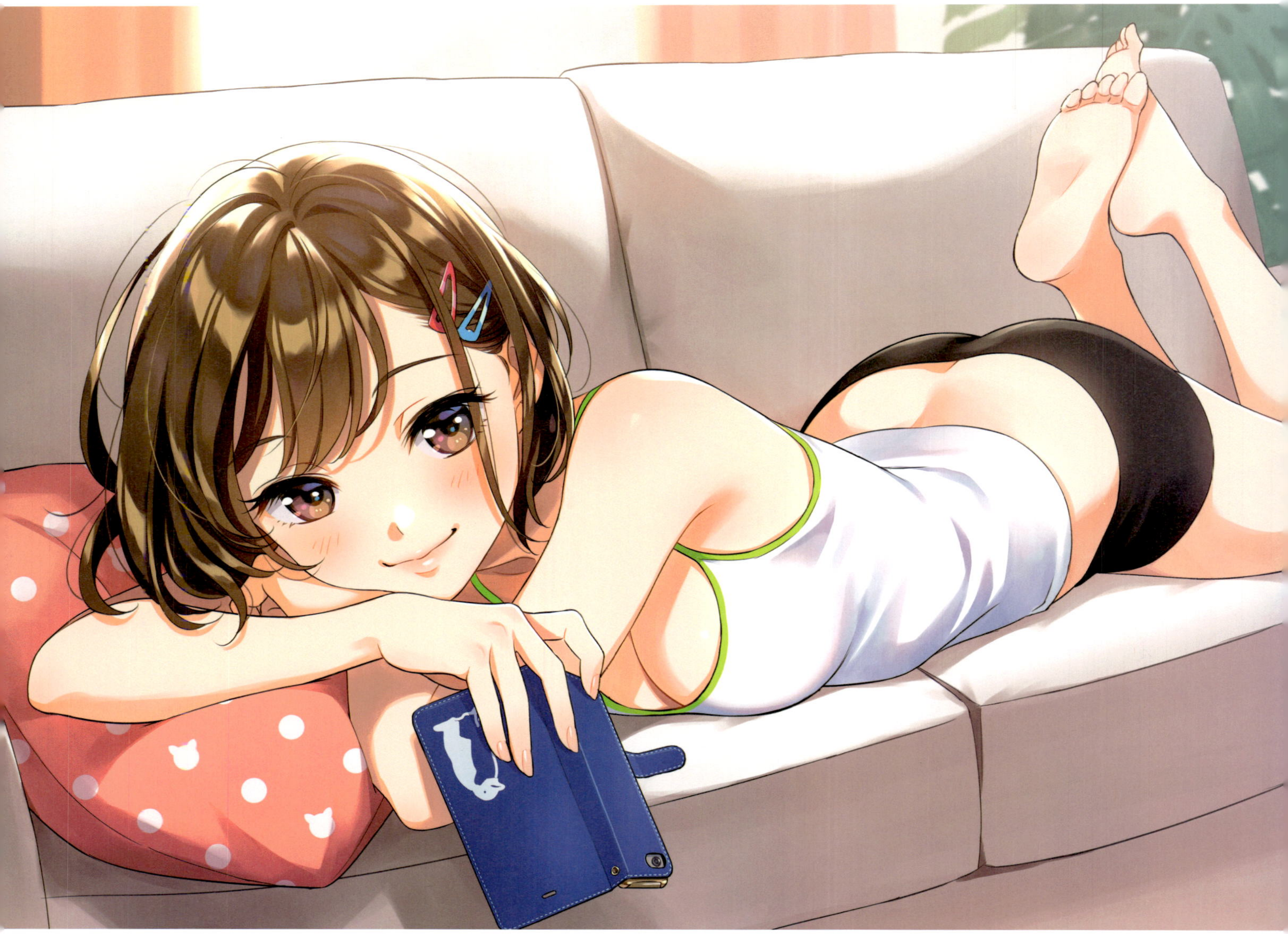

（左）「今日は何しよっか」／（右）「もっと近くで見ようよ〜!」

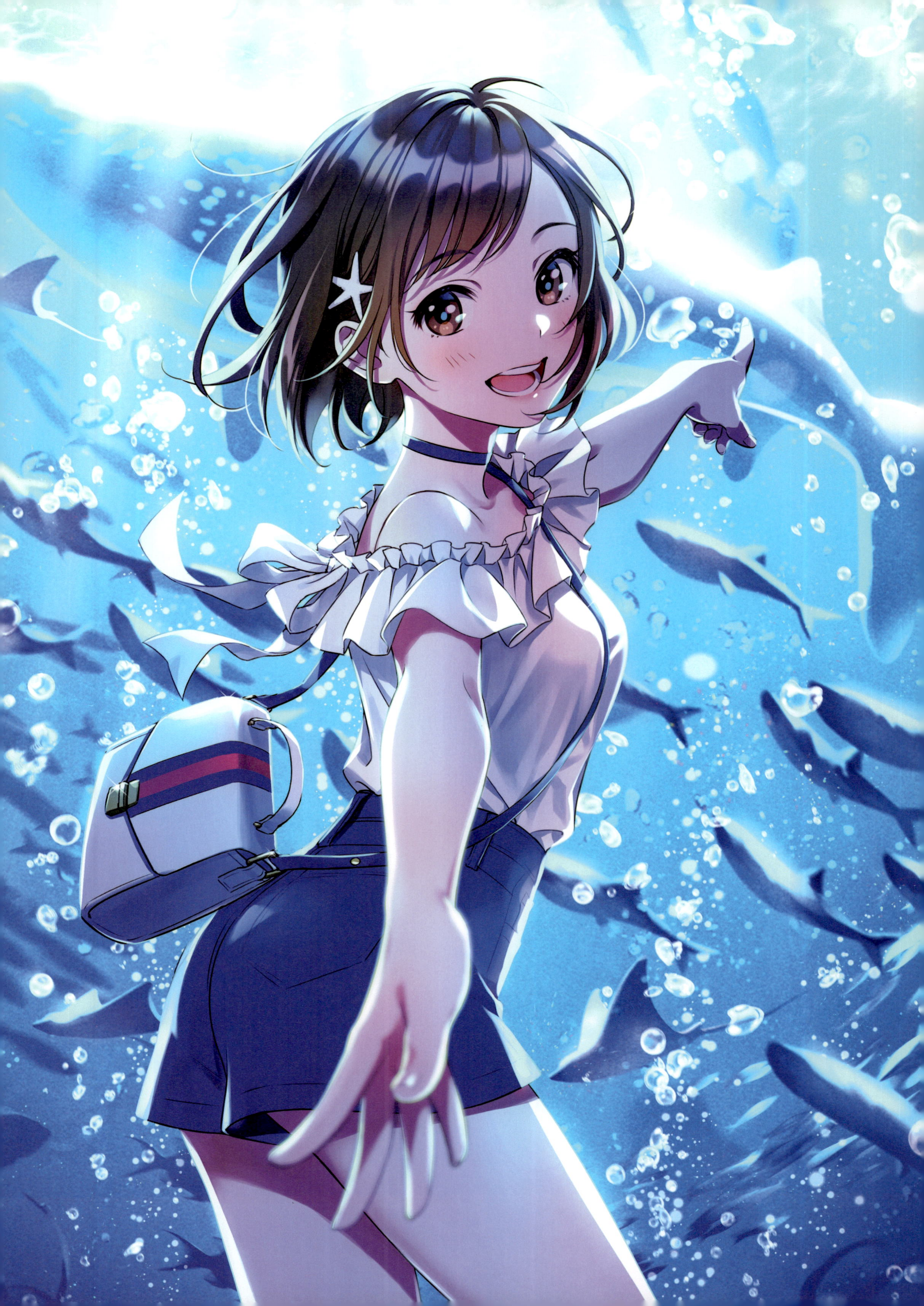

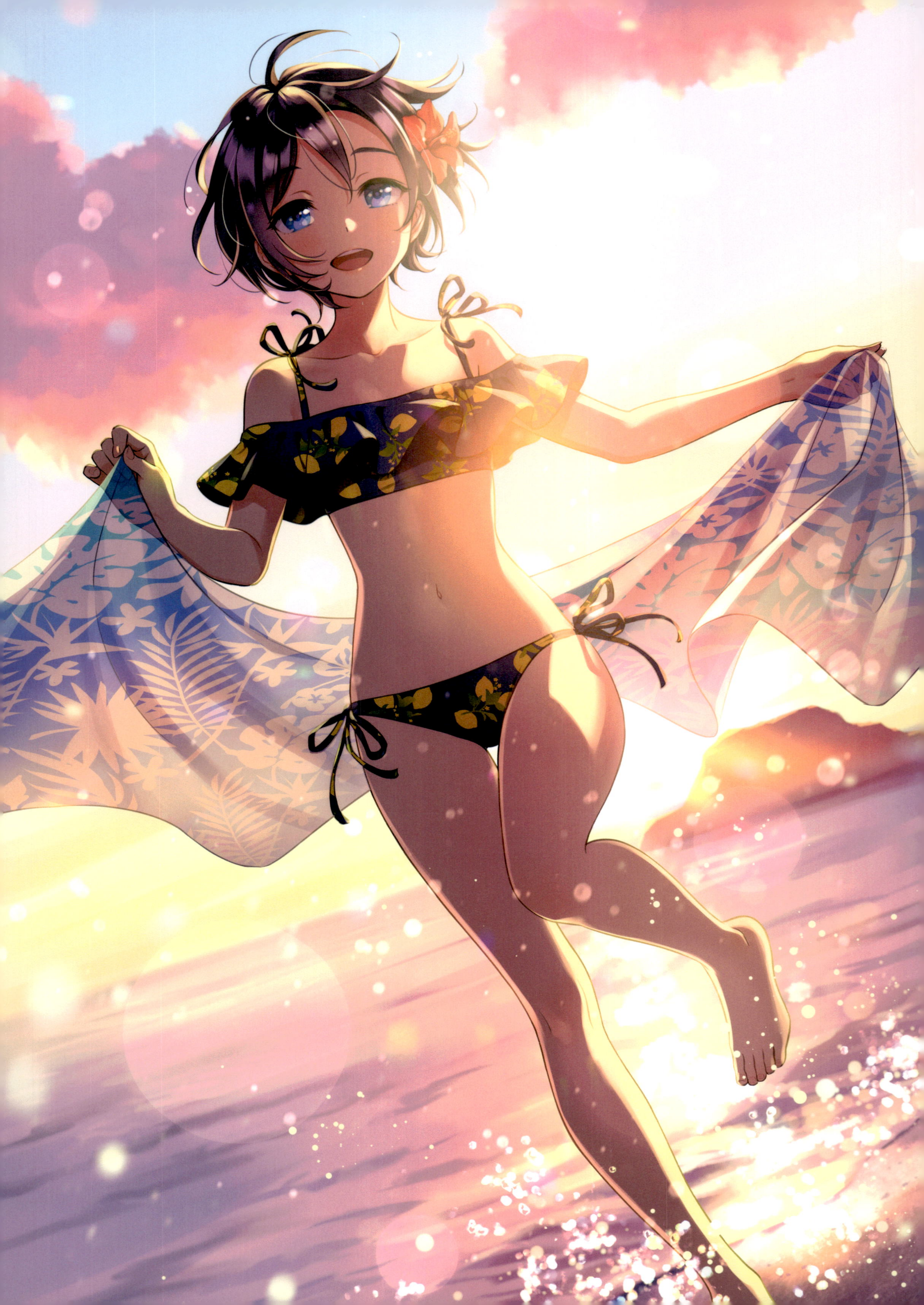

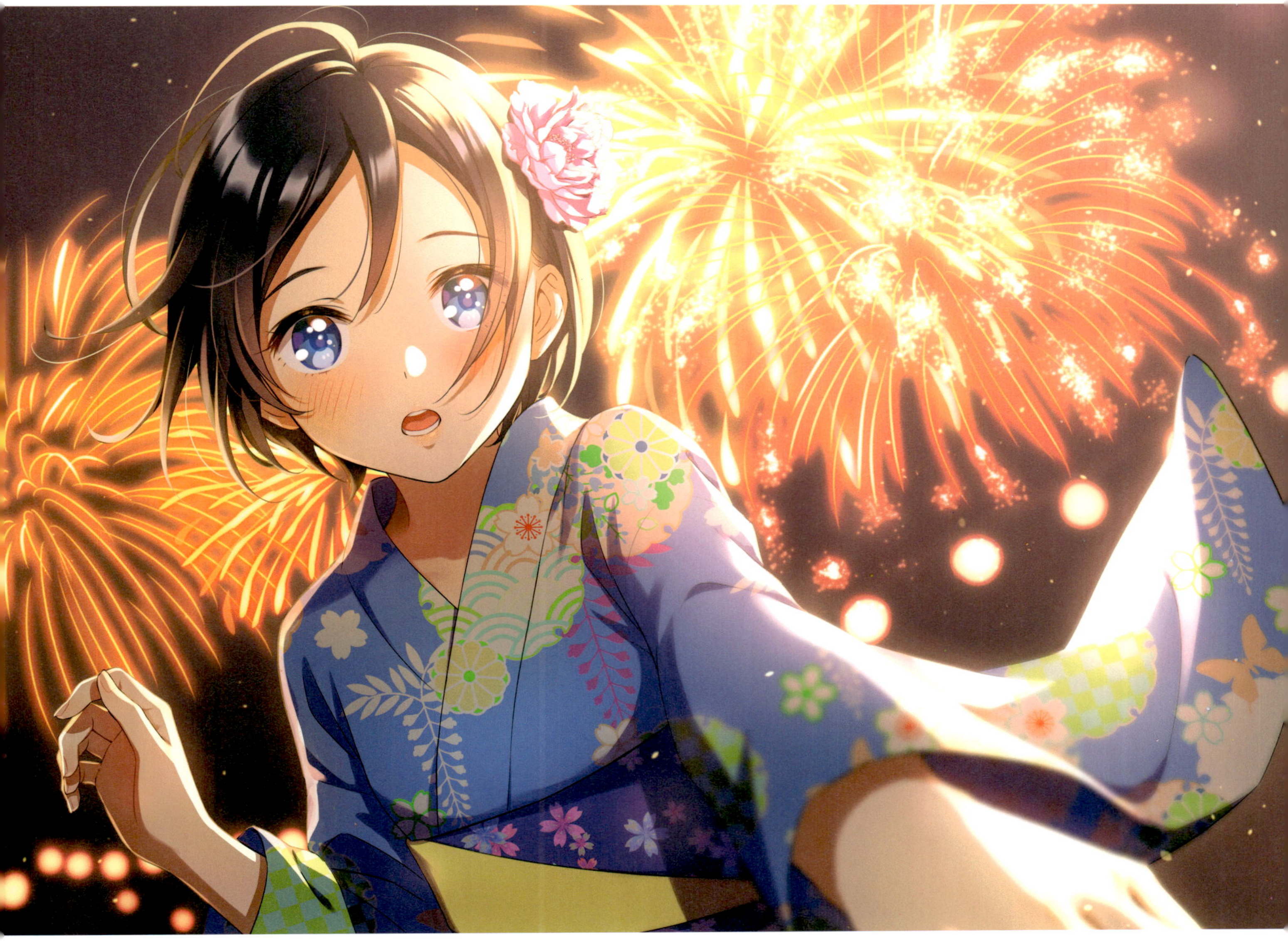

（左）「まだ帰りたくなーい!」／（右）「えっ、どこいくの…?!」

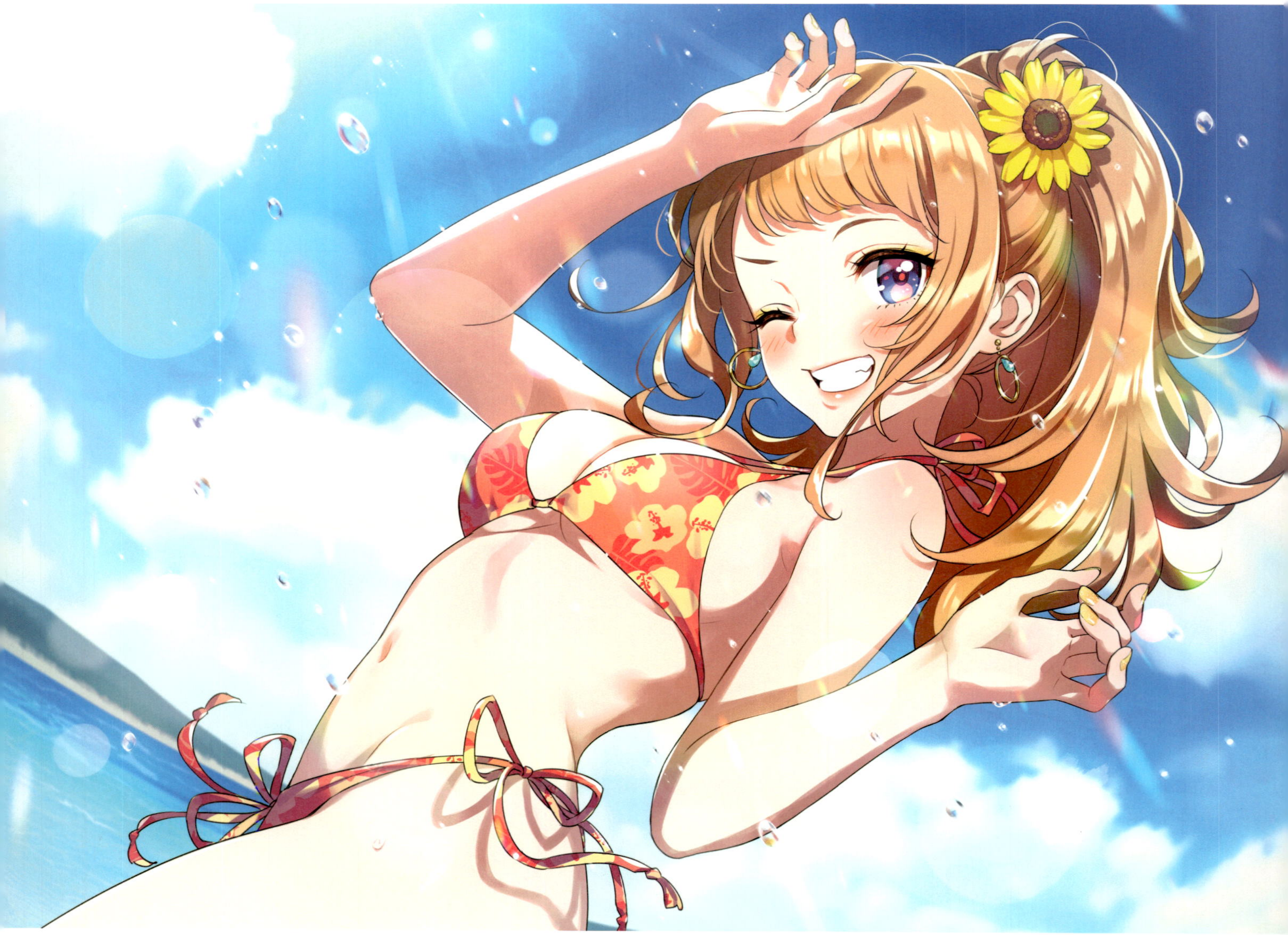

（左）「わっっ !? やったなー!」／（右）「お菓子をくれないといたずらしちゃうぞ～」

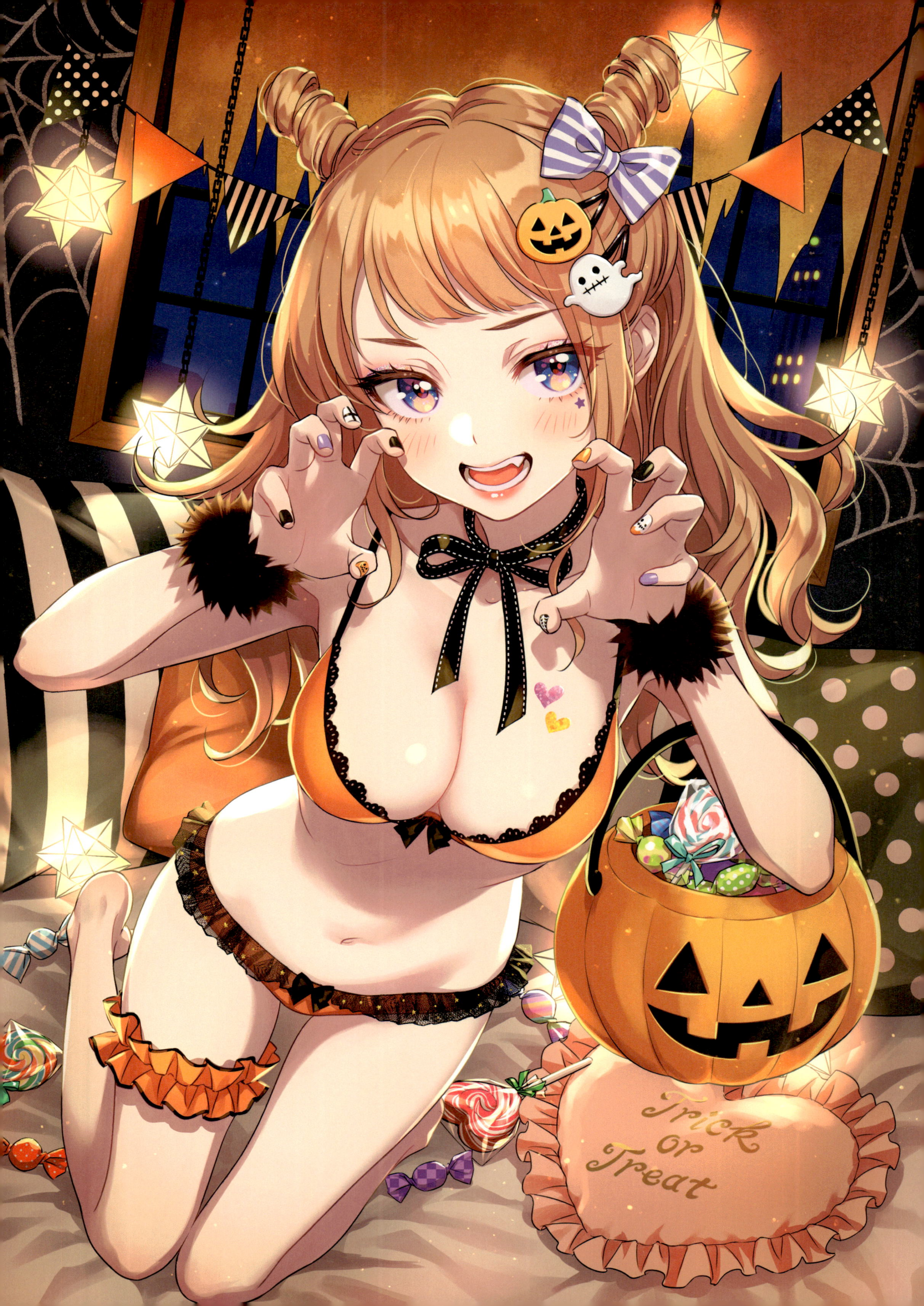
Trick
or
Treat

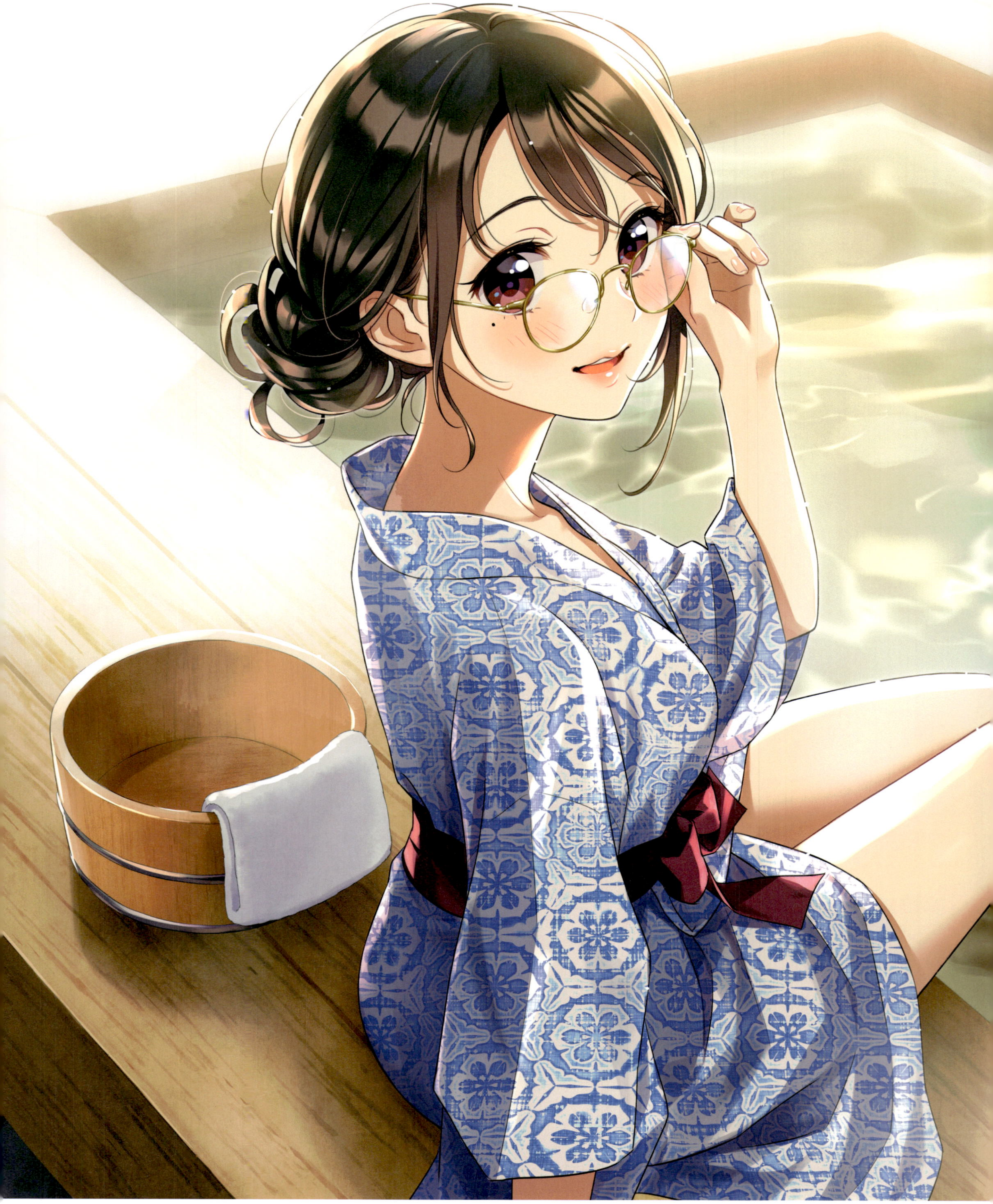

「一緒に入ろ?」

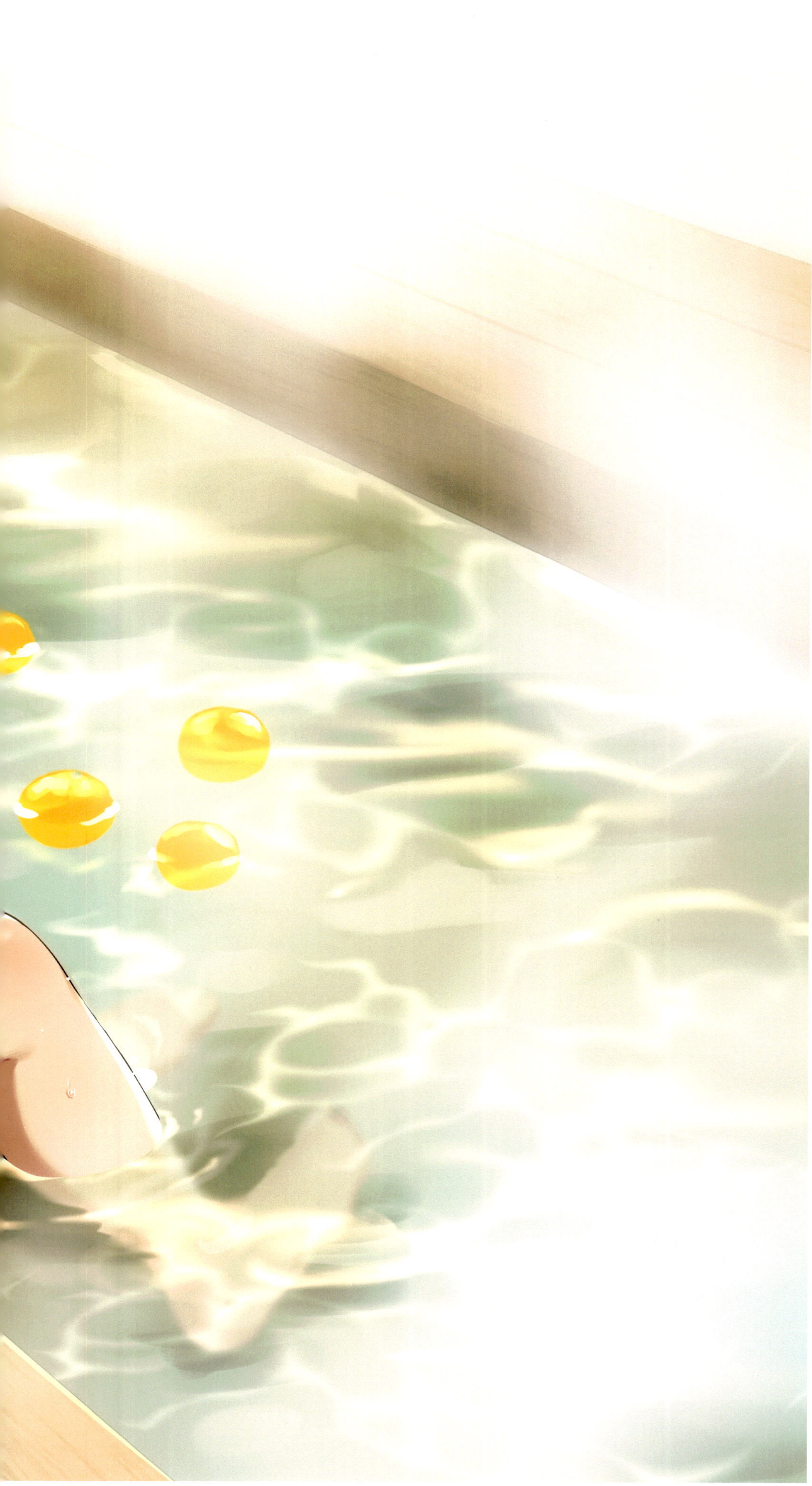

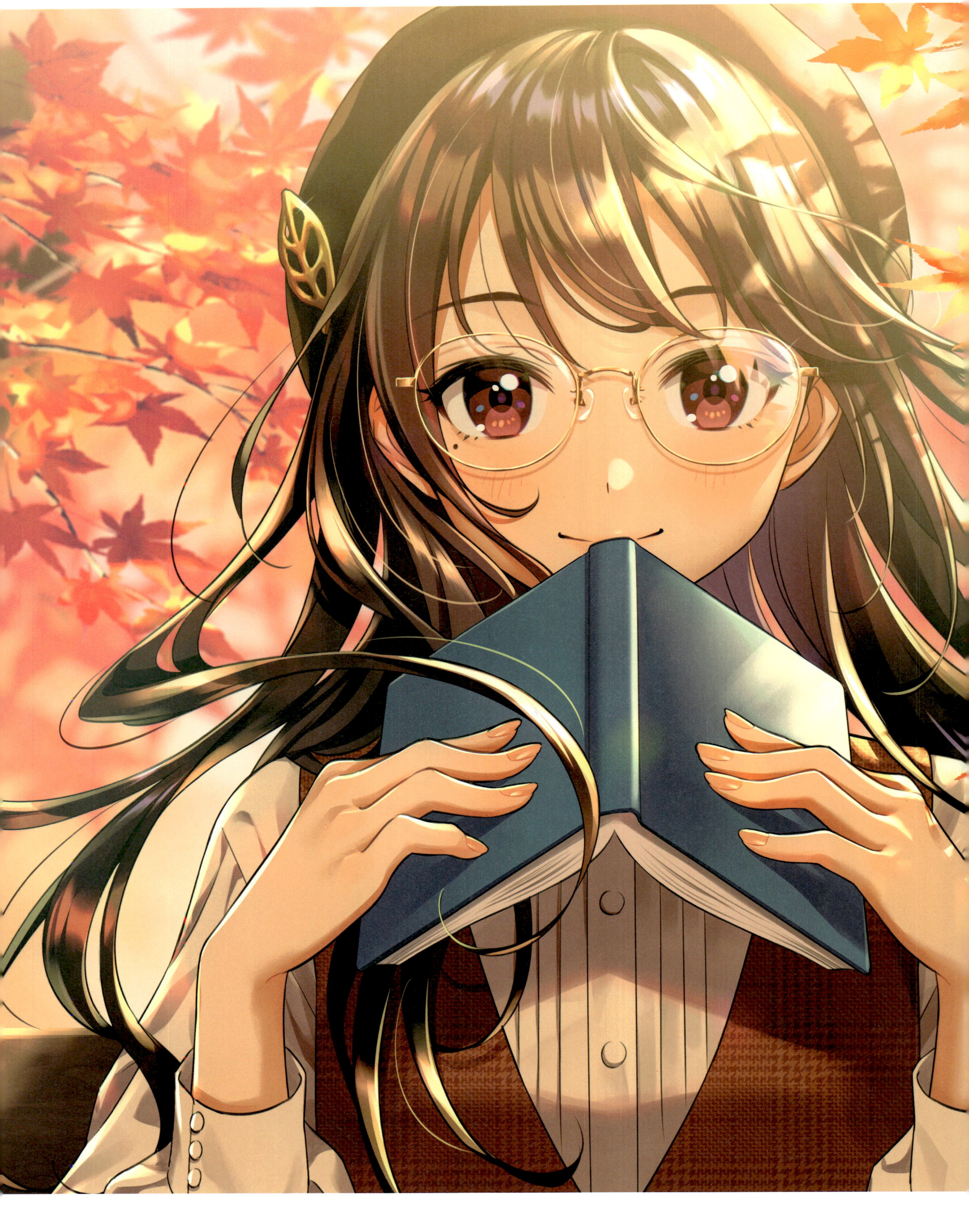

「お話ってなんですか?」

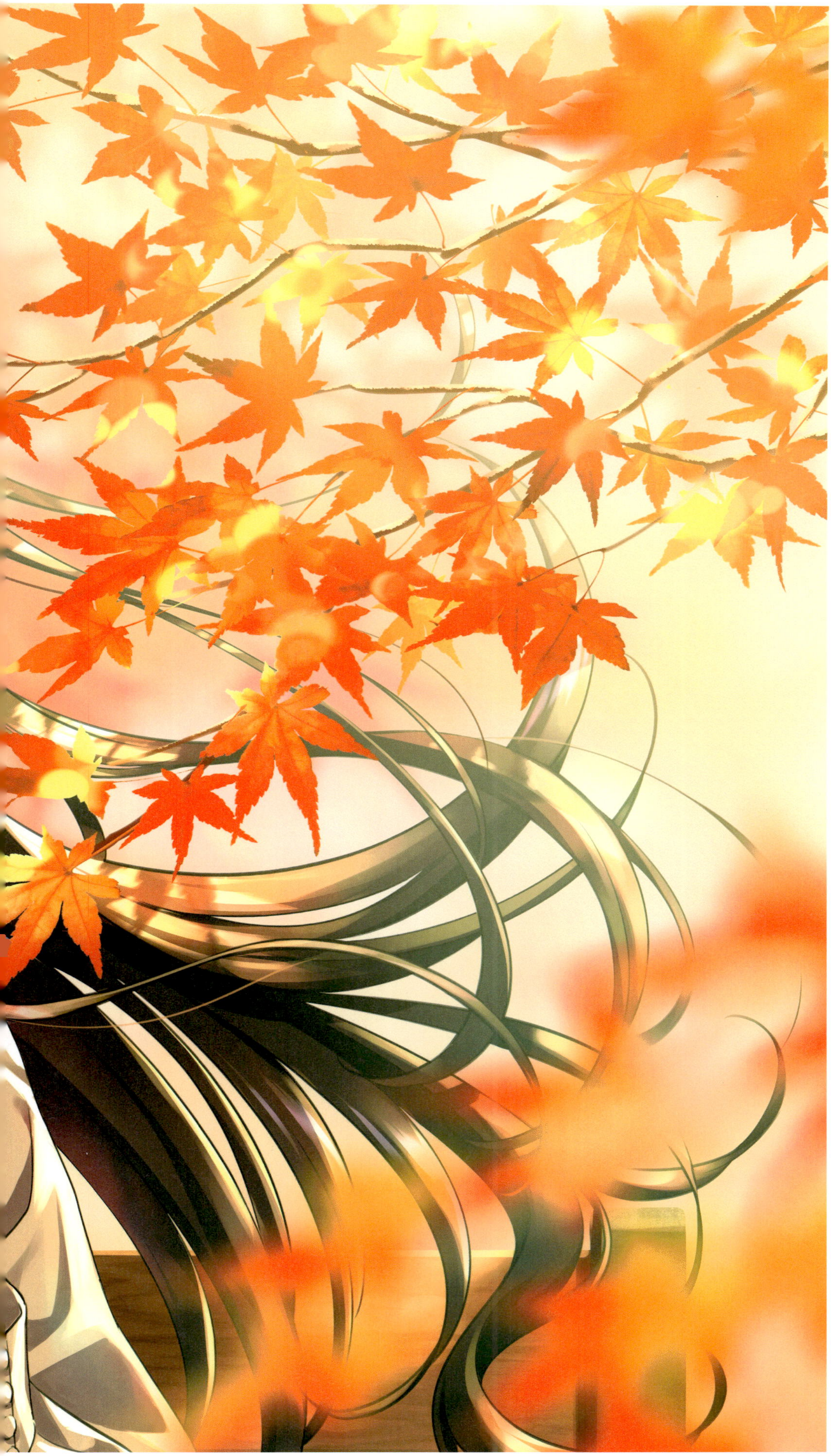

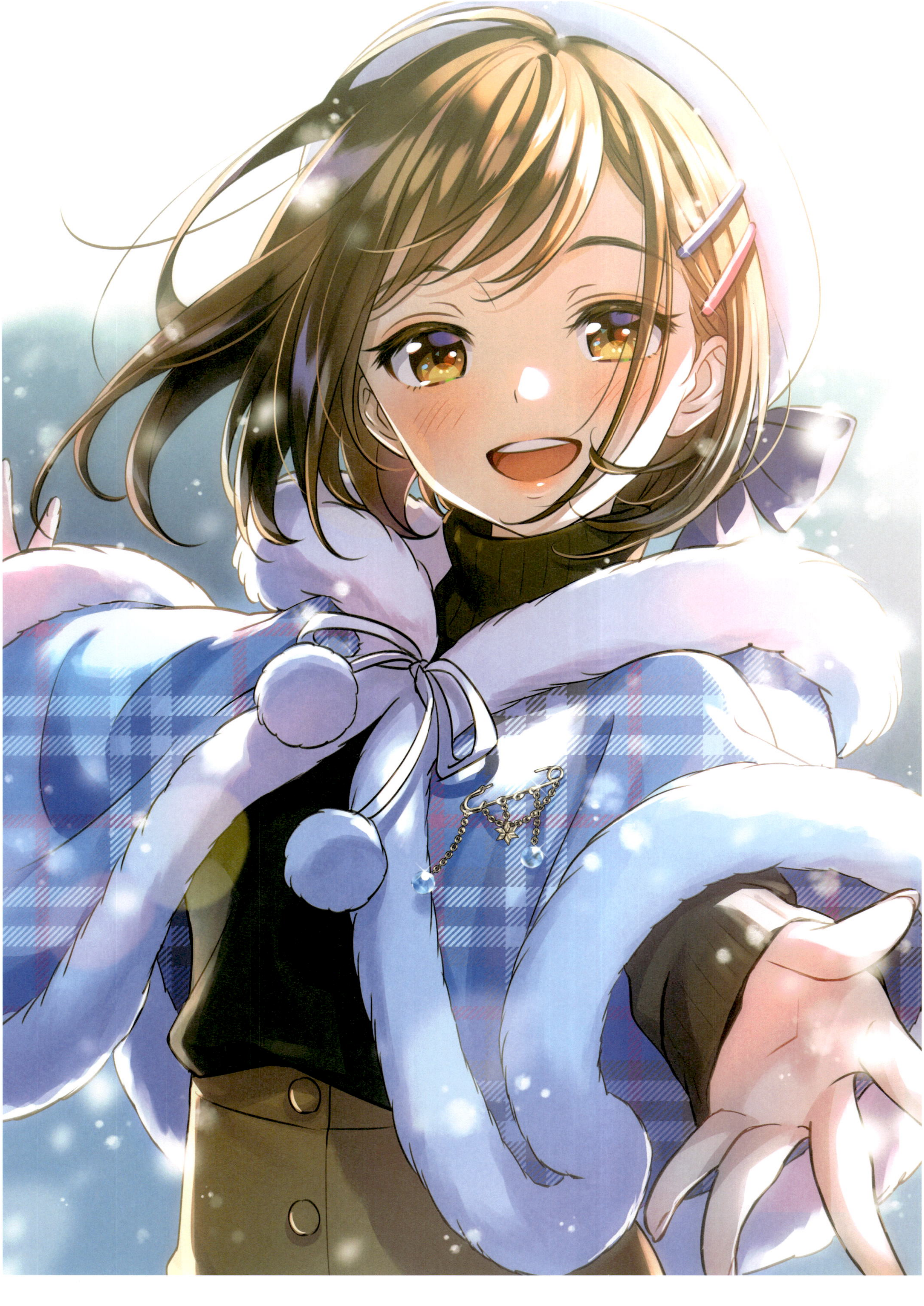

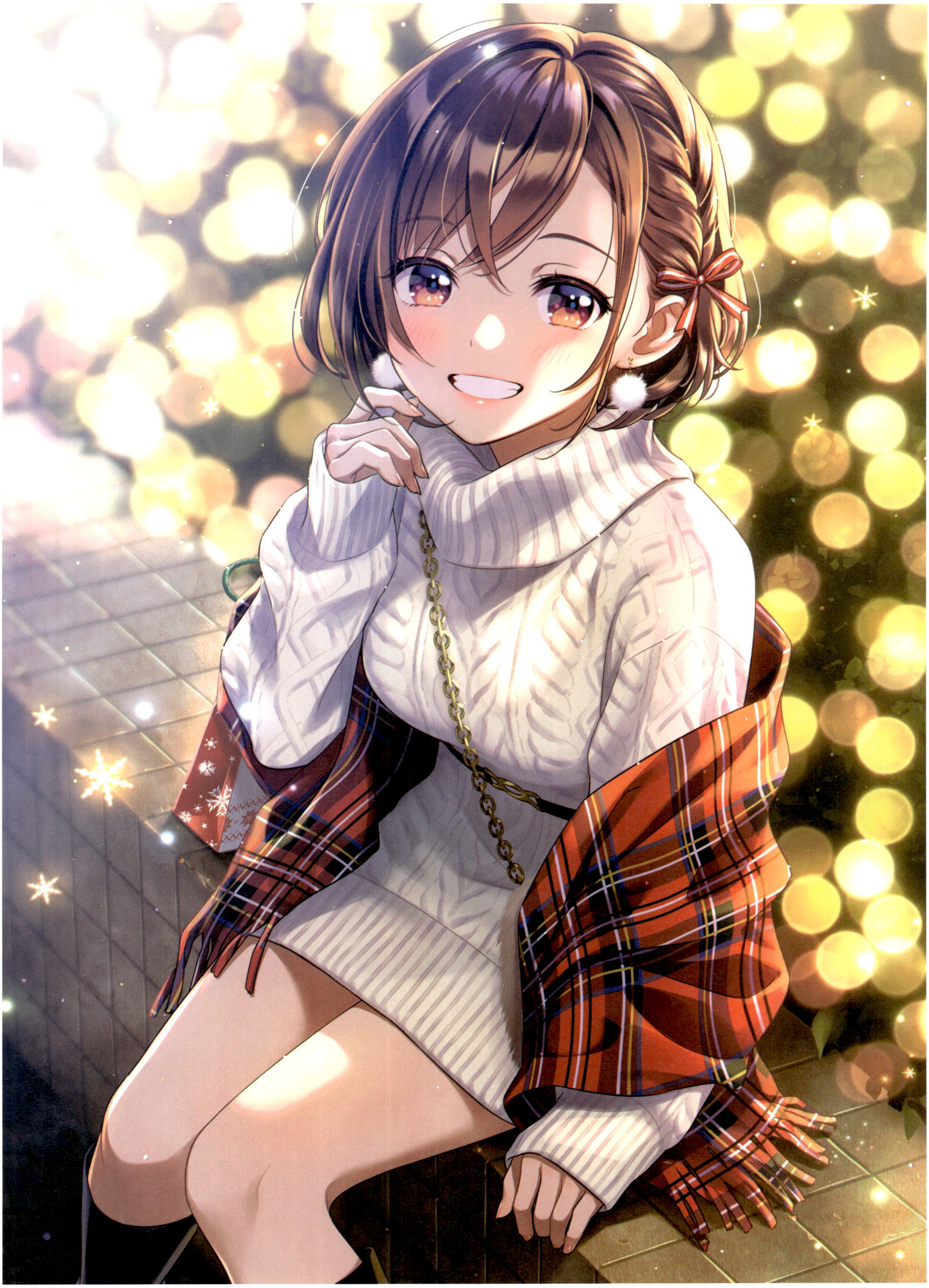

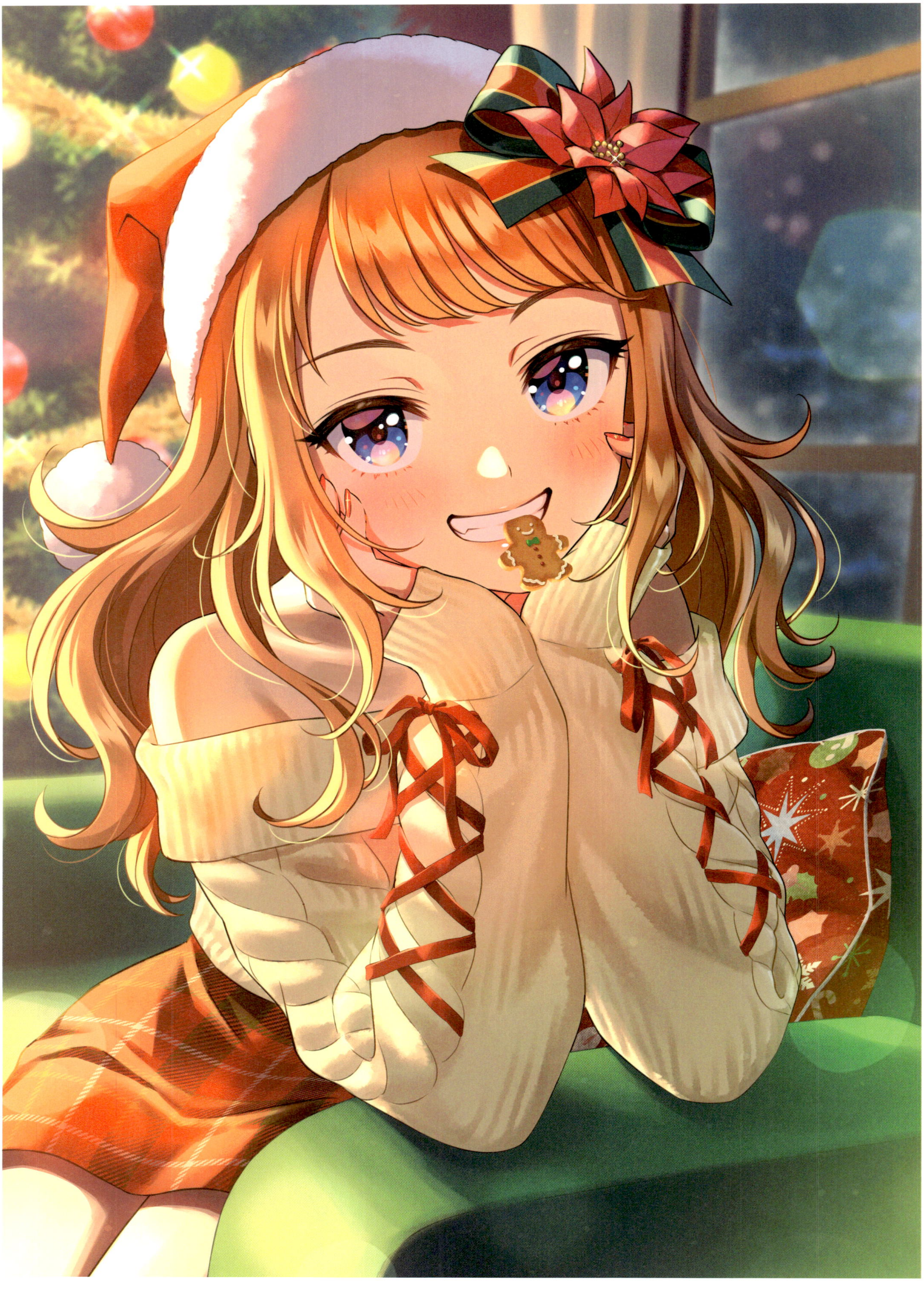

（左）Christmas Party ／（右）待ち合わせ

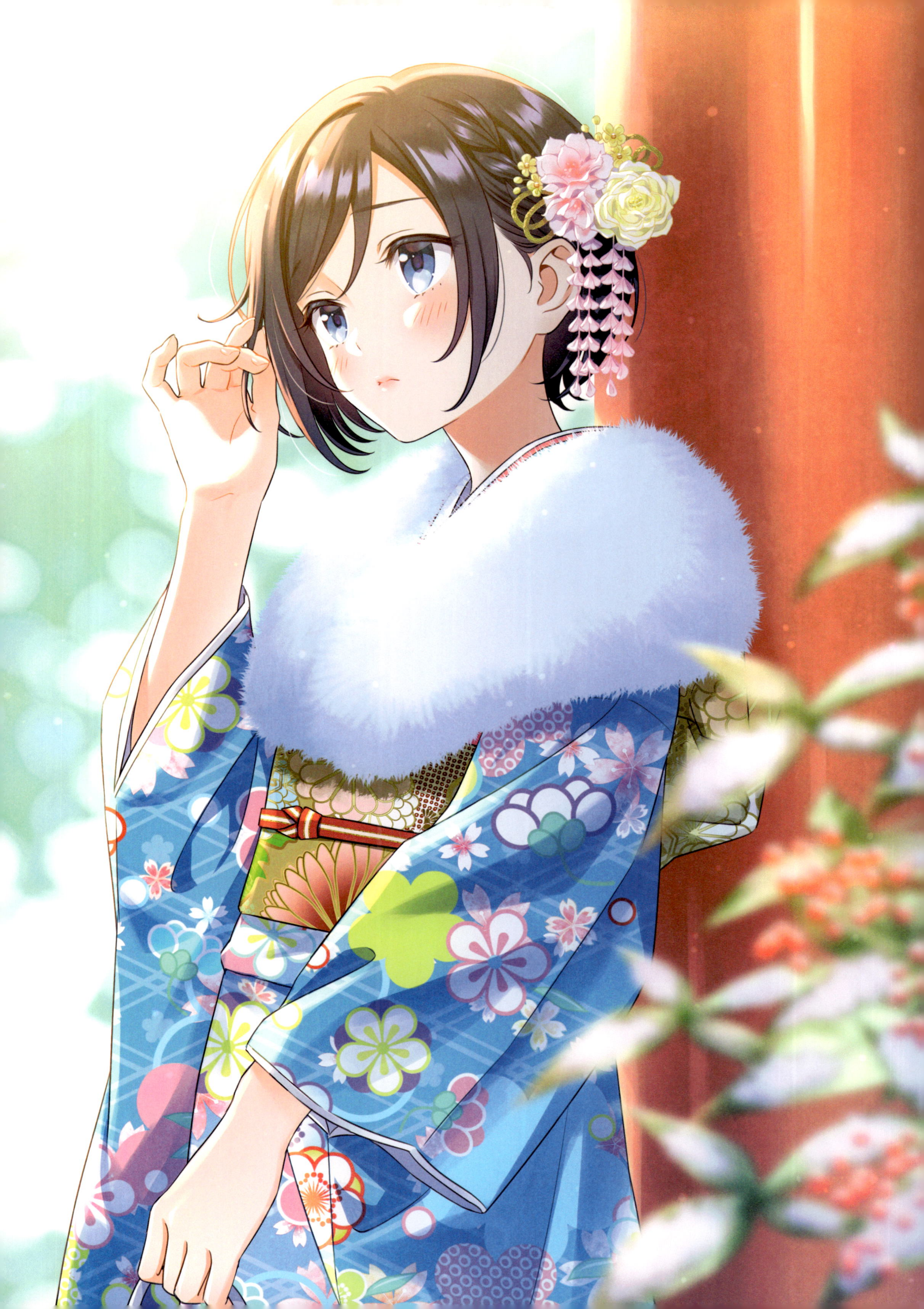

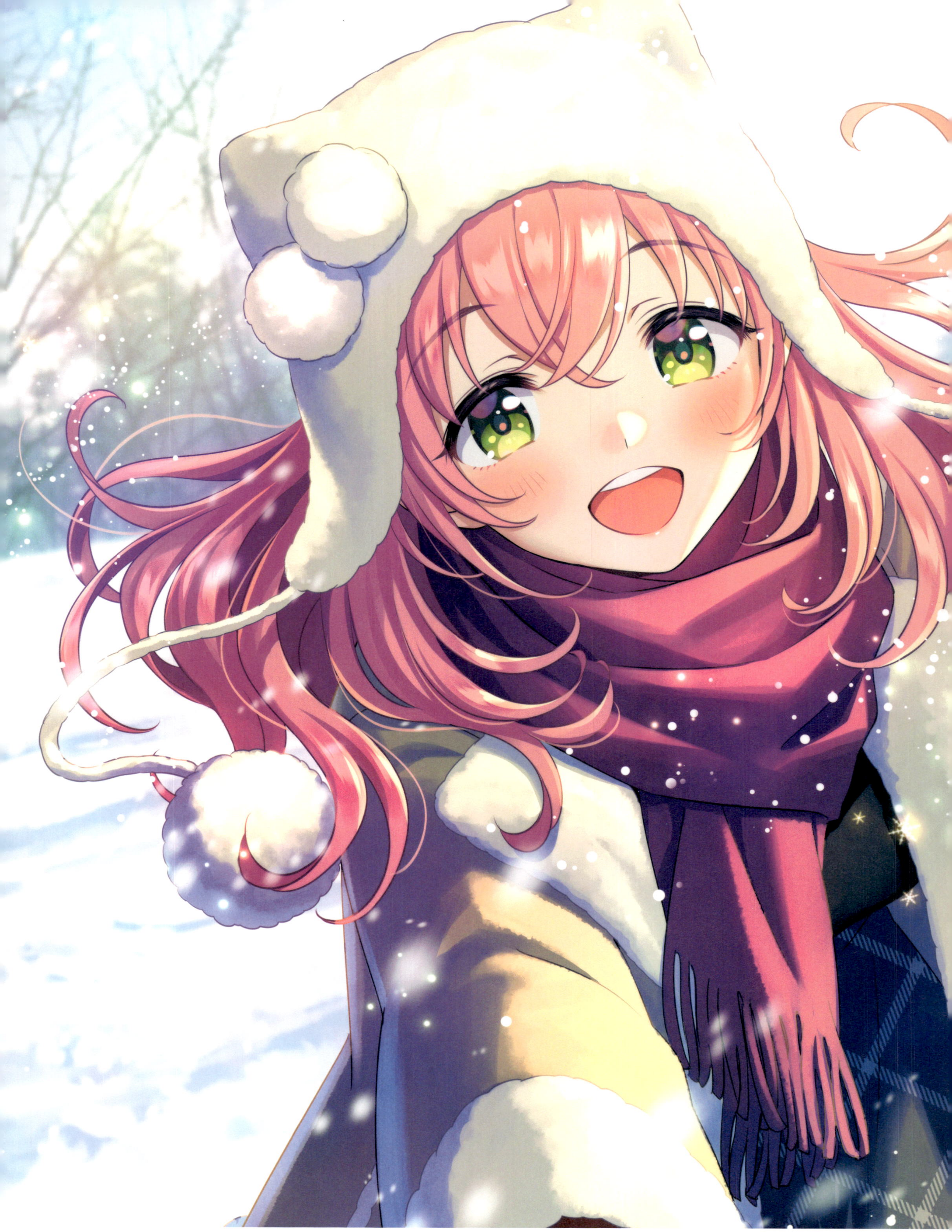

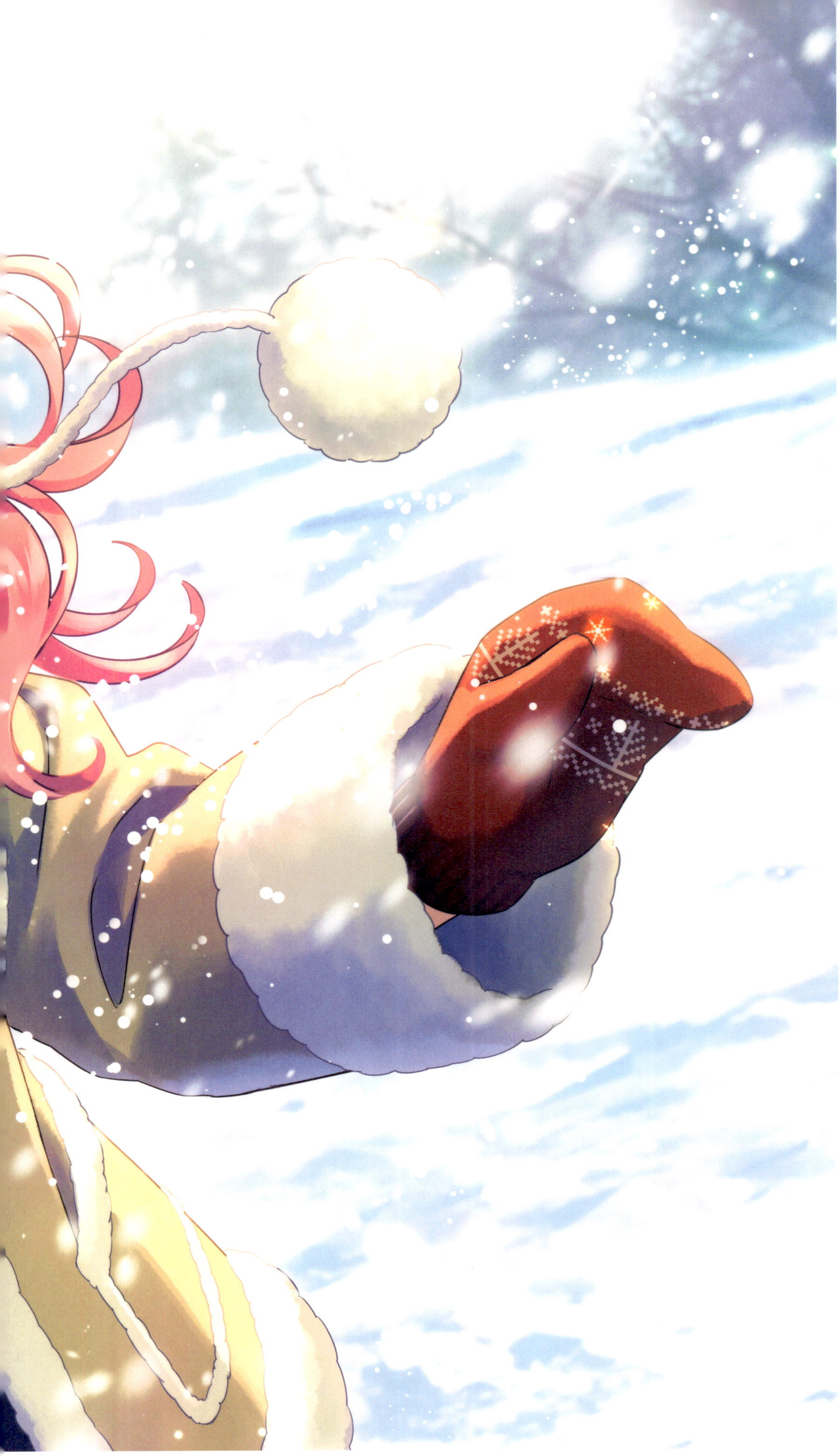

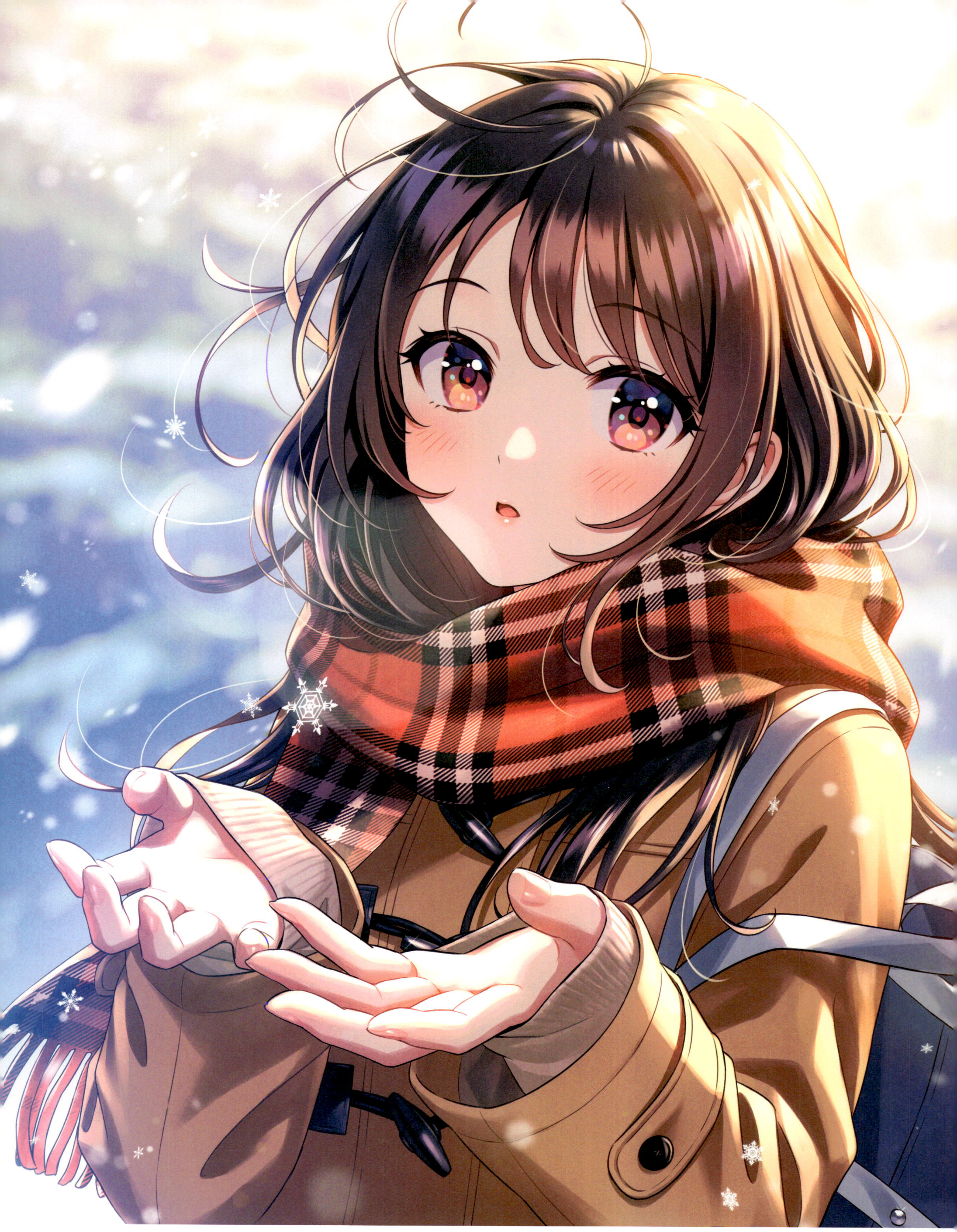

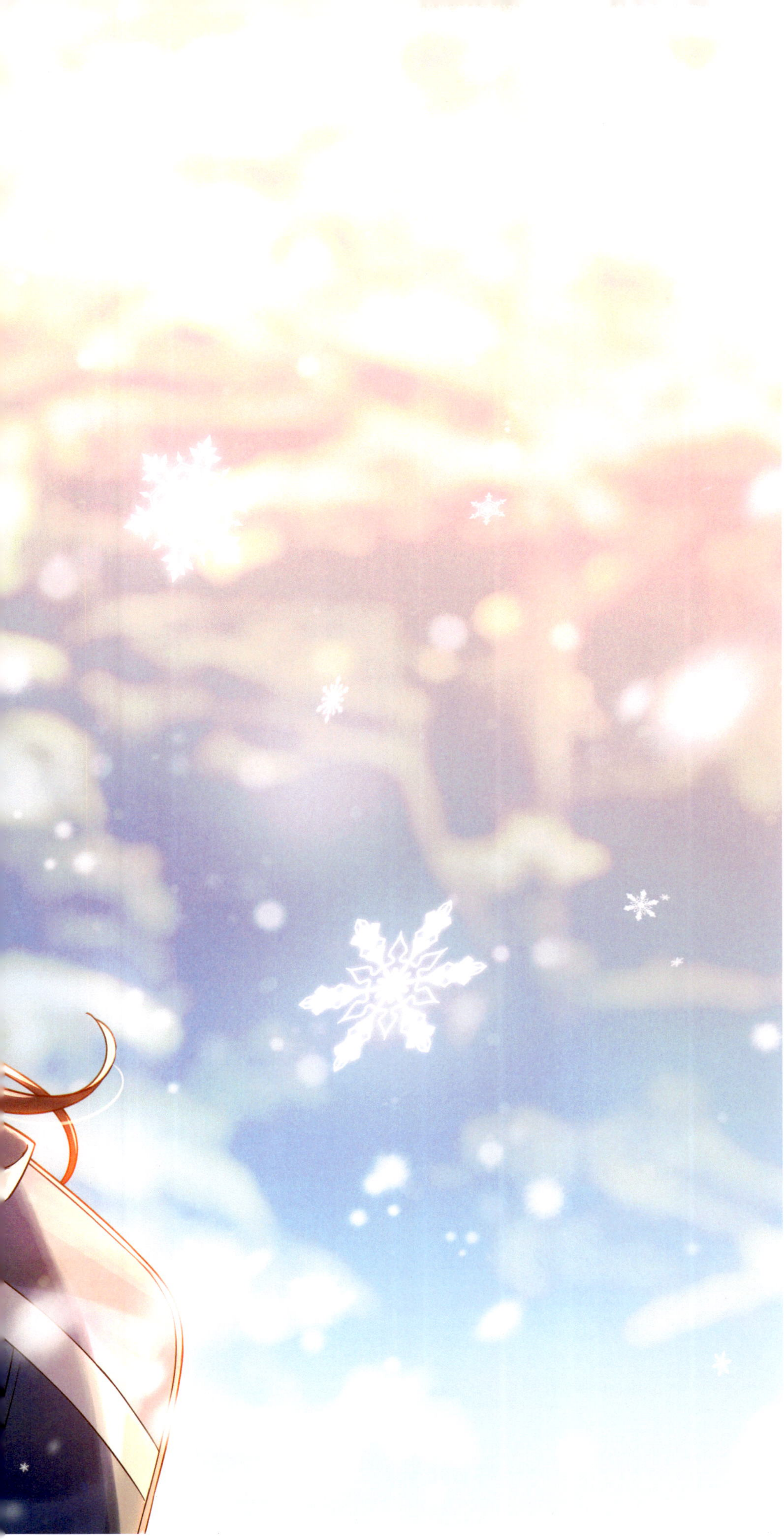

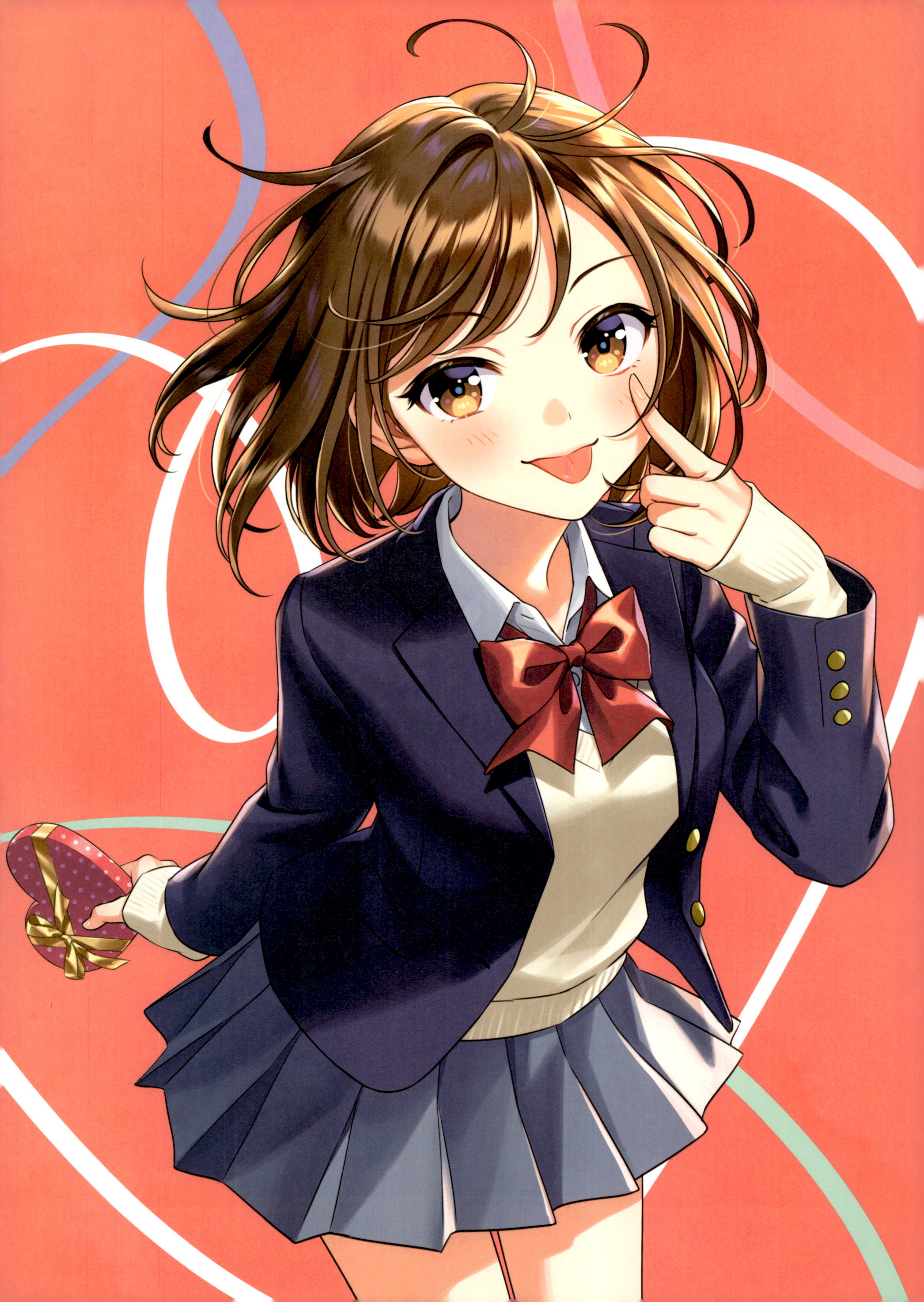

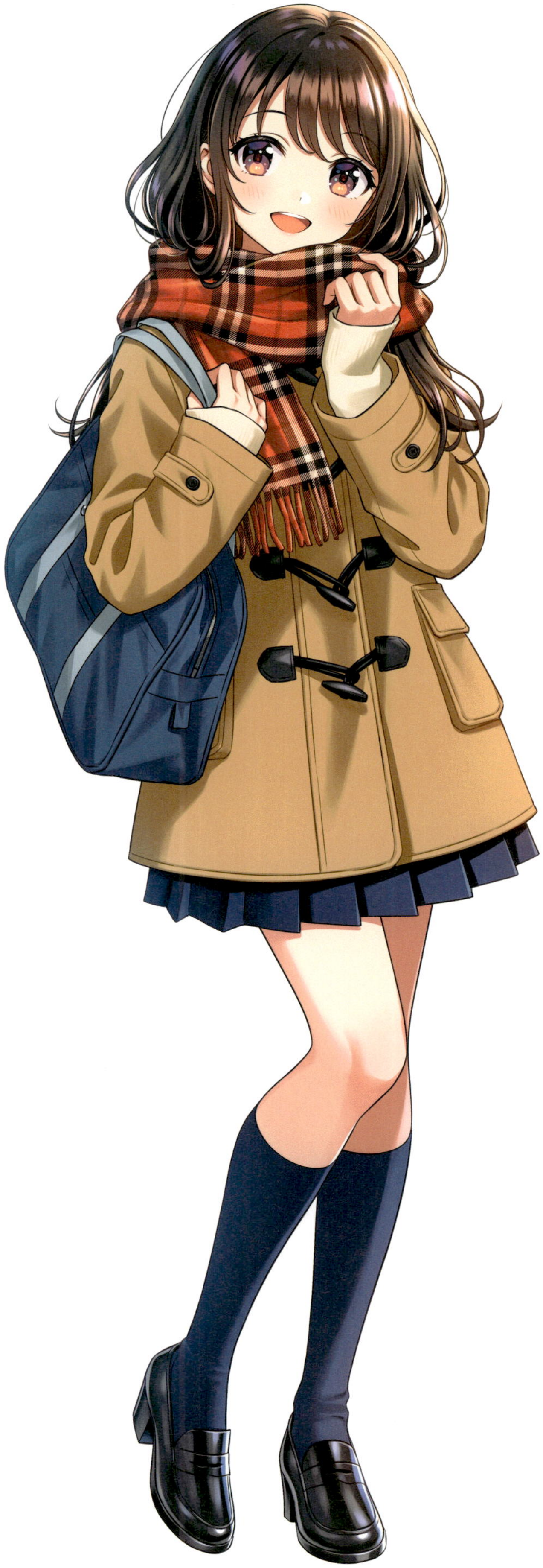

（左）「あーげない!」／（右）ダッフルコートちゃん

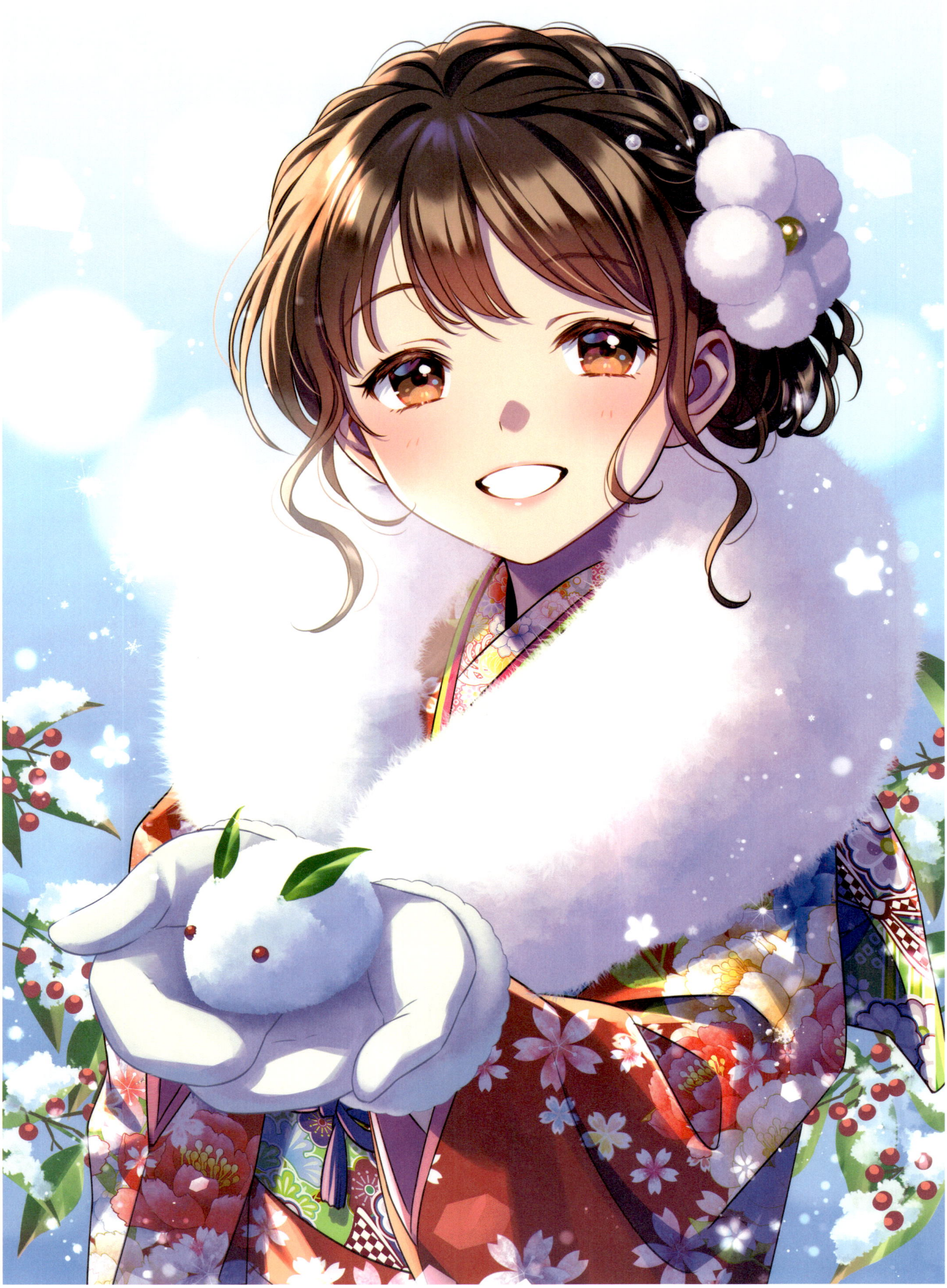

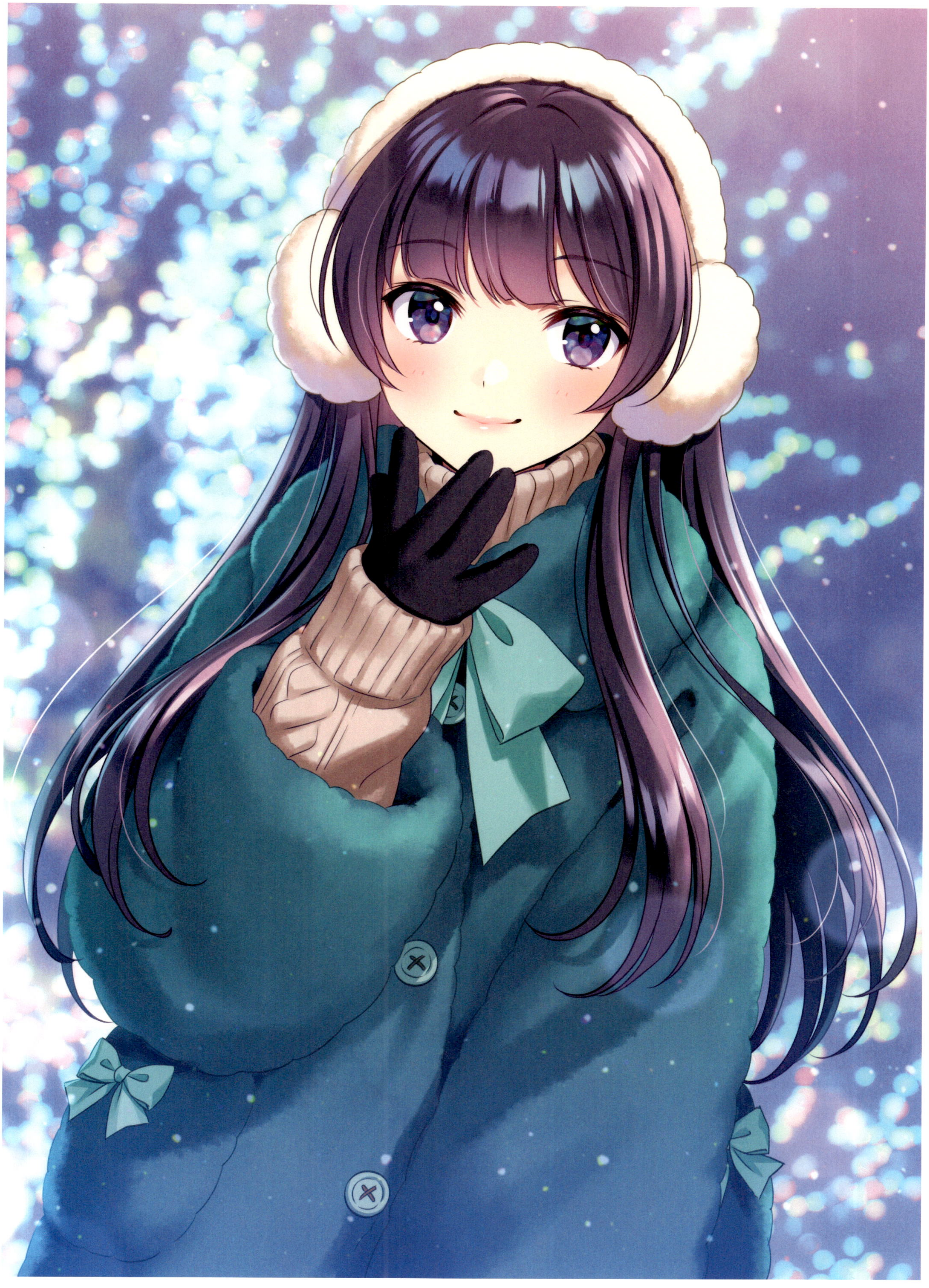

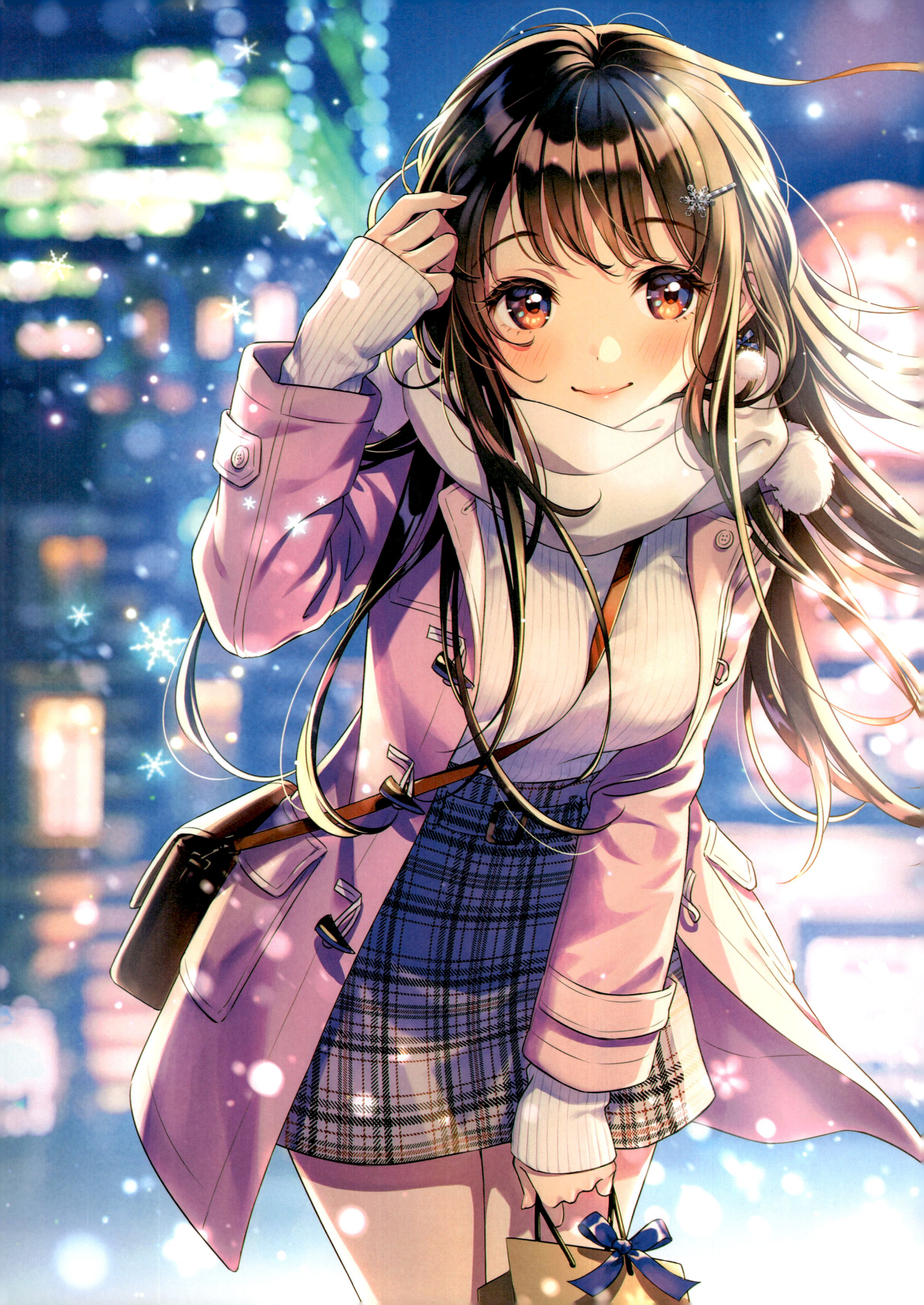

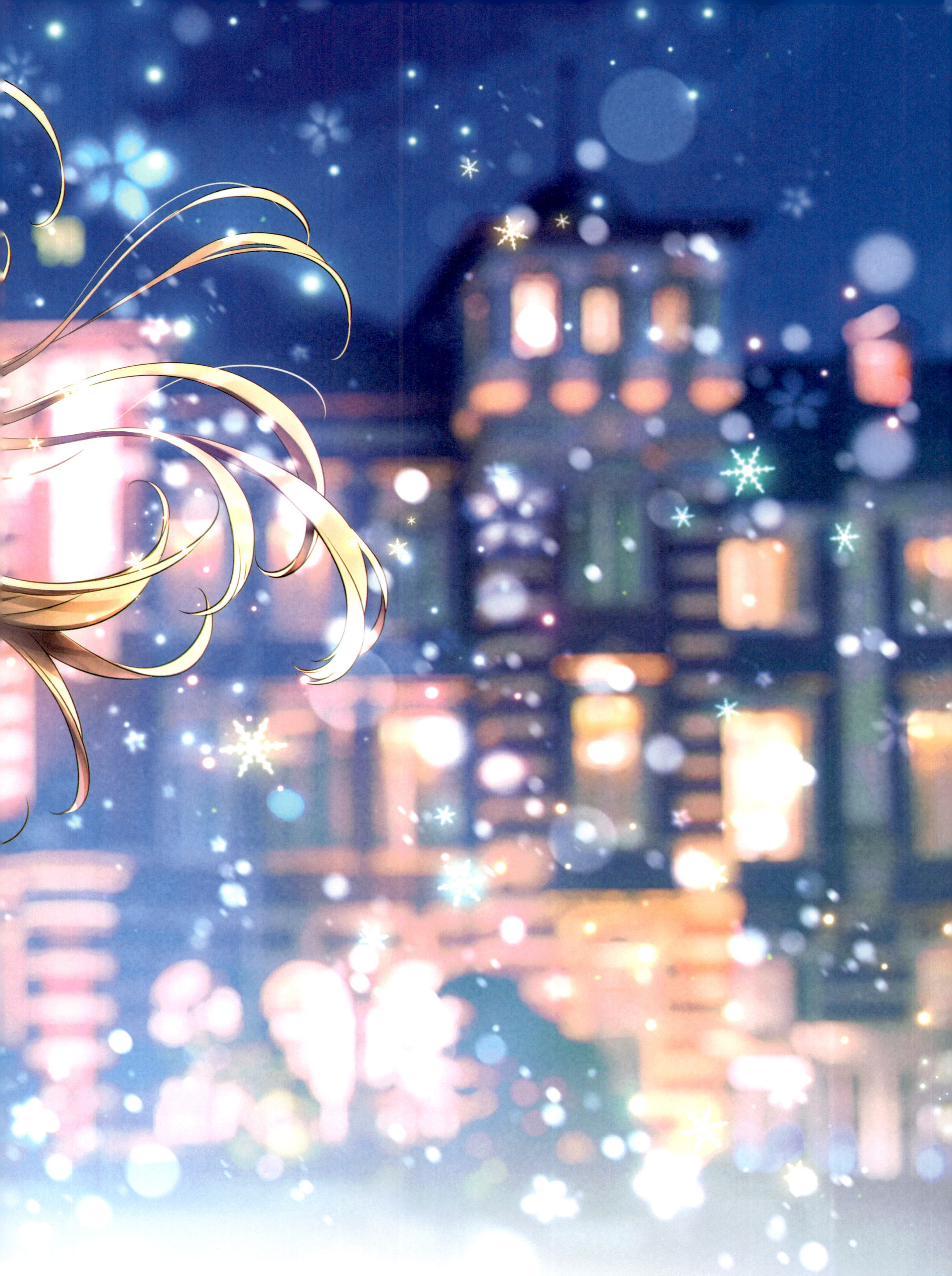

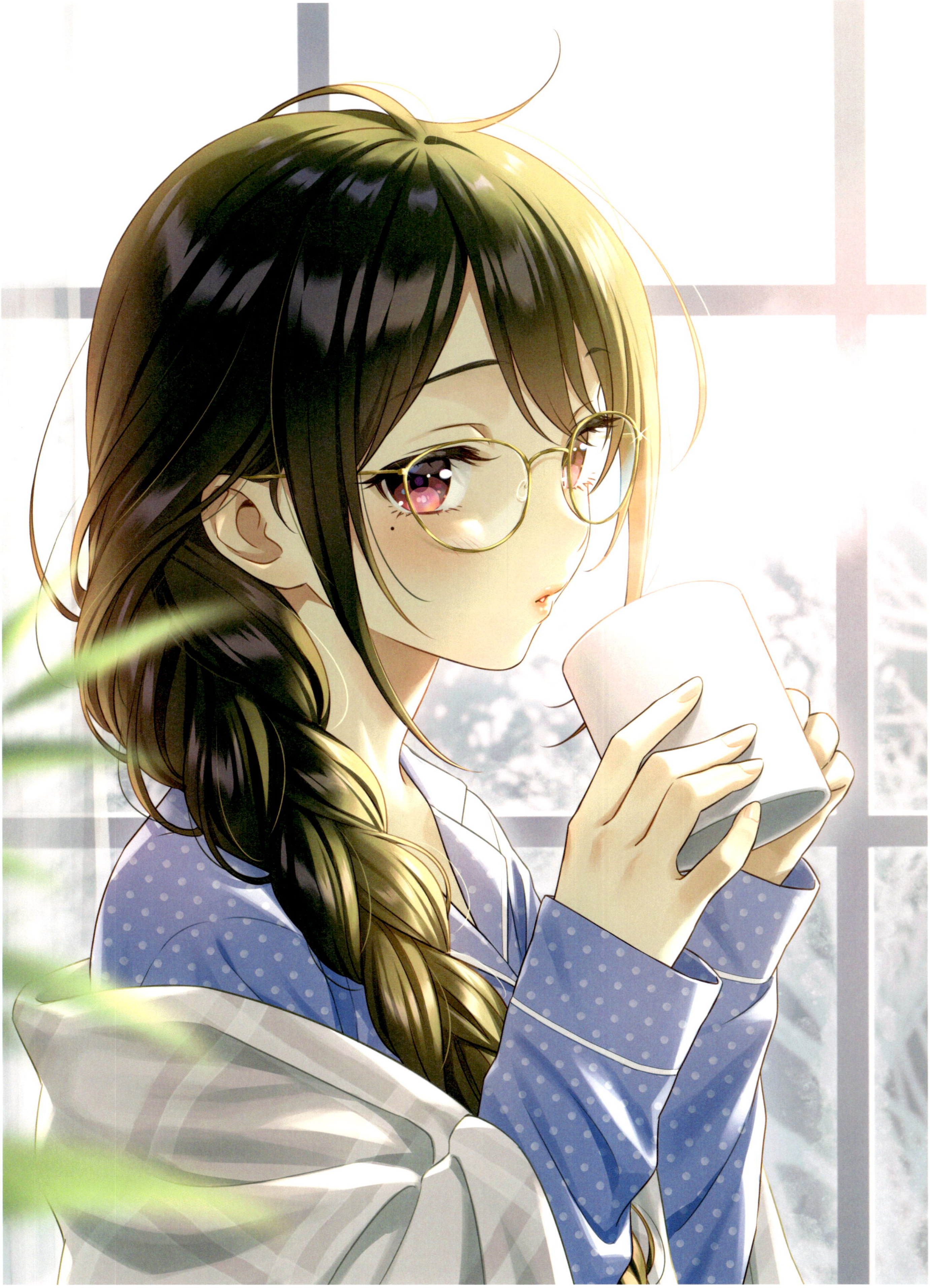

（左）Morning Coffee ／（右）「今年もよろしくね♪」

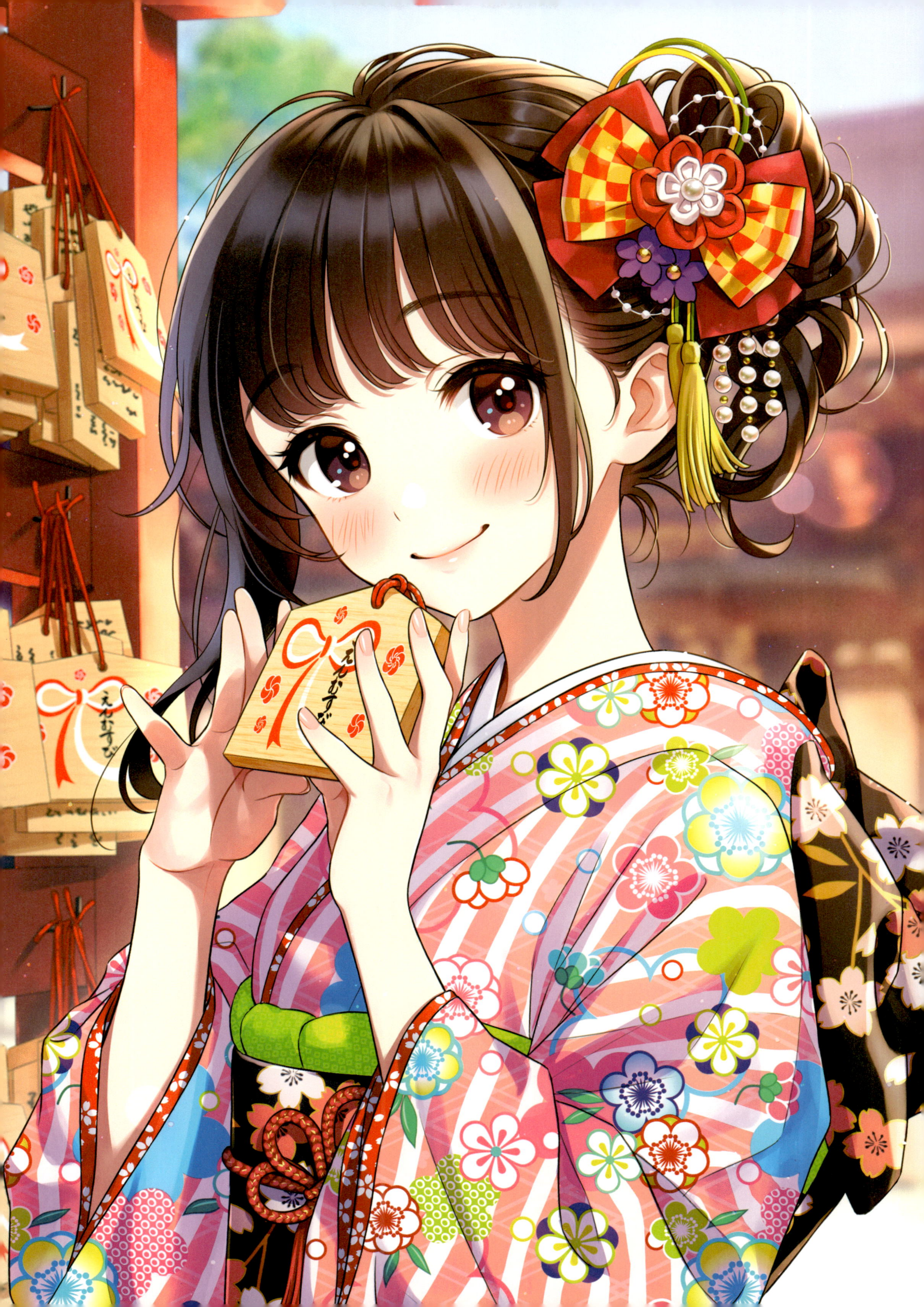
えんむすび

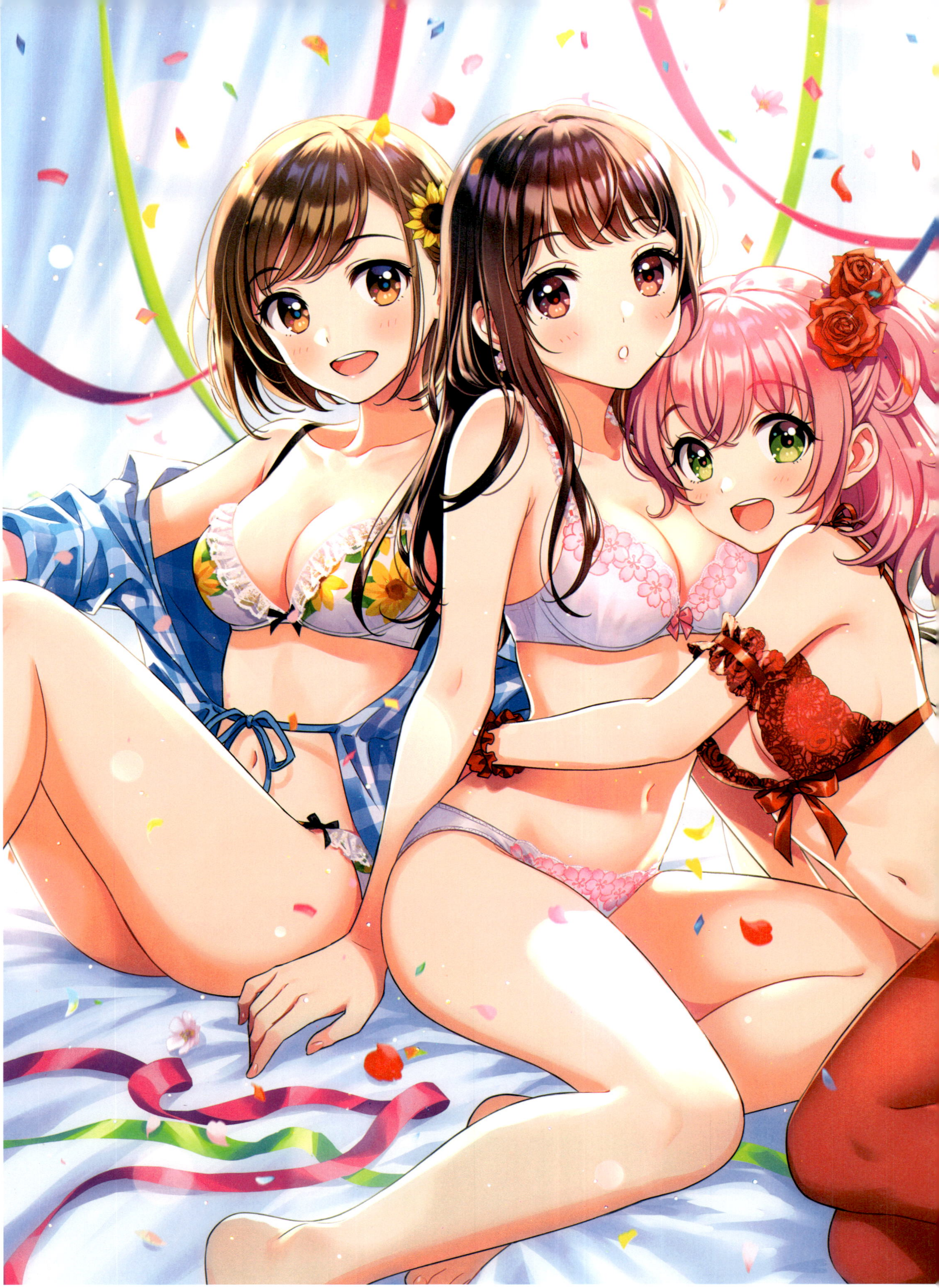

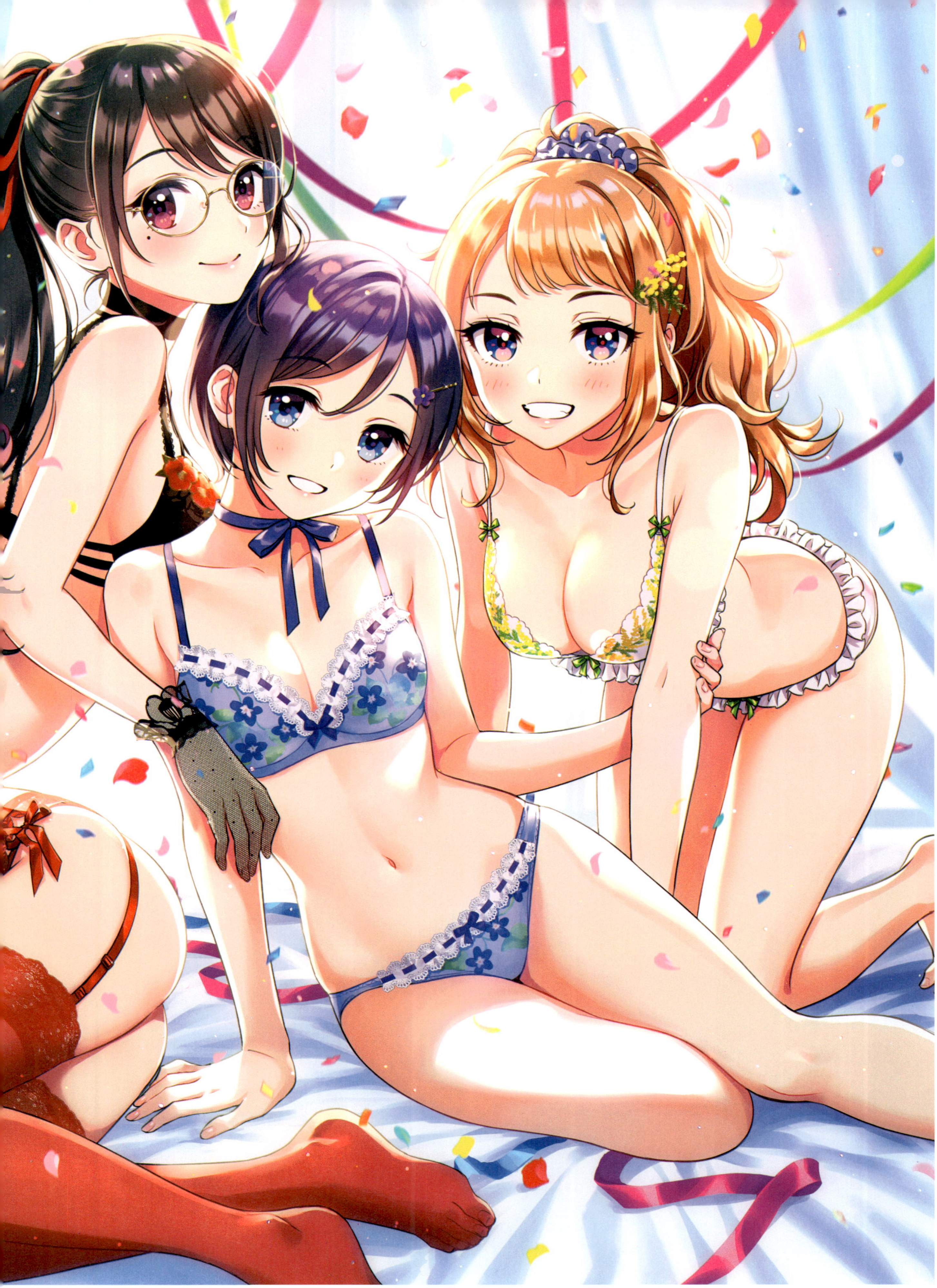

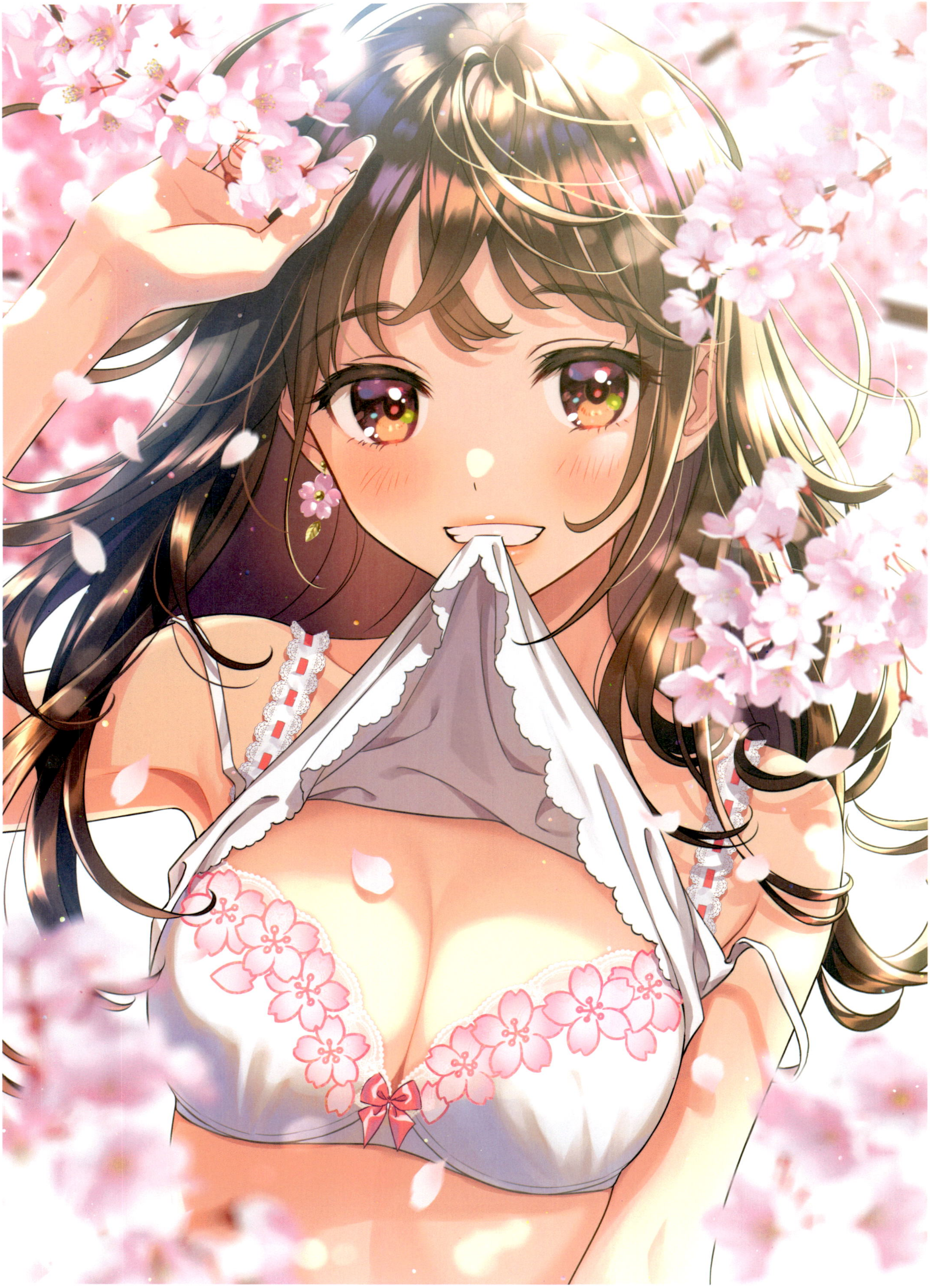

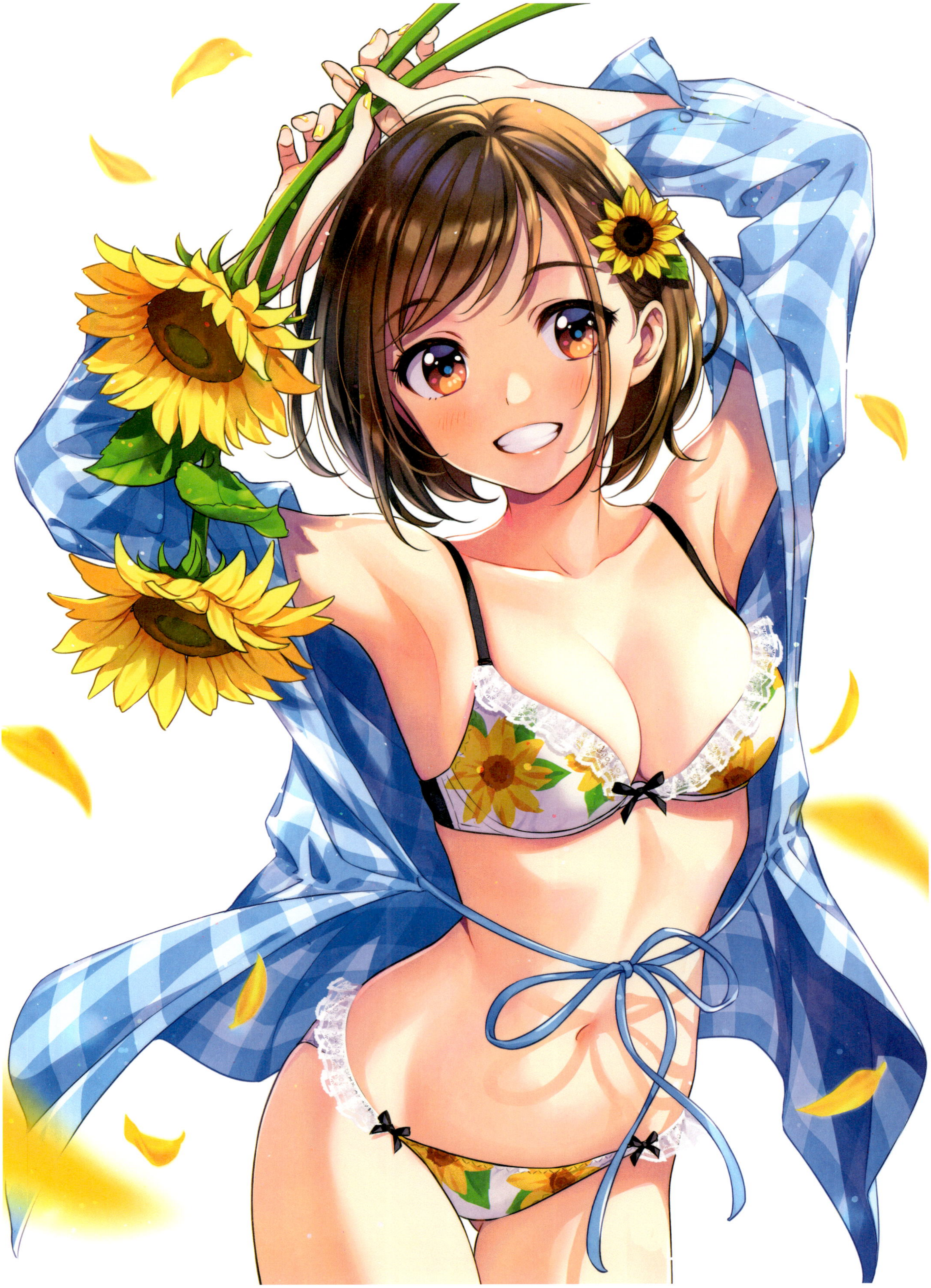

「みてみて! どーかな?」

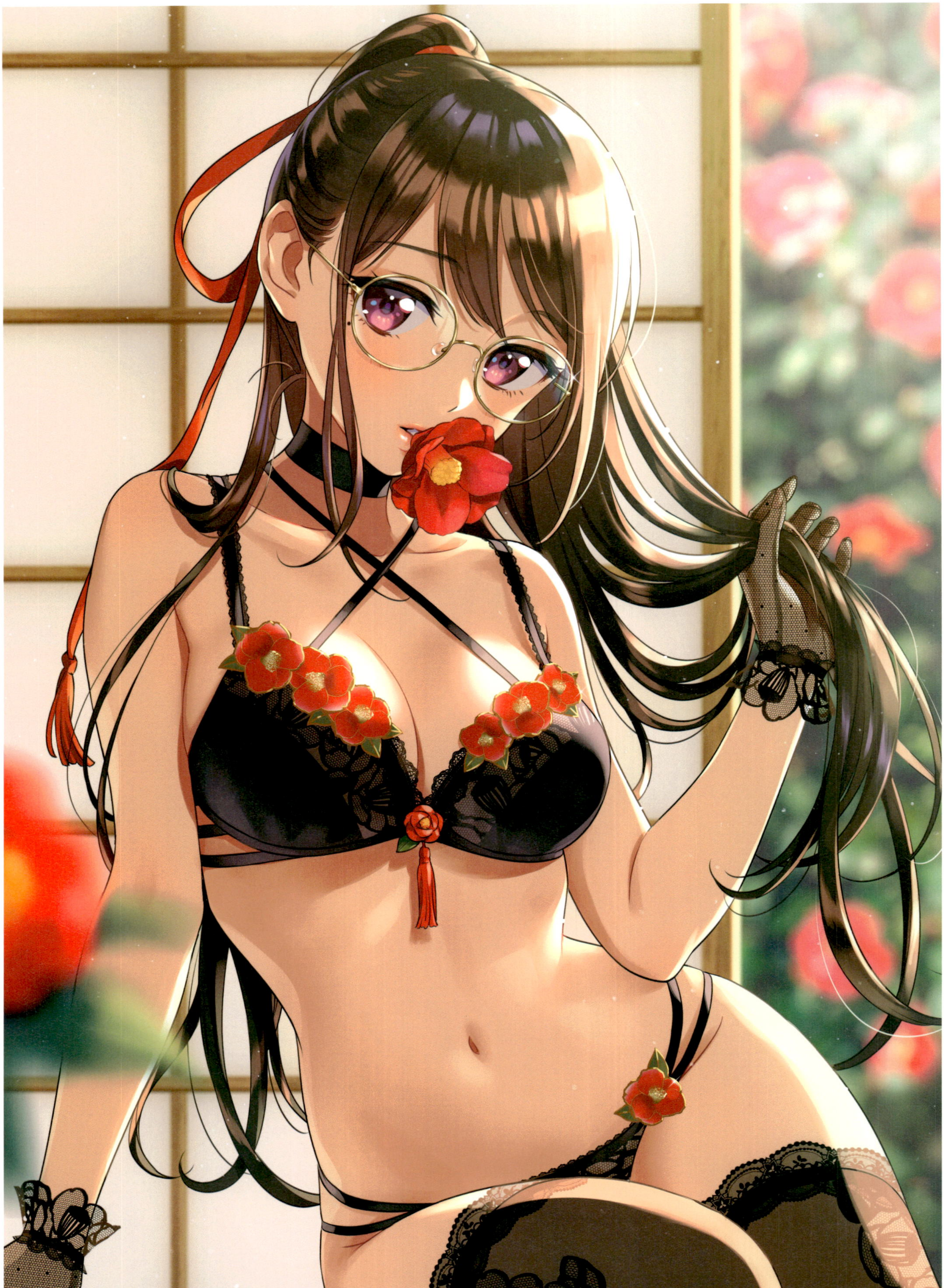

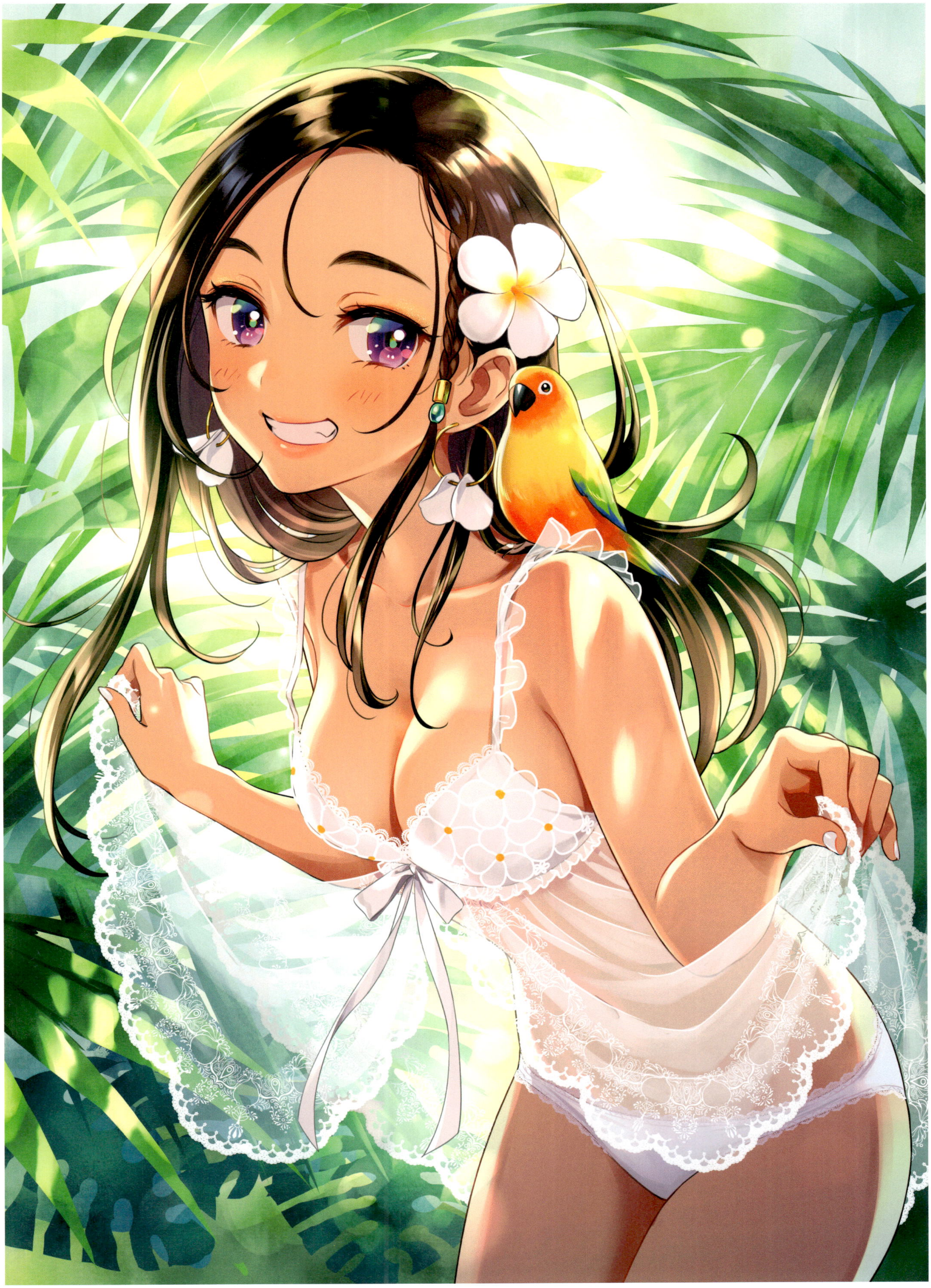

「これ、お気に入りなんだ♪」

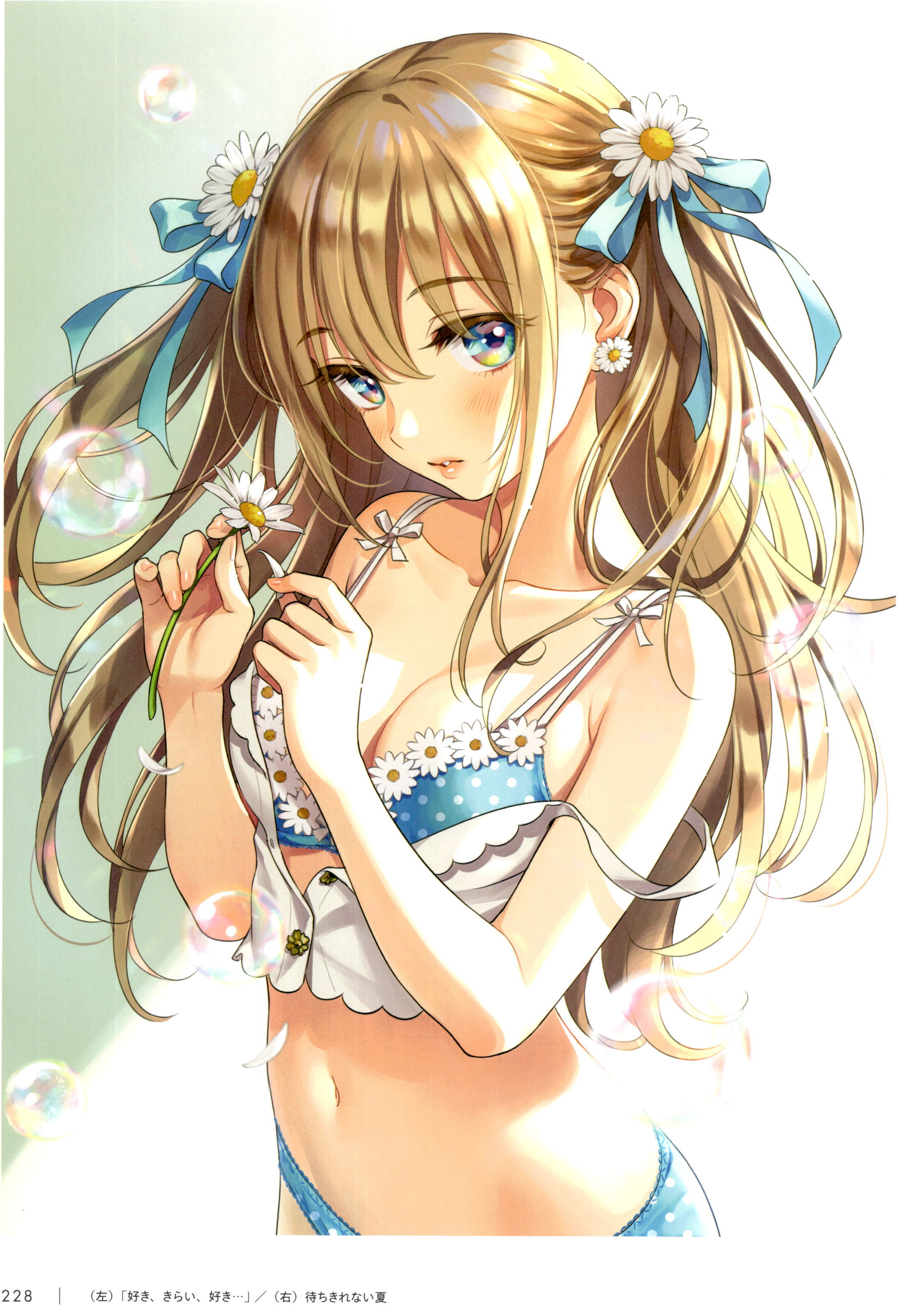

（左）「好き、きらい、好き…」／（右）待ちきれない夏

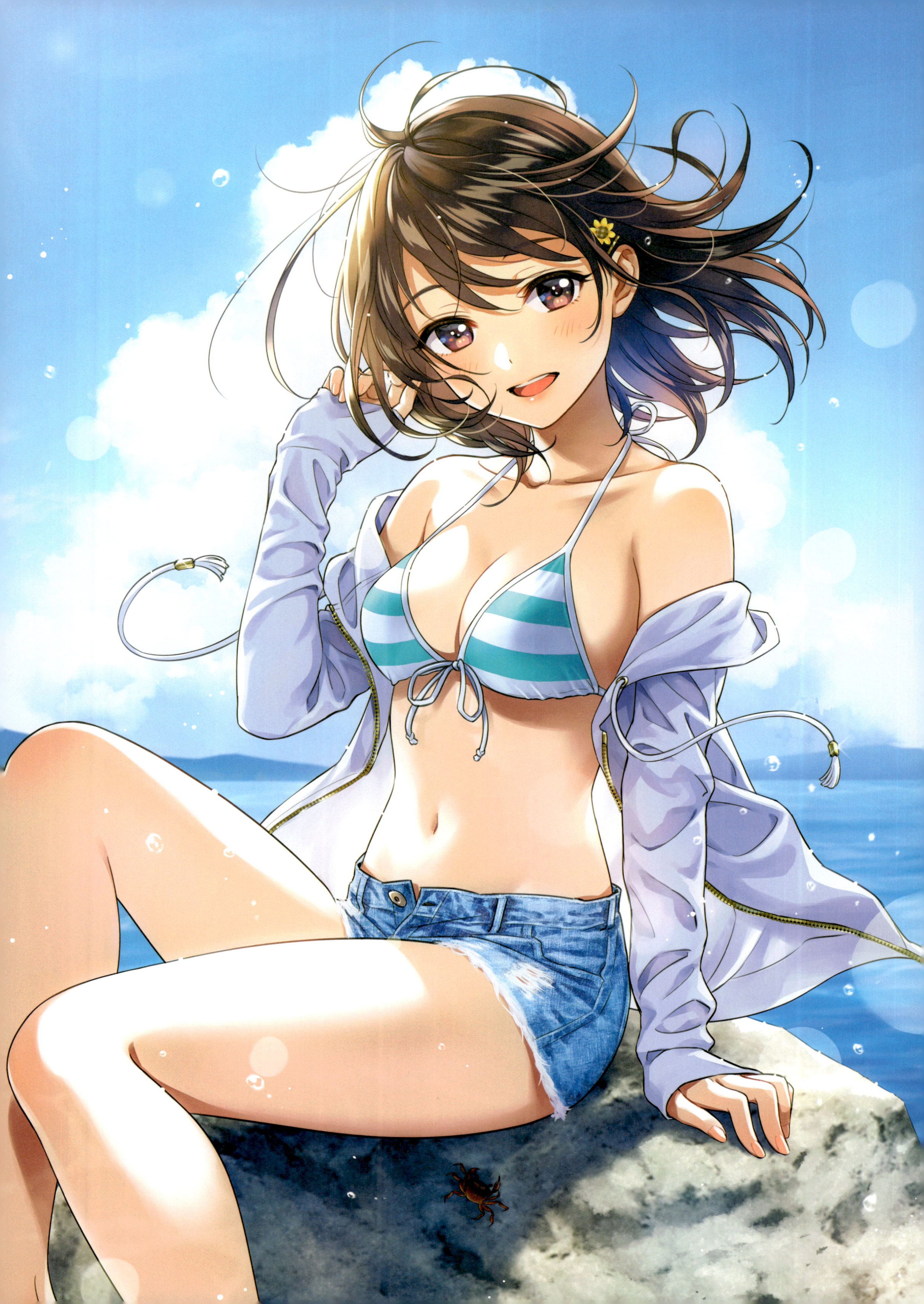

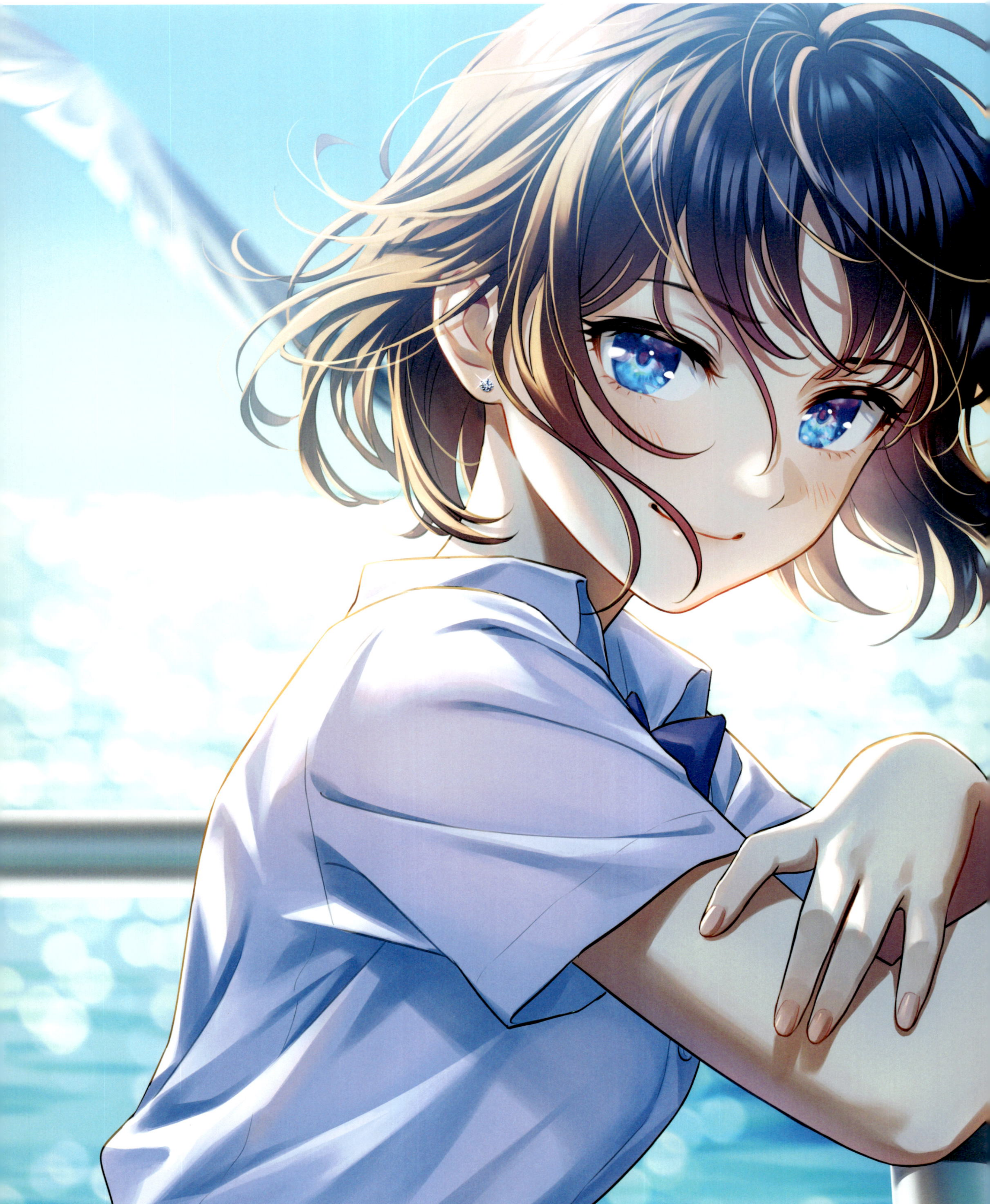

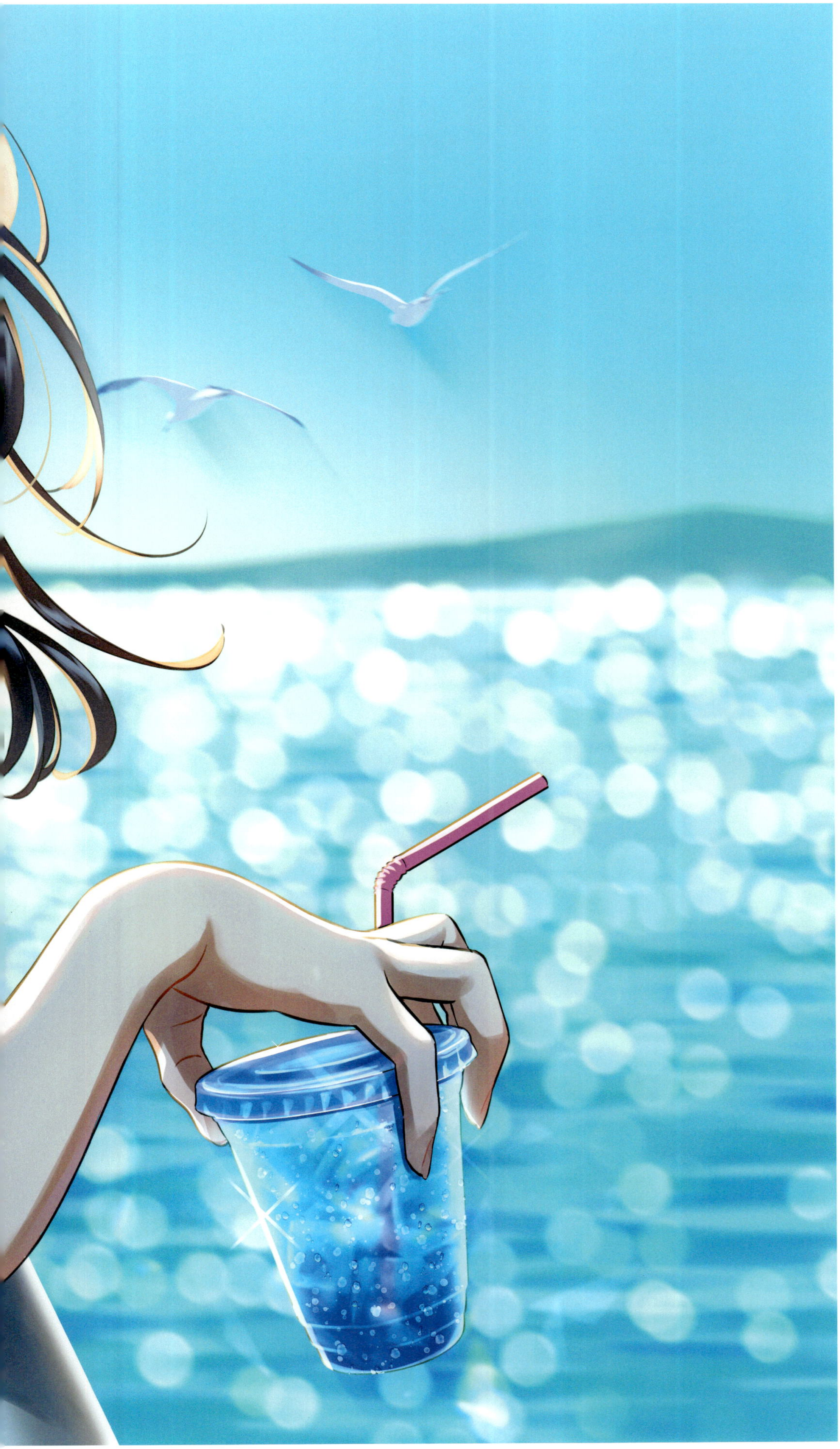

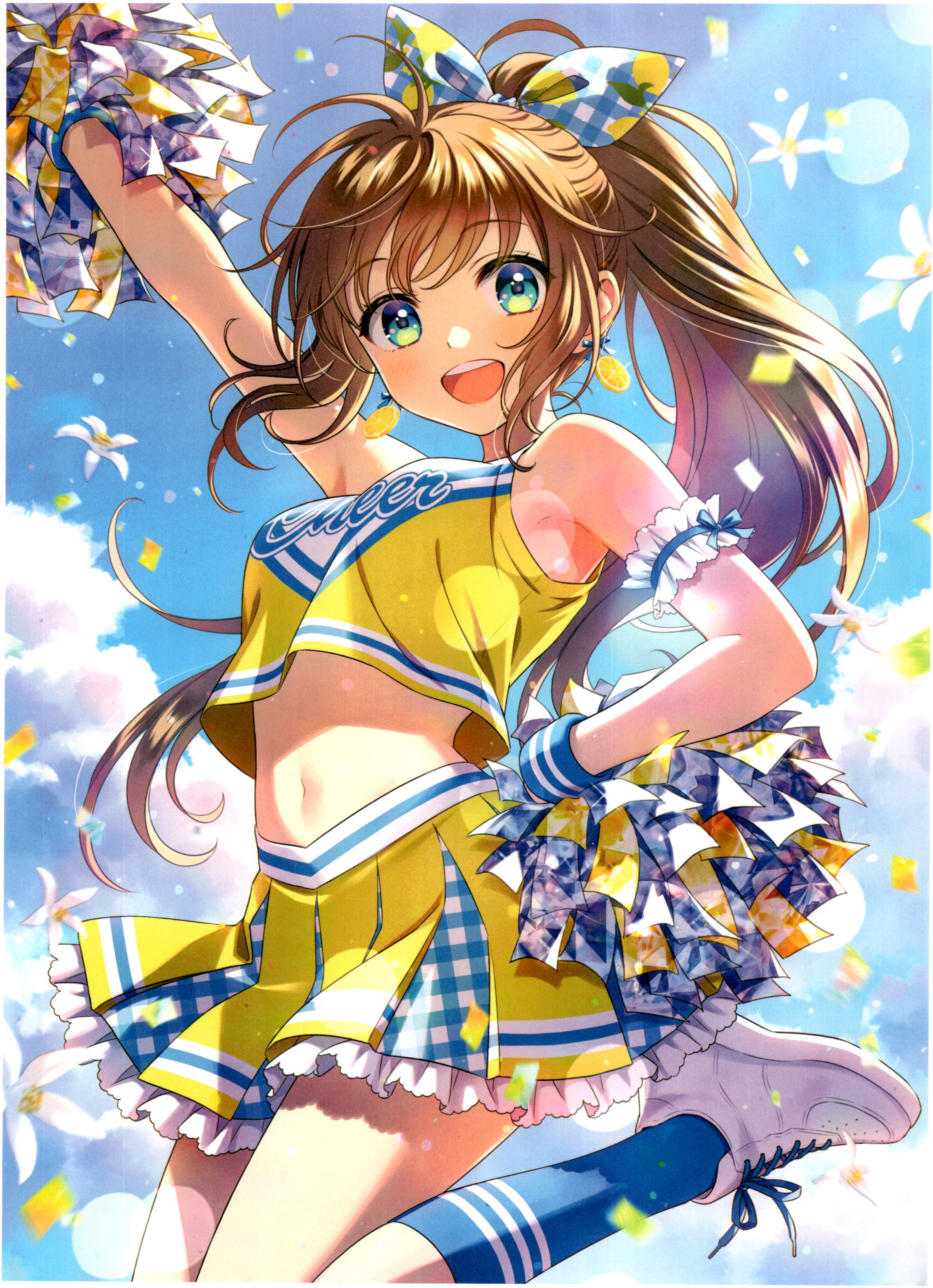

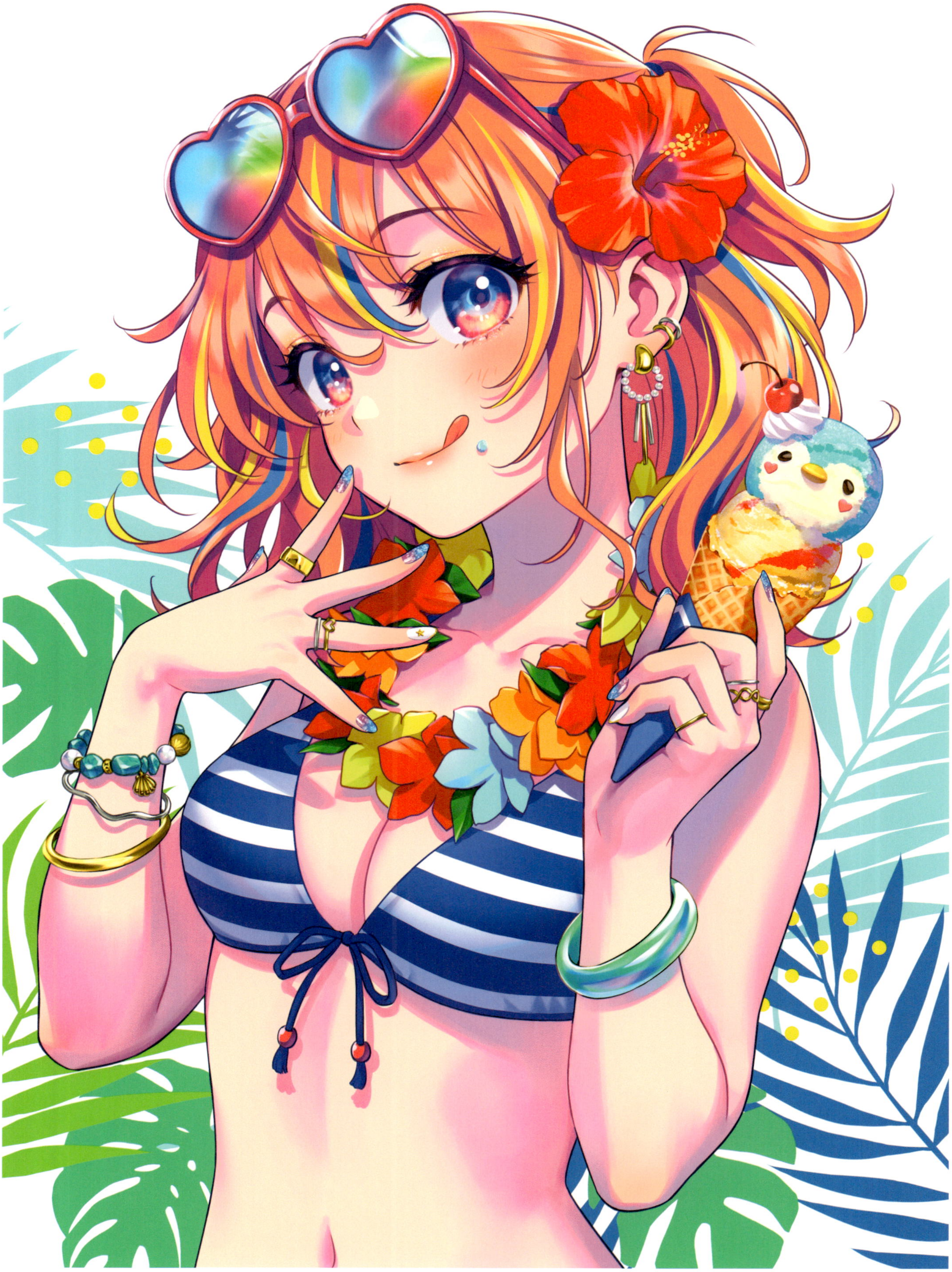

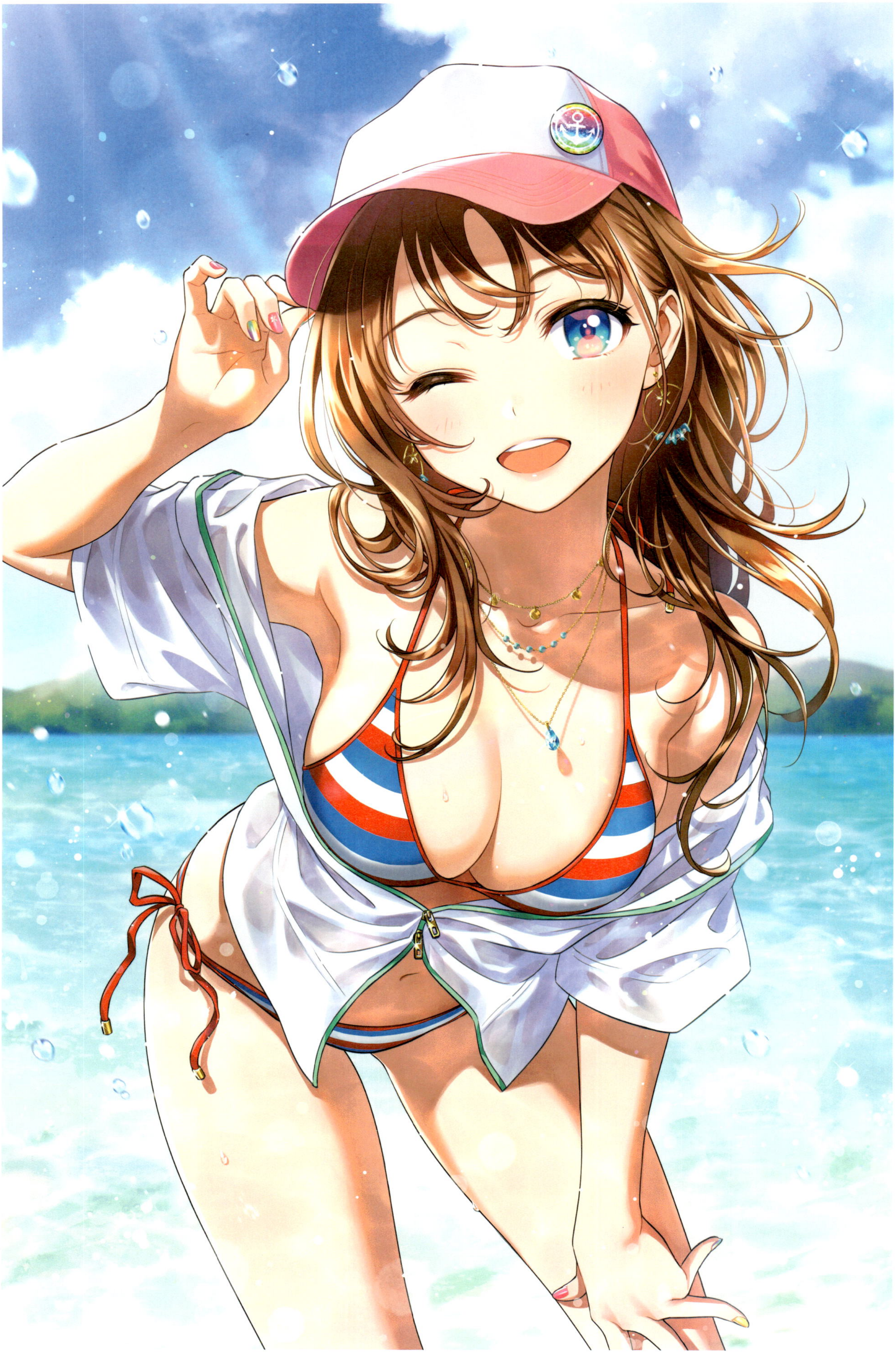

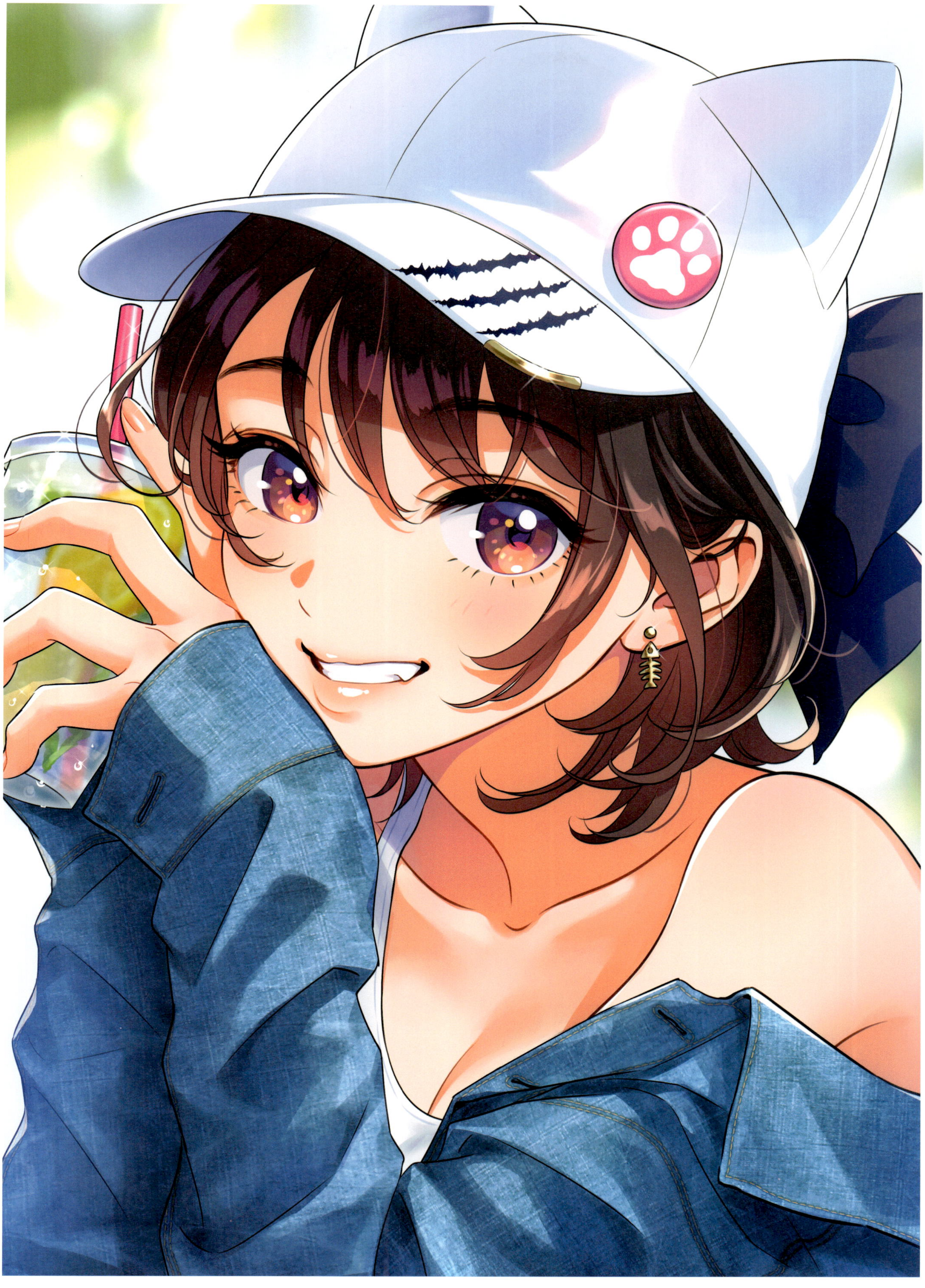

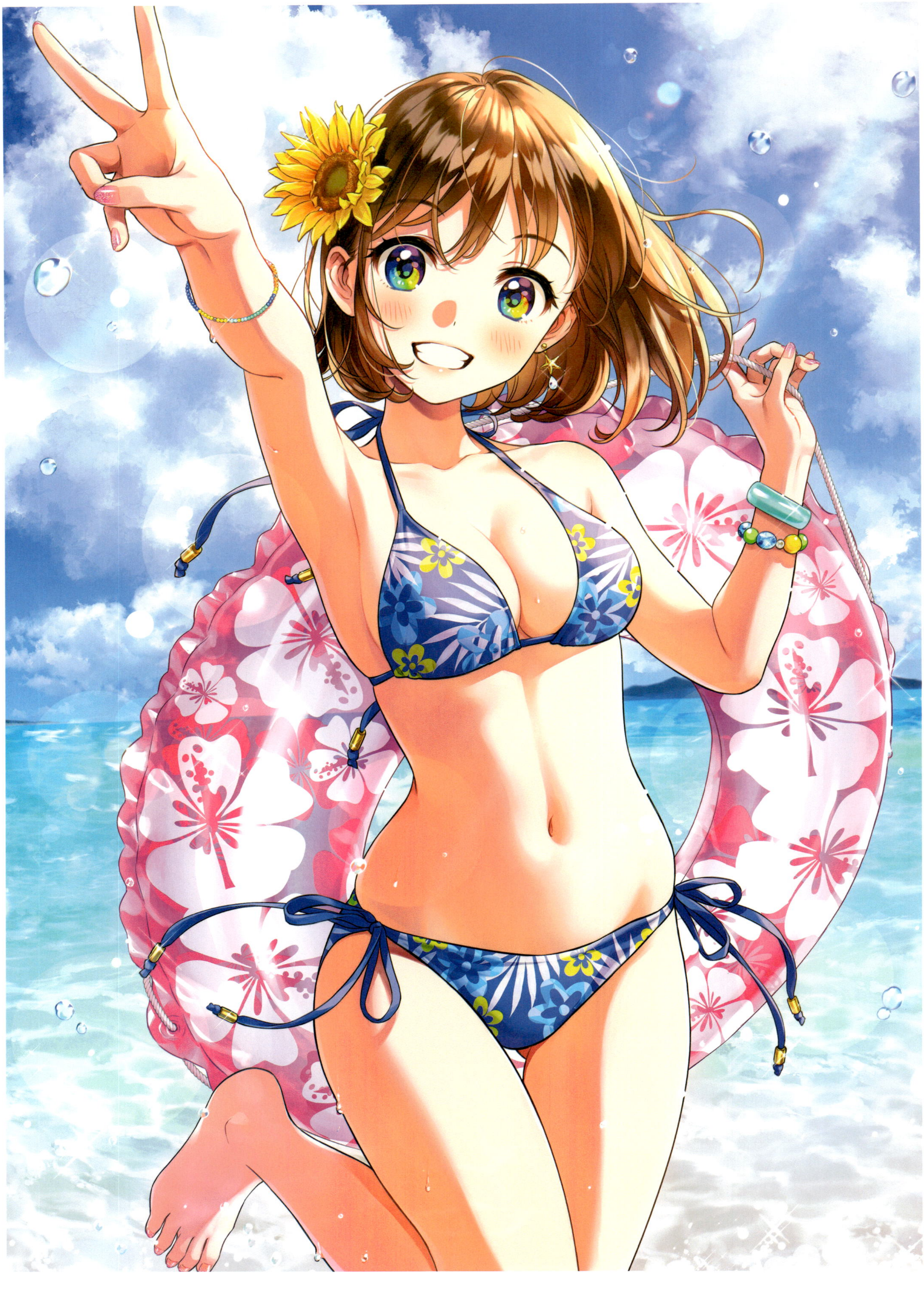

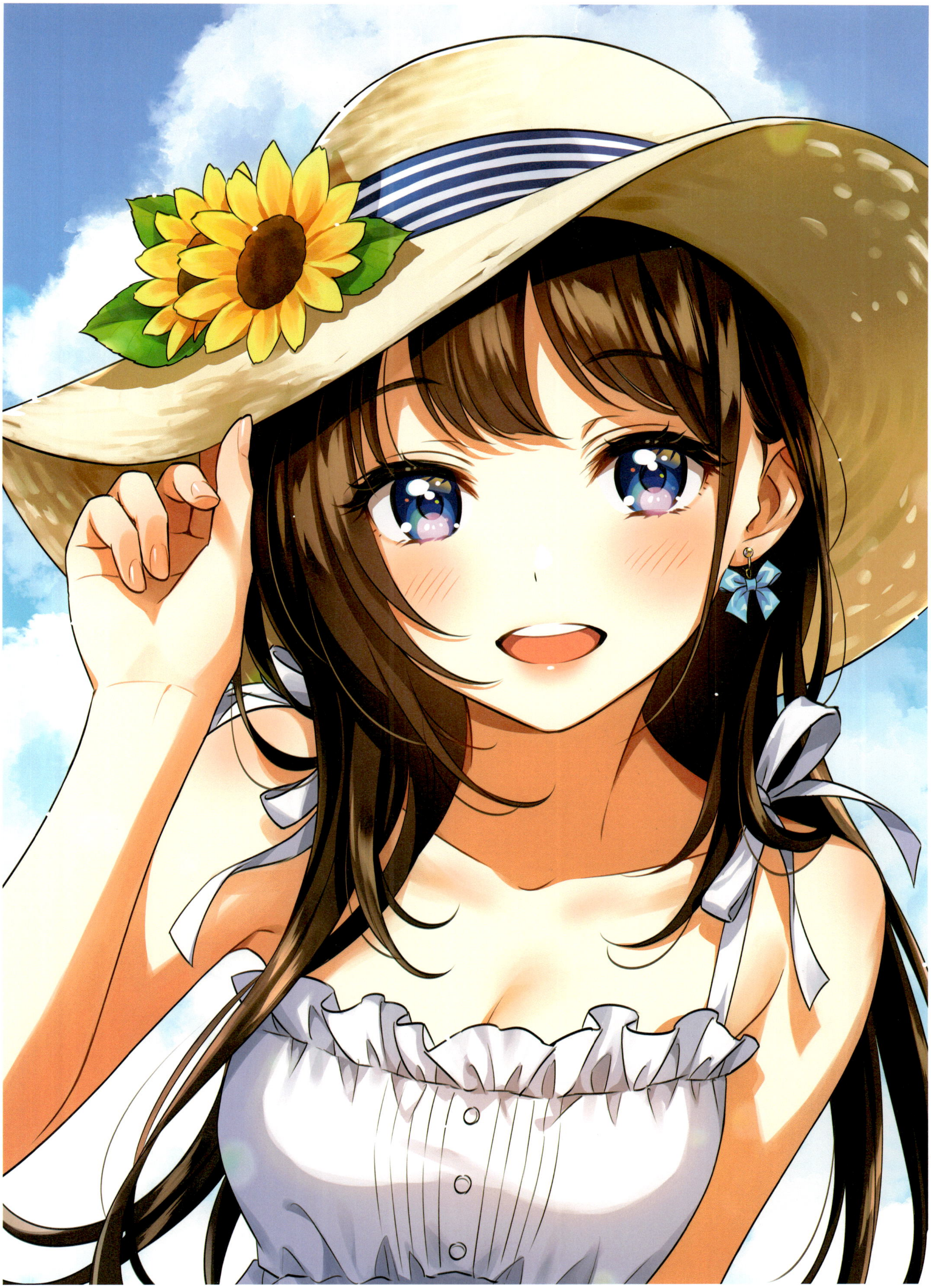

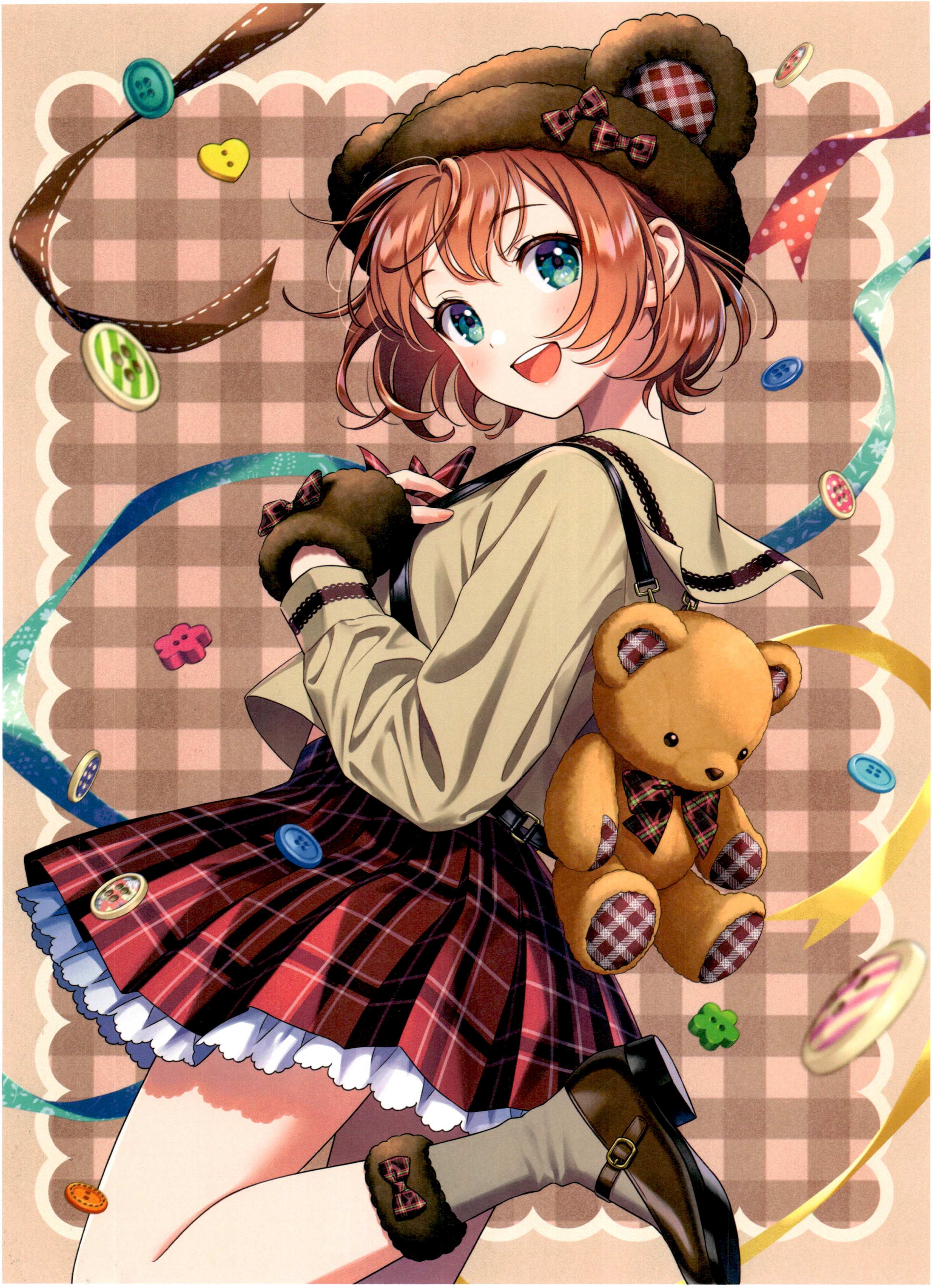

（左）Teddy Bear／（右）Snow White

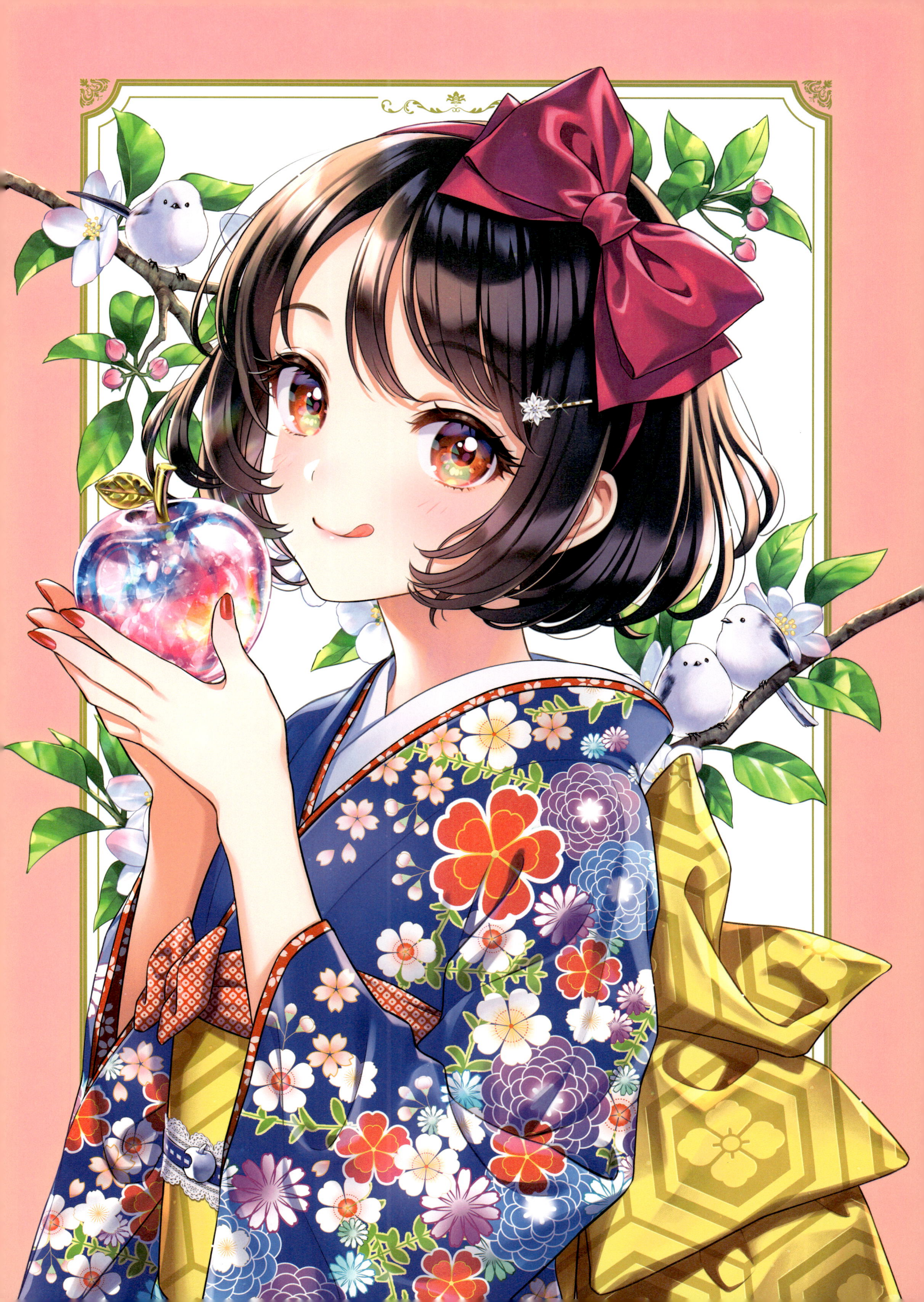

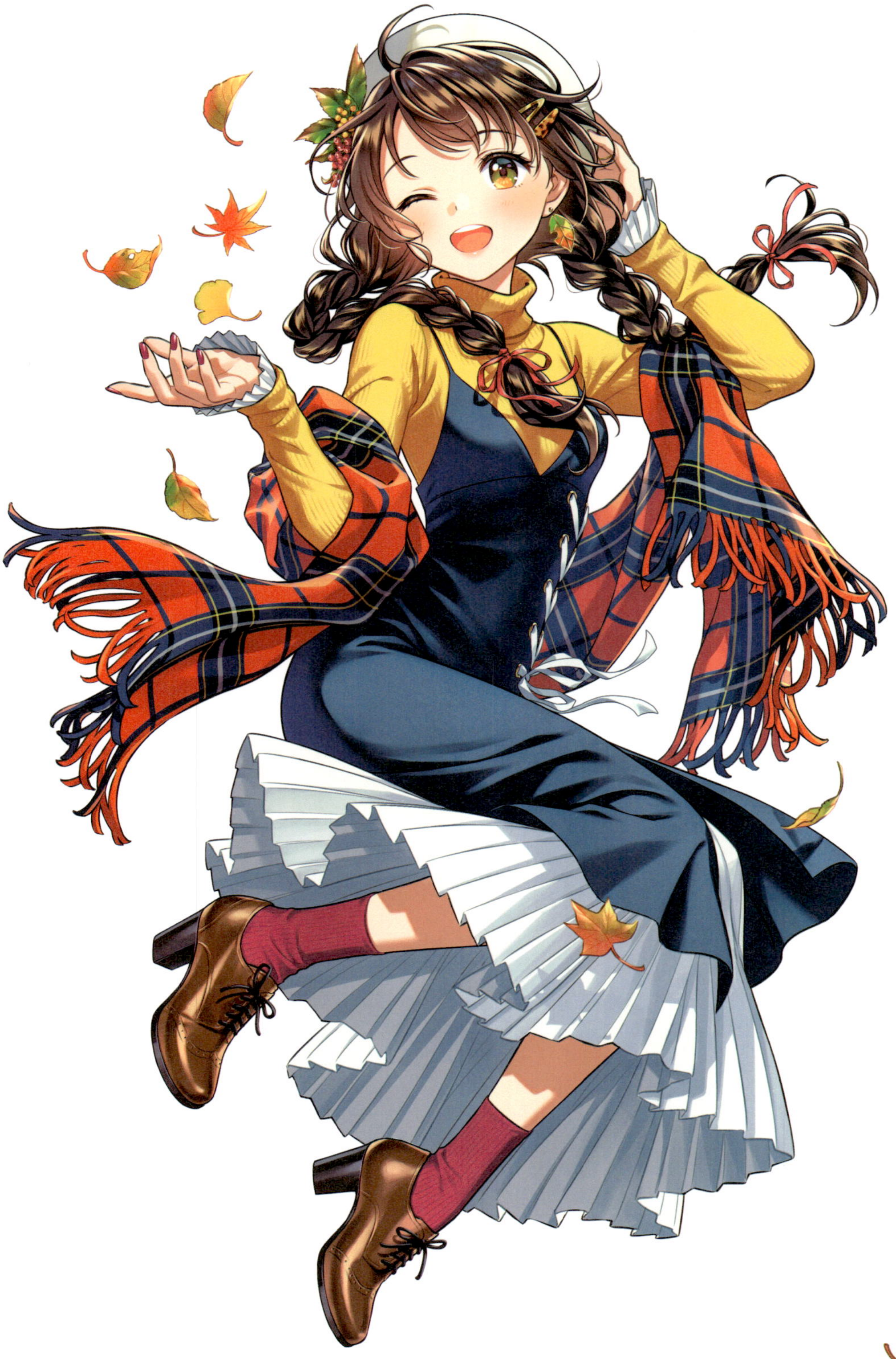

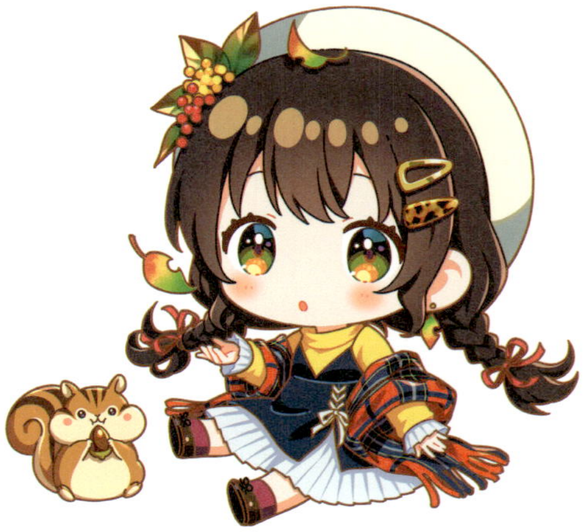

（左）立ち絵、SD／（右）「森倉 円 POP-UP STORE」メインビジュアル「秋色」

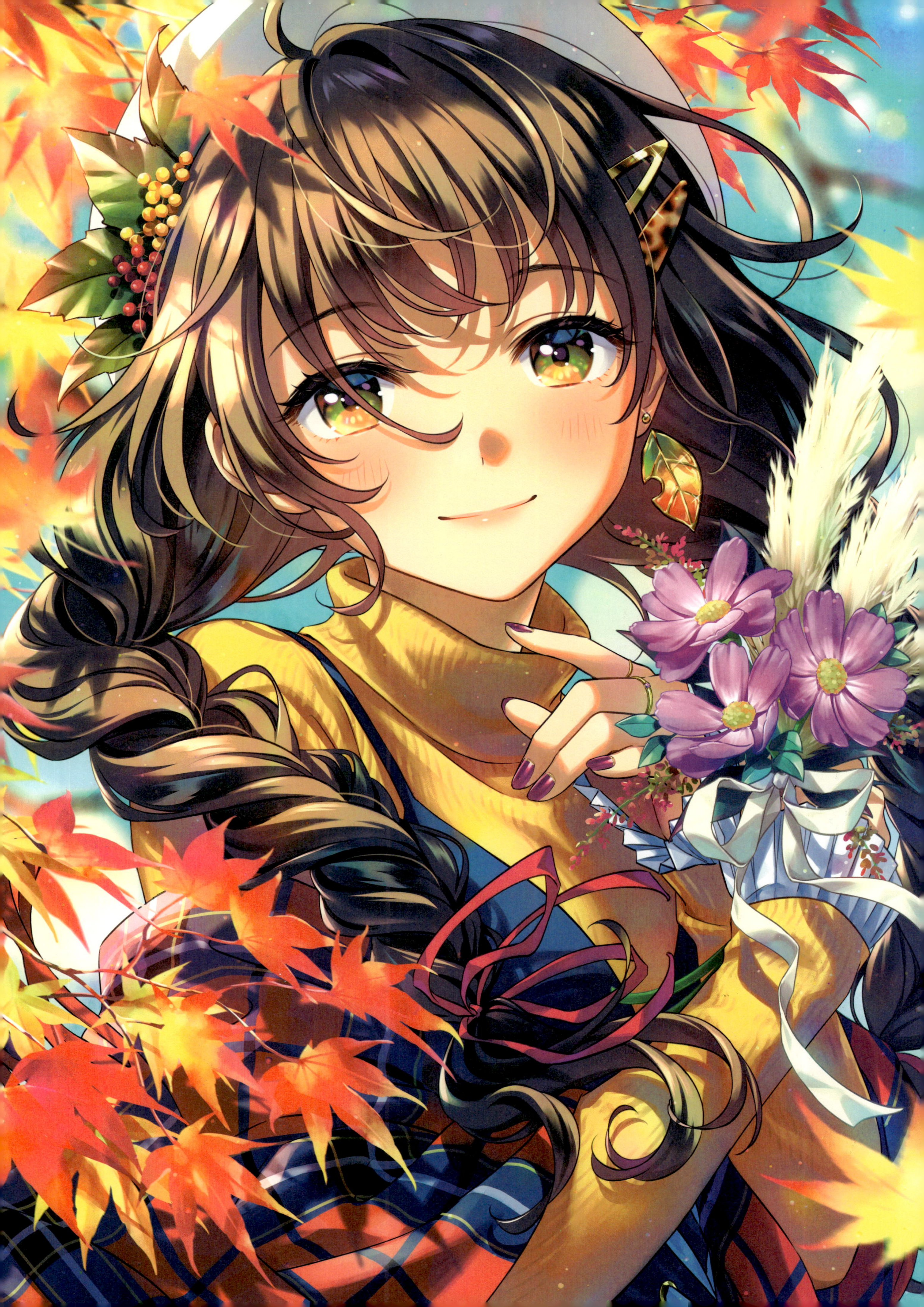

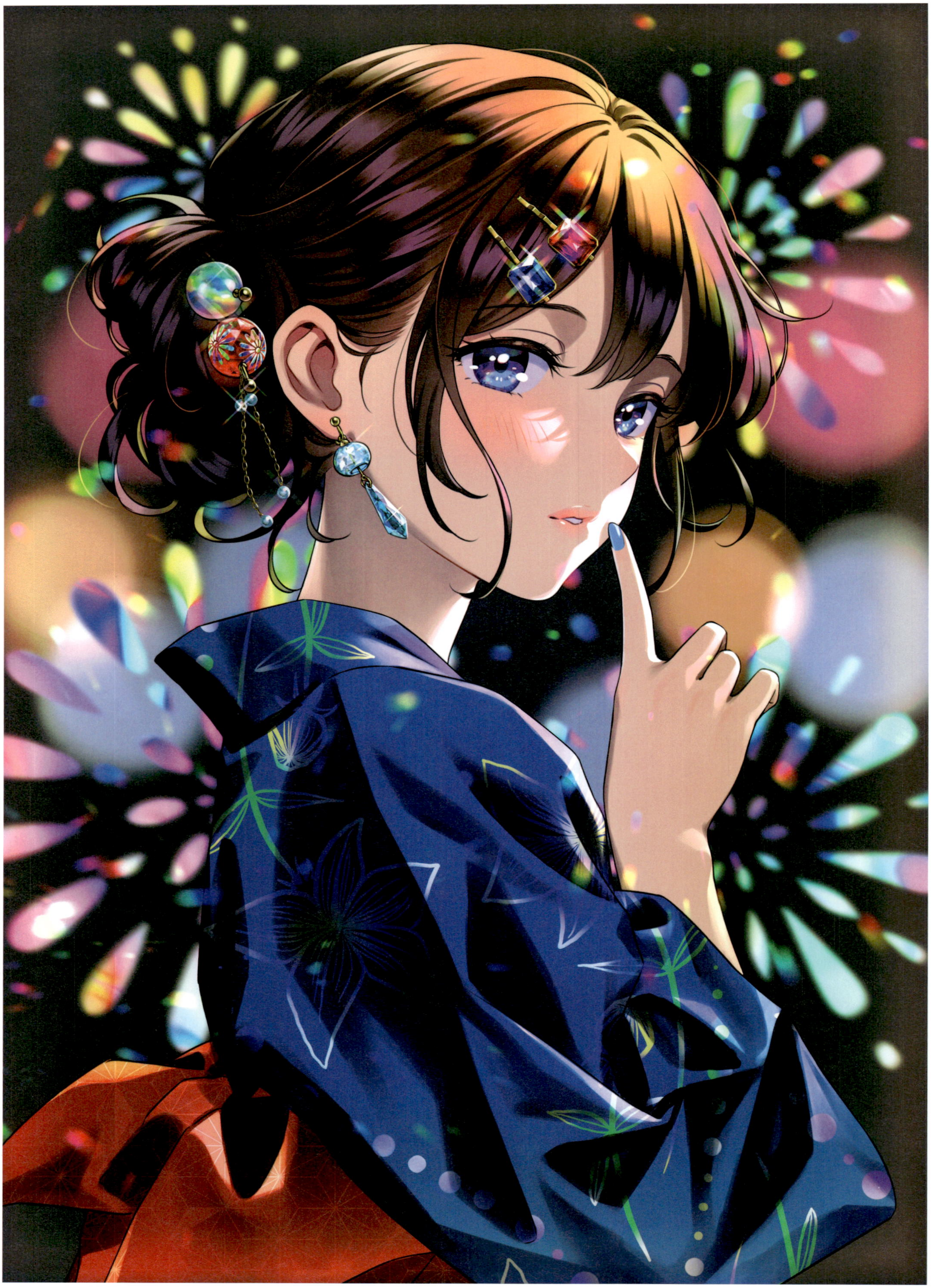

Interview

Interview

少女たちのきらめきを、ときにドラマチックに、ときに繊細に描き、見ている人を一瞬で虜にする森倉 円の作品。
ここでは2019年に出版された初画集を一つの区切りとして考え、2019年以降の活動に焦点を当てながら、
多くの人を魅了する森倉 円の作品がどのように作られてきたのか、インタビュー形式で紹介する。

耐久性のある
ビジュアルを描く

2019年以降、制作の環境や心境に変化はありましたか？

これまで仕事でイラストを描く際、「誰かのストーリーを伝えるために、分かりやすいビジュアルを描こう」と意識してきました。でも今は、それに加えて「そのストーリーが成長していく先も支えていけるようなビジュアルを描きたい」という気持ちが強くなってきています。以前は、いただいた内容を、その範囲内でできるだけ忠実に仕上げることに重点を置いていたのですが、最近は企画の初期段階から参加させていただく機会も増え、私もチームの一員として一緒に考えていけたら、という思いが強くなりました。そのため、アプローチの仕方も少しずつ変化しています。例えば、お話を伺う中で、相手がやりたい方向性であったり、その思いをできるだけ汲み取りながら、ビジュアルを模索しています。お客様目線での第一印象も大切にしたいですし、「長く愛されるために、耐久性のあるデザインであること」の重要さも感じています。私自身のこれまでの経験も踏まえて想像を膨らませる一方で、自分の目線だけでは足りないことも多いと実感しています。だからこそ、チームの皆さんと一緒に作りあげているんだという意識を大切にしています。その中で、私の役割としては、自分が手掛けたキャラクターやイラストが、いろいろな展開や場面でしっかりと映えるような「納得感があり、耐久性のあるビジュアル」を描くことなのかな、と考えるようになりました。これまで、その時々でできる限り懸命に取り組んできましたが、最近は少し俯瞰して物事を捉えられるようになり、新しく生まれるキャラクターやストーリーが成長していく過程を支えていくチームの一員として、力になれたら嬉しいなと思っています。

個人作品もたくさん描かれていますが、個人制作ではどのようなことを考えていたのでしょうか？

最近は原点回帰というか、その時に自分が描きたいものを描くようにしています。少し前までは、仕事絵に生かせるようにと、個人作品でも練習を兼ねてなるべく新しいことに挑戦しようとしていました。でも、ふと「せっかく自由に描ける時間なんだから、今の自分がやりたいことを大切にしよう」と思うようになったんです。実験的なことでも、似たようなテーマが続いたとしても、その時の自分が楽しく描けたらいいかな、と少し肩の力を抜いて、自分の「好き」に素直に向き合うようになった気がします。

仕事では求められる絵を描くことが必要ですが、自分が楽しくて、描きたいものを描く時間も大切ということですね。

そうですね。「このテーマで描いてみたい」とか「もっとあれを描きたかった、作りたかった」などの気持ちはなかなか尽きないもので、そういった思いを個人制作では気負わず自由に形にするようにしています。それが巡り巡って、少しずつでも仕事に生かせたらいいなと思いつつ、好きなことに素直に向き合う時間を楽しんでいます。

イラストレーターの
一例として存在したい

お話を伺い「楽しく描く」ことが大切だと感じました。とはいえ、いつも楽しく描くのは難しいこともあるのではないでしょうか？

もちろんありますね。考えすぎて煮詰まってしまうと、その最中は気持ち的に苦しいことも多いです。でも悩むことがあってもいいのかな、とか、何かを続けていたら、そういう瞬間もあるのかもしれないな、と思っています。いろんな方がそれぞれの生き方をされているのを見ると、「私みたいなイラストレーターでも、一つの例として存在してもいいのかもしれない」と思えるようになりました。作品を楽しんでいただけること自体は本当に嬉しく、大きな励みになっています。でも、もしその評価だけにしか達成感や楽しさを感じられなくなったら、いつかしんどくなってしまう気がしています。私自身は、うまくいく時もいかない時も、個人的に実験的なことを続けていくこと自体がとても楽しいです。いろいろなタイプの作家さんがいる方が面白いですし、私のようなタイプもその中の一つとして存在してもいいんじゃないかなと考えていますし、そう思えるように、自分なりにお絵描きを続けていけたらと思っています。そんなふうに、イラストレーターの一例として存在できれば嬉しいです。

作者よりも
作品を感じてもらえたら

そのような思いで活動をする中で、今回の画集はどのような経緯で制作を決めたのでしょうか？

先ほどお話ししたように、ちょうど初心に立ち返りたいと感じていた頃にお話をいただいて、このタイミングでまとめてみたいと思いました。この機会に、ここ数年で担当させていただいたお仕事の絵や個人作品を振り返りながら、自分自身の中で変わった部分や変わらずに大切にしている部分を見つめ直せたらと思っています。そうすることで、また新たな気づきや、次につながる発見ができたらいいなと考えています。

画集のここを見てほしいというところはありますか？

見て下さる方は、気軽に楽しんでもらえたらと思います。仕事絵に関しては、見て下さる方がこの画集を通して、さまざまなコンテンツやプロジェクトについて知っていただくきっかけになれたら何よりです。作者のことをあまり意識せず、イラストやキャラクター自体の好きなところを見つけてもらえたらいいですね。日常のごはんを食べる時のように、ふとした時に手に取って眺めていただけるような、寄り添うような存在になれたら、とても嬉しいです。

ごはんですか？

そうですね。例えば、普段何気なくごはんを食べているけれど、「おいしいな」と感じる瞬間がありますよね。ごはんは意識せずに食べていても、その背後に食べる人への気遣いや思いやりがあったりするところが好きなんです。そしてその気遣いを、負担なく受け取れるところも、自然で心地よいです。イラストも同じように、作者を知らなくても、その作品自体に惹かれる瞬間があれば素敵だなと思います。何気なく日常に溶け込んでいて、気づくときもあれば気づかないときもあるけれど、作った人の思いが何らかの形で伝わっている。見て下さる方が自由に感じてもらえれば嬉しいですし、気負わずに楽しんでもらえたらと思っています。

キャラクターの個性を
出すためには

普段の制作についてお聞きします。制作時、どのようなことを大切にして描かれていますか？

仕事の絵の場合、お客さんに対しては分かりやすさを重視しています。依頼者の方の「こうしたい」というイメージをできる限り汲み取って形にし、一緒にできてよかったと思ってもらえるよう心掛けています。そのためには、まずは相手の話をよく聞いて、その意図や希望をしっかりと理解することを大切にしています。

両者を満足させるというのは大変な作業でもありますよね？

そうですね。いろいろと想定はしますが、狙ったようにはいかないものです。そんな中で、できる限りのことはやりたいと思っていますし、そのためのやり取りは形にしていく上で大事にしたいなと思っています。人によって視点が違うので、会話を通して相手を理解しようすることが必要で、そこから私なりの提案を挙げさせていただくこともあります。最初にオーダーされる内容は、私の場合「老若男女に愛される元気でかわいい女の子」というものがベースになることが多いんですよ。それは共通していたとしても、そこから依頼者の方が今後目指したいことや思いなどを加味していくことで、特別なキャラクターが生まれ、唯一無二な存在になっていくと考えています。例えば、活躍の場がネット上がメインというキャラクターなら、なるべく話す際に顔まわりで特徴が分かるよう、上半身に特徴的な要素や情報をなるべく盛り込むようにしたり、立体物の場合は立体で全体を見た際に映えるようにするなど考慮して、デザインを考えています。

制作中は変な欲と
葛藤することも

個人作品についてはどうですか？

個人制作の場合は、自分自身との対話になりますね。最初は「こういうのが描きたいな～」というシンプルな気持ちから始まるのですが、変な欲が顔を出すことがあって、かえって悩んでしまうこともあります。そんな葛藤も含めて「ああでもない、こうでもない」と試行錯誤する時間を楽しんだり、行き詰まった時には、また最初の気持ちに立ち返ったりしながら描いています。

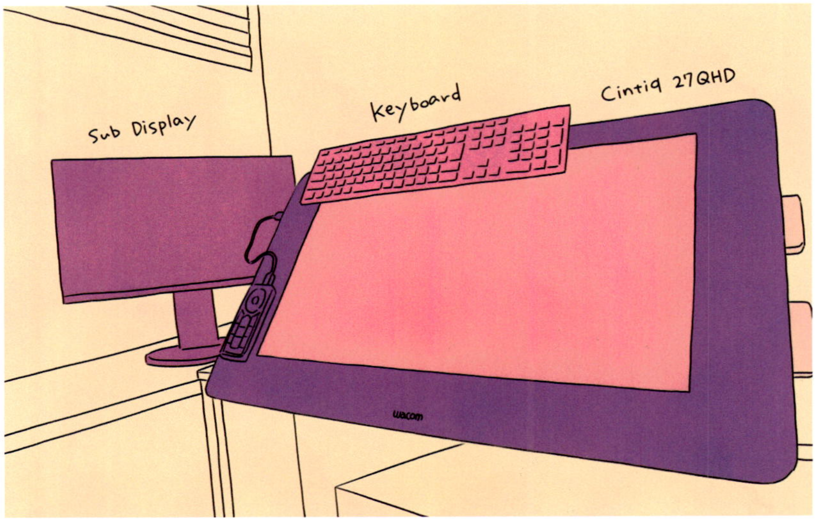

普段の制作環境。液晶ペンタブレット「Cintiq 27QHD」を使用。

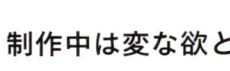

変な欲とは？

例えば、最初はシンプルに「こういうのがいいよね」と伝わるようなものを目指して描き始めたのに、描いていくうちに、もっと細かく描き込みたくなったり、いろいろ盛り込みたくなる欲が出てきたりして、気づけば細部の描写が目立ってしまうようなイラストになることがあります。それ自体は悪いことでもないのですが、最初にイメージしていた印象が薄くなってしまって、「はじめに私がやりたかったことが埋もれてしまっているかも」と感じてしまうんです。見て下さる方にとっては、そういうものとして見ていただけるのかもしれませんが、自分の中では違和感が残ることがあります。本当は、自分が描きたいイメージが、そのままストレートに表現できたら最高なんですけどね。それでも、そうやって自分にとっては思いがけない方向に進んだ作品を楽しんで下さる方がいるのも事実で、そこには新たな発見や気づきもあったりします。そうした経験も糧になっていく気がしますし、絵的な足し算や引き算も考えながら、また「次は何をしようかな？」と試行錯誤しながら続けていけたらなと思っています。

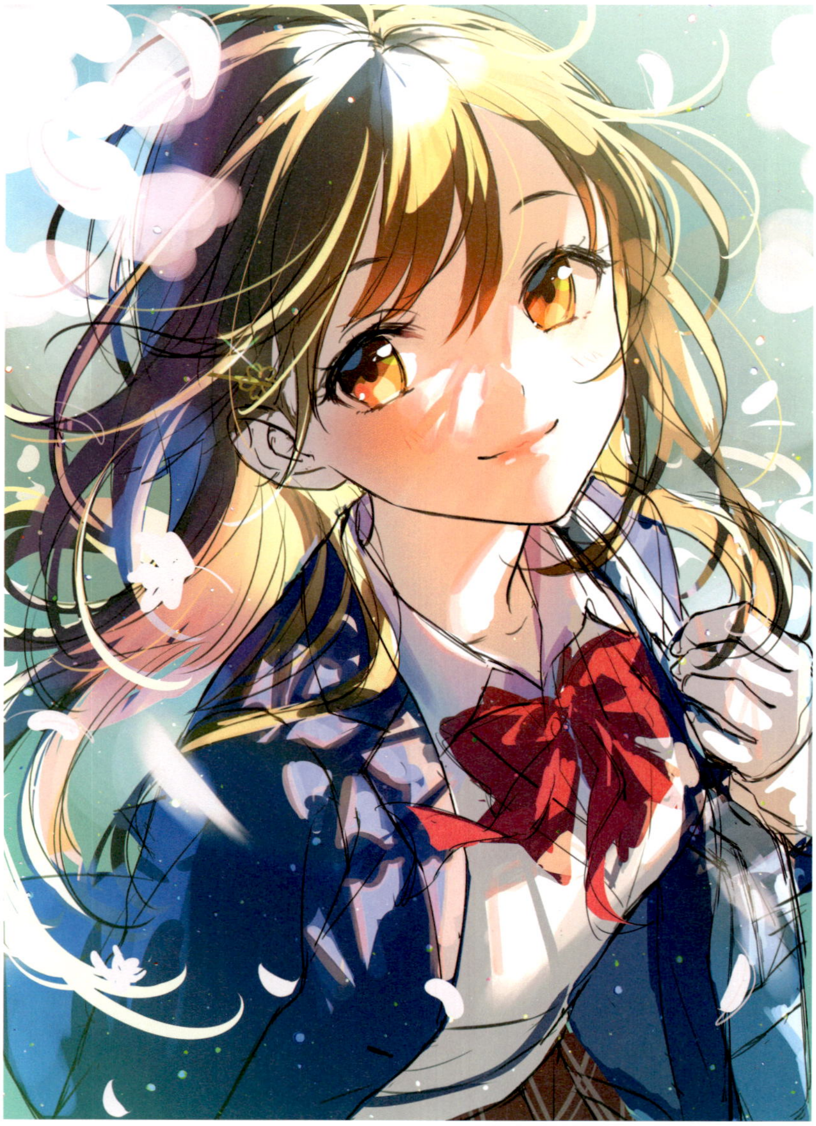

本書のカバーイラストの着色ラフ。「これまでを振り返ったような存在」として執筆した。

私が「好き」で描かないと始まらない

そのような感情と葛藤しながら描かれることもあるんですね。私は一枚の絵を完成させられること自体、すごいことだと思っています。側から見ていても大変なことだなと感じるのですが。

私も、他の方を見ていてすごいなと思うことばかりですね。最後まで描ききる過程には、もちろん形にしていく楽しさはありますが、大変さもあると感じているので。だから、いろいろな葛藤が生まれた時には、迷子にならないために、自分にとって何が嬉しいのか？　を振り返るようにしています。「うまい」と言われるのが嬉しい人は、技術的な向上を目指すことで達成感が得られるだろうし、「好き」と言われるのが嬉しい人は「好き」を見失わないように描くことが大事なのかな、と考えるようになりました。私自身は、自分が好きで描いたものの中で「好き」を見つけていただいたら嬉しいので、まずは、私が好きで描かないと始まらないと思っています。その上で、自分の「好き」がより伝わりやすくするために、技術も身につけていけたらと考えています。テーマやモチーフが似ている作品を描く時もありますが、今回の画集のタイトルでもある「プリズム」のように、光が角度によって異なる色を見せるように、私自身の見え方も少しずつ変化しています。その時の自分だからこそ見える景色や感じたことが、自然と作品ににじみ出るような表現ができたらいいなと思っています。

制作に関して、もう少し伺わせてください。森倉さんが制作工程の中で一番楽しいと感じるところはどこですか？

仕事絵でも個人絵でも、一番楽しいのはやっぱり着色ラフの段階ですね。大まかに形をとったり、ざっくりと色をのせていくことで、段々と形になっていくのがとても楽しいです。できることなら、この着色ラフのイメージを最後まで維持しつつ完成まで持っていけたら一番嬉しいんですが、細部を整えたりバランスを取ったりするうちに、気づけば最初とは違う雰囲気になってしまうこともあります。そんな時は、着色ラフで感じた新鮮な感覚を思い出しながら、もう一度俯瞰して絵を見ることも多いです。

最初のイメージを維持するのは大変なんですね。最初から頭の中に色とシルエットのイメージがあるのですか？

何だろう……、はじまりは色の組み合わせがあって、うねりのような大まかな構図やシルエット、持っていきたい雰囲気のイメージがありますね。でも、実際に描き進めていくと、最初に思い描いていた大きな流れが、細かい描写によって少しずつ埋もれてしまうこともあります。最終的にはなるべくそうならないように、細部の描写もあくまで全体の中で要素として自然に馴染んだらいいなと意識しながら描いています。完成した絵の中で、大きな流れや雰囲気が自然に感じられると、見ていて心地いいので、自分でもそういった空気感を醸し出せたらと考えています。

生きていれば
全てがインプットになる

このような創作活動のためにインプットはどのようにされていますか？ 意識的にしていることはありますか？

よく「インプットが大事」という話になりますよね。私もいろんなことから吸収させてもらっているので、その大切さは本当に実感しています。一般的には、どこかに出かけたり、新しいものに触れたりすることがインプットと言われている気がするんですけど、特別なことでなくても、私は普段日常の中でもたくさんインプットしているな、と感じています。空が綺麗だったとか、生活の中でいろんな気持ちになったりとか、自分の感情が動いたり、心に留まることがあった時に、十分インプットになっているので、そういう意味では、どこにいるとか、何をやっているとかにこだわらず、「気持ち次第」でインプットは日常の中でもたくさんできているんじゃないかな、と考えています。

物理的なことは何もしていないですか？

最近は趣味で映像作品をよく観ています。仕事柄いろいろと知っておきたいなという思いも少しあって、何気なく観始めたのですが、いろんな方が集まって作られているものが多いので、興味の対象が広がるきっかけにもなって楽しいですし、他の方のこだわりに触れると、とても刺激になります。同じような題材でも、演出や切り取り方が全然違うので新しい発見ばかりです。あと、完全に趣味ですが、ライブに行ったり、パン屋めぐりをしたり。家族と過ごす時間の中でも、感情が動く瞬間はたくさんあるので、そういった日常の中での喜怒哀楽が、私にとっては全部インプットになっているなと感じています。悲しいことがあったとしても、だからこそより音楽が深く胸に響いたり、そういうことを、なるべく一つ一つの体験をできるだけ全部覚えておくの

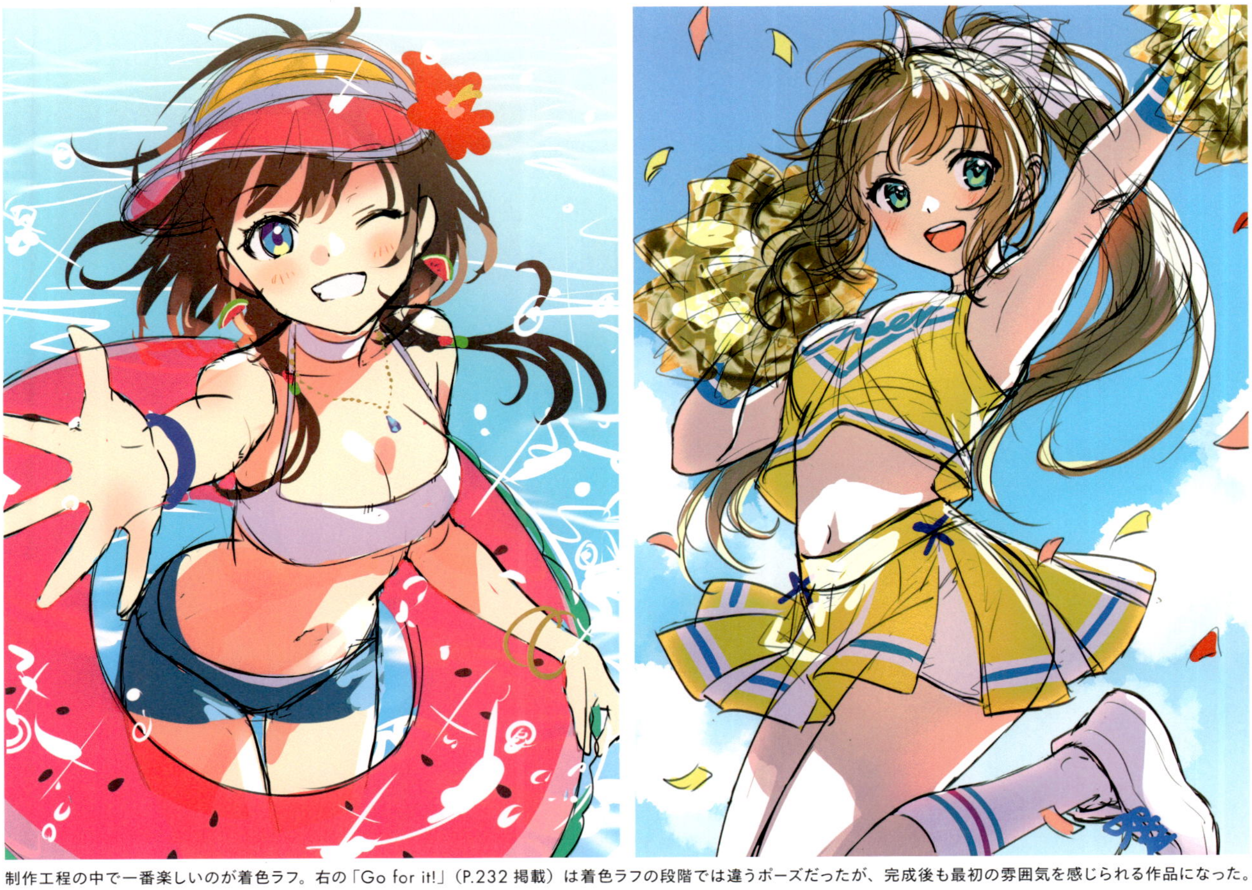

制作工程の中で一番楽しいのが着色ラフ。右の「Go for it!」（P.232 掲載）は着色ラフの段階では違うポーズだったが、完成後も最初の雰囲気を感じられる作品になった。

が、私にとってのインプットなのかもしれません。

とても興味深いお話です。全部覚えておくというのがポイントなんですね。

はい。以前とある動画で、たくさんの音楽を制作されてきた方がインタビューで「これまでの経験を全て頭の中の引き出しに入れていて、それをいつでも取り出せるようにしている」というようなことを話されているのを聞いて、とても共感しました。私も、日々の中で感じたことを自分なりに引き出して、なるべく素直に表現できたらと思っています。日常の中で、例えばスーパーで見かけたリンゴの色が素敵だったとか、空の色が綺麗だったとか、そういった何気ないことも記憶に残しておくと、絵を描く時に生かされたりすることもあるんです。

今のお話を聞いて、私はぼーっと生きているなと考えさせられました……。

いえいえ、私もよくぼーっとしていますよ（笑）。おやつの時間を取ったり、ソファでごろごろするのも好きです。体力も気力もどちらも大事なので、長く続けるためには気分転換や休憩も大切だな、と日々実感しています。心身が疲れすぎてしまうと、インプットもアウトプットもままならないので、ぼーっとしたい時はぼーっとして、頑張りたい時は頑張って、をする方が、結果的には長く戦えるのかなと思っています。だから、私の場合、絵は勝手に頑張ってしまうので、なるべく疲れすぎないように、絵以外の時間も大事にするよう意識しています。絵は出来上がるまで結構時間がかかりますので、好きなものが多い方が日常の中での楽しみが増えていいなとも思いますね。

日々の生活で 小さな達成感を

創作活動を続けるためには、息抜きやリラックスできる時間が必要かと思います。森倉さんのリラックス方法、リフレッシュ方法があれば教えてください。

休憩の時に温かいお茶を淹れてみたり、日常のことをあえてゆっくり丁寧にやると、気が付くと無心になっていて気分転換になりますね。例えば、料理のように何かしら作業があったり、散歩みたいな少し体を動かしたりするのもいいですね。別に特別なことじゃなくても、ある程度の時間で終わりがあることであれば何でもいいかなと思っています。創作活動って時間がかかるところがあるので、生活の中で、絵以外でも、小さな達成感を覚える瞬間は大事だなと思っていますね。一日の中で絵以外の要素がないと、「絵がうまくいかなかったから今日はだめだ！」という気持ちになるのも、ものすごく分かるけれど、そうなると悲しいので。大きなことや新しいことがない日でも、やってもやらなくてもダメージがないくらいのことでもコツコツやって、「今日の自分ができる範囲で頑張ったな」という気持ちで寝付けたらいいなと思っています。あと、インドアになりがちなので、外に行くようにしています。季節の移ろいを感じたり、人と遊びに行ったり、そんなちょっとした変化を楽しむのも、いいリフレッシュになっています。

今後はキャラクターや 衣装のデザインをしたい

最後にこれからやってみたいお仕事や活動などがあれば教えてください。

まずは、今担当させていただいているお仕事に関して、引き続き大事にしていきたいです。自分の引き出しをもっと増やして、仕事に生かせたらいいなと考えています。もちろん、新しいお仕事も挑戦していきたいです！　キャラクターデザインや衣装デザインのお仕事がもっとできたら嬉しいですし、普段あまり描く機会のない男性キャラクターもチャレンジしてみたいですね。これまで東京や大阪では個展やサイン会などのイベントを開催させていただいてきましたが、他の地域でも何かイベントができたらいいなと思っています。今の私ができることも大切にしたいですし、まだ挑戦したことのないことや、これまでやってこなかったことにも興味があります。新しい森倉 円の一面を自分自身でも発見できるように、個人の活動やいただいた機会の中で、少しずつでも模索しながら進んでいけたらと思っています。

Afterword

『Prism　森倉円作品集』をご覧いただき、ありがとうございます。
本画集には、2019年以降の個人作品に加えて、ご縁があってお仕事で描かせていただいた作品も収録しています。それぞれの作品が、多くの方々との出会いや関わりの中で生まれた思い入れのあるものばかりです。少しでも楽しんでいただけたなら、とても嬉しく思います。

私にとって絵を描くことは、特別な何かというより、日常の一部として続けてきました。
その時々でしか描けなかった一枚一枚が積み重なり、こうして2冊目の画集としてまとめることができました。この本が形になったのは、いつも見守り支えて下さる皆様のおかげです。
本当に感謝しています。

日々が移ろう中で、何気ない景色や物事が、ふとした瞬間に少し角度を変えるだけで、プリズムのように驚くほど色鮮やかに輝いて見えることがあります。
そんな心に残った瞬間を自分なりの視点で描いたものが、見て下さる方というまた新たなプリズムを通して、いろいろな感じ方や受け取り方が生まれ、自分でも気づかなかった意味や感情が広がっていくのは、私にとって特別な瞬間です。

これからも、自分がその時々で「いいな」と思うもの、心惹かれるものを大切にしながら描いていきたいと思っています。そして、そんな作品が、誰かの日常の小さな彩りの一つとなったり、誰かにふとした瞬間のきらめきを届けられたなら、それだけでとても嬉しいです。

最後に、本画集の制作に関わって下さった全ての方々、
そしてこの本をお手に取っていただいたあなたに、心からの感謝を込めて。
最後までお読みいただき、ありがとうございました！

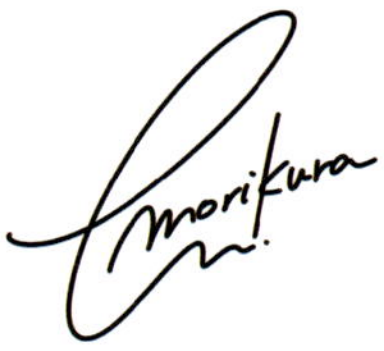

森倉 円
En Morikura

イラストレーター。バーチャルビーイングのKizunaAI（キズナアイ）、『PROJECT IM@S』によるライバーアイドル『vα-liv（ヴイアライヴ）』、プラモデルシリーズ『創彩少女庭園』のキャラクターデザインや、初音ミク、ポケモンカード、ホロライブなどのイラストを手がける。

HP：morikuraen.tumblr.com　X：@morikuraen

Commercial Works

Credit

P.011-023, P.025-037

『創彩少女庭園』

壽屋

© KOTOBUKIYA

P.024

『創彩少女庭園』×『アリス·ギア·アイギス』

壽屋 / ピラミッド / コロプラ

© KOTOBUKIYA　© Pyramid,Inc. / COLOPL,Inc.

P.038-048

『PROJECT IM@S　va-liv(ヴイアライヴ)』

THE IDOLM@STER™& ©Bandai Namco Entertainment Inc.

P.049-057

『プリマドール』

©VISUAL ARTS/Key/BAS·プリマドール製作委員会

P.058-061

『Princess Letter(s)! フロムアイドル』

©SHOCHIKU

P.062-063, P.065-067, P.069-070, P.072-073

キズナアイ

©Kizuna AI

P.068

Kizuna AI×KAF Single「愛と花-AI edition-」

神椿レコード

©Kizuna AI　©KAMITSUBAKI STUDIO

P.069

『Kizuna AI - Touch the Beat!』

ジェムドロップ

P.071

TVアニメ『絆のアリル』

©絆のアリル製作委員会

P.073

「FIGURE SPIRITS KUJI キズナアイ」

BANDAI SPIRITS

※現在は販売終了しております。

P.074-075

雪ミク スカイタウン 10th Anniversary

Art by 森倉円

© Crypton Future Media, INC. www.piapro.net

P.076

『プロジェクトセカイ カラフルステージ! feat. 初音ミク』

Rose Cage Ver.

Art by 森倉円 © SEGA / © Colorful Palette Inc. /

© Crypton Future Media, INC. www.piapro.net All rights reserved.

P.077-079, P.082-085

初音ミク

Art by 森倉円

©Crypton Future Media, INC. www.piapro.net

P.080-081

初音ミク

GT プロジェクト専用キャラクター「レーシングミク 2021Ver.」

© 森倉円 / Crypton Future Media, INC. www.piapro.net

directed by コヤマシゲト

P.086-087

『プロジェクトセカイ カラフルステージ! feat. 初音ミク』

『携帯恋話』セカイver.

Art by 森倉円 © SEGA / © Colorful Palette Inc. /

© Crypton Future Media, INC. www.piapro.net All rights reserved.

P.088-095

ホロライブ

宝鐘マリン

© 2016 COVER Corp.

P.096

「わん子としらす」

株式会社わんだらー

P.097

VTuber「クラリゼ」

株式会社ホンダアクセス

P.098-099

塩野義製薬バーチャル社員「シオノギカナデ」

塩野義製薬株式会社

P.100-103
『プラチナ・トレイン〜日本縦断てつどうの旅〜』
JContents

P.104
森倉円が選んだ2019年の「今年の漢字®」
（公財）日本漢字能力検定協会
※「今年の漢字」は（公財）日本漢字能力検定協会が主催

P.105
『年賀状トレード』年賀状テンプレート 2020
日本郵便株式会社

P.106-107
『夏目漱石ファンタジア』
KADOKAWAファンタジア文庫
©零余子・森倉円

P.108-109
『ファンタジア・リビルド』
KADOKAWAファンタジア文庫 / DMM GAMES
©神坂一・あらいずみるい

P.110-112
『Fate/Grand Order』
© TYPE-MOON / FGO PROJECT

P.113-115
『ブルーアーカイブ -Blue Archive-』× Anideal
© 2024 NEXON Games Co., Ltd. All Rights Reserved.

P.116
FUN'S PROJECT エポスカード
大日本印刷株式会社
Art by En Morikura © DNP

P.117
『シロップ PURE おねロリ百合アンソロジー』
森倉円 / 双葉社

P.118
『季刊エス Vol.74 2021年7月号』
エス編集部

P.119-120
もうすぐ夏休み（メロンブックス限定グッズ）
秋色の絨毯（第3回オリジナル大同人祭）
©森倉円／MELONBOOKS

P.121
バレンタイン企画イラスト
ロッテ

P.122-123
みんなの銀行ピクシブ支店
ピクシブ株式会社

P.124-125
「True Wireless Earphones ANIMA ANW01 Black/White」
「True Wireless Earphones ANIMA ANW02 Black/White」
ANIMA / 東京音響株式会社

P.126
「森倉円 × 永楽屋」
永楽屋

P.127
『化物語（13）特装版』イラストカード
講談社
©西尾維新・大暮維人／講談社

P.128-137
絵師100人展
© 産経新聞社／森倉円

P.138
「atmos × 絵師100人展」scene3
初出：2022年7月
© 森倉円

Prism　森倉円作品集

2025年4月18日　初版第1刷発行

著　者　森倉 円
装丁・本文デザイン　BALCOLONY.
編　集　杵淵恵子

発行人　三芳寛要

発行元　株式会社 パイ インターナショナル
〒170-0005　東京都豊島区南大塚2-32-4
TEL 03-3944-3981 / FAX 03-5395-4830
sales@pie.co.jp

印刷・製本　シナノ印刷株式会社

ISBN978-4-7562-5858-8 C0079
Printed in Japan